말
바
꾸
기

말 바꾸기

2005년 4월 10일 초판 1쇄 인쇄
2005년 4월 15일 초판 1쇄 발행
2009년 10월 10일 초판 2쇄 발행
2014년 7월 10일 초판 3쇄 발행
2018년 6월 10일 초판 4쇄 발행

역자 / 곽은주, 최정아, 진실로, 김세정
발행 / 김진수

발행처 / **한국문화사**
등록번호 / 1991년 11월 9일 제2-1276호
주소 / 서울 성동구 광나루로 130 서울숲 IT캐슬 1310호
전화 / 464-7708(대표) · 팩스 / 499-0846
홈페이지 / www.hankookmunhwasa.co.kr
e-mail / hkm7708@hanmail.net
가격 / 17,000원

ⓒ 한국문화사, 2005

ISBN 978-89-5726-280-1 93700

말 바꾸기

MONA BAKER 지음

곽은주 · 최정아 · 진실로 · 김세정 옮김

한국문화사

In Other Words

A coursebook on translation

Mona Baker

© ROUTLEDGE London and New York

차 례

서문

이 책은 번역가 훈련에 대한 체계적인 접근 방법을 다루고, 텍스트를 한 언어에서 다른 언어로 옮기면서 생기는 여러 복잡하고 중요한 문제들을 명료하게 밝히고 있다. 현대 언어학 이론의 핵심 영역과 번역의 관련성을 탐색하고, 이러한 핵심 영역에 대한 이해가 어떤 식으로 번역가의 결정을 안내하고 도울 수 있는지 보여준다. 언어, 번역 그리고 언어와 번역이 상호작용하는 사회·문화적 환경간의 연관성을 위해 어휘학, 텍스트 언어학, 화용론 분야의 최근 연구를 통해 얻은 통찰력을 활용한다.

『말 바꾸기』(원제: *In Other Words*)는 개별 단어와 표현의 의미에서부터 문법 범주와 문화적 맥락에 이르기까지 언어의 다양한 영역을 고찰한다. 현대 언어학 이론에 확고한 기반을 두고 있으며, 단순한 차원에서 시작하여 점차 그 초점을 넓혀가면서 점점 더 복잡한 차원으로 확대된다. 저자는 각 장에서 다루는 개념과 이론적 입장을 명료하고 정확하게 설명한 뒤, 이를 다양한 언어의 번역 텍스트에서 찾은 실제 예와 연결시키고 있다. 각각의 예는 영어에 대한 지식만 있으면 이해할 수 있도록 하였다. 각 장의 마지막에는 그 장에서 논의한 쟁점들이 타당한지 번역 실습을 통해 검증해 볼 수 있도록 연습문제를 실어놓았다. 이론적 논의와 실제 적용의 이러한 결합은 직업 활동으로써의 번역 연구에 훌륭한 기초를 제공한다.

저자인 모나 베이커는 통번역 협회 교육 및 훈련 위원회의 의장이다. 번역가로 십 칠년 이상 활동했으며 버밍엄 대학과 UMIST 등의 여러 대학에서 강의하고 있다. 또한 『루트리지 번역학 백과사전』(*Routledge Encyclopedia of Translation Studies*, 1998)의 편집장이며 『텍스트와 기술』(*Text and Technology: In Honor of John Sinclair*, 1993)
의 공동저자이기도 하다.

번역을 마치고

물리적인 세계라고 할 수 있는 시간·공간적인 세계에서나 과학·정보·문화 등의 무형의 인프라에 영향을 받고 있는 심리적인 세계에서나 점점 더 이 세계가 좁아져 가고 있다는 것은 누구나가 느끼고 있는 현실이다. 점차 축소되어 가고 있는 세계는 긍정적이든 부정적이든 많은 변화를 수반하고 있으며, 이는 각각의 개인으로 하여금 변화에 적응하도록 유형·무형의 압력을 가하고 있는 것도 사실이다. 흔히 이러한 변화를 '세계화'라는 하나의 명칭으로 지칭하고 있는 상황에서 당면한 과제 중의 하나는 물리적인 세계에서나 가상공간의 세계에서나 다양한 언어를 사용하는 개인 간의 접촉이 늘어날수록 언어 간의 소통문제는 더욱더 절실한 문제가 되어가고 있다는 점이다. 이는 필연적으로 번역이나 통역의 문제로 귀결되며, 번역이나 통역의 중요성이 증대될수록 적절한 번역이나 통역의 기준은 무엇이며 이를 위한 교육의 목표나 방법이 어떻게 설정되어야 하는가 하는 문제들이 학자들에게 주어진 과제라고 할 수 있다.

역자가 대학원 과정에서 번역학 강의를 시작하면서 느낀 점 중의 하나는 번역의 중요성에 비해 상대적으로 번역학 자체에 대한 학문적인 관심이 저조하다는 것이다. 언제나 변화는 기존의 체제에 익숙한 구세대보다는 미래의 세계를 짊어지고 갈 새로운 세대에서 시작되기 마련이다. 학자들은 기타 언어학이나 문학의 영역에 쏟는 관심에 비해 상대적으로 번역학에 대한 관심이 미약하지만 이와 대조적으로 학생들은 어떠한 목적에서든지 항상 번역학에 대한 관심이 상당히 높다고 할 수 있다. 번역학에 대한 학생들의 열의는 수업 중에서 느껴지는 열기를 통해 주관적인 면에서도 확인할 수 있으며, 수강 신청에서 볼 수 있는 학생 수의 차이를 통해 양적으로도 확인된다. 현재 모든 산업이 재화의 공급자보다는 소비자의 요구를 중심으로 움직이는 현실에서 대학교육의 소비자라고 할 수 있는 학생들이 번역학에 대한 강의와 연구의 확대를 요구하고 있다면 대학교육의 공급자라고 할 수 있는 교수들도 이를 도외시할 수는 없다고 하겠다. 이러한 면에서 역자도 주전공이라고 할 수 있는 언어학에서 한 발짝씩 점점 더 번역학의 영역으로 움직이고 있음을 느끼고 있다.

대학교육에서 번역학 강의의 확대라는 학생들의 수요를 맞추기 위해서는 이를 위한 교재개발이 가장 우선시되는 문제이다. 이에 역자는 수차례 수업에서 강의를 하면서 연구하였던 Mona Baker의 "In Other Words"를 번역하기로 하였다. 이 책은 번역학에서는 교재로 가장 많이 선정되고 또한 가장 많이 인용되기도 하는 소위 베스트셀러이자 스테디셀러이다. 그러나 원서가 영어로 되어 있기 때문에 영어영문학을 전공으로 하는 학생에게는 큰 무리가 없을지라도 타 언어를 토대로 공부하거나 연구를 목적으로 하는 학생들에게는 부담이 될 수도 있다는 생각에서 번역을 결심하였다.

번역학 교재를 번역한다는 것이 주는 심적인 부담은 이 책을 읽을 독자들의 매서운 눈빛을 상상하면서 번역과정 내내 역자와 공동역자인 우리 네 사람의 머리에 항상 떠도는 문제였다. 부담이 크다고 해서, 그리고 완벽한 번역에 자신이 없다고 해서 이를 회피한다면 번역학의 발전이 그만큼 더딜 수 있다는 주제넘은 사명감 속에서 우리 역자들은 나름대로 이론에 충실하면서 번역하느라 노력하였다. 이 과정에서 정말 '제대로' 번역한다는 것은 참으로 어려운 일이며, 이를 쉽게 하기 위한 이론적인 발전이 더욱더 절실하다고 느낀 점도 번역 못지않게 역자들이 얻은 부수적인 수입이라고 하겠다. 완벽하지는 못할지라도 많은 시간과 노력을 기울인 번역서가 더 나은 책으로 수정될 수 있도록 독자들의 조언을 기다리는 마음으로 감히 출판에 임하기로 한다.

원서보다 더 나은 번역서가 가능한가에 대한 이론적인 논쟁은 차치하고라도 한국인 독자가 접하는 번역서가 조금이라도 원서보다 나아질 수 있도록 번역과정에서 몇 가지 변화를 시도하였다. 원서에서는 영어권 독자를 목표로 하였기에 중국어나 일본어의 언어자료가 영어 알파벳으로 표기되었으나, 대체로 한국어 독자들은 중국어나 일본어에 대한 지식이 영어권 독자들보다 더 높다고 생각되어 중국어, 일본어를 원어대로 표기하였다. 또한 영어권 독자들에게는 영어로 쓰인 장문의 텍스트가 부담이 없기에 길게 인용된 부분들도 있는데, 이를 이론적인 이해에 충분한 수준에서 부분적으로 생략함으로써 좀 더 이론에 몰입할 수 있도록 하였다. 마지막으로 책에서 역번역이라고 하는 것은 영어가 아닌 언어에서 저자인 Baker가 영어권 독자를 위하여 영어로 번역한 것이지만 이 책은 전체가 한국어로 다시 번역이 되었기 때문에 한국어로 한 번 더 번역이 되었다는 점을 밝혀 둔다. 언어가 한 번 번역이 될 때마다 어느 정도의 변화는 없을 수가 없다고 할 때 본문에서 역번역이라고 표기된 부분은 그만큼 번역상의 오차가 있을 수 있는 부분이라고 하겠다.

　번역학 교재를 번역한다는 '용감한' 이 시도가 아무쪼록 번역학을 이해하고자 하는 많은 연구자와 학생들에게 조금이라도 도움이 될 수 있기를 기원하는 마음이다. 번역과정에서 중국어와 일본어에 관해 많은 조언을 해 주신 세종대학교의 다지마 교수님께 감사드린다. 또한 이 책이 번역되어 출판될 수 있도록 도와주신 한국문화사 관계자분들께도 감사드리며, 특히 이 책의 표지 디자인을 맡아 주신 김지형님에게 깊은 감사를 드린다. 마지막으로 이 책을 잘 연구할 수 있도록 강의 중에 많은 질문과 의견을 개진해 준 세종대학교 번역학 대학원생들에게도 마음의 빚을 졌음을 밝히고자 한다.

2005년 3월 21일
세종대학교 군자관에서
곽은주

우리는 우리가 어떻게 번역하는지 혹은 무엇을 번역하는지 정말로 알고 있는가? ... 한 언어에서 다른 언어로 건너가는 수단으로써 '핵심적인 개념'을 받아들여야 하는가? ... 번역자들은 그들이 건너가고 있다는 사실은 알지만 어떤 종류의 다리를 건너고 있는지는 알지 못한다. 종종 다시 점검하기 위해 다른 다리를 통해 다시 건너가기도 한다. 가끔씩은 난간 너머 구렁에 떨어지기도 한다.

(Firth, 1957: 197)

번역의 질에 대한 평가는 '맞는 것 같지 않다'는 당당하지만 도무지 설명할 길 없는 변덕에 따라 이루어진다.

(Fawcett, 1981: 142)

1 서론

　모든 직종의 전문가들은 다양한 협회와 기관을 만들어 그 직종의 종사자들을 위해 포럼을 개최하거나 그 직종의 총괄적인 기준을 정하기 위해 토론하고 시험제도를 만들어 능력을 평가하며 행동 지침을 정한다. 특정 전문 직종에서 정하는 기준은 매우 높을 수 있지만 그렇다고 해서 타 직종의 종사자들에게 언제나 인정받는 것은 아니다. 아무리 폭넓은 경험을 오래 쌓았다 하더라도 점점 더 자격을 중시하는 요즘 사회에서 인정받기 위해서는 대개 정규 교육 등의 보증이 필요하다. 따라서 훌륭한 직업 혹은 그렇게 인정받으려는 직업은 모두 그 종사자들이 해당 분야에서 체계적인 교육을 받도록 한다. 영국통번역협회(ITI)가 결성되자마자 제일 먼저 착수한 일 중의 하나가 바로 번역 종사자들을 위해 교육 과정 개설과 운영을 위한 교육위원회를 구성한 일이었다.

　전문직의 종사자들에게 제공될 수 있는 교육은 크게 직업 교육과 대학 교육으로 구분된다. 직업 교육은 실용 기술을 가르치되 견고한 이론적 요소는 제외한다. 배관이나 타자 기술 교육이 그 좋은 예이다. 교육 과정이 끝나면 학생은 빠른 속도로 정확하게 타자를 칠 수 있게 되어 종이 한 장으로 그것을 증명할 수 있다. 그러나 그게 전부이다. 그렇게 습득한 능력은 순전히 실용기술이기 때문에 사회에서는 그저 '숙련된 일' 정도로 인정받을 뿐 일반적으로 전문직 차원으로까지 높이 평가받지는 못한다. 직업 교육 과정과 마찬가지로 대부분의 대학 교육 과정도 학생들에게 컴퓨터 프로그램 만들기나 다리 건설, 질병 치료 등 특수한 일을 처리하는 방법을 가르친다. 그러나 그게 전부는 아니다. 대학 교육은 항상 견고한 이론적 요소를 포함한다. 이론적 요소의 가치는 학생들이 자기가 무엇을 하고 있는지, 어떻게 해야 하는지, 또 왜 그 방법을 선택하는지에 대해 숙고하도록 해 준다는 데 있다. 다양한 방법들의 장점과 단점을 탐색하면서 그 중 특정 방법을 택한다는 것은 해당 작업의 대상과 도구에 대해 철저하고 세밀하게 알고 있을 때만 가능한 일이다. 의사가 인체의 작동 방식과 특정 약품이 일으킬 수 있는 부작용, 또한 그런 부작용을 막아주는 방법 등에 대해 이해하지 못한다면 이 치료방식보다 다른 방식을 따르는 편이 낫다고 결정할 수 없기 마련이다.

이론 교육이 반드시 모든 경우에 성공을 보장하는 것은 아니다. 때로 일이 잘못될 수 있는 가능성은 여전히 존재한다. 예컨대 의학의 경우, 인체의 반응과 스트레스 등 다른 요소들의 영향을 완벽하게 예측해낼 수는 없기 때문이다. 그러나 인체의 기관이라든가 다양한 약의 성질과 성분 등을 이론적으로 이해하게 되면 (a) 주어진 상황에 따르는 위험을 최소화할 수 있고, 학생은 미처 예측하지 못했던 상황에 대처하는 법을 익힐 수 있다. 또한 (b) 현직 의사는 그의 결정이 예감이나 직감에 의한 것이 아니라 구체적인 지식에 근거하여 계산해낸 것임을 알기 때문에 어느 정도 확신을 갖게 된다. 더 나아가 (c) 이론은 몇몇 지역에 국한된 것이 아니라 전 세계에 걸쳐 그 직종에 종사하는 전문가 집단 전체가 공유하고 탐구하여 확장할 수 있는 입증된 지식체이기 때문에, 그 분야가 더 발전해 갈 수 있는 기반을 제공한다. 말할 것도 없이 이런 유형의 이론적 지식은 실제 경험에 확고히 뿌리를 두지 않으면 그 자체로서는 아무 가치가 없다.

번역은 그 역사가 오래되었지만 한번도 의학이나 공학 같은 다른 전문직들이 누렸던 존경과 인정을 받아 본 적이 없다. 오늘날도 변함없이 번역가들은 번역 일이 평가 절하되어 전문직으로 인정받지 못하고 있다고 불평한다. 영국통번역협회(ITI)가 개최한 1차 학술대회를 요약하면서 Nick Rosenthal의 기록에 의하면 Bellos 교수는 '이번 1차 ITI 학술대회의 주요 관심사와 초점은 전문직으로서 번역가의 위치가 부당할 정도로 낮다는 점이다. 이는 적절한 주제이며, ITI가 결성된 주요 이유 중 하나이기도 하다'(1987: 163)라고 말한다. 전문직으로서의 번역의 위치가 이렇게 낮은 것은 의심할 바 없이 '부당'하다. 그러나 이러한 결과가 단순히 일반 대중의 잘못만은 아님을 인정해야 한다. 번역 과정은 복잡하기 때문에 이 분야에서 정식 직업 교육을 받아야 함에도 불구하고 그만큼 인정받지 못하고 평가 절하되는 데는 번역 단체 자체의 잘못도 있다. 번역가들은 아직 '번역이 수작업인지, 기술직인지, 아니면 전문직인지 혹은 사업인지도'(같은 책: 164) 확실히 모르고 있다. 체계적인 정규 번역 교육을 받지 않고도 오랜 동안의 다양한 경험을 통해 수준 높은 능력을 갖추게 된 재능 있는 번역가들은 번역 단체 전체도 동일한 방식으로 높은 기준을 갖출 수 있다고 생각하는 경향이 있다.

우리 직업은 지식과 경험에 기반하고 있다. 모든 직업 중에서 그 견습 과정이 가장 길다. 삼십 세가 되어서야 번역가로서 활동하기 시작하고, 오십 세가 지나야 비로소 전성기에 접어든다.

직업경력 피라미드의 첫 단계, 즉 견습 단계는 삶의 지식과 경험을 획득하기 위해 전폭적으로 우리 자신에게 투자하는 시기이다. 삶의 행로 한 가지를 제안하고자 한다. 서로 다른 국적을 지닌 조부모 아래에서 훌륭한 학교 교육을 통해 읽기, 쓰기, 철자법, 해석 방법을 배우고 본인의 모국어를 사랑하라. 그런 뒤 세상 이곳저곳을 여행하면서 친구를 사귀고 삶을 잘 살펴보라. 다시 학교로 돌아가되 언어학이 아니라 기술이나 상업에 관련된 학위를 받으라. 이십대 후반과 삼십대 초반에는 본인이 말할 줄 아는 언어권 나라에 가서 직접 언어에 관련된 일 외에 산업이나 상업 분야에서 일하라. 국적이 같은 사람과 절대 결혼하지 말라. 아이들을 낳으라. 그리고 다시 대학원 번역 과정에 입학하라. 처음에는 회사 직원으로 번역 일을 시작하고 나중에는 고정역자로 일하라. 그리하여 사십 세가 되면 시작할 준비가 완료된다.

(Lanna Castellano, 1988: 133)

Lanna가 제안한 직업경력의 행로는 의심할 바 없이 많은 사람들에게 잘 적용된다. 널리 존경받는 일류 번역가인 Lanna 자신의 예가 이를 입증한다. 그러나 최소한 초반의 삼사십년 동안 정규 대학 교육보다는 인생 경험을 강조하는 것을 염두에 둘 때, 과연 야심 찬 번역가들 대부분이 이런 행로를 따르는 것이 가능한지, 또 번역이라는 직업 전체에 이러한 접근방식을 사용하는 것이 옳은지에 대해서는 의문을 품게 된다. 이 행로의 명백한 문제점은 번역가로서 필요한 필수 기술을 익히는데 너무 오래 걸려서 미처 시작하기도 전에 경력이 끝나버린다는 점이다.

Lanna Castellano는 정규 대학 교육을 반대하지 않는다. 반대로 이를 권장하며, 이러한 교육이 번역 직종에 유익함을 인식하고 있다. 그러나 내가 예전에 만났던 전문 번역가들 중에는 실제로 정규 대학 교육에 강력히 반대하는 사람들이 있었다. 번역은 소질과 실습과 잡다한 지식만 있으면 되는 기술일 뿐 그 이상은 아니라는 이유 때문이었다. 그들은 번역 능력은 타고나는 재능이며, 따라서 몇몇 번역 단체에서는 거의 천한 말처럼 여기는 이론은 번역가의 일과는 무관하다고 말한다.

의술과 비교하자면, 이런 생각을 받아들일 경우 우리는 결국 마술사나 믿음 치유자로밖에는 보이지 않을 것이다. 어떤 이들은 약이나 인체에 대한 전반적이고 적극적인 이해 덕분이 아니라 마법의 힘이나 신과의 특별한 관계 덕분에 사람들을 치유할 수 있다는 생각에 만족할지 모르겠지만, 의학과는 달리 이러한 마법 치료나 믿음 치료는 전문직으로 인정받지 못한다는 사실은 변함없다.

대부분의 번역가들은 자신의 일을 전문직으로 여기기를 선호하며, 숙련된 혹은 덜 숙련된 일꾼으로서가 아니라 전문가로서 대우받기를 원한다. 그러나 그러기 위해서는 번역가가 뒤로 물러나 자신이 하고 있는 일과 그 일을 하는 방식에 대해 곰곰이 생각할 수 있는 능력을 개발할 필요가 있다. 의사와 엔지니어가 그렇듯이, 번역가는 자신이 하고 있는 일을 통제하고 있다는 점을 다른 사람들은 물론 본인 자신에게도 입증해야 한다. 번역 재능 덕분에 그냥 잘 번역하는 것이 아니라 다른 전문직 종사자들처럼 그 일의 다양한 측면을 이해하기 위해 의식적으로 노력하고 있다는 것을 보여주어야 한다.

의학이나 공학과 달리 번역은 학문적인 면에서는 역사가 매우 짧은 분야이다. 전 세계 모든 대학은 아니지만 점점 더 많은 대학들이 이제 겨우 번역을 독자적 연구 주제로 인정하기 시작하는 단계이다. 모든 신흥 학문이 그렇듯이 번역도 그 자체의 방법론을 개발하고 형식을 갖추기 위해서는 다른 관련 학문들의 이론과 연구결과에 의존할 필요가 있다. 그러나 필연적이고 유익한 관련 학문이 무엇인지에 관한 문제는 여전히 논쟁거리이다. 번역은 다양한 문화적 배경을 가진 다양한 집단의 사람들 간에 그리고 그 집단 내에서 의미가 어떻게 생성되는지에 관여해야 하는 학문이므로, 전반적인 삶의 거의 모든 측면과 특정한 발화 공동체 간에 일어나는 상호작용의 거의 모든 측면이 번역에 관련된다고 할 수 있다. 이는 분명히 연구 범위로써 너무 넓다. 그러므로 우선, 번역이 말 그대로 전문직이 되려면, 번역가는 지금처럼 직감과 실습의 혼합이 아니라 자기가 하고 있는 일과 그 일을 하는 방식에 대해 곰곰이 생각할 수 있도록 해주는 다른 무엇인가가 필요하다. 무엇보다도 번역가는 자신이 다루는 원천 자료에 대해 충분한 지식을 갖출 필요가 있다. 즉 언어란 무엇이며 언어가 그 사용자에게 어떤 식으로 작용하는지 이해할 필요가 있다.

언어학은 언어를 그 자체로써, 또한 의미를 생성하는 도구로써 연구하는 학문이다. 따라서 신생 학문인 번역학에 많은 것을 제공해 줄 수 있으며, 틀림없이 번역가에게 언어의 성질과 기능에 대해 귀중한 통찰력을 제공할 수 있다. 특히 현대 언어학은 언어 그 자체의 연구에 한정되지 않고 텍스트를 단어와 구조의 엉성한 연속물이 아니라 의사소통적 사건으로 보는 학문인 텍스트언어학과 추상적 체계로서의 언어가 아니라 실제 사용되는 언어를 연구하는 학문인 화용론 같은 하부 학문도 포함하기 때문에 더욱 그러하다. 이 책을 통해, 번역가 교육을 위한 기반을 제공하고 번역 수행 과정에서 번역가가 내려야 하는 결정을 알려주며 안내할 수 있는 현대 언어학 이론의 몇몇 분야를 탐색하고자 한다.

1.1 이 책의 구성

이 책은 주로 계층적으로 구성되며 간단한 원칙에 기반을 두고 있다. 즉 가장 단순한 차원에서 시작하여 각 장마다 그 초점을 확장함으로써 점차 복잡한 차원으로 진행된다. 2장 '단어 차원의 등가'에서는 우선 단순한 기본 요소 접근법을 도입하여 단일 단어와 표현의 의미를 탐색한다. 3장 '연어와 관용구 차원의 등가'에서는 관련 범위를 조금

넓혀서 단어와 구의 결합을 살펴본다. 관습적으로 혹은 준관습적으로 확장된 언어를 형성하기 위해 단어가 다른 단어들과 결합하기 시작할 때 어떤 일들이 벌어지는지 알아본다. 4장 '문법 차원의 등가'에서는 수와 성 같은 문법 범주를 다룬다. 5장과 6장은 막연하게나마 언어의 텍스트 차원이라고 불릴 수 있는 부분을 살펴본다. 5장에서는 텍스트 차원에서 메시지 구성을 위해 어순이 담당하는 역할을 논의하고, 6장에서는 표층결속성(cohesion), 즉 텍스트의 여러 부분들 간의 연결고리를 제공하는 문법적, 어휘적 관계에 대해 다룬다. 7장 '화용론적 차원의 등가'에서는 저자, 독자, 문화적 맥락 등의 변수들이 포함된 의사소통 상황에서 텍스트가 어떤 식으로 사용되는지 살펴본다.

언어를 단어, 문법, 텍스트 등 표면상 한정된 영역으로 구분하는 것은 인위적이며 논쟁의 소지가 있다. 우선 이러한 영역들은 서로 분리되어 있지 않다. 이 영역의 관심분야는 여기에서 끝나고 이어서 다음 영역의 관심분야가 시작된다고 말하는 것은 사실상 불가능하다. 게다가 소위 단어 차원이나 문법 범주 차원에서 행해지는 결정은 원천텍스트와 번역물의 목적 및 기능을 어떻게 이해하고 있느냐에 따라 영향을 받게 되며 전체 담화에 대해 함축적 의미를 갖게 된다. 그러나 비록 인위적이긴 하더라도 분석을 목적으로 할 때는 언어를 개별 영역들로 구분하는 것이 유용하다. 또한 이런 구분이 단지 하나의 편리한 도구로써 택한 것임을 알고 있다면, 이러한 구분을 통해 번역하기 어려운 영역을 보다 용이하게 또한 정확하게 지적해낼 수 있다.

언어를 개별 영역으로 구분하는 일과 마찬가지로, 이 책에서 **등가**(equivalence)라는 용어를 사용하는 것은 편의를 위해서이다. 이 용어가 이론적으로 중요해서라기보다는 대부분의 번역가들에게 익숙하기 때문이다. 이 책에서는, 대개 어느 정도까지는 등가가 성취될 수 있다 하더라도 이는 다양한 언어적 요인과 문화적 요인에 의해 영향을 받으며 따라서 항상 상대적이라는 전제하에 등가라는 용어를 사용하고 있다.

이 책의 구성은 하향식보다는 상향식을 따르며, 문화 맥락 내에 위치한 텍스트보다는 단어와 구부터 시작한다. 이는 언어학과 번역학의 최근 동향과는 다소 맞지 않아 보일수도 있다. Snell-Hornby(1988: 69)는 '텍스트 분석은 번역의 필수 준비조건이며 이는 하향식, 즉 거시 차원에서 미시 차원으로, 텍스트에서 기호 방향으로 진행되어야 한다'고 제안한다. Hatim & Mason(1990)의 번역과정 모형도 하향식 접근법을 채택하여 번역 문제와 전략을 논하기 위한 출발점으로 텍스트 유형과 맥락 등을 꼽는다. 하향식 접근법이 이론적으로 더 타당하긴 하지만, 너무 많은 내용을 담고 있어 한번에 모든 것을 받아들이기는 힘들기 때문에 훈련된 언어학자 외에는 따라가기가 힘들다. 게다가 '텍스트'와 '맥락'을 지나치게 강조하면, '하나의 텍스트는 문법 단위가 아니라 의미 단위'이기는 하지만 … '의미는 표현을 통해 실현되며, 어법에 관한 이론 없이는 … 텍스트의 의미를 어떻게 해석하는지 또렷이 보여줄 길이 없다'(Halliday, 1985: xvii)는 사실을 간과할 위험이 있다. 다시 말하자면 텍스트는 형태 단위가 아니라 의미 단위이지만, 의미는 형태를 통해 실현되므로 개별 형태들의 의미를 이해하지 못하고서는 텍스트 전체의 의미를 해석할 수 없다. 맥락을 떠나 단어와 구를 번역하는 것은 분명 무익한 행위이지만, 개별 단어나 구, 문법 구조 등 보다 낮은 차원의 요소들이 텍스트 전체의 의미를 통제하고 형성하는 방식을 제대로 이해하지 못하는 상태에서 텍스트 차원에서 이뤄지는 번역에 대한 결정들을 제대로 평가하기를 학생에게 기대하는 것 역시 무익하기는 마찬가지이다. 따라서 하향식과 상향식 모두 나름대로 효과적이지만, 이 책은 교육을 목적으로 하므로 후자를 선택하였다. 언어학적 훈련 기반이 없는 사람이 따라가기에는 상향식이 훨씬 쉽기 때문이다.

1.2 예문, 역번역, 예문에 사용된 언어들

각 장마다 그 장에서 논의하는 언어 영역에 관련된 번역 문제의 잠재적 원인을 규명하고 그 문제를 해결하기 위해 가능한 전략들을 찾아내려는 시도가 이루어진다. 이 전략들은 미리 예상된 것이 아니며 이상적인 해결책으로 제시되지도 않는다. 그보다는 다양한 언어로 번역된 번역물에서 실제 예문을 분석함으로써 발견되고, 사용해야 하는 '올바른' 전략이 아니라 '실제' 사용하고 있는 전략으로 제시된다. 발견한 다양한 전략들을 설명하고, 각 전략의 찬성과 반대 의견을 탐색하기 위해, 때로는 길게 예문을 인용하고 논의한다. 가끔씩 특정 번역물에 대해 비판적인 논의가 가해지기도 하지만, 출판된 번역물의 오역을 찾아내는 게 훈련의 목적은 결코 아니다. 극단적인 경우가 아니라면 좋은 번역으로 간주되는 것과 나쁜 번역으로 간주되는 것 사이에 선을 긋기는 사실상 불가능하다. 모든 번역은 강점과 약점이 있으며 또한 개선의 여지가 있다.

예문의 원천언어는 대부분 영어이다. 이 책의 주 관심사인 비문학 텍스트의 경우, 아마 세계에서 가장 널리 번역되는 언어가 바로 영어이기 때문이다. 또한 이 책이 영어로 쓰였기 때문에 이 책을 읽는 모든 독자는 충분한 영어 실력이 있으리라 가정해도 무방하리라 생각한다. 영어로 번역된 예문과 연습문제들을 포함시키고 싶었지만 원천언어가 일정하게 유지되지 않는 한 번역에 관한 일반 교재 저술은 불가능하다는 점을 인정해야만 했다. 따라서 몇몇 경우 외에는 번역의 방향을 영어에서 출발하여 다양한 목표언어로 향하도록 하였다. 그러나 독자들, 특히 번역을 가르치는 교사들에게는 예문과 연습문제를 개별 목적에 맞게 변경하도록 권유한다. 일단 특정 주제에 대해 논의하고 이해한 뒤에는, 영어를 원천언어로 다룬 예문과 연습문제를 대체할 다른 언어로 된 대안적 텍스트를 쉽게 발견할 수 있다.

예시된 목표언어들이 전부 유럽어인 것은 결코 아니다. 아랍어, 일본어, 중국어 등의 주요 비유럽어를 포함하고 있다. 비유럽어에 대한 강조가 특별해 보일 수 있지만, 이는 오늘날 번역학의 유럽어 편중 성향을 벌충하고자 함이다. 유럽 바깥에도 삶이 있으며 실제로 번역이 존재함을, 그리고 비유럽인 전문번역가들도 적어도 유럽 번역가들이 사용하는 전략만큼 유용하고 흥미로운 일련의 전략들을 사용한다는 점을 유럽 번역 공동체가 깨달아야할 적기이다. 게다가 언어학적 배경을 가진 번역가에게는 비유럽어의 번역 문제를 탐구하는 것이 특히 유익하다. 비유럽어의 구조와 문화적 환경을 살펴보면 그러지 않을 경우 언어와 번역을 논하면서 간과하기 쉬운 중요한 문제들이 제기되기 때문이다.

대부분의 독자들은 이 책에 설명된 모든 언어들에 친숙하지는 않을 것이다. 그래도 함께 제시한 **역번역**을 참고하면 각 예문들을 이해할 수 있다. 역번역(back-translation)은 이 책에서 사용된 것처럼, 독자에게 친숙하지 않을 거라고 추정되는 언어로 쓰인 원문 혹은 번역문의 텍스트를 선택하여 영어로 옮기되 형태론적, 통사적, 어휘적이든 가능한 축어적(literal translation)으로 번역하는 것을 의미한다.[1] 역번역이라는 용어를 사용하는 이유는 원천언어가 영어인 경우가 많으므로 목표텍스트를 기존의 번역된 상태에서 원천언어로 다시 번역하기 때문이다. 역번역은 비록 원문의 의미까지는 아니더라도 그 구조 측면에서는 얼마간 통찰력을 제공하긴 하나, 결코 원문과 동일하지는 않다. 역번역을 사용하는 것은 어쩔 수 없는 타협으로써 이론상 불합리한데다 이상과는 거리가 멀다. 하지만, 우리가 사는 세계는 이상적이지 않으며 (우리들 중 여덟, 아홉 개의 언어를 구사하는 사람은 거의 없다), 이론적 기준이라는 것도 유익한 논의에 걸림돌이 될 때는 더 이상 의미를 갖지 못한다.

예문은 대부분 원천언어 그대로 텍스트 본문에 인용하고 있다. 가령 영어 예문 다음에 독일어나 아랍어 번역문을 제시하고, 이어서 그 번역문의 역번역문을 제시하였다. 단, 다음 두 가지 경우는 예외이다. 첫째, 일반 단락보다 더 긴 텍스트는 주석이나 책 끝부분의 별도 부록에 포함한다(역번역은 여전히 영어 원천텍스트 다음에 제시한다). 둘째, 일본어, 중국어, 러시아어, 그리스어 예문은 활자 조판의 어려움 때문에 텍스트 본문에 싣지 않고 끝부분의 별도 부록에 싣는다. 이 언어들에 익숙한 독자라면 제시된 역번역에 만족하지 말고 관련 부록이나 주석을 참고하길 바란다.

마지막으로, 번역이 문화를 가로지른 언어 중재의 도구로써 갖는 단점과 실패는 충분히 논의되어 왔다. 그 동안의 연구를 살펴보면 번역은 불가능한 임무이고, (a) 언어들은 절대 동일한 실재를 표현할 수 있을 만큼 충분히 유사하지 않으며 (b) 더욱이 '실재'란 언어와 별개로 존재한다고 가정할 수 없기 때문에 실패할 수밖에 없는 운명이라고 주장하는 이론적 논쟁이 가득하다. 그러나 수많은 한계에도 불구하고 번역은 변함없이 필수적이고 소중한 작업이다. 번역은 계속해서 서로 다른 문화와 언어적 배경을 지닌 사람들을 좀 더 가깝게 묶어주고, 그들이 세계에 대해 보다 조화로운 관점을 공유하게 해 주며, 서로 다른 사회들 간에 충분한 이해의 다리를 놓아주고 있다. 가장 회의적인 혹평이라 하더라도 만약 번역가와 통역가가 없으면 우리는 훨씬 덜 우호적이고 덜 흥미로운 환경에서 살게 될 것이라는 점을 인정할 수밖에 없다. 번역가들은 그들이 하는 일에 자부심을 느끼고, 번역이 하나의 완벽하게 자리 잡은 전문직으로 인정받고 마땅히 존경을 받아야 한다고 주장할 만한 합당한 이유가 있다. 이렇게 인정받는 일은 지금까지 오랫동안 지연되었으며 우리는 이를 앞당기기 위해 필요한 것은 뭐든

지 해야 한다. 우선 사회가 '전문직'으로 인정하기 위해 정해놓은 요구
사항들을 충족시키는 일부터 시작할 수 있을 것이다.

보충자료

Frawley, W. (1984) 'Prolegomenon to a theory of translation', in W.
    Frawley (ed.) *Translation: Literary, Linguistic, and Philosophical
    Perspectives* (London and Toronto: Associated University Press).
Holmes, J. S. (1987) 'The name and nature of translation studies', in G.
    Toury (ed.) *Translation Across Cultures* (New Delhi: Bahri).

참고

1   이 책에 제시된 역번역 상당 부분이 매우 축어적으로 번역되었음을 강
    조하는 것은 중요하다. 해당 역번역에 나타난 영어의 품질이 번역 그
    자체의 품질을 반영한다는 의미는 아니다. 독자는, 특히 영어가 모국어
    인 독자들은 역번역에 사용된 영어가 반드시 정확하지는 않으며 이를
    본래의 영어와 혼동해서는 안 된다는 점도 알고 있어야 한다.

2 단어 차원의 등가

언어가 단순히 보편개념을 지칭하기 위한 명명법이라면 한 언어를 다른 언어로 옮기는 일은 쉬운 일이다. 어떤 개념에 대한 불어 명칭을 영어 명칭으로 단순히 바꾸기만 하면 되기 때문이다. 언어가 이러한 것이라면 새로운 언어를 배우고자 하는 노력도 한결 수월해질 수 있다. 그러나 이러한 일을 전부 시도해본 사람들이라면 언어가 단순한 명명법이 아니며, 한 언어의 개념들이 다른 언어의 개념들과 현저히 다르다는 것을 알게 된다. 언어마다 세계를 표현하거나 체계화하는 방법이 다르다. 언어는 단순히 존재하는 범주에 이름을 붙이는 것이 아니라 스스로 범주를 만들어낸다고 할 수 있다.

(Culler, 1976: 21-2)

이 장은 단어 차원 등가의 결여로 생긴 문제 즉, 번역가가 번역하고자 하는 목표언어에서 원천언어의 단어와 동일한 의미를 지닌 단어를 찾지 못했을 경우 취해야 할 방법에 대하여 논의하고자 한다. 그러나 구체적인 비등가적 유형과 이 유형들을 살펴보기 위해 사용할 여러 전략을 알아보기에 앞서 단어가 언어의 주된 의미 단위인지 그 여부를 확인하고, 이 단어가 전달하고자 하는 의미의 종류와 특정 의미를 전달하고자 선택한 방식으로 인해 언어가 얼마나 다르게 표현되는가 등을 확인하는 일이 무엇보다도 중요하다.

2.1 다양한 언어내의 단어

2.1.1 단어의 정의

번역가는 한 언어 범위의 전체적인 의미를 전달하는데 상당한 관심을 두게 된다. 따라서 번역가는 언어의 의미를 전달하는 단위와 구조를 분석해야만 한다. 소위, 개별 의미를 전달할 것이라 예상되는 가장 작은 단위를 **단어**(word)라고 한다. 정확한 표현은 아니지만, 단어란 '그 자체로 사용할 수 있는 언어의 최소 단위'(Bolinger & Sears, 1968: 43)라고 볼 수 있다.[1] 따라서 현재의 목적에 부합하기 위해, **문어**(written word)의 경우 단어란 양쪽이 정자법의 띄어쓰기로 표시된 글자의 연속체로 정의해 볼 수 있다.

보통은 단어가 한 언어에 존재하는 기본적인 의미 요소라고 간주하고 있는데 이는 엄밀히 말해서 정확한 표현이라고 할 수 없다. 의미는 단어(2.1.3 참조)보다 더 작은 단위에 의해 전달될 수 있다. 하지만 대부분 의미는 개별 단어보다도 훨씬 더 복잡한 단위와 다양한 구조와 언어적 장치에 의해 전달된다. 이는 다음 장에서 좀 더 자세히 다룰 것이므로 현재는 보다 복잡한 언어 단위를 토론하기 전의 출발점으로써 개별 단어에 만족해야 할 것이다.

2.1.2 단어와 의미의 일대일 대응 관계

단어 형성에 있어 'rebuild'와 같은 단어에는 두 개의 변별적 의미 요소인 're'와 'build', 즉 '다시 만드는 것'으로 형성된다. 이처럼 'disbelieve'도 'not to believe(믿지 못하는 것)'으로 바꾸어 표현할 수 있다. 영어에서 여러 개의 정자법 단어로 표현할 수 있는 의미 요소가 다른 언어

에서는 하나의 정자법 단어로 표현될 수 있고, 반대의 경우도 발생한다. 영어의 'tennis player'를 예로 들어보면 터키어에서는 'tenisçk'라는 한 단어로 표현되며, 영어의 'if it is cheap'라는 문장은 일본어에서는 'やすかったら'라는 한 단어로 나타낸다. 그러나 영어의 동사 'type'은 스페인어로는 세 단어인 'pasar a maquina'로 옮겨진다. 이는 언어 내에서 혹은 언어 간의 정자법 단어와 의미 요소 간의 일대일 대응 관계가 없다는 점을 의미한다.

2.1.3 형태소의 정의

어떤 언어학자들은 단어의 의미 요소를 나누어 이 요소들을 좀 더 효율적으로 다루고자 최소 의미 형식 요소인 형태소라는 용어를 제안하였다. **형태소**(morpheme)는 단어와는 다른 것으로써 단어는 여러 개의 의미 요소를 포함할 수도 있고 포함하지 않을 수도 있지만 형태소는 하나 이상의 의미 요소를 포함할 수 없으며, 더 이상 분석될 수도 없다는 데 그 중요한 차이가 있다.

한 예를 들어보면 영어의 'inconceivable'은 하나의 단어로 쓰여 있으나, 'in(아닌/없는)', 'conceive(생각이나 상상을 하다)', 'able(할 수 있는)'이란 세 개의 형태소로 이루어져 있다. 따라서 'inconceivable'을 적절하게 풀어쓰면 '생각하거나/상상할 수 없는'으로 표현하게 된다. 어떤 형태소는 복수(funds), 성(manageress), 시제(considered)를 표시하는 문법적 기능을 지니고 있다. 다른 형태소는 동사에서 형용사(like: likeable)로 단어 범주가 달라지기도 하며, 부정을 뜻하는 특별한 의미 요소(unhappy)를 덧붙이기도 한다. 또한 'need'나 'fast'와 같이 하나의 형태소로 이루어져 있는 단어도 있다. 그러나 형태소라고 해서 항상 이렇게 명확하게 구분되지는 않는다. 'girls'의 예에서처럼 'girl+s'라는 두 개의 변별적 형태소를 식별할 수 있는 경우도 있으나 'men'에처럼 'man'과 '복수'가 함께 섞여 두 개의 형태소가 구별되지 않는 경우도 있다. 따라서 정자법 단어가 하나 이상의 형식적 의미 요소를 포함할 수도 있지만 의미 요소의 경계가 언제나 뚜렷이 표층 상에 드러나는 것은 아니다.

위에서 살펴 본 바와 같이 단어와 형태소 간의 이론적인 구분은 표층에서 표현할 수 있는 의미 요소를 설명하기 위한 것이다. 하지만 각각의 형태소나 단어를 의미 성분, 즉 'man'이란 단어를 '남자＋성인＋인간'의 성분으로 분석하듯이 더 세분화하여 분석하지 않을 것이며, 단어와 발화의 다양한 의미 유형을 분석하기 위해서 다른 모델을 제시하지도 않을 것이다. 다음에 이어질 절에서는 단어와 형태소 간의 구별 없이 어휘적 의미(lexical meaning)를 분석할 방법을 모색하고자 한다. 그러나 단어와 형태소의 차이점은 원천언어의 신조어를 번역하고자 할 때 특히 유용하게 쓰인다는 점을 명심해야 한다(2.3.2.1(i) 참조).

2.2 어휘적 의미

> 모든 단어(어휘 단위)는... 개별적이어서 어떤 다른 단어들과도 차별화된다. 어휘적 의미는 각 단어의 속성을 가장 잘 드러내 준다.
>
> (Zgusta, 1971: 67)

한 단어나 어휘 단위의 **어휘적 의미**(lexical meaning)는 특정 언어체계에서 그 단어 및 어휘 단위가 갖는 구체적인 가치이며 그 체계 내 어법을 통해 획득한 독특한 성질로 간주할 수 있다. 단어, 유형, 구조를 변별적인 어휘의 의미 성분들로 분석하기는 좀처럼 가능하지 않다.

언어가 작용하는 방식이 이 분석을 따르기에는 너무나 복잡하기 때문
이다. 그럼에도 불구하고 언어의 복잡함을 올바르게 이해하고 결과적
으로 더 효과적으로 이용하기 위해서 한시적으로 언어의 복잡함을 낮
추기도 한다. 이러한 목적으로, 어휘적 의미의 구성요소들을 분석하는
데 필요한 모델에 대해서 간단히 논의하고자 한다. 이 모델은 Cruse
(1986)가 고안했고, **사용역**(register: 2.2.3)에 대한 기술은 Halliday(1978)를
따랐다. 어휘적 의미의 대안모델은 Zgusta(1971: 1장)과 Leech(1974: 2
장)을 참조한다.

Cruse에 따르면, 단어, 문어와 구어 텍스트를 포함한 발화의 의미는
주로 **명제적 의미**, **표현적 의미**, **전제적 의미**, **환기적 의미** 4가지 유형
으로 구분한다.

2.2.1 명제적 의미와 표현적 의미

단어나 발화의 **명제적 의미**(propositional meaning)는 단어나 발화와
이것이 속해 있는 언어의 화자가 생각하는 실제 세계와 가상 세계에서
지시하는 대상 간의 관계에서 생겨난다. 이러한 종류의 의미는 발화가
참인지 거짓인지 판단할 수 있는 기반을 마련한다. 가령 '셔츠'의 명제
적 의미는 '상체에 입는 의류의 한 종류'이다. 상식적으로 '셔츠'를 '양
말'처럼 발에 신는 의류로 지시하는 것은 정확한 표현이 아니다. 이처
럼 '부정확'하게 번역할 경우에 종종 명제적 의미에 의문을 품게 된다.

표현적 의미(expressive meaning)는 참 혹은 거짓을 판단할 수 없다.
표현적 의미는 단어와 발화가 의미하는 것보다 화자의 느낌이나 태도
에 관련된 의미이기 때문이다.[2] 'Don't complain(불평하지마라)'과 'Don't
whinge(칭얼거리지마라)'의 차이점은 이들의 명제적 의미에 있는 것이
아니라 'whinge(칭얼대다)'의 표현적 의미 즉, 화자가 어떤 행동에 대해

성가심을 나타내는 것에 있다. 이는 또한 동일한 언어 내에서 동의어 혹은 유사동의어로써 종종 지칭되는 단어와 발화 뿐만 아니라 서로 다른 언어의 단어와 발화에서도 마찬가지이다. 영어의 'famous'와 프랑스어의 'fameux'는 명제적 의미에는 차이가 없다. 즉, 두 항목 모두 기본적으로 '유명한'을 의미한다. 이들의 차이점은 표현적 의미에 있다. 영어의 'famous'는 중립적임으로 본래 평가적 의미 혹은 어감이 포함되어 있지 않다. 반면 프랑스어의 'fameux'는 평가적인 의미가 잠재되어 있으므로 일부 맥락에서 경멸적으로 서슴없이 사용된다. 예컨대 'une femme fameuse'라고 한다면 대체로 '평판이 좋지 않은 여자'를 일컫는다.

단어와 단어 간의 표현적 의미의 차이점은 문제의 단어에 특정 태도 혹은 평가에 대한 표현이 내재되어 있는지의 여부를 가리는 단순한 문제가 아니라는 점에 주목해야 한다. 동일한 태도나 평가는 강압성(forcefulness) 정도의 차이에 따라 두 단어 혹은 두 발화로 표현될 수 있다. 가령 'unkind(불친절한)'와 'cruel(잔인한)'은 모두 화자가 누군가의 태도에 비난을 하는 표현적 의미가 깔려 있다. 그러나 'cruel'의 비난적 의미 요소는 'unkind'에 비해 훨씬 강하다.

단어나 어휘 단위의 의미는 명제적 의미와 표현적 의미를 모두 지닐 수 있다. 바로 'whinge(칭얼대다)'가 그 예이며, 'book(책)'은 명제적 의미만을 'bloody(지독한)'는 여러 다른 욕설과 강조어처럼 표현적 의미만을 지니고 있다. 단어가 오직 표현적 의미에만 기여함으로 정보 내용에 영향을 끼치지 않는다면 발화에서 삭제할 수 있다. 예컨대 아래 텍스트의 'simply'를 보도록 하자.

당신이 사랑에 고취되어 있는 동안, MG는 편안함을 제공할 것입니다. 편안한 좌석이 당신을 꼭 품어줄 것입니다. 전기식 사이드미러와 착색

된 유리창, 중앙잠금장치와 같은 고급스러움에 빠져들 것입니다. 실로 (simply) 능수능란한 연주와 함께 멋진 음악시스템이 당신을 즐겁게 해 줍니다.

(Today's Cars, Austin Rover 소책자)

위의 발췌문에는 표현적 의미가 강한 항목이 많지만 특히 마지막 문장의 'simply'는 전적으로 표현적 기능만이 있다. 이 단어를 삭제한다 하여도 메시지의 정보 내용은 달라짐이 없겠지만 강압성의 정도는 물론 한층 낮아질 수 있다.

2.2.2 전제적 의미

전제적 의미(presupposed meaning)는 공기(co-occurrence) 제약, 즉 특정 어휘 단위의 전후에서 예상되는 다른 단어나 표현에 대해 가해지는 제약에서 발생한다. 이러한 제약에는 다음과 같은 두 가지 유형이 있다.

1 **선택적 제약** 단어의 명제적 의미 기능으로 인한 제약이다. 예를 들어 '학구열이 높은'이란 형용사에 대해서는 사람 주어를, '기하학의'라는 형용사에 대해서는 무생물 주어를 기대하게 된다. 선택적 제약은 비유적 표현에서는 고의로 위반되기도 하지만 그 외의 경우에는 철저히 준수된다.

2 **연어적 제약** 의미상 임의적으로 가해지는 제약으로써 단어의 명제적 의미와는 논리적으로 무관하다. 예를 들어 법을 '위반하다'라는 표현에 대해 영어는 'break(깨뜨리다)'를 사용하지만 아랍어는 'contradict(거스르다)'를 사용한다. 이를 '닦다'라는 표현에 대해서는 영어는 'brush(솔질하다)', 독일어와 이탈리아어는 'polish(윤내다)'를 사용하지만, 폴란드어는 'wash(씻

다)'를, 러시아어는 'clean(깨끗이 하다)'을 사용한다. 이처럼 연어적 제약은 임의적이기 때문에 선택적 제약에 비해 언어에 따른 변이형이 더욱 다양한 경향이 있다. 이에 대해서는 3장 3.1에서 좀 더 자세히 논의하기로 한다.

선택적 제약과 연어적 제약의 차이점은 위에 제시한 예에서처럼 항상 선명하게 구분되는 것은 아니다. 다음 예문은 남성복 바움레르 제품에 들어있는 독일어 전단지를 영어로 번역한 것으로써, 표현이 상당히 어색하지만 과연 그 이유가 선택적 제약의 위반 때문인지 아니면 연어적 제약의 위반 때문인지는 분명하지 않다.

> 고객님께
> 저희 제품을 선택해주셔서 대단히 감사합니다. 저희 회사에서 <u>발산하는</u> 양복 및 재킷과 바지는 유럽산 중에서도 최상품으로, 현명하신 선택에 감사드립니다.

생각, 재능, 감정은 대체로 어떤 근원으로부터 '발산하다(emanate)'라고 말할 수 있지만, 바지와 재킷 같은 물건은 적어도 영어에서는 '발산하다'라고 표현하지 않는다. 이러한 어색함은 선택적 제약과 연어적 제약의 관점 모두에서 설명이 가능한데, 이는 관련된 제약을 '발산하다'의 명제적 의미 기능으로 간주할 것인지 아닌지의 여부에 달려있다.

2.2.3 환기적 의미

환기적 의미(evoked meaning)는 **방언**(dialect)과 **사용역**(register) 변이에서 발생한다. **방언**은 특정 화자 집단이나 공동체에서 통용되는 변이어(variety)이며, 다음과 같이 분류할 수 있다.

1 **지역방언**(예 스코틀랜드 방언, 영국식 영어와 미국식 영어: 'lift'와 'elevator'
  의 차이)
2 **시간방언**(예 공동체 내에서 연령층에 따라 달라지는 단어와 구조, 또는
  동일 언어의 역사에서 시대에 따라 달라지는 단어들: 'verily'와 'really')
3 **사회방언**(예 사회 계층에 따라 달라지는 단어와 구조: 'scent'와 'perfume')

사용역이란 언어 사용자가 특정 상황에 적합하다고 여기는 변이어로
써, 다음과 같은 요소들의 변이에 의해 사용역 변이가 발생한다.

1 **담화의 장**(field) '무슨 일이 진행 중인가'를 나타내는 추상적인 용어로써 화
  자의 언어 항목 선택과 관련이 있다. 언어적 선택은 각각의 화자가 직접적인
  발화 행동 외에 자신이 참여하고 있다고 생각하는 행동의 종류에 따라 달라
  진다. 예를 들어 화자가 직접 축구 선수로 뛰고 있는지 아니면 축구에 대해
  토론하고 있는지, 또는 본인이 사랑을 하고 있는지 아니면 단순히 사랑에 대
  해 논하고 있는지, 정치적 연설을 하고 있는지 아니면 정치에 대해 논하고
  있는지, 혹은 직접 수술을 집도하는 중인지 아니면 의술에 관해 토론하고 있
  는지에 따라 화자의 언어 선택은 다양해질 수 있다.
2 **담화의 형식**(tenor) 담화 참여자 간의 관계를 나타내는 추상적 용어이
  다. 사람들이 사용하는 언어는 서로의 관계에 따라 다양하다. 따라서 어
  머니와 자녀, 의사와 환자, 혹은 상사와 부하 직원 간에 사용하는 언어
  가 달라진다. 환자가 의사에게 욕설을 섞어가며 말을 건다든지, 어머니
  가 자녀에게 뭔가 부탁하면서 '부디 이것 좀 해 주시겠어요'라고 하지는
  않을 것이다. 번역에서 대화의 형식을 제대로 이해하는 것은 몹시 어려
  운 문제이다. 이는 원천문화나 목표문화의 관점에서 어느 정도의 격식

을 '적절한' 수준으로 보느냐에 달려있다. 가령 미국의 십대는 부모에 대해 매우 비격식적인 형식을 적용하여 '엄마/어머니'와 '아빠/아버지' 대신 직접 이름을 부르기도 한다. 그러나 대부분의 다른 문화에서는 이러한 비격식적 형식이 전혀 적절치 못한 것일 수 있다. 따라서 번역가는 원문의 형식에 수정을 가하여 목표독자의 기대에 맞추든지, 아니면 원문의 비격식적 형식을 그대로 옮김으로써 미국 사회의 십대 자녀와 부모와의 독특한 관계를 전달하든지 둘 중의 하나를 선택해야 한다. 물론 실제 번역 상황에서 어느 쪽을 선택하느냐는 번역가가 번역의 전반적인 목적을 어떻게 인식하고 있느냐에 달려있다.

3 **담화의 방식(mode)**   언어가 수행하는 역할(연설, 에세이, 강의, 지시)과 전달 매체(구어, 문어)를 나타내는 추상적 용어로써, 언어적 선택에 영향을 미친다. 예를 들어 're' 같은 단어는 사무용 서신에는 더할 나위 없이 적합하지만 구어 영어에서는 거의 쓰이지 않는다.

각 문화 내의 다른 단체들은 특정 상황에 적합한 언어의 종류에 대해 저마다 각각 기대하는 바가 다르다. 아이들이 전혀 낯선 사람에게 말을 할 때 종종 볼 수 있는 재미있으면서도 당혹스런 장면들이 바로 그 증거가 된다. 더 심각한 예로는 위원회 회의나 취업 면접 같이 매우 의례적인 상황에 익숙하지 않은 사람들의 경우를 들 수 있는데, 이들은 자신의 요점을 전달하기 힘들 뿐만 아니라 이들의 언어가 다른 사람들에게는 부적합하다고 여겨지기 때문에 비웃음을 당하기도 한다. 번역가는 번역물이 이와 유사한 반응에 직면하지 않도록 주의해야 한다. 번역의 목적이 원천문화의 특색을 전달하고자 하는 경우를 제외하고는 반드시 예상 독자의 사용역에 대한 기대를 만족시켜야 한다.

위에 설명한 모든 종류의 어휘 의미 중에서 발화의 참과 거짓에 관련
되며 따라서 독자나 청자가 이의를 제기할 수 있는 것은 오직 명제적
의미뿐이다. 다른 종류의 어휘 의미들은 발화나 텍스트의 전체 의미에
미묘하고 복잡한 방식으로 작용하기 때문에 분석하기가 훨씬 어려운
경우가 많다. 다시 말하지만, 단어나 발화에 담긴 다양한 종류의 의미
들을 따로 분리해낸다는 것은 사실상 거의 불가능하다. 게다가 어떤
단어나 발화의 기본적인 명제적 의미조차도 한 치의 오차 없이 정확하
게 정의 내리기란 거의 불가능하다. 이는 언어의 본질상 대부분의 경
우 단어들의 의미 경계가 모호하기 때문이다. 즉 단어의 의미는 상당
부분 협의될 수 있으며 구체적인 문맥 내에서야 비로소 실현될 수 있
다. 따라서 '의미의 종류'라는 개념 자체는 이론적으로 미심쩍은 데가
있긴 하지만, 그럼에도 불구하고 위에 제시된 의미의 구분은 번역가에
게 유용해 보인다. 번역가가 쉴 새 없이 마주치게 되는 가장 어려운
일 중에 하나가 바로 언어에 내재된 모호함에도 불구하고 단어와 발화
를 다른 언어로 옮기기 위해서는 그 의미를 아주 정확하게 파악하도록
시도해야 하는 일이기 때문이다. 일반 독자는 텍스트 이해를 위해 어
느 정도까지만 노력하면 되지만 번역가는 그보다 훨씬 더 많은 노력을
기울여야 하는 이유가 바로 여기에 있다.

2.3 비등가의 문제

위의 논의를 토대로 하여, 지금부터 번역가가 어렵게 느끼는 비등가
의 일반적인 유형을 제시하고 이를 해결하기 위해 사용할 수 있는 검
증된 전략을 살펴보고자 한다. 먼저 주의해야 할 점이 있다. 해당 구문
에 적합한 등가어는 다양한 요소에 의해 선택된다. 이 중 어떤 요소는

엄격히 말해 언어적인 요소가 될 수도 있고(3장의 연어와 관용구 차원
의 등가에서 그 예를 볼 수 있음), 다른 요소는 언어 외적인 경우가 될
수도 있다(7장 참조). 실제로 언어간에 존재하는 다양한 비등가적 유형
의 절대적 지침서를 제공하기란 불가능하다. 이 장과 다음 장에서는
'일부 맥락에서' 나타나는 비등가를 다루는데 사용할 수 있는 전략을
제시하고자 한다. 적절한 등가어의 선택은 항상 언어적 체계와 번역가
가 다루게 되는 체계에 의존할 뿐만 아니라 원천텍스트의 저자나 목표
텍스트의 생산자 즉 번역가가 문제의 언어적 체계를 조정하기 위해 선
택하는 방식에 좌우된다.

2.3.1 의미장과 어휘 집합 – 경험의 조각화

한 언어를 구성하는 단어는 그렇게 많은 세상의 실재를 반영하기보다,
종종 그 언어를 말하는 사람들의 관심을 반영한다.

(Palmer, 1976: 21)

언어의 어휘는 일련의 개념적 장이라 지칭되는 단어들의 집합체로
보는 관점이 유용한 경우가 많다. 이러한 개념의 장은 해당 언어 사회
가 경험의 연속선에 대해 '부여한' 분류와 하위분류를 반영한다.[4] 언어
학에서는 이 분류를 소위 **의미장**(semantic field)이라고 한다. 장은 추
상적인 개념이다. 발화, 식물, 운송수단이 의미장의 한 예가 될 수 있
다. 대부분의 많은 의미장들은 모든 언어에서 혹은 대부분의 언어에서
공통적으로 나타난다. 모든 언어가 다 그런 것은 아니지만 거리, 크기,
모양, 시간, 감정, 믿음, 학문의 주제 및 자연 현상에 대한 장은 대부분
갖추고 있을 것이다. 각 장마다 속해있는 실제 단어와 표현을 '**어휘 집
합**(lexical set)'이라고 부르는 경우도 있다.[5] 각 의미장은 보통 몇 개의

하위분류나 어휘 집합체를 두며, 또 각 하위분류마다 보다 세부적인 하위분류 및 어휘 집합체를 두고 있다. 따라서 영어의 '발화'의 장은 'speak(이야기하다)'나 'say(말하다)'같은 일반 동사와 'mumble(웅얼거리다)', 'murmur(중얼거리다)', 'mutter(불평하다)', 'whisper(속삭이다)' 등의 보다 구체적인 동사를 포함한 발화 동사의 하위분류로 이루어져 있다. 해당 언어에서 의미장이 구체적일수록 다른 언어에서는 이와 관련된 의미장이 더 큰 차이를 보인다고 주장해도 무방할 듯 하다. 보다 큰 의미장의 표제어는 언어간에 일치되는 경향이 보다 많은 반면 하위분류는 그 차이가 상당히 미묘함으로 일치되는 경향이 보다 적은 게 일반적이다. 'say'나 'speak' 등과 같이 좀 더 일반적인 발화동사에 적합한 등가어는 대부분의 언어에 존재하지만, 많은 언어에서는 이보다 구체적인 동사를 위한 등가어가 없는 경우가 있을 수 있다. 언어는 물질적, 역사적, 정치적, 종교적, 문화적, 경제적, 법적, 기술적 및 사회적 환경 등과 같은 특정 환경에 대해서 의미적 구분을 하는 경향이 있다.

의미장의 본질과 조직을 이해하는 방식이 번역에 도움이 될 만한가를 논의하기에 앞서, 우선 의미장이 하나의 개념으로서 갖는 한계점들을 먼저 언급하기로 한다. 의미장의 개념은 대부분 실제로 언어를 사용하는 방식에는 적용되지 않으며 지나치게 단순화 되어 있다. 모든 언어에는 어떤 표제 하에 분류할 수 없는 단어가 많다(Carter & McCarthy, 1988: Lehrer, 1974). 예를 들어 'just(단지)', 'nevertheless(그럼에도 불구하고)', 'only(오직)' 등은 특정 의미장에 속하는 것으로 쉽게 분류되지 않는다. 의미장은 잘 정의된 명제적 의미를 지닌 단어나 표현에서는 충분히 유용하지만 한 언어의 모든 혹은 대부분의 표현에 적용되지는 않는다.

한계점은 제쳐놓더라도 번역가가 의미장과 어휘 집합을 이해하는데 유용한 두 가지 중요한 영역이 있다. (a) 해당 체계에서 한 단어가 지닌 '가치'를 인식하는 것과 (b) 비등가를 다룰 전략을 찾아내는 것이다.

(a) 번역가는 원천언어와 목표언어의 의미장의 구조 차이를 인식함으로써 어휘 집합내의 해당 항목의 가치를 평가할 수 있다. 한 어휘 집합 내에서 다른 항목이 어떻게 사용되고 있는지, 또 이 항목들이 저자나 화자가 선택한 항목과 어떤 차이가 있는지를 알게 된다면 저자나 화자가 선택한 의미를 이해할 수 있으며, 중요한 것과 중요하지 않은 것 모두를 이해할 수 있다.

'온도'에 대한 의미장을 살펴보면, 영어는 'cold(추운), cool(시원한), hot(뜨거운), warm(따뜻한)' 네 가지로 주로 분류한다. 이를 현대 아랍어와 비교해 보면 'baarid(추운/서늘한), haar(날씨가 더운), saakhin(사물이 뜨거운), daafi(따뜻한)' 네 가지로 다르게 분류된다. 영어와 비교해 볼 때 아랍어는 (a) 'cold'와 'cool'간의 구분은 없으나 (b) 날씨의 더움과 물건의 뜨거움은 구분하고 있다는 점에 주목해야 한다. 영어가 아랍어처럼 (b)와 같은 구분을 하지 않는다고 해서 물건의 온도를 묘사하거나 심지어 은유적 표현(예를 들면, 'hot temper(성미가 급한)', 'hot feelings(성미가 더운)'은 적합지 않음)에 항상 'hot'을 쓸 수 있다는 뜻은 아니다. 어떤 언어에서나 단어의 공기는 제약이 따른다(3장, 3.1절: 연어 참조). 여기서는 영어의 코빌드 코퍼스에서 발췌한 다음 예를 살펴보도록 한다.[6]

> (1) The air was cold and the wind was like a flat blade of ice.
> 공기는 차갑고 바람은 얼음장 같았다.
> (2) Outside the air was still cool.
> 밖의 공기는 여전히 시원했다.

영어와 아랍어간의 의미장의 구조적 차이를 생각해 보면, 한편으로 위의 예에 나타난 'cold'와 'cool'의 의미적 차이를 인식하게 되지만, 동시에 아랍어로 번역할 때 이 의미 구분을 명확하게 하는 일이 어렵다는 것도 알게 된다.

(b) 의미장은 보다 일반적인 단어부터 좀 더 구체적인 단어에 이르기까지 계층적으로 배열되어 있다. 일반적인 단어는 보통 **상위어**(superordinate) 라 하며, 구체적인 단어는 **하위어**(hyponym)라 한다. '운송수단'의 의미 장을 살펴보면, 'vehicle(운송수단)'은 상위어가 되며, 'bus(버스), car(자동 차), truck(화물차), coach(마차)' 등은 'vehicle'의 하위어가 된다. 상위어나 일반적 단어가 전달하는 명제적 의미는 반드시 각 하위어의 의미에 포 함되지만, 그 반대의 경우는 성립하지 않는다. 예를 들어 버스는 항상 운송수단에 속하지만, 반대로 운송수단이 버스에 속할 수는 없다. 간혹 목표언어의 의미적 차이에 직면하게 되면 이 같은 의미장의 자질을 조 절하기도 한다. 번역가는 종종 상위 단어를 바꾸거나 상위어를 바꾸는 것을 토대로 완곡한 표현적 의미를 사용해 의미적 차이를 해결한다. 이 사항에 대해서는 다음 절에서 더 다루기로 한다.

결국 의미장의 개념이 항상 명확하거나 적용 가능한 것은 아니지만, 번역가가 어떤 맥락에서의 비등가를 다루는 데는 유용한 전략으로 사 용될 수 있다. 또한 두 언어간의 유사점과 차이점을 인식하거나 주어 진 맥락 내에서 화자가 한 선택의 의미를 이해하는 데에도 유용하게 쓰일 수 있다. 의미장을 다룰 때 기억해야 할 중요한 점은 의미장이 고정적이지 않다는 것이다. 새로운 단어와 표현이 언어에 도입되기도 하고, 기존의 단어와 표현이 언어 공동체의 요구에 별로 관련이 없다 고 생각되면 사라지기도 하면서 의미장은 항상 변화한다.

　의미장에 대해 보다 광범위한 논의가 필요하다면 Lehrer(1974)를 참 조하라.

2.3.2 단어 차원의 비등가를 해결하기 위한 보편 전략

단어 차원의 비등가란 원천텍스트에서 사용된 어떤 단어가 목표언어에는 직접적인 등가어가 없는 경우를 말한다. 비등가의 종류와 난이도의 정도는 비등가의 본질에 따라 엄청나게 달라질 수 있다. 일부 비등가 종류는 명확하기도 하지만, 다른 일부 종류는 더 복잡하여 다루기 어려운 경우도 있기 때문에 비등가의 종류에 따라 다른 전략이 요구된다. 비등가의 본질 외에도 번역 맥락과 목적에 따라 종종 어떤 전략은 배제되고 다른 전략이 선호될 수도 있으므로 비등가 종류에 관한 논의와 전문 번역가가 사용하는 전략에 대한 논의를 구분하고자 한다. 비등가의 특정 종류를 특정 전략과 연관짓는 일이 가능하지도 유용하지도 않을 수 있지만 가능하다면 어떤 전략이 지닌 이점과 단점을 설명하도록 하겠다.

2.3.2.1 비등가의 보편적인 문제점

다음은 단어 차원의 비등가에 대한 보편적인 종류를 여러 언어에서 발췌한 예와 함께 제시한 것이다.

(a) 문화상 특수한 개념

원천언어 단어는 목표문화에 완전히 생소한 개념을 나타낼 수도 있다. 문제의 개념이 추상적이거나 구체적일 수도 있고, 종교적 믿음이나 사회적 관습 혹은 심지어 음식의 종류와 관련되어 있을 수도 있다. 이러한 개념은 대부분 '문화상 특수한' 것으로 지칭한다. 다른 언어로 번역하기 매우 힘든 영어의 추상적 개념으로는 'privacy(사생활)'라는 단어를 꼽을 수 있다. 이는 가장 '영어다운' 개념으로 다른 문화권 사람들이 이해하기가 거의 불가능하다. 영국 하원의 'speaker(대변인)'도 러시아어, 중국어, 아랍어 등과 같은 많은 언어에는 이에 적절한 등가 어가 없다. 따라서 러시아에서는 대부분 'chairman(의장)'으로 번역하지 만, 이는 의회의 권위와 지위를 지닌 독립적인 개인으로서 하원의 대 변인의 역할을 반영하지 못한다. 구체적 개념의 예로는 영어의 'airing cupboard(세탁물 건조선반)'를 들 수 있는데, 이 또한 대부분의 언어에서 는 생소하다.

(b) 목표언어에 어휘화되어 있지 않은 원천언어 개념

원천언어 단어가 목표문화에 알려져 있지만 어휘화되어 있지는 않 은, 말하자면 원천언어 단어를 표현할 목표언어 단어가 '할당되어 있 지' 않은 어떤 개념을 나타낼 수도 있다. 'savoury(짜고 매운)'란 단어는 쉽게 이해되는 개념이지만 많은 언어에는 이와 등가를 이룰만한 단어 가 없다. 영어의 형용사 'standard(상품의 표준범위에서 말하는 '특별한'이 아 닌 '보통의'이란 의미임)'도 역시 대부분의 사람들이 쉽게 접할 수 있고 즉시 이해할 수 있는 개념이지만 아랍어에는 이에 해당하는 등가어가 없다. 'landslide'도 단순히 '압도적인 다수'를 의미하지만, 많은 언어에 는 이에 즉각 대응되는 등가어가 없다.

(c) 의미적으로 복잡한 원천언어 단어

원천언어 단어가 의미적으로 복잡할 수도 있는데 이는 번역에서 흔 히 나타나는 문제이다. 단어가 의미적으로 복잡할지라도 형태적으로 복 잡할 필요는 없다(Bolinger & Sears, 1968). 다시 말해서, 하나의 단일 형태소로 이루어진 한 단어라도 때로는 문장 전체보다 의미적으로 더 욱 복잡하게 표현되기도 한다. 언어의 복잡한 개념이 빈번하게 사용될 정도로 중요하게 되면 언어는 자동적으로 이 복잡한 개념을 지칭하기 위해서 아주 단순한 형태를 취하게 된다. Bolinger와 Sears는 '온도가 화씨 500도에서 600도 정도 되는 목요일에 문을 폐쇄하여 파업중인 노동자들이 안으로 들어가지 못하도록 막는 독립적으로 운영하는 제재소에 대해 정기적으로 빈번히 언급해야 한다면, 이 개념을 표현하기 위한 간략한 방법을 찾을 것이다'라고 말한다. 의미적으로 복잡한 단어는 이에 해당하는 등가어가 없는 다른 언어로 번역을 해 봐야만 그 단어가 얼마나 복잡한지를 깨닫게 된다. 의미적으로 복잡한 단어의 한 예로 브라질어의 'arruaçaõ'는 '수확하는 동안 떨어진 커피열매를 되살리기 위해 커피나무 아래의 쓰레기를 깨끗이 치우고 그 쓰레기를 줄선 나무들 중앙에 쌓아놓는 것'을 의미한다(ITI News, 1988: 57).[7]

(d) 의미적 차이가 있는 원천언어와 목표언어

목표언어는 원천언어보다 의미상 더 많은 혹은 더 적은 구분을 할 수도 있다. 한 언어에서 의미적으로 중요한 구분이라고 생각될 지라도 다른 언어에서는 적절하지 않다고 인식될 수도 있다. 가령 인도네시아 사람들은 비가 온다는 사실을 알지 못한 채 외출하는 것(kehujanan)과 비가 온다는 사실을 알고 외출하는 것(hujan-hujanan)을 구분한다. 영어에서는 이러한 구분이 없다. 따라서 영어 텍스트에서 비가 오는데 외출한다고 하면 인도네시아 번역가는 문제의 사람이 비가 온다는 사실을 알고 있는지의 여부를 맥락을 통해 확신할 수 없는 한 이에 합당한 등가어를 선택하는데 어려움을 느낀다.

(e) 상위어가 없는 목표 언어

목표언어에는 구체적 단어(하위어)는 있지만 의미장을 표기할 일반적 단어(상위어)가 없을 수도 있다. 러시아어에는 '어떤 특별한 활동이나 목적을 위해 제공되는 장비나 건물, 서비스'를 의미하는 'facilities (편의시설)'에 즉각 대응되는 등가어가 없다.[8] 그러나 편의시설의 유형으로 간주될 만한 몇몇 구체적인 단어와 표현은 있다. 바로 'sredstva peredvizheniya(교통수단)', 'naem(대여)', 'neobkhodimye pomeschcheniya (기본 숙박시설)', 'neobkhodimoe oborudovanie(기초 장비)' 등을 들 수 있다.

(f) 구체적 용어(하위어)가 없는 목표 언어

대부분의 언어들은 일반적 단어(상위어)는 있지만 구체적 단어(하위어)가 없는 경우가 많은데 이는 각 언어마다 개별적인 환경에 관련이 있어 보이는 의미만 구분을 하기 때문이다. 이런 유형의 비등가 예는 셀 수 없을 정도로 많다. 영어의 'article(기사)'은 그 아래에 'feature(특집 기사), survey(조사), report(보도), critique(비평), commentary(논평), review (평론)' 등 많은 하위어가 있지만, 다른 언어에서 이에 해당하는 정확한 등가어를 찾기 어렵다. 또한 영어의 'house(집)'는 그 아래에 'bungalow (방갈로), cottage(오두막집), croft(작은 농장), chalet(산장), lodge(작은 별장), hut(임시가옥), mansion(대저택), manor(영지), villa(별장), hall(회관)' 등의 다양한 하위어가 있지만 많은 언어에는 이에 해당하는 등가어가 없다. 'jump(뛰어오르다)'을 살펴보자면, 이 항목 하에는 'leap(껑충 뛰다), vault (도약하다), spring(튀어오르다), bounce(펄쩍 뛰다), dive(뛰어들다), clear(뛰어 넘다), plunge(뛰어들다), plummet(똑바로 떨어지다)'와 같은 보다 구체적인 동사들도 있다.

(g) 물리적 관점과 대인적 관점의 차이

물리적 관점은 언어마다 중요성이 다를 수 있다. 물리적 관점이란

'come/go(오다/가다), take/bring(가져가다/가져오다), arrive/depart(도착하다/출발하다)'와 같은 단어의 쌍에서 볼 수 있듯이 사물이나 사람이 상호 연관되거나, 혹은 어느 장소와 연관되어 있는 것과 관련이 있다. 관점은 또한 담화(형식)상의 참여자간의 관계를 포함할 수도 있다. 예를 들면, 일본어에는 영어의 'give(주다)'에 해당하는 등가어가 있지만, 누가 누구에게 주는 것인가에 따라 'やる, あげる, もらう, くれる, いただく, くださる'라는 여섯 개의 단어로 표현된다(McCreary, 1986).[1]

(h) 표현적 의미의 차이

목표언어에도 원천언어 단어와 같은 명제적 의미를 담고 있는 단어가 있을 수도 있지만 표현적 의미는 다를 수 있다. 표현적 의미의 차이는 상당히 크거나 혹은 비록 미묘할지라도 주어진 맥락에서 번역 문제를 야기하기에 충분할 만큼 중요한 것일 수 있다. 표현적 의미는 보통 생략하기 보다는 부가시켜 표현하는 게 훨씬 수월하다. 말하자면, 목표언어 등가어가 원천언어 항목과 비교했을 때 중립적이라면, 번역가는 때로 필요한 경우 수식어나 부사어를 사용하거나 이들을 해당 텍스트의 다른 어느 곳에 넣음으로써 평가적인 요소를 가미하곤 한다. 그러므로 영어의 'batter(어린이나 아내를 구타하다)'라는 동사를 일본어의 동사 'たたく(때리다)'로 옮길 경우, 이 일본어 동사는 영어의 동사보다 중립적인 의미이므로 맥락에 따라서는 'savagely(잔인하게)'나 'ruthlessly(극악무도하게)'와 같은 등가적 수식어를 덧붙여 표현할 수도 있다.

표현적 의미의 차이는 목표언어 등가어가 원천언어 항목보다 감정적인 의미가 더 들어가 있는 경우에 훨씬 다루기가 어렵다. 이는 종교,

---

1) 이 6개의 표현은 연령관계에 따른 분류인데, 이 외에도 'さし上あげる'라는 표현을 쓸 수 있다. (역자 주)

정치, 성과 같은 민감한 문제와 관련된 항목인 경우 흔히 발생한다. 'homosexuality(동성애)'나 'homosexual(동성애적인)' 같은 단어들이 대표적인 예라 할 수 있다. 영어의 'homosexuality'는 본래 경멸적인 단어가 아닌데도 불구하고 그런 식으로 사용되고 있다. 반면에 아랍어의 등가적 표현인 'shithuth jinsi(성적인 변태)'는 본래 훨씬 더 경멸적인 표현이므로 강한 부정을 드러내지 않고 중립적 맥락에서 사용하기란 상당히 어렵다.

(i) 형태적 차이

원천텍스트의 특정 형태가 목표언어에 등가어가 없는 경우도 종종 있다. 영어의 어떤 접미사와 접두사는 명제적 의미나 다른 유형의 의미를 전달하지만, 다른 언어에는 이에 해당하는 직접적인 등가어가 없는 경우가 많다. 영어에는 'employer/employee(고용인/피고용인), trainer/trainee(훈련자/훈련생), payer/payee(지불인/수취인)' 같이 쌍을 이루는 단어가 많다. 또한 '-ish(boyish 소년 같은, hellish 지옥 같은, greenish 초록빛이 나는)'나 '-able(conceivable 상상할 수 있는, retrievable 회복될 수 있는, drinkable 마실 수 있는)' 같은 접미사를 흔히 사용한다. 아랍어는 이러한 형태를 생성하는 즉각적인 장치가 없기 때문에 전달하는 의미에 따라 적절하게 풀어쓰기를 하여 대체하기도 한다. 가령 'retrievable(회복될 수 있는)'을 'can be retrieved(회복될 수 있는)'로 'drinkable(마실 수 있는)'을 'suitable for drinking(마시기에 적합한)'로 풀어쓴다. 'washateria(빨래방), carpeteria(카펫 빨래방), groceteria(셀프서비스 식품점)' 등의 전문어를 사용하여 환기적 의미를 나타내는 접사(Bolinger & Sears, 1968)와 'journalese(기사체), translationese(번역체), legalese(법률문체)' 등의 표현적 의미를 전달하는 접사(접미사 '-ese'는 주로 작문의 난잡하거나 과장된 형태를 인정하지 않는 경우에 쓰임)는 풀어서 번역하기가 아주 어려운 경우라 할 수 있다. 명제적 의미를 풀어쓴다는 것은 비교적 쉬운 일이지만 다른 의미 유형들은 번역 상에서 자세히 설명할 수 없다. 접사가 전체 텍스트의 의미에 부여해 주는 미묘함은 완전히 사라져 버리거나 아니면 보상 전략을 통해 텍스트의 다른 부분에서 복구될 수 있다.

번역가는 접사가 단어나 표현의 의미에 미치는 영향력을 이해하는 것이 매우 중요하다. 특히 영어의 접사들이 일시적인 의미의 공백을 채우거나 유머를 만들어내는 것과 같은 다양한 이유로 새로운 단어를 창조하기 위해 사용되기 때문이다. 또한 이 접사는 술어학과 표준화 영역에도 지대한 영향을 끼치고 있다.

(j) 구체적 형태의 사용빈도와 목적에 따른 차이

어떤 특정 형태가 목표언어에 즉각적으로 대체될 만한 등가어가 있다고 해도 사용 빈도와 목적에 따라 차이가 날 수 있다. 예컨대 영어의 절을 결합하는 데 사용하는 '-ing' 형태는 이에 합당한 등가어를 지닌 독일어나 스칸디나비아어 같은 여타 언어 보다 훨씬 빈번하게 사용된다. 따라서 영어 원천텍스트에 사용된 '-ing' 형태를 독일어, 덴마크어, 스웨덴어의 목표텍스트에서 등가적인 '-ing' 형태로 매번 옮기게 되면 과장되고 부자연스런 문체가 될 것이다.

(k) 원천언어에 사용된 차용어

원천언어에 사용된 차용어(loan word)는 번역 상에서 특별한 문제점을 야기한다. 각 차용어의 명제적 의미를 배제하더라도 영어의 'au fait(정통하여), chic(맵시 있는), alfresco(야외에서)'와 같은 차용어는 텍스트나 텍스트 주제에 세련미를 더해 줄 수 있기 때문에 격조를 높이기 위

해 종종 사용하고 있다. 차용어와 의미가 같은 목표언어를 항상 찾아
낼 수는 없는 일이므로 번역 상에서 종종 의미적 손실이 생기곤 한다.
'dilettante(아마추어 애호가)'는 영어, 러시아어, 일본어에서는 차용어지만
아랍어에는 등가를 이루는 차용어가 없다. 이는 'dilettante'의 명제적
의미는 아랍어로 옮길 수 있다 해도 문체적 효과는 거의 사라질 게 틀
림없다.

차용어는 부주의한 번역가는 또 다른 문제를 야기하기도 하는데 바
로 **유형이의어**(false friend)' 즉, 'faux ami'의 문제이다. 유형이의어는
둘 이상의 언어에서 형태는 동일하지만 의미가 다른 단어나 표현을 말
한다. 유형이의어는 영어, 프랑스어, 독일어와 같이 역사적으로 혹은
문화적으로 관련이 있는 언어에서 대부분 발생하지만, 사실 영어나 일
본어, 러시아어와 같이 완전히 관련이 없는 언어에서도 발견된다.

일단 단어나 표현이 한 언어에 차용되면, 그 단어나 표현이 어떤 부
가적인 의미를 취하거나 취하지 않을지, 어떻게 변할지 예측하거나 통
제할 수 없다. 몇몇 유형이의어는 쉽게 분간할 수 있을 정도로 의미의
차이가 상당히 크다. 따라서 아주 경험이 없는 번역가만이 이 차이를
알아채지 못한다. 보통 수준의 일본 번역가는 영어의 'feminist(여권주의
자)'와 일본의 'feminist(여성처럼 지나치게 부드러운 남자)'을 혼동하지 않을 것
이다. 그러나 경험이 거의 없는 프랑스어나 독일어 번역가들은 영어의
'sensible(지각할 수 있는)'과 독일어의 'sensibel(예민한)'이나 영어의
'sympathetic(동정하는)'과 프랑스어의 'sympathique(마음에 드는)'을 혼동
할 수도 있다.

지금까지는 언어간의 보다 보편적인 비등가 예와 번역가들이 부딪
힐 수 있는 문제점들을 몇 가지 살펴보았다. 어떤 유형의 비등가를 다
루더라도 우선은 해당 맥락의 중요성과 내포된 의미를 평가해야 한다.
마주치는 모든 비등가 예들이 중요하다고 할 수는 없다. 원천텍스트의

모든 단어의 모든 의미적 측면을 재생산하다는 것은 가능하지도 않고 바람직하지도 않다. 가능한 한 텍스트의 이해와 전개에 있어서 초점이 되는 단어의 의미는 전달하도록 해야 한다. 그러나 모든 단어를 개별 적으로 이해하거나 단어의 의미에 대해 완벽한 언어적 설명을 제공함 으로써 독자를 혼란스럽게 하면 안 된다.

2.3.2.2 전문 번역가의 전략

위의 내용을 명심하며 전문 번역가가 다양한 비등가 유형을 다루는 데 사용한 전략을 살펴보고자 한다. 각 예문마다 번역 문제를 나타내 는 원천언어의 단어와 번역가가 사용한 원래 번역과 역번역에 모두 밑 줄을 그어 표시하였다.[2] 단어 차원의 비등가 문제에 사용한 전략만을 제시하기로 하며, 원천텍스트와 목표텍스트간의 또 다른 전략과 차이 점에 관해서는 나머지 장에서 다루기로 한다.

(a) 보다 일반적 단어(상위어)로의 번역

이 전략은 많은 유형의 비등가 문제를 다루는데 가장 보편적으로 사 용되며, 특히 명제적 의미 영역에서 유용하다. 의미장의 계층구조가 언어별로 달리 구분되는 것은 아니기 때문에 모든 언어는 아니라 할지 라도 대부분의 언어에서 이 전략은 동일하게 잘 적용된다.

---

2) 본 교재의 원문에는 번역 문제점에 대해 원천언어에는 밑줄을 그어 표시하 였고, 번역문에서는 굵고 진하게 표시하였으나, 한국어로는 진하게 표시하면 텍스트 상에서의 변별력이 떨어진다. 그러므로 이하 모든 예문은 밑줄을 그 어 나타낸다.

예문 A

원천텍스트(영어: *Kolestral Super* – 모발관리제 별지 전단)

영양이 풍부하고 크림 형태인 Kolestral Super는 <u>사용(apply)</u>이 용이하며, 상쾌한 향이 납니다.

목표텍스트(아랍어) – 역번역

Kolestral Super는 크림처럼 생긴 제품으로, 성분을 보면 영양이 풍부하고 농축되어 있어 아주 간편하게 모발에 <u>바를 수 있습니다</u>(put).

예문 B

원천텍스트(영어: *Kolestral Super*)

모발을 순한 웰라 샴푸로 <u>감은(shampoo)</u> 후, 수건으로 가볍게 말리십시오.

목표텍스트1(스페인어) – 역번역

순한 웰라 샴푸로 모발을 <u>씻어낸(wash)</u> 후, 가볍게 수건으로 말리십시오.

목표텍스트2(아랍어) – 역번역

순한 샴푸를 원하신다면 모발은 웰라 샴푸로 <u>씻겨집니다</u>(wash).

예문 C

원천텍스트(영어: *A Brief History of Time*, Hawking, 1988, 부록 1 참조)

예전에 어느 유명한 과학자(누군가는 버트런트 러셀이었다고 한다)가 대학에서 천문학에 관한 강연을 한 적이 있었다. 이 과학자는 지구가 어떻게 태양 주변을 <u>궤도를 그리며 회전하고(orbit)</u>, 은하계라 부르는 거대한 천체의 중심부를 또 어떻게 <u>궤도를 그리며 회전하는지(orbit)</u>를 계속 설명했다.

목표텍스트(스페인어) - 역번역

예전에 어느 유명한 과학자(누군가는 버트런트 러셀이었다고 한다)가 대학에서 천문학에 관한 강연을 한 적이 있었다. 그 강의에서 그는 지구가 태양 주위를 어떻게 <u>회전하며(revolve)</u>, 연이어 은하계라 부르는 거대한 천체 중심부를 어떻게 <u>회전하는지(revolve)</u> 설명했다.

예문 D

원천텍스트(영어: *China's Panda Reserves,* **부록 3, 3번 참조)**

현재 중국의 쓰촨성, 산시성, 간쑤성 지방 산지의 <u>요새(strongholds)</u>에 국한된 야생에 남아있는 거대한 팬더는 아마도 많아야 1000마리 정도일 것이다.

목표텍스트(중국어) - 역번역

현재 중국의 쓰촨성, 산시성, 간쑤성의 일부 산지 <u>지역(area)</u>으로 국한된 야생지대에 지금까지 남아있는 큰 팬더는 단지 1000마리 정도일 것이다.

위의 예는 원천언어와 비교하였을 때 목표언어에 좀 더 구체적인 단어가 없는 경우 일반적인 단어(상위어)를 사용하여 문제를 해결한 경우이다. 'shampoo(머리를 감다)'는 'wash(씻다)'의 한 유형으로 볼 수 있다. 즉 많은 물건들은 씻지만 머리는 단지 감게 되므로 사용상의 제약이 따르기 때문이다. 이와 마찬가지로 'orbit(궤도를 그리며 회전하다)'도 일종의 'revolve(회전하다)'에 속한다. 하지만 'revolve'와는 달리 'orbit'은 공간에서 큰 물체 주위를 회전하는 보다 작은 물체에만 사용된다. 위의 발췌문을 보면 번역가는 목표언어에 존재하지 않는 하위어의 핵심이 되는 명제적 의미를 표현하려고 일반적인 단어를 찾다보니 해당 의미장의 차원을 높이게 되었다.

(b) 보다 중립적이며 덜 표현적인 단어로 번역하기

예문 A

원천텍스트(영어: *Morgan Matroc* — 도자기 회사의 소책자, 부록 2 참조)

오늘날 사람들은 까다로운 산업용 제품에 맞게 현대 도자기 재료가 품질이 아주 뛰어나다는 것을 알고 있다. 그렇다면 이 책자가 정말 필요한가? 이미 도자기 시장은 기술 서적으로 넘쳐나는 것은 아닌가? 왜 매트로 회사는 더 제품을 개발해야 하는가?

'경쟁자들이 그렇게 하고 있거든'이라고 누군가가 중얼거리기 때문이다 (mumble). 하지만 매트로 회사가 어느 회사보다 더 많은 제품들에 맞는 다양한 도자기 재료를 제공하고 있는데 우리가 경쟁자들을 따를 필요가 있는가?

목표텍스트(이탈리아어) — 역번역

'경쟁자들도 그렇게 하고 있거든' 누군가가 넌지시 말한다(suggerisce).

영어 'mumble(중얼거리다)'의 표현적 의미와, 이에 가장 가까운 이탈리아의 등가어인 'mugugnare'의 표현적 의미에는 상당한 차이가 있다. 아래의 예문에 나타나 있듯이 영어 동사 'mumble'은 혼란스러움이나 당황스러움을 나타낸다.[9]

사이몬은 어리둥절하여 '야수가 있다고 생각지 않는데' 라고 중얼거린다. 나는 땅을 쳐다보고 발을 툭툭 차면서 변호하듯 무언가를 중얼거렸다. '그다지 잘 했다고는 생각지는 않지만, 다시 한 번 기회를 줘봐'라고 중얼거렸다.

반면 이에 가까운 이탈리아의 등가어인 'mugugnare'는 당황스러움이나 혼란스러움을 나타내기보다는 불만족스러움을 나타내는 표현이다. 아마도 이탈리아의 번역가는 잘못된 표현적 의미를 전달하는 것을 가능한 피하고자 보다 일반어인 'suggerisce'를 선택한 것으로 보인다.

예문 B

원천텍스트(영어: _A Study of Shamanistic Practices in Japan_, Blacker, 1975, 부록 5 참조)

우리가 조사한 샤머니즘 풍습은 낡은(archaic) 미신이라고 보는 게 타당하다.

목표텍스트(일본어) – 역번역

우리가 조사 중인 샤머니즘 행위는 오래된(ancient) 미신으로 여기는 게 타당하다.

이 번역가는 'archaic(낡은)'을 번역하기 위해 '시대에 뒤떨어진'을 의미하는 일본어 표현을 사용하여 명제적 의미는 물론이거니와 표현적 의미에도 가깝게 표현할 수 있었을 것이다. 그러나 이는 상당히 직접적인 표현이 될 수 있으므로 일본 사람의 기준에는 공공연히 불만을 드러내는 것이 된다(Haruko Uryu, 개인접촉). 번역 상에서는 'archaic'의 표현적 의미가 사라졌다.

예문 C

원천텍스트(영어: *China's Panda Reserves*, 부록 3, 47번 참조)

이곳 야생에서 자라는 많은 종들은 이 이국적인(exotic) 백합꽃 같이 유럽의 정원에서 키우는 식물처럼 우리에게 친숙하다.

목표텍스트(중국어) - 역번역

우리는 이곳의 많은 야생종에 대해 친숙한데, 그것은 이 낯설고 독특한(strange unique) 백합꽃 같은 종으로 유럽의 정원에서 키우는 종류이다.

중국어 및 여타 동양 언어에는 영어의 '이국적인(exotic)'에 해당하는 등가어가 없다. 이는 유럽 사람들이 중국과 같은 먼 나라에서 들여온 독특하면서도 흥미를 돋구는 것을 언급하기 위해 사용하는 단어이다. 이러한 점에서 동양에는 'exotic'에 대한 개념이 없기 때문에 번역 상에서는 이것의 표현적 의미가 사라졌다.

예문 D

원천텍스트(영어: *China's Panda Reserves*, 부록 3, 5번 참조)

팬더는 동물학적 신비로움(mystery)이 있다.

목표텍스트(중국어) - 역번역

팬더는 동물학에서 수수께끼(riddle)로 불리게 될 것이다.

중국어에는 'mystery(신비로움)'에 해당하는 등가어가 있긴 하지만 대부분 종교와 연관되어 있다. 따라서 번역가는 동물학적 맥락에서 이 단어를 사용하는 게 잘못될 수 있다고 생각했다.[10]

예문 E

> **원천텍스트(영어: *China's Panda Reserves*, 부록 3, 8, 10번 참조)**
>
> (i) 산에 있는 팬더의 <u>집(home)</u>은 축축하고 풀도 무성하다.
> (ii) 산에 있는 팬더의 <u>집(home)</u>은 식물들이 풍부하다.

> **목표텍스트(중국어) – 역번역**
>
> (i) 산에 있는 팬더의 <u>서식지(habitat)</u>는 축축하고 풀도 무성하다.
> (ii) 산에 있는 팬더의 <u>터전(settlement)</u>은 식물의 종류가 풍부하다.

중국어에는 'home(집)'에 해당하는 등가어가 없다. 사실 대부분 언어에서 'home'은 번역하기 까다로운 단어이다. 위의 예문에서는 이를 덜 표현적이면서도 보다 형식적인, 등가에 가까운 중국어 표현으로 대체하였다.

간혹 아래의 예문에서처럼 수식어를 덧붙임으로써 표현적 의미를 지니도록 하기도 한다.

예문 F

> **원천텍스트(이탈리아어: Soldati, 'I passi sulla neve')**[11]
>
> Ma, già, oltre i tetti carichi di neve, a non piú di duecento metri dalla parte di Torino, si vedevano altissimi, geometrici, tutti quadrettati in

mille finestre luminose e balconcini, i primi palazzi condominiali, case a riscatto, <u>falansteri</u> di operai e di impiegati.

목표텍스트(영어: 'Footsteps in the snow')

그러나 이미, 눈 내린 지붕을 지나 토리노 지방에서 200미터가 채 못 되는 곳에, 불켜진 천여 개의 창문과 발코니, 다닥다닥 붙은 첫 번째 건물과, 저당 잡힌 집, 노동자와 사무원의 아파트가 있는 <u>허름한(ugly)</u> 골목이 기하학적인 모양으로 높이 솟아있는 것을 볼 수 있게 된다.

영어의 형용사 'ugly(허름한)'은 사실 원천텍스트에 나와 있지 않다. 번역자는 목표텍스트에 '허름한'을 첨가한 이유를 주석에서 다음과 같이 설명하고 있다.

Falansteri: 프랑스의 철학자이자 사회학 저자인 찰스 푸리에가 권고한 이상적인 공동생활지역을 형성했던 공동주거지. 이탈리아에서 Falansteri 는 경시적인 의미를 내포한다.

(c) 문화대체어로의 번역

이 전략은 문화상 특수한 항목이나 표현을 명제적 의미는 동일하지는 않지만 목표독자에게 유사한 영향을 줄 수 있는 목표언어 항목으로 대체하는 것이다. 이는 목표언어 독자에게 친숙하면서도 호소하는게 무엇인가를 확인시킬 수 있는 개념을 제시하는 데 그 중요한 이점이 있다. 개인적 차원에서 이 전략은 번역가가 번역을 의뢰하는 사람에게서 받은 특권 정도와 번역물의 목적에 따라 전략의 사용 여부가 대부분 결정된다. 더 일반적인 차원에서 보면, 이러한 결정은 어느 정도 해

당 공동체에서 우세한 번역의 규범을 반영하기도 한다. 언어 공동체에
따라 텍스트의 명제적 의미에서 벗어나게끔 하는 전략을 허용하는 정
도의 차이가 난다.

예문 A

원천텍스트(영어: *A Brief History of Time*, Hawking, 1988, 부록 1 참조)

예전에 어느 유명한 과학자(a well-known scientist)(누군가는 버트런트
러셀이었다고 한다)가 대학에서 천문학에 관한 강연을 한 적이 있었다.
이 과학자는 지구가 어떻게 태양 주변을 궤도를 그리며 회전하고(orbit),
은하계라 부르는 거대한 천체의 중심부를 또 어떻게 궤도를 그리며 회
전하는지(orbit)를 계속 설명했다. 강연이 끝날 때쯤, 강연장의 뒤쪽에
있던 작은 노부인이(a little old lady at the back of the room) '이건 쓰
레기야. 세계는 정말로 거대한 거북이(a giant tortoise) 등에 받쳐져 있는
납작한 접시(a flat plate)지'라고 일어나 말했다. 이 과학자(the scientist)
는 거만한 미소를 지으며 대꾸했다. '그럼 그 거북이(the tortoise)는 어
디에 서 있죠?' '젊은 양반(young man) 참 똑똑하구먼, 정말 똑똑해, 하
지만 거북이 아래에는 거북이들이 계속 있지!(turtles all the way
down!)'라고 노부인(the old lady)은 대답했다.

목표텍스트(그리스어) – 역번역

한번은 이상한 나라에 사는 앨리스(Alice in Wonderland)가 천문학 강연
을 하고 있었다. 지구는 지구 중심 주변에서 태양을 선회하는 태양계의
둥근 행성이며, 태양은 은하계라는 천체중심 주변을 선회하는 별이라고
말했다. 강연이 끝날 때쯤 카드의 여왕(the Queen)은 앨리스를 성나고 못
마땅한 듯 쳐다보았다. '말도 안돼. 지구는 거대한 카드(a giant playing

card) 같은 거지, 따라서 <u>카드(playing card)</u>처럼 납작하다고 볼 수 있지'
라며 이 여왕이 말했다. 그리고는 여왕의 설명에 아주 만족한 듯 보이는
신하들에게 의기양양하게 돌아섰다. <u>앨리스(Alice)</u>가 거만한 미소를 지으
며, '그렇다면 이 <u>카드(playing card)</u>를 받치고 있는 건 무엇이죠?' 라며
빈정거렸다. <u>카드의 여왕(the Queen)</u>은 물러서는 듯 '똑똑하군 정말 똑똑해'
라고 하더니, '흠, <u>아가씨(young lady)</u>, 이 <u>카드(playing card)</u>는 또 다른 카드
가 받치고 있고, 또 다른 카드는 다른 카드가, 이 다른 카드는 나머지 다른
카드가 . . .' 숨을 쉬기 위해 잠깐 말을 멈추더니 '우주는 단지 <u>아주 거대한</u>
<u>한 벌의 카드(a great big pack of cards)</u>와 같지'라고 새된 소리로 대답했다.

위의 예문은 문화대체어의 번역 전략을 상당히 재미있게 사용한 경우
이다. 이는 시간과 빅뱅이론에 관한 스티븐 호킹의 유명한 책에 나오
는 서문이다. 호킹이 쓴 원천텍스트와 마찬가지로, 그리스 번역가도
즉각적으로 독자들의 관심을 완전히 사로잡았다. 그리스 번역가는 독
자가 모르는 외국 주인공이나 정형화된 것보다 오히려 친숙하고 재미
있는 주인공을 소개하는 게 가장 잘하는 것이라고 보았다. 이상한 나
라의 앨리스는 그리스에 잘 알려져 있기 때문에 어느 정도의 교육을
받은 그리스 사람이라면 분명 이 소설에 대해 알고 있을 것이며, 카드
의 등장인물이나 앨리스, 카드의 여왕에 대해 알고 있으리라 생각한
다. '이상한 나라의 앨리스'를 읽어 본 어느 누구라도, 앨리스를 떠올
린다면 뒤죽박죽된 기묘한 세상을 연상하게 되므로 이 맥락에서는 아
주 적절하다고 본다. '강연장의 뒤쪽에 있던 작은 노부인'은 사랑스러
운 사람을 뜻하는 정형화된 영어 표현이지만 불리한 입장에 서 있는,
즉 이미 말한 바를 오해하는 듯한 경향을 나타내기도 한다. 이러한 정
형화된 표현은 타 문화권 사람들이 이해하기는 쉽지 않다. '강연장의
뒤쪽에 있던 작은 노부인'을 '카드의 여왕'으로 대체하고, '납작한 접

시'는 '거대한 카드'로, '거북이 아래에는 거북이들이 계속 있지'는 '아주 거대한 한 벌의 카드'과 같은 일련의 재미있는 대체어를 사용하였다.

예문 B

원천텍스트(영어: *The Patrick Collection* — 개인 소유 고전 자동차 박물관 발행 책자, 부록 4 참조)

패트릭 컬렉션 박물관은 식견있는 미식가부터 크림 티(Cream Tea) 전문가에 이르기까지 모두의 입맛을 충족시킬 수 있는 식당 설비를 갖추고 있다.

목표텍스트(이탈리아어) — 역번역

... 까다로운 미식가부터 패스트리(pastry) 전문가까지 모든 사람의 입맛을 만족시키고자

영국의 '크림 티'는 '차, 잼을 바른 스콘(핫케이크의 일종), 응고된 크림으로 구성된 오후의 식사로, 샌드위치와 케이크를 곁들이기도 한다.'[12] 다른 문화에는 크림 티에 해당하는 어떤 등가어도 없다. 이탈리아의 번역가는 크림 티를 '패스트리'로 대체하였지만, 동일한 의미는 아니다. 말하자면 영국의 크림 티는 식사인 반면, '패스트리'는 음식의 한 종류일 뿐이다. 그러나 '패스트리'가 이탈리아 독자에게 친숙하기 때문에 적절한 문화대체어가 된다.

예문 C

원천텍스트(이탈리아어: Gadda, 'La cenere delle battaglie')[13]

Poi, siccome la serva di due piani sotto la sfringuellava al telefono coll'innamotrato, assenti i padroni, si imbizzì: prese a pestare i piedi sacripantando «porca, porca, porca, porca...»: finché la non ismise, che non fu molto presto.

목표텍스트(영어: 'The ash of battles past')

두 층 아래에 사는 소녀 하인이 주인이 없는 틈을 타, 젊은 남자와 전화로 떠들고 있었다. 전화가 적잖이 계속되었기 때문에 주인은 화가 나서, 발을 차며, '개같은 … (bitch, bitch, bitch …)' 하며 고함을 질렀다.

'porca'는 축어적으로 '돼지(swine)'같은 여자를 뜻한다. 어느 번역가의 주석에 따르면 이탈리아의 'porca'를 '여성에게 적용하게 되면 부정하거나 음란함을 가르킨다(Trevelyan, 1965: 196).'고 한다. '암캐(bitch)'는 정확한 문화적 대체어이다. 그러나 '돼지'와 '암캐'는 축어적인 의미는 다르지만, 두 항목은 모두 주로 표현적 가치에 사용된다. 이 맥락에서 이들의 축어적 의미는 관계가 없다.

(d) 차용어나 설명을 덧붙인 차용어를 사용한 번역

이 전략은 특히 문화상 특수한 항목, 현대적인 개념, 전문어를 다룰 때 일반적으로 사용한다. 설명을 덧붙인 차용어는 문제의 단어가 텍스트에 몇 번 반복되는 경우에 더욱 유용하다. 차용어는 일단 그것에 대한 설명이 끝나고 나면 그 자체로 사용할 수 있기 때문에 독자들은 이 용어를 이해할 수 있게 되므로 보다 긴 설명으로 혼란을 일으키지 않아도 된다.

예문 A

원천텍스트(영어: *The Patrick Collection*, 부록 4 참조)

패트릭 컬렉션 박물관은 식견 있는 미식가부터 <u>크림 티(Cream Tea)</u> 전문가
에 이르기까지 모두의 입맛을 충족시킬 수 있는 식당 설비를 갖추고 있다.

목표텍스트(독일어) － 역번역

식견있는 미식가부터 '<u>Cream Tea</u>'－전문가까지

패트릭 컬렉션 박물관 광고는 영국의 개인 소유 자동차 박물관을 방문
하는 관광객에게 편의를 제공하기 위해 번역되었다. 위에서 언급했던
것처럼 영국의 크림-티 관습은 문화적으로 특수하다. 이에 반해 독일
인들은 커피와 케이크를 먹는 관습이 있다. 위 (c)와 동일한 텍스트의
이탈리아 번역문과 비교해 볼 때 '커피와 케이크'로 '크림 티'를 대체
할 수도 있었겠지만, 교육받은 독일인이라면 이러한 유형의 관습을 접
했기 때문에 영국의 크림-티 관습에 대해 잘 알 것이라고 번역가가 결
정한 것으로 생각된다. 또한 설명을 부가하지 않고 차용어 자체를 사
용하고 있다. 차용어의 번역에서 흔히 있는 것처럼 전이된 영국식 표
현에는 인용 부호를 사용한다는 점도 주목해야 한다. 더불어 합성어도
역시 영어보다는 독일어에서 좀 더 일반적이다. 독일어에서 'tea expert
(차전문가)'는 보통 한 단어로 표현될 것이며 크림 티 전문가가 있다면
'cream tea expert'로 표현할 것이라고 추정할 수 있다. 그러나 독일어
번역가에게 차용어 사용은 제한되어 있다. 왜냐하면 차용어인 'cream
tea(크림 티)'와 '전문가'에 등가가 되는 독일어 단어를 결합하면 독자들
에게 혼란스러움을 줄 수 있기 때문이다. 이와 마찬가지로 영어의 두

단어인 'cream'과 'tea'를 결합한다면 평이한 영어 어법과는 충돌을 일
으킬 수 있다. 그러므로 연자 부호 ' - '가 양 언어 규범의 타협점이 된다.

　동일한 텍스트를 토대로 독일어와 이탈리아 번역가가 사용한 전략
과 프랑스어와 일본어 번역가가 사용한 전략을 비교해보도록 하자.

목표텍스트(프랑스어) ― 역번역

. . . 미식가들의 식사부터 <u>영국식 차 모임(English style tea salon)</u>에 이르
기까지

목표텍스트(일본어) ― 역번역

. . . 예민한 미식가부터 <u>크림 케이크과 차(cream cakes and tea)</u>를 전문적
으로 파는 가게에 이르기까지

예문 B

원천텍스트(영어: *A Study of Shamanistic Practice in Japan*, 부록 5 참조)

우리가 조사한 <u>샤머니즘(shamanic)</u> 풍습은 낡은 미신이라고 보는 게 타
당하다.

목표텍스트(일본어) ― 역번역

우리가 연구 중인 <u>샤머니즘(shamanic)</u> 행위는 오래된 미신으로 여기는
게 타당하다.

'shaman'은 종교학에서 북아시아 부족들의 제사장이나 제사장 의사를
가리키기 위해 사용하는 전문용어이다. 일본어에는 이에 해당하는 직

접적인 등가어가 없다. 번역에서 사용한 등가어는 외국 단어를 일본어로 옮길 때 흔히 사용하는 문자인 가타가나 문자로 'shaman'을 차용하고, '~같은'을 의미하는 영어의 '-ic'를 대체하여 일본어 접미사를 덧붙였다. 일본어 접미사는 평이한 일본어를 옮기기 위해서 사용하는 한자인 간지 문자로 쓴다.

예문 C

원천텍스트(영어: *Kolestral Super*)

최대 효과를 얻으려면, 머리카락을 비닐모자(cap)나 수건으로 두르세요.

목표텍스트(아랍어) ― 역번역

최대 효과를 얻으려면, 모발을 감싸는 비닐모자인 '캡'('cap', that is a plastic hat which covers the hair)이나 수건으로 모발이 둘러집니다.

차용어인 'cap' 다음에 나오는 설명은 'cap'의 상위어·일반어인 'hat(모자)'에 해당하는 등가어를 수식하여 설명하고 있다는 점과, 위의 패트릭 컬렉션 박물관의 예문에서 인용한 독일어 번역문처럼 인용 부호를 사용한다는 점에 주목해야 한다.

예문 D

원천텍스트(영어: *The Patrick Collection*, 부록 4 참조)

아침 커피와 전통적 크림 티는 콘설버터리(conservatory)에서 마실 수 있다.

목표텍스트(일본어) — 역번역

아침 커피와 전통적인 오후의 차와 크림 케익은 <u>콘설버터리(온실)</u>
<u>(conservatory(green house))</u>에서 즐길 수 있다.

예문 E

원천텍스트(영어: *The Patrick Collection*, 부록 4 참조)

A <u>UNIQUE</u> MOTOR MUSEUM
TERRACED GARDENS AND <u>GOURMET</u>
<u>RESTAURANT</u> COMBINE TO MAKE

THE ULTIMATE ATTRACTION

<u>Unique</u> 자동차 박물관
계단식 단으로 된 정원과 <u>Gourmet</u>
<u>Restaurant</u>이 마련됨

최 고 의 명 소

목표텍스트(일본어) — 역번역

[3)]<u>유니크</u>한 자동차 박물관
계단식 단으로 된 정원과 <u>구르메</u>
<u>레스토랑</u>이 마련됨

최 고 의 명 소

---

3) 위의 주석과 마찬가지로 한국어로 차용하여 직접 번역하였다. 더불어 원 저
자의 책인 *In Other Words*는 이에 해당하는 일본어 목표텍스트가 없었으므
로 생략한다.

D와 E의 원천텍스트 예문에 밑줄을 그은 단어는 일본어 텍스트에서 차용어로 표현을 하였다. 이는 이 단어들과 등가를 이룰만한 일본어가 없기 때문이 아니라 좀 더 현대적이고 세련되면서도 상위 계급처럼 표현하고자 했기 때문이다. 여기에서는 명제적 의미보다는 환기적 의미에 초점을 맞추고 있다.

문화대체어 전략에서와 같이 번역가가 얼마나 자유롭게 차용어를 사용하게 되느냐는 그 사회에 우세한 번역 규범에 의해 좌우되는 경우가 많다. 가령 아랍어나 프랑스어에서는 일본어에 비해 차용어가 허용이 덜 허용되는 편이다.

(e) 관련어를 사용한 풀어쓰기 번역

이 전략은 원천 항목에 표현된 개념이 목표언어에도 어휘화 되어 있지만 형태가 다른 경우에 사용하거나, 원천텍스트의 특정 형태가 목표언어의 자연스러운 용법보다 훨씬 빈번하게 쓰일 때 사용하는 경향이 있다(2.3.2.1의 항목 (i)와 (j) 참조).

예문 A

원천텍스트(영어: *The Patrick Collection*, 부록 4 참조)

뜨겁고 찬 음식과 음료는 알렉스 홀이 내려다보이는(overlooking) '말벌의 둥지'에 있음.

목표텍스트(독일어) ― 역번역

말벌의 둥지'에는 알렉스 홀이 내려다보이며(which overlook), 뜨겁고 찬 음식과 음료가 준비되어 있음.

예문 B

원천텍스트(영어: *Kolestral Super*)

영양이 풍부하고 <u>크림 형태인(creamy)</u> Kolestral Super는 사용이 용이하며, 상쾌한 향이 납니다.

목표텍스트(아랍어) - 역번역

Kolestral Super는 <u>크림처럼 생긴(that resemble cream)</u> 제품으로, 성분을 보면 영양이 풍부한 농축 제품임.

아랍어 텍스트의 풀어쓰기는 다른 종류의 비등가성을 다루는 데 사용되는 비교 전략을 사용하고 있다.

예문 C

원천텍스트(영어: *China's Panda Reserves*, 부록 3, 6번 참조)

그러나 거대한 팬더와 그 곰들이 <u>관련되어 있다는(related)</u> 명백한 증거가 있다.

목표텍스트(중국어) - 역번역

그러나 큰 팬더가 그 곰들과 <u>친족관계임(have a kinship relation)</u>을 보여주는 다소 분명한 증거가 있다.

예문 D

원천텍스트(영어: *The Patrick Collection*, 부록 4 참조)

좋은 곳에 위치해 있을 뿐만 아니라 훌륭한 회의장, 아트센터, 미식가를 위한 식당, 아름다운 <u>계단식 단으로 된</u>(terraced) 정원 등의 편의시설도 갖추고 있음.

목표텍스트(프랑스어) － 역번역

이 박물관은 좋은 곳에 위치해 있으며, 그와 동시에 회의장, 아트센터, 미식가 식당, <u>계단식 단으로 꾸며져 있는</u>(created in a terrace) 화려한 정원도 갖추고 있음.

(f) 비관련어를 사용한 풀어쓰기 번역

원천 항목에 표현된 개념이 목표언어에 어휘화된 표현이 전혀 없는 경우에도 일부 맥락에서는 풀어쓰기 전략을 사용할 수 있다. 관련어를 사용하지 않는 이 풀어쓰기 전략은 상위어를 수식하거나 원천 항목의 의미를 간단히 풀어 설명하는 방법으로써, 특히 문제가 되는 원천 항목이 의미적으로 복잡할 때 사용한다.

예문 A

원천텍스트(영어: 'A secret best seller', The Independent, 1988. 11)[14]

1988년 11월 2일, 론호사의 법정진술문(<u>affidavit</u>)의 주장은 ...

목표텍스트(아랍어) － 역번역

론호사가 1988년 11월 2일에 제출한 <u>선서에 의거한 구술서(a written communication supported by an oath)</u>에 따르면 그 주장은 ...

예문 B

원천텍스트(영어: *Palace and Politics in Prewar Japan*, Titus, 1974, 부록 6 참조)

일본 천왕의 인품과 정책 선호도가 전쟁 전의 정치와 그다지 관련이 없다고 하더라도 사회적 권력은 확실히 관련이 있다. 여기에 이 권력이 거의 <u>관련이 없다고(tangential)</u> 단정하는 두 가지 이유가 있다.

목표텍스트(일본어) – 역번역

우리가 이 책에서 사회적 권력을 <u>살짝 건드리는 것과 같이 미묘한 정도로 밖에(in a very slight degree which is like touching slightly)</u> 다루지 않는 데에는 두 가지 이유가 있다.

예문 C

원천텍스트(영어: *Brintons* – 카펫 제조회사에서 발행한 기사, 부록 9 참조)

그들은 직물 준비부터 피륙을 짜는 과정에 이르기까지 완전히 <u>통합하여(integrate)</u> 운용하고 있다.

목표텍스트(아랍어) – 역번역

이 카펫 회사는 직물 준비에서 직물을 짜는데 이르기까지... <u>공장에서 전 공정을 행한다(carry out all steps of production in its factories)</u>.

예문 D

원천텍스트(영어: *The Patrick Collection*, 부록 4 참조)

여름에는 딱 트인 테라스에서 <u>야외('alfresco')</u> 식사도 할 수 있음.

목표텍스트(독일어) – 역번역

여름에는 <u>옥외의(in the open)</u> 테라스에 앉아서 식사도 할 수 있음.

영어에서 '야외(alfresco)' 즉, '옥외에서(in the open)'는 차용어이다. 독일어 번역에서는 이 단어의 의미를 풀어서 사용하였다. '야외'나 '옥외에서'라는 이 두 표현은 명제적 의미는 동일하지만 독일어에는 '야외'가 지닌 '환기적' 의미를 나타낼 수 없지만 불가피한 경우라고 생각된다. 원천텍스트의 인용 부호 속에 차용어를 넣은 것에 주목해야 한다.

예문 E

원천텍스트(영어: *A Study of Shamanistic Practices in Japan*, 부록 5 참조)

우리의 행성과 <u>상호 작용할 수 있는(interact)</u> 또 다른 놀라운 행성이 있다는 시각에...

목표텍스트(일본어) – 역번역

일상의 세계와 <u>상호간에 영향을 끼칠 수 있는(influence each other mutually)</u> 또 다른 놀라운 차원의 영상으로...

예문 F

원천텍스트(영어: *China's Panda Reserves*, 부록 3, 9번 참조)

... 아래의 각양각색의 엽궐련 밭은... 사람들이 <u>접근하거나(accessible)</u> 훼손하기 가장 용이한 지역이다.

목표텍스트(중국어) － 역번역

... 저지대의 각양각색의 엽궐련 밭은... <u>인간이 들어가기 가장 쉽고</u> <u>(where human beings enter most easily)</u> 해치기 쉬운 곳이다.

풀어쓰기 전략의 주된 장점은 명제적 의미를 표현함에 있어 정확성이 높다는데 있다. 반면 이는 어휘 항목이 지닌 상태가 나타나지 않으므로 표현적 의미, 환기적 의미, 혹은 어떤 종류의 연계적 의미를 전달할 수 없다는 게 하나의 단점으로 지적된다. 표현적 의미와 환기적 의미는 특정 맥락에서 재현성이 있는 고정된 어휘 항목에만 연관을 맺는다. 풀어쓰기 전략의 두 번째 단점은 한 항목의 자리를 여러 항목으로 이루어진 설명으로 채워야 하므로 사용하기에 불편하고 성가시다는 점에 있다.

(g) 생략하여 번역

생략 번역은 다소 과감한 번역 전략으로 들릴 수 있지만 사실 어떤 맥락의 단어나 표현은 번역 상에서 생략하더라도 아무런 훼손됨이 없다. 특정 항목이나 표현이 전달하는 의미가 텍스트 전개에 중요하지 않기 때문에 독자들에게 장황한 설명으로 혼란을 주지 않으려고 한다면 번역가는 문제의 단어나 표현을 간단히 생략하여 번역하기도 한다.

예문 A

원천텍스트(영어: *The Patrick Collection*, **부록 4 참조)**

이곳은 삶의 방식을 반추할 기회를 제공하며 어린이들에게는 그들의 부모와 조부모가 살았던 삶의 방식과 여행 방식을 <u>실제로 세세하게(in real-life detail)</u> 살펴볼 수 있는 기회의 장이다.

목표텍스트(프랑스어) - **역번역**

여기는 젊음을(확인은 불가능하지만) 재발견할 기회를 제공하며, 어린이들에게는 그들의 부모와 조부모가 어떻게 살았는지 또 어떻게 여행을 했었는지 알 수 있는 기회의 장이 된다.

예문 B

원천텍스트(영어: *China's Panda Reserves*, **부록 3, 10번 참조)**

산에 있는 팬더의 집은 식물이 풍부하며, 유럽 정원에서도 진귀하게 생각되는 나무, 관목, 허브 등을 <u>우리에게 제공했다(gave us)</u>.

목표텍스트(중국어) - **역번역**

산에 있는 팬더의 터전은 식물의 종류가 풍부하다. 유럽 정원에도 귀하게 여기는 나무, 관목, 허브식물들이 많이 있다.

원천텍스트는 유럽의 청중을 향한 것이므로 'gave us'를 사용하여 의도한 방향을 강조하고 있다. 중국어 번역문은 원천텍스트와 청중이 다르기 때문에 원문의 관점을 바꿔놓을 수 있는 표현을 생략함으로써 그 방향점을 감추고 있다.

예문 C

> **원천텍스트(영어: *Brintons*, 부록 9 참조)**
>
> 최근에 출신된 '뉴 트래디션 엑스민스터'의 너비는 <u>벌써부터(already)</u> 엄청난 반향을 일으키고 있으며, 박람회에 전시될 예정이다.
>
> **목표텍스트(아랍어) – 역번역**
>
> '뉴 트래디션 엑스민스터' 신작품은 당사가 이것을 최근에 출시한 이후로 엄청난 반향을 일으키고 있으며 박람회에도 전시할 카펫 유형이다.

단어나 표현을 생략하여 번역한다면 어느 정도의 의미적 손실은 불가피하다. 가령 마지막 예문의 '벌써부터(already)'는 뉴 트래디션 엑스민스터의 너비가 '예상보다 일찍' 엄청난 반향을 일으켰다는 점을 전달하고 있지만 이러한 의미는 번역에서 사라졌다. 따라서 이 생략하여 번역하기는 매끄럽고 가독성 있는 번역물을 생산하는 한다는 이점이 해당 맥락에서의 특정 의미를 정확하게 그대로 옮긴다는 가치를 능가한다는 점이 분명할 때 마지막 수단으로 사용하는 게 바람직하다.

(h) 삽화에 의한 번역

어떤 단어가 목표언어에 해당 등가어는 없지만 그림으로 나타낼 수 있는 물리적 실재물을 지시하는 경우, 특히 공간의 제약이 있으며 텍스트를 짧고 압축적이고 요령 있게 제시해야 하는 경우에 유용한 선택이다.

[그림 2.1]은 아랍 시장을 위한 립톤 옐로 상표의 차 묶음에 나타난 삽화이다. '꼬리표 달린 티백'에서 '꼬리표 달린'은, 텍스트를 어지럽힐 만큼 길게 설명하지 않고는 아랍어로 쉽게 번역할 수 있는 방법이 없다. 따라서 풀어쓰기를 사용하는 대신에 꼬리표 달린 티백 삽화를 사용하고 있다.

[그림 2.1]

이 장에서 논의된 예들은 어떤 식으로든 단어 차원의 비등가어를 다루는 데 유용한 전략을 총망라해 놓은 것이 아니다. 더 많은 전략들을 발견하고 다양한 맥락에서 사용되는 각 전략의 장점과 단점을 평가하는 법을 배우기 위해 전문 번역가가 번역한 텍스트들을 계속해서 연구하고 분석하기를 권한다.

연습문제

1 다음에 나오는 각 집합의 항목들 간에 어떤 의미 차이가 있는지 설명하라. 의미 차이는 표현적 의미나 혹은 환기적 의미와 관련될 수 있다. 가령 어떤 항목은 특정 사용역이나 특정 방언에 속할 수 있고 또 다른 항목은 경멸적이거나 중립적일 수 있다. 만약 익숙하

지 않은 특정 단어나 표현이 있다면 그 의미를 논하기 전에 먼저 좋은 영어 사전을 찾아보도록 하라.

car, auto, automobile, motor, limousine, limo, banger, jalopy
comfortable, comfy, homely, cosy, snug (of a place)
dad, daddy, pa, papa, pop, father, pater, sire, old man

이번에는 당신 자신의 목표언어에서 car, comfortable, father 대신 사용할 수 있는 단어와 표현을 모두 열거해보라. 그리고 (a) 각 집합의 개별 항목들 간의 의미 차이와 (b) 위의 영어 항목들과 그에 해당하는 목표언어 집합의 항목들 간의 의미 차이를 설명하라.

2 say, suggest, complain, mumble, mutter, murmur, whisper, speak, tell 등 발화와 연관된 영어 동사를 생각나는 만큼 모두 나열해보라. 그런 뒤 그 동사들을 보다 일반적인 것부터 시작하여 집합들로 분류해보라.

   이번에는 자신의 목표언어에서 발화와 연관된 동사를 보다 일반적인 것부터 시작하여 생각나는 만큼 모두 나열하라. 목표언어의 목록과 영어의 목록을 서로 비교하여 의미상 공백이 발생하는지 여부를 설명하라.

   다음에는 PUBLICATIONS라는 일반 표제 아래 올 수 있는 명사들을 사용하여 반복해서 연습을 해라. 영어에는 여기에 해당하는 단어로 book, newspaper, magazine, newsletter, bulletin, journal, report, pamphlet, periodical 등이 있다.

3 자신의 목표언어로 번역하기가 유난히 어렵다고 느껴지는 영어 단어 열 개를 나열하라. 그렇게 어렵다고 생각되는 이유가 무엇인지

각각 설명하라.

4 영어 접사 중에서 자신의 목표언어로는 직접적인 등가어를 찾을
수 없는 형태를 체계적으로 만들어내는 접사 세 개를 나열하라. 각
접사에 대해 적절히 풀어 설명하라.

5 스티븐 호킹의 *A Brief History of Time* 발췌문 전체를 찾아 본인의
목표언어로 두 번 번역하라. 첫 번째는 목표독자에게 텍스트 내용
그대로 설명하는 것을 목표로 한다. 두 번째는 호킹 교수나 출판업
자가 책의 첫 단락에서 독자의 관심을 사로잡기 위해 필요한 전략
은 뭐든지 사용해도 좋다고 허락했다는 전제 하에 번역한다.
　그런 뒤 각각의 번역에 사용된 상이한 전략에 대해 설명하라.

보충자료

단어와 형태소

Bolinger, D. and Sears, D. (1968) *Aspects of Language* (New York: Harcourt Brace Jovanovich), Chapter 4: 'Words and their make-up'.

Palmer, F. R. (1976) *Semantics* (Cambridge: Cambridge University Press), Chapter 4, section 4.4: 'The word'.

Yule, G. (1985) *The Study of Language* (Cambridge: Cambridge University Press), Chapter 8: 'Morphology'.

어휘적 의미

Catford, J. C. (1965) *A Linguistic Theory of Translation* (London: Oxford University Press), Chapter 13: 'Language varieties in translation' (discusses dialect and register variation).

Cruse, D. A. (1986) *Lexical Semantics* (Cambridge: Cambridge University Press), Chapter 12, sections 12.1 and 12.2: 'Synonymy'.

의미장

Bolinger, D. and Sears, D. (1968) *Aspects of Language*, Chapter 6: 'Meaning'.

Carter, R. and McCarthy, M. (1988) *Vocabulary and Language Teaching* (London: Longman), Chapter 2: 'Lexis and structure'.

Palmer, F. R. (1976) *Semantics*, Chapter 4: 'Lexical semantics: fields and collocation', sections 4.1-4.3.

비등가와 번역 전략

Barnwell, L. (1974) *Introduction to Semantics and Translation* (High Wycombe: Summer Institute of Linguistics), Chapter 9: 'Transferring lexical meaning from one language to another'.

Beekman J. and Callow, J. (1974) *Translating the Word of God* (Michigan: Zondervan), Chapters 12 and 13: 'Lexical equivalence across languages'.

Ivir, V. (1987) 'Procedures and strategies for the translation of culture', in G. Toury (ed.) *Translation Across Cultures* (New Delhi: Bahri).

Nida, E. A. (1964) 'Linguistics and ethnology in translation-problems', in D. Hymes (ed.) *Language in Culture and Society: a Reader in Linguistics and Anthropology* (New York: Harper & Row).

참고

1   Bolinger & Sears는 실제로는 이 정의를 채택하지 않는다. 그들은 단어를 '다른 요소들 사이에 상대적으로 자유롭게 삽입될 수 있는 가장 작은 요소'로 정의하는 것을 선호한다.

2 여기서 '화자'란 '화자 그리고/또는 저자'의 줄임말이다.

3 Gregory(1980: 464)는 '담화의 방식에 대한 분류가 유용하고 의미를 지니기 위해서는 구어-문어의 단순 이분법보다 좀 더 세밀하게 분류되어야 한다'고 주장한다. 예컨대 그는 임의로 말하는 것과 그렇지 않은 경우를 구분하고, 임의로 말하는 경우도 대화와 독백을 구분한다. 임의로 말하지 않는 경우는 구전되어 온 것 등을 암송하는 것과 글로 기록한 것을 말하는 것으로 구분한다. 이에 관한 자세한 논의와 다른 분류 방식(mode)을 알고 싶다면 Gregory와 Carroll(1978)의 저서를 참조하라.

4 어떤 언어학자들은 이 관점을 인정하지 않거나 적어도 전적으로 수긍하지는 않는다. 가령 Lyons(1977: 260)는 '외부 세계 혹은 실재는 단순히 분화되지 않은 연속체가 아니다'라고 말한다. 필자는 개인적으로 Lowe(1984: 4)의 관점에 동의하는 편이다.

> 경험의 세계인 실재는 인간이 신체 감각을 통해 인식하는 모든 종류의 인상(impression)들이 끊임없이 계속 흘러가는 하나의 흐름으로 구성된다. 인간의 언어는 그것이 발달시킨 다양한 표상 체계를 통해 이러한 인상들을 범주화함으로써 이 인상의 흐름에 다소 단절을 가져왔고, 따라서 심상 혹은 경험의 표상을 인간에게 부여해줌으로써 경험 세계를 '나눈다'는 표현을 가능케 하였다. 사실, 모든 언어는 실재에 대한 특정 개념화를 인간에게 제공함으로써 경험 세계의 근본적이고 불연속적인 상을 제안한다. 그리고 어떤 의미에서 보면, 특정 언어의 모든 유의미한 요소는 이 특정 언어가 화자들에게 제안하는 세계에 대한 포괄적 심상을 창조해내는데 어떤 식으로든 참여하게 된다.

5 어휘 연구에서는 어휘 집합의 개념을 보다 구체적으로 정의한다. 간단히 말해, 하나의 어휘 집합은 연어와 동일한 특권을 지닌 어휘 항목들로 구성된다(연어에 대한 자세한 논의는 3장, 3.1절을 보라).

6 코빌드란 'Collins Birmingham University International Language Database'를 의미한다. 이 책을 집필할 당시 코빌드 코퍼스에 포함된 영어 단어 수는 문어와 구어를 합쳐 2천만 개였다.

7   *ITI News* 1988년 12월, 3권 3호. ITI는 영국통번역협회(the Institute of Translation and Interpreting).

8   코빌드 영어 사전에 따른 정의(Sinclair, 1987b).

9   코빌드 영어 코퍼스에서 발췌(위 참고 6번을 확인).

10 Ming Xie가 번역자임(개인 접촉).

11 'I passi sulla neve'('눈 위의 발자국'), Mario Soldati의 단편소설, Gwyn Morris가 번역(Trevelyan 1965에서 발췌).

12 코빌드 영어 사전에 따른 정의(Sinclair, 1987b).

13 'La cenere delle battaglie'('지난 전쟁의 재'), Carlo Emilio Gadda의 단편소설, I. M. Rawson이 번역(Trevelyan 1965에서 발췌).

14 *The Independent newspaper*(1988년 11월 8일자)에 실린 기사 – 모하메드 파예드가 하우스 오브 프레이저사를 취득한 경위를 기술한 티니 로우랜드의 *A Hero from Zero*에 포함된 기사.

3 연어와 관용구 차원의 등가

말의 큰 골칫거리는 번역이 자주 행해진다는 점이다. 한 언어에서 다른 언어로 책을 옮기다보면 반드시 본래의 관용구 중 일부가 흘러들어 가기 마련이다. 이는 가장 해롭고 가장 포괄적으로 발생하는 변혁이다. 개개 단어가 아무리 많이 흘러들어도 언어의 구성은 변함없이 동일하게 유지된다. 그러나 새로운 어구는 마치 건물의 돌들 하나하나가 아니라 기둥의 순서를 바꿔버리는 것처럼 동시에 많은 부분을 변화시킨다. 만약 우리의 말씨를 다듬기 위해 학교가 세워져야 한다면, ... 문법책과 사전을 만드는 대신, 계속 내버려 두면 우리로 하여금 불어 방언이나 떠듬거리게 만들 게으르고 무지한 번역가들의 방종을 막기 위해 있는 힘껏 노력하도록 해야 한다.

(Samuel Johnson, *Dictionary* 서문, 1755: xii)

앞 장에서는 단어 차원에서 발생하는 비등가(non-equivalence)의 문제를 논의하고, 그러한 문제를 해결하기 위한 여러 전략들을 살펴보았다. 이 장에서는 한 단계 더 나아가 언어를 확장하기 위해 단어와 단어가 결합할 때 일어나는 현상을 논의하고자 한다.

자명한 사실이지만 단어가 단독으로 나타나는 경우는 매우 드물다. 거의 언제나 다른 단어와 함께 나온다. 그러나 어떤 언어든지 단어가 무작위로 배열되는 경우는 없으며 의미를 전달하기 위해 단어가 결합되는 방식에는 늘 제약이 있기 마련이다. 특히 개별 단어가 아니라 단어의 품사에 적용되는 제약과 같은 예외를 인정하지 않는 제약은 대개 규칙의 형태로 간주된다. 예를 들어 영어에는 한정사가 명사 뒤에 올 수 없다는 규칙이 있다. 따라서 영어에서 'beautiful girl the'와 같은 배열은 허용되지 않는다.[1] 이와 달리 어떤 제약은 단어의 품사보다는 개별 단어에 적용되며 예외를 인정하기도 한다. 이런 제약은 비록 규칙이라고 말할 수는 없지만 그 언어에서 반복해서 나타나는 것을 확인할 수 있다. 다음 절에서는 이런 종류의 어휘 유형에 초점을 맞추고자 한다. 예를 들어 특정 단어가 다른 단어와 함께 나타날 '가능성'과, 그 결과 형성된 단어 조합이 얼마나 전형적인가 하는 문제를 논의할 것이다. 특히 원천언어와 목표언어의 어휘 유형이 다르기 때문에 번역가가 겪게 되는 어려움들을 다루고자 한다.

어휘 유형은 '연어'와 '관용구 및 고정표현'으로 나누어 다루기로 한다.

3.1 연어

건축가가 건물을 '산출한다'고 하지 않고 작가가 이야기나 줄거리를 '엮다'라고 하면서 소설을 '엮다'라고 하지 않는 이유는 무엇일까? 단어의 사전적 정의로만 따져보면 결코 그 이유를 알 수 없다. 다만 그렇게 말하지 않으니까 그렇게 말하지 않을 뿐이다.

(Bolinger & Sears, 1968: 55)

연어(collocation)에 대해서는 2장에서 어휘적 의미 중 **전제적 의미**(presupposed meaning)를 논하면서 간단히 다룬 바 있고, 우선 정의내리기를 '의미상 임의적으로 가해지는 제약으로써 단어의 명제적 의미 (propositional meaning)와는 논리적으로 무관하다(19쪽)'고 하였다. 연어를 이해하는 또 다른 방식은 언어 내에서 규칙적으로 어울려 사용되는 단어들의 경향을 통해서 살펴보는 것이다.

　일차적으로, 어떤 단어들이 함께 어울리는 경향은 그 단어들의 명제적 의미와 관련이 있다. 가령 '수표'라는 단어는 '달, 버터, 운동장, 수리하다'라는 단어보다는 '은행, 지불하다, 돈, 이서하다' 등의 단어와 더 잘 어울리는 경향이 있다. 그러나 언제나 단어의 의미가 이러한 연어적 유형을 설명해주지는 않는다. 만약 그렇다면 '실행하다'의 의미인 'carry out', 'undertake', 'perform'은 모두 '방문'의 의미인 'visit'과 어울려 쓸 수 있을 것이다. 그러나 실제로 영어 화자들은 '방문하다'는 표현을 위해 보통 'pay a visit'을 쓰고 가끔은 'make a visit'을 쓰기도 하지만, 'perform a visit'라는 표현은 사용하지 않는다. 빵을 석쇠(grill)에 굽는다 해도 '석쇠에 빵 굽기(grilling bread)'라고 말하지는 않는다(Newman, 1988). 버터나 달걀이 상하면 영어로는 각각 'rancid'와 'addled'로 묘사한다. 'rancid'와 'addled'는 둘 다 '썩은'이라는 뜻이지만 영어에서 'addled butter'와 'rancid eggs'는 허용되지 않으며 적어도 그런 식으로 어울리지 않는다(Palmer, 1976). 게다가 동의어나 유사동의어로 생각되는 단어들도 연어 조합은 매우 다른 경우가 많다. 'rule'과 'regulation'은 '규칙'을 뜻하는 동의어지만, 영어 화자들은 'break rules(규칙을 어기다)'라고 하되 'break regulations'라고는 하지 않는다. 'waste'와 'squander'는 둘 다 '낭비하다'라는 뜻이지만, 대개 'waste time(시간을 낭비하다)'이라고 하되 'squander time'이라고 하지는 않는다. '판정을 내리다'라는 영어 표현은 'deliver a verdict'와 'pronounce a verdict'가 모두 가능하다. 즉 'verdict(판정)'는 'deliver(말하다)'와 'pronounce(선언하다)'에 모두 어울릴 수 있다. 또한 'sentence(판결)' 역시 'pronounce'와 어울려 'pronounce a sentence'의 형태로 사용되며 'deliver/pronounce a verdict'와 거의 동일한 의미를 지닌다. Cruse도 이와 유사한 예를 들고 있다(1986: 281). 형용사 'unblemished', 'spotless', 'flawless', 'immaculate', 'impeccable'은 모두 '흠 없는'이라는 뜻의 동의어 혹은 유사동의어지만, 명사와 결합하는 방식은 자유롭지 못하다(<표 3.1> 참조).

〈표 3.1〉예측 불가능한 연어 유형

	unblemished	spotless	flawless	immaculate	impeccable
performance (성과)	–	–	+	+	+
argument (논증)	–	–	+	–	?
complexion (얼굴 피부)	?	?	+	–	–
behaviour (행동)	–	–	–	–	+
kitchen (부엌)	–	+	–	+	–
record (경력)	+	+	–	?	+
reputation (명성)	?	+	–	?	?
taste (맛)	–	–	?	?	+
order (질서)	–	–	?	+	+
credentials (자격)	–	–	–	–	+

+ = 흔한/허용 가능한 연어
– = 허용 불가능한/없을 것 같은 연어
? = 미심쩍은/어떤 방언에서는 허용 가능할 수도 있는 연어

　연어 관계에 있는 두 단어는 문법적으로 허용 가능한 순서로 결합된다면 여러 가지 다양한 형태에서도 그 관계가 유지될 수 있다. 예를 들어 영어에서는 'aim(목적)'과 'achieve(성취하다)'가 연어 관계를 이룰 때 'achieving aims, aims having been achieved, achievable aims, the achievement of an aim' 등의 표현이 모두 가능하며 실제로도 많이 사용된다. 반면에 어떤 단어들은 다른 단어와 어울릴 때 정해진 몇몇 형태로만 결합하는 경우도 많다. 가령 영어에서 '규칙을 융통성 있게 적용하다'는 'bend rules'로 표현하지만 반대로 '융통성 없는' 규칙은

'unbendable'이 아니라 'inflexible'을 사용한다.

그렇다면 대체로 연어의 양상은 임의적이고 의미와는 무관한 것처럼 보인다. 이는 한 언어 내에서도 그렇지만 다른 언어들 간에도 마찬가지 이다. 한 언어 내에서 동의어와 유사동의어의 연어 유형을 비교해 볼 때 발견되는 불일치만큼이나 두 언어의 '사전적 등가어/유사 등가어'간 에도 연어 유형의 불일치가 발생한다. 예를 들어 영어의 'deliver'는 여 러 명사와 연어를 이루는데 이에 해당하는 아랍어는 각각 다른 동사를 사용한다. 'deliver'에 해당하는 아랍어의 사전적 등가어는 'yusallim'이다.

영어	아랍어	
deliver a letter/telegram (편지/전보를 보내다)	yusallimu	khitaaban/tillighraafan
deliver a speech/lecture (연설/강연하다)	yulqi	khutbatan/muhaadaratan
deliver news (소식을 전하다)	yanqilu	akhbaaran
deliver a blow (때리다)	yuwajjihu	darbatan
deliver a verdict (판정을 내리다)	yusdiru	hukman
deliver a baby (출산하다)	yuwallidu	imra'atan

마지막에 제시된 아랍어 표현 'yuwallidu imra'atan'은 '출산하다', '출 산하는 여자를 돕다'는 뜻이며 영어로 축어번역하면 'deliver a woman'으 로 옮겨진다. 출산 과정에서 아랍어는 여자에 초점을 맞추는 반면 영 어는 아기에 초점을 맞춘다. 따라서 현대 영어에서는 일반적인 상황일 때 'deliver a woman'이라고 말하지 않는다. 이처럼 언어 간에 존재하 는 연어 유형의 차이는 단순히 해당 명사에 다른 동사를 사용하는 문 제가 아니라 사건을 묘사하는 방식이 전혀 다르다는 사실을 보여준 다. 연어 유형은 우리 주변 세계의 내재적인 질서를 반영하기보다는 특정 언어 공동체가 선호하는 언어적 배열과 표현 유형을 반영한다. Sinclair가 적절히 지적했듯이 '언어 내에는 다양한 말하기 방식과 많

은 선택이 존재하며 이들은 외부 세계와 거의 관련이 없거나 전혀 무관하다'(1987a: 320). 이는 연어가 그 연어의 바탕이 되는 문화적 배경을 반영하지 않는 경우가 많다는 뜻이 아니다. 사실 몇몇 연어는 그 연어가 쓰이는 물질적, 사회적, 도덕적 환경을 직접 반영한다. 이 때문에 영어에서는 '빵'이 '버터'와 연어를 이루지만 아랍어에서는 그렇지 않다. 'buy a house(집을 사다)'는 영어에서는 자주 쓰이는 연어이지만 독일어에서는 거의 쓰이지 않는데, 그 이유는 집을 사는 관습이 두 문화 간에 크게 다르기 때문이다(Alexander, 1987). 영어에서는 '법과 질서'가 보편적인 연어이지만 아랍어에서는 '법과 관습' 혹은 '법과 전통'이 좀 더 전형적인 연어이다. 영어 연어는 영어 화자들이 질서에 높은 가치를 두고 있음을 반영하며, 아랍어 연어는 아랍어 화자들이 전통 개념을 더 중시하고 있음을 반영하고 있다.

3.1.1 연어의 범주와 유표성

많고 적음의 정도의 차이는 있겠지만, 한 언어의 모든 단어는 양립할 수 있는 항목들의 범주가 정해져 있다고 말할 수 있다. 여기서 범주란 연어의 집합, 즉 일반적으로 문제의 단어와 잘 결합하는 다른 단어들을 가리킨다. 몇몇 단어는 다른 단어에 비해 연어 범주가 훨씬 넓다. 예를 들어 영어 동사 'shrug'는 연어 범주가 다소 제한되어 있다. 대개 'shoulder'와 함께 쓰여 '어깨를 으쓱하다'는 뜻으로 사용되며 그 외에는 특별히 깊이 관련된 단어가 없다. 이와 대조적으로 동사 'run'은 연어 범주가 넓어서 전형적으로 함께 나오는 단어만 해도 'company, business, show, car, stockings, tights, nose, wild, debt, bill, river, course, water, colour' 등이 있다.

어휘 항목의 연어 범주에 영향을 미치는 주요 요인으로는 다음 두 가지를 꼽을 수 있다(Beekman & Callow, 1974). 첫째는 항목의 구체성의 정도로, 일반적일 단어일수록 연어 범주가 넓고 구체적인 단어일수록 연어 범주가 제한된다. 예를 들어 동사 'bury(묻다)'는 하위어인 'inter(매장하다)'나 'entomb(무덤에 묻다)'에 비해 연어 범주가 훨씬 넓을 것이다. '매장하는 것'은 사람만 가능하지만, '묻는 것'은 사람뿐만 아니라 보물, 머리, 얼굴, 감정, 기억도 모두 가능하기 때문이다. 어휘 항목의 연어 범주를 결정하는 둘째 요소는 그 항목이 지닌 의미의 개수이다. 대부분의 단어는 여러 가지 의미를 가지며 각각의 의미에 대해 별개의 연어 집합을 형성한다. 예컨대 동사 'run'이 '경영하다'의 의미일 때는 '회사, 연구소, 사업' 같은 단어들과 연어 관계를 이루지만, '작동시키다, 제공하다'의 의미일 때는 '서비스'와 '강좌' 같은 단어들과 연어 관계를 이룬다. 물론 이와 정반대로 어떤 단어의 연어 유형이 그 단어의 여러 의미들을 결정짓는다는 주장 역시 충분히 설득력이 있다(아래 3.1.3 참조). 양쪽 모두, 단어가 지닌 의미의 개수와 연어 범주가 서로 깊이 관련되어 있음은 분명하다.

연어에 대한 지금까지의 논의로 보건대 문법적 진술과는 달리 연어에 대한 진술은 허용 가능한 것과 허용 불가능한 것보다는 전형적인 것과 비전형적인 것의 관점에서 이루어진다. 이는 불가능한 연어란 존재하지 않는다는 뜻이다. 새롭고 독특한 단어 결합은 빈번히 발생하며 이런 결합을 반드시 허용 불가능한 것으로 취급하지는 않는다. 그 이유는 연어 범주가 고정되어 있지 않다는 데 있다. 단어는 항상 새로운 연어들을 형성하게 된다. 유추 과정을 통해 자연스럽게 형성되기도 하고, 화자가 의도적으로 독특한 연어를 만들어내기도 한다. 그러나 어떻게 해서 새로운 연어가 실제로 형성되며 또 독특한 연어 유형이 거두는 효과는 무엇일까?

어떤 언어에서 반복해서 나타나는 연어 유형은 관례적인 언어 목록의 일부가 되므로 텍스트에서 마주치더라도 무슨 뜻인지 몰라 망설일 필요가 없다. 이와는 대조적으로 거의 혹은 전혀 반복되지 않는 연어는 주목을 끌고 독특하다는 인상을 준다. 화자나 저자가 메시지 전달을 위해 단어를 배열하는 방법에는 크게 두 가지가 있다. 우선 화자나 저자는 기존의 연어 유형을 고수하여 이를 강화할 수 있다.

> 허먼 J. 맨키위츠는 탁월한 방송작가였고 …, 병적인 노름꾼(compulsive gambler)에, 유명한 술꾼인데다가, 거침없는 입담꾼이었고, 굉장한 사고 뭉치였다.
>
> (Shirley MacLaine, *You Can Get There From Here*,
> 1975: 66-7; 필자 강조)

또는 어휘 항목의 범주를 확장하여 기존 유형에 변화를 가할 수도 있다.

> 나는 휴 프레이저를 1977년에 만났다. 매력적이고 약간 우유부단하며 골초(heavy smoker)에 골수 노름꾼(heavy gambler)인 그는 마지막 남은 주요 자산을 팔기로 결정하는 등 이미 재산을 처분한 상태였다. 팔기로 한 마지막 자산은 부친이 설립하여 스코티쉬 & 유니버설 투자라고 이름 붙인 회사의 경영권 장악을 위해 필요한 주식이었다.
>
> (Lonrho, *A Hero from Zero*, 1쪽; 필자 강조)

'compulsive gambler'와 'heavy gambler'간의 차이는, 전자는 영어에서 흔한 연어이지만 후자는 'heavy smoker'와 'heavy drinker'에서 유추하여 'heavy gambler'를 포함하기 위해 'heavy'의 범주를 확장하려고 시도했다는 점이다. 'heavy gambler'가 특별히 이상하게 느껴지지 않는 이유는 기존 범주를 약간만 확장했기 때문이다. 이런 종류의 자연스런

범주 확장은 새로운 이미지를 창조해내기 위해 의도적으로 연어 범주
를 뒤섞는 **유표적 연어**(marked collocation)보다 훨씬 덜 두드러진다.
유표적 연어란 단어들이 특이하게 결합한 것으로써 청자나 독자의 예
상을 벗어난다.[2] 특히 유표적 연어는 독특한 이미지를 창조해내고 웃
음을 선사하며 독자의 주목을 끌 수 있기 때문에 소설, 시, 유머, 광고
에서 자주 사용된다. 유표적 연어에 대한 다음 예문은 Le Carré의 *The
Russia House*『러시아 저택』(1989: 102; 필자 강조)에서 발췌한 것이다.

> 도서 박람회에서 만난 몇몇 직원들은 글라스노스트와 평화의 위기에 관
> 한 책의 영국 판권을 내가 구매했으면 하고 바랬다. 지난날과 오늘날의
> 강경론자들이 전략에 대해 재평가해 놓은 에세이였다. 결국 진정한 평
> <u>화가 발발(peace breaks out)</u>할 수 있을까?

보통 '전쟁은 발발(war breaks out)'하고, '평화는 유지된다(peace prevails)'.
이러한 무표적 연어(unmarked collocation)는 전쟁은 일시적이고 바람
직하지 않은 상황이며 평화가 정상적이고 바람직한 상황임을 암시한
다. 위 발췌문에서 나타난 연어 범주의 고의적인 혼합은 평화가 비정
상적이며 일시적이고 심지어 바람직하지 못한 상황일 수도 있다는 의
외의 이미지를 전달한다.
　정리하자면, 기존의 범주를 확장하든지 아니면 일부러 다른 범주의
혹은 반대되는 범주의 단어들을 함께 배열하든지 간에 새로운 연어는
항상 만들어지기 마련이다. 따라서 어떤 언어에 확립되어 있는 연어 유
형은 강화될 뿐만 아니라 새로운 이미지와 새로운 의미를 연상하게 해
주는 배경으로도 사용된다. 종종 새로운 연어가 유행하면 자꾸 사용하
여 강화되고 결국에는 그 언어의 관례적인 언어 목록의 일부가 된다. 이후
에는 그 연어가 새로운 연어를 만들어냄으로써 새로운 의미를 전달하기

위한 배경으로 사용될 수 있고, 계속 그런 식으로 순환이 지속된다.

3.1.2 연어와 사용역

연어 유형이 항상 언어 체계 전체에 전형적 혹은 비전형적인 것은 아니다. 지금까지 언급한 모든 예들은 직업이나 특별한 관심사나 취미에 관계없이 누구에게나 어느 정도 친숙하고 흔한 일상적인 연어이다. 반면에 일상 언어에서는 비전형적으로 느껴지지만 특정 사용역(register)에서는 자주 사용하는 연어도 있다. Sinclair(1966)는 'dull highlights(침침한 하이라이트)'와 'vigorous depressions(활발한 저기압)'가 일상 영어에서는 이상하게 들릴지 모르지만 사진술과 기상학 각 분야에서는 흔한 연어라고 설명한다. 통계학에서는 'biased error(편향오차)'와 'tolerable error(허용오차)' 등의 연어가 용인되며 실제로 자주 사용한다. 통계학 사용역에 익숙하지 않은 독자는 이러한 연어가 유표적이라고 잘못 생각할 수도 있다. 그러나 연어의 유표성은 절대적인 성질이 아니라 언제나 해당 사용역의 규범에 따라 달라진다.

사용역에 따른 특수한 연어는 단순히 어떤 학문의 전문용어 집합체가 아니다. 전문사전이나 용어집에서 쉽게 찾아볼 수 있는 용어 목록 이상으로 확장된다. 예를 들어 컴퓨터 언어에서 'data(데이타)'가 'data processing'과 'data bank'처럼 복합어의 일부를 형성한다는 점을 알고, 그런 용어들에 상응하는 목표언어의 사전적 등가어에 익숙해진다고 해도 아직 충분하지 않다. 컴퓨터 문서를 번역하려면 번역가는 무엇보다도 영어의 컴퓨터 텍스트에서 'data'는 'handle(취급), extract(추출), process(처리), manipulate(조정), retrieve(검색)'되지만, 보통 'shift(이동), treat(처치), arrange(정렬), tackle(해결)'된다고 표현하지는 않음을 인식해야 한다. 또한 컴퓨터 문서 번역가는 '데이타'의 등가어가 상응하는 목표텍스트에서 사용

되는 방식, 즉 '데이타'의 등가어와 양립할 수 있는 연어 집합에도 익숙
해져야 한다. 번역가가 모국어라고 해서 사용역에 따른 특수 연어의 허
용가능성이나 전형성을 바로 가늠할 수 있는 것은 아니다. 대체로 번역
훈련 강의계획서에서 전문 언어와 기술 언어에 대한 강좌가 중요한 요
소가 되는 이유가 바로 여기에 있다.

3.1.3 연어의 의미

2장에서 의미는 마치 각 단어가 본래 소유하고 있는 특질인 것처럼
논의되었다. 그러나 어떤 단어가 단독으로 무엇인가를 '의미'할 수 있
는지는 논쟁의 여지가 있다. 어떤 단어만 따로 떼어내어 그 의미를 설
명하라고 하면 우리는 그 단어를 드문 연어보다는 가장 전형적인 연어
에 대입하여 맥락화하곤 한다. 'dry'의 뜻을 설명해달라고 하면 'dry
clothes(마른 옷)', 'dry river(마른 강)', 'dry weather(건조한 날씨)' 등의 연
어를 떠올리기 쉬운데, 이런 연어에서는 'dry'를 '물기 없는'으로 정의
내릴 수 있을 것 같다. 그러나 'dry'의 가장 흔한 연어에서 한발 물러
나 보면, 'dry'의 의미는 주로 연어 유형에 따라 달라지며 'dry'라는 단
어 자체에 따로 포함된 것은 아니라는 점이 분명해진다.

아래 제시된 각각의 단어 결합에서 'dry'가 의미하는 바가 무엇인지
풀어서 설명해보자.

dry cow   dry sound   dry book
(젖이 안 나오는 소)   (불쾌한 소리)   (지루한 책)

dry bread   dry voice   dry humour
(버터를 바르지 않은 빵)   (냉담한 목소리)   (시치미 떼고 하는 농담)

dry wine   dry country   dry run
(달콤하지 않은 포도주)   (금주 국가)   (예행 연습)

위의 연어들은 전부는 아니더라도 대부분 독특한 의미를 가지고 있다. 이는 한 단어의 의미가 종종 어떤 단어와 함께 쓰이느냐에 따라 좌우 된다는 점을 암시한다. 어떤 단어나 표현의 번역이 해당 문맥에서 부 정확하거나 부적절하다고 비판 받는 경우, 이러한 비판은 연어 유형이 갖는 독특한 의미가 개별 요소들의 의미의 총합과는 다르다는 점을 번 역가가 인지하지 못하고 있다고 지적할 수도 있다. 예컨대 'dry voice' 를 '촉촉하지 않은 목소리'로 옮기는 번역가는 'dry'가 'voice'와 연어 를 이룰 때는 감정을 드러내지 않는다는 의미에서 '냉담한'의 뜻을 가 진다는 사실을 인식하지 못했기 때문에 이 맥락에서 'dry'를 잘못 번 역하게 된 것이다. 마찬가지로 'run a car(차를 몰다)'를 '차를 빠른 속도 로 운전하다'로 옮기는 번역가는 이 맥락에서 'run'을 잘못 해석하고 있다. 그러므로 번역의 첫 단계, 즉 번역가가 원문텍스트를 해석하는 단계에서 단순히 개별 단어를 사전적 등가어로 대체하기보다는 연어 의 의미를 고려하는 것이 매우 중요하다.

두 언어의 연어 유형이 거의 비슷해 보이는 경우라도 전달하는 의미 는 동일하지 않을 수 있다는 점에 주의해야 한다. 예를 들어 영어에서 'run a car'는 '재정적으로 차를 소유하고, 사용하고, 유지할 수 있다' 는 뜻이다. 그러나 현대 그리스어에서 '차를 몰다'라는 표현은 단순히 차를 빨리 혹은 과속으로 운전한다는 뜻이다.

3.1.4 연어와 관련된 번역 함정 및 문제

원천언어와 목표언어는 연어 유형이 서로 다르기 때문에 함정에 빠 질 가능성이 있으며 번역시 다양한 문제가 발생할 수 있다. 이러한 문 제 중 몇몇은 다른 경우에 비해 처리하기가 특히 어렵다. 여기에서는 비문학텍스트를 번역하면서 자주 마주치게 되는 좀 더 일반적인 함정과 문제들 중 일부를 다루고자 한다. 적절한 곳에서는 전문 번역가가 문제 해결을 위해 사용한 전략을 예문과 함께 제시하겠다. 번역 문제를 야기하는 영어 연어와 그 연어를 대체하는 목표텍스트의 연어와 표현은 밑줄을 그어 표시한다.

3.1.4.1 원천텍스트 유형의 과도한 영향

원천언어의 연어와 동일한 혹은 유사한 의미를 전달해주는 연어를 목표언어에서 찾을 수 있다면 번역가가 두 연어 유형의 표층적 차이 때문에 혼동하는 일은 없을 거라고 쉽게 예상할 수 있다. 예를 들어 '진한 차'라는 표현을 위해 영어에서는 'strong tea'라는 연어를, 일본어에서는 'dense tea'에 해당하는 연어를 사용한다. '법을 어기다'는 표현을 위해 영어에서는 'break the law'를 사용하지만, 아랍어에서는 이런 표현이 허용되지 않고 'contradict the law'에 해당하는 연어를 사용한다. 마찬가지로 '개/고양이를 키우다'에 대해 'keep a dog/cat'을 사용하는 영어와 달리 덴마크어에서는 'hold a dog/cat'에 해당하는 연어를 많이 사용한다. 사실상 영어/일본어, 영어/아랍어, 영어/덴마크어 연어가 각각 동일한 의미이므로 일본어, 아랍어, 덴마크어 번역가는 망설이지 않고 필요한 표현상의 조정을 할 수 있을 것이라고 생각할지도 모른다. 그럼에도 불구하고 많은 번역출판물에서 정반대의 현상이 나타난다. 번역가는 때때로 원천텍스트에 지나치게 매몰되어 적절한 이유도 없이 목표언어에서는 매우 이상하게 들리는 연어를 만들어내기도 한다. 다음은 *A Hero from Zero* 「빈손에서 영웅으로」(iv쪽)에서 발췌한 예이다.

위원회의 윤기 없는 마호가니 탁자로 돌아와 자리에 앉고 보니, 좀 전처럼 맞은편에 키가 크고 나른해 보이는 갓프레이 르 케슨의 낯익은 모습이 눈에 들어왔다. 그는 머리 뒤로 깍지를 끼고 의자를 천천히 흔들면서 공청회 내내 듣는 건지, 자는 건지 눈을 감고 있었다. 사 년간 우리를 조사했기 때문에 우리 사업에 대해 잘 알고 있었다. 몇 시간, 몇 달 동안 그의 가죽신 밑창에 뚫린 구멍을 쳐다보고 있자니 내가 지금 여기서 뭘 하고 있는 건가 싶었다. 그리고 론호사가 자기 <u>신발 수선</u>조차 못하는 사람 손에 입찰을 맡긴 이유가 궁금했다.

A Hero from Zero(모하메드 파예드가 하우스 오브 프레이저사를 인수한 경위를 밝힌 론호 공공유한회사의 문서)의 프랑스어판 번역가는 'shoe repairs(신발 수선)'를 그대로 직역하여 'réparer ses chaussures'로 옮겼다. 프랑스어에서 'réparer(수리하다)'는 '냉장고', '자동차' 등 대개 기계와 연어를 이루며 '신발'과는 어울리지 않는다. 따라서 번역가는 프랑스어에서 훨씬 자연스럽게 들리는 'ressemeler ses chaussures(신발창을 갈다)'라는 연어를 사용했어야 한다.[3]

원천언어와 목표언어의 연어 유형을 혼동하는 오류는 번역가가 원천텍스트의 연어 유형이 끼치는 잠재적 영향에 대해 주의를 기울이기만 하면 쉽게 피할 수 있는 함정이다. 원천텍스트에 너무 깊이 사로잡히지 않기 위해서는 일단 초벌 번역을 한 뒤 몇 시간 정도 제쳐놓는 것이 좋다. 그런 뒤 나중에 목표텍스트를 다시 읽어보면, 결국 목표독자가 그렇듯이 애초에 원천텍스트의 연어를 접하지 않았기에 원천 연어의 영향을 받지 않는 입장에서 점검할 수 있는 좋은 기회를 얻게 된다. 어쨌든 번역가는 꼭 그래야 할 이유가 없는 한, 목표언어에서 어색한 원천언어의 연어 유형은 피하는 편이 훨씬 바람직하다.

3.1.4.2 원천언어 연어 의미의 오역

번역가는 모국어의 간섭 때문에 원천텍스트의 연어를 잘못 해석하기도 한다. 원천언어의 연어가 목표언어에서 자주 쓰이는 어떤 연어와 형태가 일치할 때 이런 현상이 벌어진다. 여기에서는 대개 전문 번역가가 외국어를 모국어 혹은 자신이 일상적으로 사용하는 언어(영국 통번역협회의 전문 번역가 윤리 지침 참고)로 옮긴다는 가정 하에 논의를 진행하기로 한다. 다음 예문도 *A Hero from Zero*에서 발췌한 것이다(59쪽).

> 이 모든 것은 앞에서 언급한 「포브스」 3월호에 실린 파예드 관련 기사 내용 중 일부에 지나지 않는다. 1983년, 파예드는 중매(仲買)인이라는 핑계를 대고 실업가 로버트 O. 앤더슨에게 접근했다. 그는 파예드의 외양을 보고 <u>돈이 별로 없는</u>(modest means) 사람 같다고 느꼈다. 그래서 파예드가 갑자기 엄청난 부를 획득하자 깜짝 놀랐다.

목표텍스트(아랍어, 69쪽) – **역번역**

그는 파예드의 외양에서 <u>겸손하고 소박한</u>(modesty and simplicity) 사람 같다고 느꼈다.

영어 연어 'modest means'는 부유하지 않음을 암시한다. 영어 'modest'에 상응하는 아랍어 등가어 'mutawaadi'는 'dakhl mutawaadi(적은 소득)' 같은 몇몇 연어에서는 영어와 동일한 의미를 가진다. 그러나 형용사 'mutawaadi(modest)'와 명사 'tawaadu(modesty)'가 사람과 연관되어 쓰일 때는 대개 그 사람이 겸손하다는 의미이다. 게다가 'basaata (simplicity)', 즉 '소박함'이라는 표현을 추가함으로써 위 표현의 오역은 한층 더 심해졌다. 위 발췌문의 번역가는 영어와 아랍어의 연어 유형을 혼동한 결과 원천 연어를 잘못 이해하고 목표텍스트에서 틀린 의미를 전달하게 된 것으로 보인다.

3.1.4.3 정확함(accuracy)과 자연스러움(naturalness)간의 긴장

번역가는 무표적인 원천언어 연어를 목표언어로 번역하고자 할 때, 목표언어에서 전형적으로 사용하는 연어를 만들어내는 동시에 원천 연어와 관련된 의미를 보존하고자 하는 이상적인 목표를 세운다. 그러나 이 이상화된 목표를 항상 달성할 수는 없다. 번역에는 흔히 전형적인 것과 정확한 것 사이에서 힘든 선택을 해야 하는 긴장감이 따른다.

원천언어에 가장 가까우면서도 목표언어에서 허용되는 연어는 대부분 의미적인 변화를 겪게 된다. 이러한 의미적 변화는 사소하거나 해당 맥락에서 그렇게 중요하지 않을 수도 있다. 반대로 의미적 변화가 중요한 경우도 있는데, 예컨대 영어의 'good/bad law(선/악법)'는 전형적으로 아랍어의 'just/unjust law(공정한/불공정한 법)'에 해당된다. 이러한 의미적 차이의 중요성은 'justice(공정성)'의 문제가 해당 텍스트에서 초점이 되고 있는지 또한 맥락상 공정함을 뚜렷이 언급하지 않으려는 건 아닌지의 여부에 좌우된다. 이와 마찬가지로, 영어에서 아랍어의 'hard drink(독한 음료)'에 가장 가깝게 대체될 수 있는 허용 연어는 'alcoholic drinks(알코올성 음료)'이다. 하지만 'hard drink'는 영어의 위스키나 진, 브랜디와 같은 독주만을 지칭하는 것이므로 맥주나 저장맥주, 셰리주 등의 다른 알코올성 음료는 포함하지 않는다. 그러나 아랍어의 연어에서는 독주뿐 아니라 맥주, 저장맥주, 셰리주 등의 모든 알코올성 음료를 가리키므로 두 연어의 의미가 완벽하게 일치하지는 않는다. 번역가가 아랍어의 대표적인 연어를 선택하느냐, 가능한 한 완곡한 어떤 표현을 사용함으로써 'hard drink'의 의미를 완전히 살리느냐는 독한 알코올성 음료와 알코올기가 없는 음료간의 차이가 해당 맥락에서 중요한가 혹은 관련이 있는가의 여부에 달려있다. 어느 정도의 의미적 손실과 추가나 불일치는 번역에서 피할 수 없는 부분이다. 왜냐하면 언어 체계는 대부분 똑같은 복제품을 생산하기에는 매우 어려운 경향이 있기 때문이다. 의미 변화를 수용하느냐 수용하지 않느냐의 정도는 해당 맥락내의 의미 변화의 중요도에 달려있다. 정확성은 번역의 중요한 목적임에 틀림없지만 목표언어 독자가 잘 아는 일반적인 목표언어 유형을 사용하면 의사소통 채널을 열어두는 데 큰 도움이 된다는 점도 염두에 두어야 한다. 기존의 연어유형을 사용하면 원문처럼 읽히는 매끄러운 번역문과 '낯설게' 느껴지는 어색한 번역문을 구분하는 데도 도움이 된다.

그러면 자연스러움을 선택함으로써 정확함을 희생한 몇몇 번역 예를 살펴보겠다. 아래의 예문과 관련된 의미적 변화는 설명을 덧붙여 텍스트를 채우거나, 비전형적인 목표 연어를 사용하여 정당화시킬 정도로 중요한 예는 아니다.

예문 A

원천텍스트(영어: *Brintons*, 부록 9 참고)

최신식 양탄자는 어두운 배경과 대비시켜 타오르는 보석처럼 <u>풍부한 색(rich colours)</u>을 사용하여 일련의 전통 문양 견본품을 선보인다.

목표텍스트(아랍어) ― 역번역

'최신식 양탄자' 전시회에서는 어두운 배경에서 더욱 가치를 빛내는 보석처럼 <u>찬란한 색(dazzling colours)</u>의 많은 환상적인 견본품을 전시한다.

영어의 'rich colours(풍부한 색)'는 선명하면서도 진한 색이다. 아랍어의 연어는 색의 깊이보다는 색의 밝기를 나타낸다.

예문 B

원천텍스트(영어: *China's Panda Reserves*, 부록 3, 4번 참고)

베이징 동물원의 새끼 팬더들은 엄청난 <u>군중 몰이꾼(crowd pullers)</u>이다.

목표텍스트(중국어) – 역번역

베이징 동물원의 새끼 팬더들은 많은 <u>관람객들을 유인한다(attract spectators)</u>.

'crowd pullers(군중 몰이꾼)'은 중국어에서는 허용하지 않는 연어이다. 더불어 표현 또한 상당히 비격식적이다. 중국어의 기술 담화에서는 비격식적인 문체를 선호하지 않는다. 비록 중국어 번역에서 'crowd pullers'의 환기적 의미(evoked meaning)가 상당 부분 사라지긴 하지만 이를 대체한 연어가 더 자연스러우며 문체적으로도 받아들이기에 수월하다.

예문 C

원천텍스트(영어: *China's Panda Reserves*, 부록 3, 60번 참고)

중국 사람들은 이 거대한 팬더를 국보로 지정해 보호하고자 하는 실질적인 노력을 기울이고 있다. 그럼에도 불구하고 이 팬더는 <u>위기(critical time)</u>에 처해 있다.

목표텍스트(중국어) – 역번역

중국 사람들은 이미 국보로 지정된 커다란 팬더를 보호하고자 많은 일을 하고 있다. 그러나 지금은 팬더가 <u>삶과 죽음, 생존과 멸종의 상황(at the crucial moment when the panda is in the condition of life-death-</u>

existence-extinction)에 처해 있는 중요한 순간이다.

'critical time(위기)'이 좀 더 강조한 표현이기는 하나 비슷한 의미를 지닌 전형적인 중국어 고정표현으로 대체되었다.

다음 예문에서는 의미상 더 중요한 변화가 일어났다. 독자에 따라 각각의 예에서 번역가가 선택한 목표언어의 전형적인 연어에 동의하지 않을 수도 있다.

예문 D

원천텍스트(영어: *The Independent*)

티니 로우랜드는 피터 라이트보다 명쾌한 작가(crisper writer)이며, 이야기하는 바도 훨씬 낯설다.

목표텍스트(아랍어) － 역번역

티니 로우랜드는 피터 라이트 보다 신랄한 문체(sharper pen)를 사용하며, 이야기하는 바도 훨씬 낯설다.

'crisper writing(명쾌한 글)'은 명확하고 간결한 글을 말하며 긍정적인 표현이다. 아랍어의 'sharper pen(신랄한 문체)'은 보편적이며 전형적인 연어이다. 하지만 아랍어에서 이 연어는 명제적 의미와 표현적 의미 모두 영어의 'crisper writing'과는 상당히 다르다. 아랍에서 어떤 작가가 공격적인 비평가라는 말을 듣는다면 그 작가는 'sharper pen'을 사용하는 것으로 묘사된다. 따라서 이 연어는 긍정을 내포하지 않는다.

예문 F

원천텍스트(영어: _A Hero from Zero_, 13쪽)

실제 이 돈은 모하메드 파예드의 <u>입에 발린 말(oily charm)</u>에 쉽게 말려들어 꾐에 빠진 순진한 브루네이의 술탄에게서 나왔다.

목표텍스트(아랍어, 27쪽) ― 역번역

그러나 이 돈은 브루네이의 술탄에서 나왔으며, 그는 상상하여 꾸며낸 이야기를 믿는 순진한 사람이었으므로 모하메드 파예드의 <u>겉만 그럴싸한 모습(false charm)</u>에 빠지게 되었다.

영어의 'oily charm(입에 발린 말)'이란 표현으로 누군가를 묘사하게 되면 그는 불성실할 뿐만 아니라 지나치게 예의를 차리거나 다른 사람을 추켜세우는 식으로 아주 불쾌하거나 심지어 넌더리나는 면이 있다는 뜻이다. 아랍어의 'false charm(겉만 그럴싸한 모습)'은 처음에는 매력적으로 보였던 누군가가 생각 외로 그다지 좋지 않다는 것을 의미한다.

3.1.4.4 문화상 특수한 연어

몇몇 연어는 연어가 쓰이는 문화적 배경을 반영한다. 원천언어와 목표언어는 문화적 배경이 현격히 다르기 때문에 원천텍스트에 포함된 연어가 목표독자에게는 낯선 개념들의 조합으로 여겨지는 경우가 발생한다. 이렇게 문화상 특수한 연어는 이전에 목표언어에서 표현한 적이 없는 개념을 나타낸다. 문화적으로 특수한 단어와 마찬가지로, 연어는 목표독자에게 수월히 다가설 수 없는 개념을 나타낸다.

예문 A

원천텍스트(영어: *Euralex Circular*, **부록 8 참고)**

특히 <u>인지도가 낮은 언어(lesser-known languages)</u>에 관련된 논문을 환영합니다.

목표텍스트(러시아어) ― **역번역**

우리는 소위 말하는 '소수'언어, 즉 상대적으로 덜 퍼진 언어와 '다수'언어, 즉 널리 퍼진 언어(so called 'small', i.e. less widespread and 'big', i.e. more widespread languages)에 관한 질문은 개별적으로 다루고자 한다.

영어의 학술지에서는 'major languages(주요 언어)'와 'minor languages (소수 언어)' 및 'lesser-known languages(인지도가 낮은 언어)'를 논하는 일을 보편적으로 받아들인다. 반면 러시아어는 이에 해당하는 어떤 등가 언어도 없다. 더욱이, 러시아어의 정치적, 사회적 배경에서는 더 잘 알려진 언어와 덜 알려진 언어, 혹은 '주요 언어'와 '소수 언어'를 구별하는 것이 은근히 모욕적인 행위로 여겨진다. 위 발췌문의 번역가는 러시아어에서 이 같은 조합이 기묘하면서 은근히 모욕적일수도 있다는 점을 알고 있는 듯 하다. 따라서 'small'과 'big'에 인용부호를 사용하였고, 각 단어에 풀어쓰기로 설명을 덧붙였으며, 앞에 'so-called(소위)'라는 단어를 달아 이러한 조합과 저자와 번역가간에 거리를 둘 수 있게 한다.

문화상 특수한 연어의 번역으로 인해 부분적으로 정보가 증가될 수 있다. 이러한 현상은 낯선 개념들의 조합이 도입되면서 목표텍스트 독자들에게는 이를 해석할 어떤 암시도 주지 않기 때문에 정보의 증가는 불가피하다고 하겠다.

예문 B

원천텍스트(영어: *Kolestral Super*)

Kolestral Super는 모든 모발에 사용 가능하나, 특히 <u>손상되거나(damaged)</u>, 건조하며 <u>푸석거리는 모발(brittle hair)</u>에 탁월하다.

목표텍스트(아랍어) ─ 역번역

Kolerstral Super는 모든 모발에 사용 가능하나, 특히 <u>머리카락 끝이 갈라졌거나, 상했거나, 손상된 경우와 건조하거나, 약하며, 부서지기 쉬운 모발(the split-ends hair, harmed or damaged hair and also for hair which is dry, of weak structure or liable to breaking)</u>에 탁월하다.

간혹 번역가들은 의미의 정확성을 기하거나 혹은 그 밖의 모든 것을 희생시켜 의미가 정확하다고 여겨지는 것을 선택하기도 한다. 불행히도 어떤 결과가 오더라도 일부 번역가들은 원천텍스트의 모든 것을 재생산해야 한다고 여전히 생각한다. 위의 예문은 모발 제품을 설명하고 있는 전단에서 발췌한 것이다. 영어에서는 'hair(모발)'와 관련된 연어는 보통 'dry(건조한)', 'oily(유분이 많은)', 'damaged(손상된)', 'permed(파마를 한)', 'fine(고운)', 'flyaway(가는)' 및 'brittle(푸석거리는)' 등이 있다. 이 연어들은 영어권 국가의 문화적 실재를 반영한다. 대다수의 영어 화자들은 머릿결이 곱고, 가늘며, 푸석거리는 반면 아랍어의 'hair'와 관련된 연어로는 주로 'split-ends(머리카락 끝이 갈라지는)', 'dry(건조한)', 'oily(유분이 많은)' 및 'coarse(거친)'이 있다. 이 연어들 역시 아랍어권 세계의 문화적인 실재를 반영한다. 아랍어에는 'damaged hair(손상 모발)'나 'brittle hair(푸석거리는 모발)'와 근접한 등가 연어가 없다. 그럼에도 위의 예에서 번역가는 원천 언어가 아랍어 맥락에서 중요하게 생각되는

가의 여부와는 관계없이 원천텍스트에서 전달하는 모든 가능한 의미
적 측면을 재생산해야 한다고 보고 있다. 아랍어에 쓰인 연어와 장황
한 설명은 아랍 독자에게 거의 의미가 없다. 더불어 실제로 'damaged
hair'나 'brittle hair'를 평범한 아랍사람들이 문제시 할지는 의문의 여
지가 있다. 사람들이 단지 그들이 생각하는 문제나 혹은 그들에게 생
길 것 같은 문제에 대한 해결책만을 찾는 것은 당연하다.

3.1.4.5 원천텍스트의 유표적 연어

새로운 이미지를 만들어내기 위해 특별한 단어간의 조합이 원천텍
스트에서 사용되기도 한다(위 3.1.2 참조). 이론상으로 어떤 유표적 연
어의 번역은 목표언어에서도 여전히 유표적일 수 있지만, 이는 항상
목표언어의 제약에서 자유로울 수 없으며 문제의 번역의 목적에도 영
향을 받는다.

예문 A

**원천텍스트(영어: *Language and Society*, 1985, 15권 8쪽 － 캐나다에
서 발행된 2개 언어로 쓰인 저널)**[4]

캐나다는 이중 문화 <u>유산(heritage)</u>을 국가 제도로 '<u>확립하기로(entrench)</u>' 결
정함으로써 공식 번역작업은 확고하게 뿌리를 내리게 되었다.

목표텍스트(프랑스어, 8쪽) － 역번역

캐나다는 이중 문화 유산(heritage)을 국가 제도에 '<u>편입시키기로(insert)</u>' －
<u>상당히 현대적인 표현이군!(the word is alas in fashion!)</u> － 결정함으로
써 캐나다의 공식 번역작업은 확고하게 뿌리를 내리고 있다.

원천텍스트 독자는 작가가 'entrench(고수하다)'에 인용부호를 사용하여 특별한 이미지를 전달하고자 하는 의도에 주목하게 된다. 목표텍스트에서 번역가는 유표적 연어에 감탄사 'the word is alas in fashion'를 삽입하여 더 강조하고 있다.

예문 B

원천텍스트(영어: *Language and Society*, 1985, 15권 22쪽)

소수민족의 아이가 모국어를 잊어버리기 시작하는 이유는 주로 이를 접할 기회가 적기 때문이다. 이 아이가 집을 벗어나 영어에 노출되는 정도가 많으면 많을수록 모국어로 많은 주제를 다룰 수 있는 언어적 자원이 없으므로 결국 가정과 관련된 일에만 모국어를 사용하는 경향을 보인다. 이러한 현상을 '식탁 언어(kitchen German)'라 하는데, 캐나다 서부의 유럽 출신의 대부분 성인들에게서 관찰되는 것으로써, 부모세대의 언어적인 유물은 가사와 관련된 몇 마디의 단어나 구뿐이다.

목표텍스트(프랑스어, 22쪽) － 역번역

... '식탁 언어(kitchen German)'에서 연상할 수 있는 것은 캐나다 서부에 정착한 유럽 혈통의 대다수의 성인에게서 관찰할 수 있는 '요리 언어(cooking language)'이다. 이 언어 능력은 본시 특별한 맥락에서 자신이 일상적으로 사용하는 것과 관계 있다.

원천텍스트와 목표텍스트의 유표적 연어에 사용된 인용부호에 대해 다시 주목해 보라.

연어에 대해 간단히 결론을 내리자면, 언어는 다양하게 연결되어 사용될 수 있는 많은 단어로 구성된 게 아니라는 점을 거듭 말하고자 한다. 단어들이 허용하는 양립성은 어느 정도 정해져있다. 개별적인 단어와 마찬가지로, 연어의 유형은 의미를 전달하며 문화상 특수할 수도 있으며 또한 임의적이면서도 번역시에 수많은 함정과 문제점을 일으킬 수 있다.

3.2 관용구와 고정표현

일반적으로 연어는 다양한 형태를 허용하는 상당히 유연성 있는 언어 유형이다. 예를 들어 '편지를 배달하다, 편지 배달, 편지가 배달되다, 편지 배달하기'는 모두 허용 가능한 연어이다. 더욱이 한 단어의 의미는 함께 쓰이는 단어에 따라 정해지기도 하지만, 여전히 문제의 단어는 해당 연어에서 개별적인 의미를 가지고 있다고 말할 수 있다. 예를 들어 'dry cow'는 '젖이 나오지 않는 소'를 의미한다. 이 연어에서도 여전히 'dry'에 관련된 특정 의미를 확인할 수 있으며, 당연히 'cow'도 '젖을 얻기 위해 키우는 가축'이라는 익숙한 의미를 유지하고 있다. 그러나 관용구(idiom)와 고정표현(fixed expression)은 유형의 유연성과 의미의 투명성 중 한쪽 혹은 양쪽 면에서 연어와 정반대이다. 이들은 형태상 변이형을 거의 혹은 전혀 허용하지 않는 굳어진 언어 유형이며, 관용구가 전달하는 의미는 개별 요소들에서 유추해낼 수 없는 경우가 많다.

'bury the hatchet(화해하다)'이나 'the long and the short of it(요점)' 같은 관용구는 일반 상황에서 형태의 변이를 허용하지 않는다. 농담이나 언어유희가 목적이 아닌 이상 일반적으로 화자나 저자는 어떤 관용구에 대해 다음과 같은 일을 할 수 없다.

1 단어 배열순서 바꾸기 (e.g. * the short and the long of it)
2 단어 삭제하기 (e.g. * spill beans)
3 단어 첨가하기 (e.g. * the <u>very</u> long and short of it, face the <u>classical</u> music)
4 다른 단어로 교체하기 (e.g. * the <u>tall</u> and the short of it, bury <u>a</u> hatchet)
5 문법 구조 바꾸기 (e.g. * the music was faced)

'having said that(이렇게 말하기는 했지만)', 'as a matter of fact(사실상)', 'Ladies and Gentlemen(신사 숙녀 여러분)', 'all the best(그럼 안녕)' 등의 고정표현은 이름에서 알 수 있듯이 'practise what you preach(설교한 바를 실행에 옮겨라)'와 'waste not want not(낭비가 없으면 부족도 없다)' 같은 속담과 마찬가지로 형태상 변이형을 거의 혹은 전혀 허용하지 않는다. 이런 면에서는 관용구와 매우 비슷하다. 그러나 관용구와 달리 고정표현과 속담은 그 의미가 매우 투명하여 쉽게 짐작할 수 있는 경우가 많다. 'pull a fast one(속이다)'이나 'fill the bill(기대에 딱 들어맞다)' 같은 관용구의 의미와는 달리, 'as a matter of fact(사실상)'의 의미는 구성 단어들의 의미를 통해 쉽게 추론해낼 수 있다. 그러나 이러한 의미의 투명성에도 불구하고 고정표현과 속담은 단순히 구성 단어들의 의미를 종합한 것 이상의 의미를 가지며, 따라서 이런 표현들은 의미를 성립하는 단일 단위로 인정되어야 한다. 이는 반복되는 고정 언어 유형에 모두 해당하는 사항이다. 독자나 청자가 어떤 고정표현을 접하게 되면 그 표현이 잘 쓰이는 문맥에 관련된 경험의 모든 측면이 마음속에 떠오른다. 바로 이런 특성 때문에 모든 언어에 고정표현과 준(準)고정표현이 널리 쓰이는 것이다. 고정표현은 경험의 모든 전형적인 측면을 담고 있으며, 의사소통을 통해 이를 고정시키는 기능을 한다. 'Many happy returns(축하 인사)', 'Merry Christmas(성탄절 인사)', 'Further to your letter of . . .(비즈니스 서신에서 답신 서두에 쓰는 말)', 'Yours sincerely

(편지 끝에 쓰는 말)' 등 상황과 사용역에 따른 특수한 상투적 문구는 고
정표현이 의사소통에서 담당하는 고정화 역할과 특별한 지위를 보여
주는 매우 좋은 예이다.

3.2.1 관용구 및 고정표현과 번역의 방향

관용구는 대부분 형태상 변이형을 허용하지 않지만 다른 관용구에
비해 좀 더 융통성 있는 관용구도 있다. 예컨대 BBC 라디오 방송 기
자가 기자회견 발언자의 말을 인용하면서 'There was too much buck
passing'이라고 말한 적이 있다(Baker & McCarthy, 1988). 이 관용구의
일반적인 형태는 'pass the buck(책임을 전가하다)'이다. 그러나 그렇다고
해서 'give way(양보하다)'를 변형하여 'There was too much way giving
for give way'라고 하지는 않는다.

외국어의 관용구와 고정표현을 적극적으로 활용하는 능력이 그 언
어를 모국어로 하는 사람의 활용 능력에 미치기는 좀처럼 쉽지 않다.
외국어로 작업하는 대다수 번역가들은 관용구를 처리할 수 있는 때와
방법을 판단하는 데 있어 원어민 화자만큼 민감하기를 기대할 수 없
다. 이러한 사실은 번역가는 모국어나 자신이 일상적으로 사용하는 언
어만 작업해야 한다는 주장을 뒷받침해준다. 영국 번역가 조합의 전문
번역가 윤리 지침[5]은 다음과 같이 밝히고 있다.

> 번역가는 모국어적 지식이 있는 언어로만 작업해야 한다(예외적인 경우
> 에는 제 2 언어를 포함할 수도 있다). '모국어적 지식'이란 자신의 생각
> 을 구조적, 문법적, 관용적으로 정확히 표현할 수 있을 만큼 어떤 언어
> 를 유창하게 말하고 쓸 줄 아는 능력을 가리킨다.
>
> (Meuss에서 인용, 1981: 278; 필자 강조)

일반적인 상황에서 전문 번역가는 본인이 평소에 쓰는 언어로만 번역한다고 가정하면, 외국어로 관용구와 고정표현을 정확히 구사하는데 따르는 어려움에 대해서는 여기에서 언급할 필요가 없다. 번역시 관용표현과 고정표현에서 발생하는 주된 문제는 크게 두 가지 영역이 관련이 있다. 첫째는 관용구를 정확히 인지하고 해석하는 능력이고, 둘째는 관용구나 관용표현이 목표언어에서 전달하는 의미의 다양한 측면을 목표언어로 번역하는데 따른 어려움이다. 이러한 어려움은 고정표현보다 관용구의 경우에 훨씬 더 두드러진다.

3.2.2 관용구의 해석

관용구에 대해 번역가가 겪게 되는 첫 번째 어려움은 현재 관용표현을 다루고 있다는 사실을 인지할 수 있느냐 하는 문제이다. 언제나 관용구를 한눈에 알아볼 수 있는 것은 아니다. 관용구의 유형은 다양하며 일부 관용구는 좀 더 알아보기가 쉽다. 이처럼 인지하기 쉬운 관용구에는 진리조건을 위반하는 표현이 포함된다. 예를 들면 'It's raining cats and dogs(비가 억수같이 퍼붓다)', 'throw caution to the winds(전혀 개의치 않다)', 'storm in a tea cup(작은 파란)', 'jump down someone's throat(호되게 혼내주다)', 'food for thought(생각해야 할 사물)' 등이 있다. 해당 언어의 문법 구조에 어긋나 틀려 보이는 표현도 쉽게 인지할 수 있는 관용구에 속한다. 'trip the light fantastic(춤추다)', 'blow someone to kingdom come(완전히 무너뜨리다)', 'put paid to(결말내다)', 'the powers that be(당국자)', 'by and large(대체로)', 'the world and his friend(누구나 할 것 없이)' 등이 그 예이다. 직유법 구조인 'like(~처럼)'로 시작하는 표현도 글자 그대로 해석해서는 안 된다는 의미를 암시하는 경향이 있다. 'like a bat out of hell(전속력으로)'과 'like water off a duck's back

(소귀에 경 읽기)' 등의 관용구가 여기에 속한다. 대체로 이해하기 어려운 표현일수록 또한 해당 문맥에서 의미가 잘 통하지 않는 표현일수록 번역가가 관용구로 인지하기가 좀 더 쉽다. 다음 예문에서 밑줄 친 표현은 원래 알고 있던 표현이 아니라고 가정하고 글자 그대로 해석하면 의미가 통하지 않기 때문에 관용구임을 쉽게 알아차릴 수 있다.

나는 숨김없이 솔직하게 문제점을 밝힐(airing of the issues) 때만 이 일이 가능하다고 믿는다. 여러분 모두 심중을 털어놓고 이야기(speak your minds)하라고, 그리고 절대 사정 봐 주지(pull any punches) 말라고 권하는 바이다.

(Language and Society, 1985, 14권 6쪽)

만약 번역가가 좋은 참고자료와 단일어 관용구 사전을 찾아보거나 더 바람직하게는 그 언어의 원어민 화자에게 물어볼 수 있다면, 이런 저런 이유로 의미가 통하지 않는 불분명한 관용구는 사실상 숨겨진 축복이라고 할 수 있다. 특정 문맥에서 어떤 표현이 의미가 통하지 않는다는 사실 자체가 번역가에게는 일종의 관용구가 있다는 경고로 작용하기 때문이다.

이미 알고 있던 관용구가 아니라면 다음 두 가지 경우에는 관용구를 잘못 해석하기가 쉽다.

(a) 어떤 관용구들은 '혼동'을 일으킨다. 글자 그대로 해석해도 그럴 듯 한데다가 앞뒤 문맥상 관용구적 의미를 꼭 표시할 필요가 없어서 그 의미가 투명해 보이기 때문이다. 모든 언어가 그렇겠지만 영어에도 축어적 의미와 관용적 의미를 모두 갖춘 관용구가 매우 많다. 'go out with(함께 나가다/사귀다)'와 'take someone for a ride(차를 태워주다/속이다)'

를 예로 들 수 있다. 화자와 저자는 곧잘 이런 관용구를 활용하여 그 축어적 의미와 관용적 의미를 통해 말장난을 치기도 한다. 이 경우 문제의 관용구를 모르는 번역가는 축어적 의미만을 받아들이기 때문에 관용구에 대한 말장난을 놓쳐버리게 된다. 다음 예는 해당 문맥에서 그럴듯해 보이는 축어적 해석을 그대로 받아들이기가 얼마나 쉬운지를 잘 보여준다. 예문을 발췌한 텍스트는 *Translator's Guide Newsletter* (1985, 10권 1월호 1쪽)에 인용되어 있다.

> 제가 일을 막 끝내고 나니까 고무 오리가, 뭔지 아시죠, <u>화장실에 가려고(drain the radiator)</u> 할머니 차선에서 빠져나와 휴게소로 진입하더라구요.

위 예문은 시티즌 밴드 라디오 프로그램의 트럭운송에 관한 특별 이야기 코너에서 발췌한 구절로써 관용구적인 성격이 매우 강하다. '고무 오리(rubber duck)'는 호송 중인 트럭 대열에서 첫 번째 트럭 운전사를 가리키며, '할머니 차선(grandma lane)'은 느린 차선을, '휴게소(pitstop)'는 휴식을 취하기 위해 멈추는 장소나 시설을 가리킨다. 트럭, 고속도로, 휴게소에서 멈추기 등의 문맥으로 볼 때 'drain the radiator'는 글자 그대로 '라디에이터의 물을 버리다'로 해석해도 전혀 무방하다. 그러나 사실 이 표현은 시티즌 밴드를 듣는 운전자들이 사용하는 특수 언어로써 '소변보다, 화장실가다'의 의미이다.

(b) 원천언어의 어떤 관용구는 겉으로는 목표언어에 비슷해 보이지만 의미는 완전히 혹은 부분적으로 다른 매우 유사한 대응 관용구가 있을 수도 있다. 예를 들면 영어에서는 누군가에게 질문에 답하라고 또는 대화에 참여하라고 독촉하기 위해, 특히 그렇게 안 해서 짜증이 날 때 'Has the cat had/got your tongue?(고양이가 네 혀를 가져갔니?)'이라는 관

용적인 질문을 사용한다. 프랑스어에서는 비슷한 표현이 전혀 다른 의미로 사용된다. 'donner sa langue au chat(혀를 고양이에게 주다)'은 '포기하다'의 의미로 수수께끼 맞추기를 포기할 때 사용하는 표현이다. 'pull someone's leg'는 '장난으로 거짓말하다'는 뜻으로 누군가를 잠깐 놀라게 했다가 나중에 그게 장난이었음을 알고 즐거워하도록 하기 위한 것이다. 그러나 표층 구조가 동일한 아랍어 표현 'yishab rijlu (pull his leg)'는 일부 아랍어 방언에서 '누군가를 꾀어서 비밀로 유지해야 더 나을 얘기를 털어놓게 하다'의 의미로 사용한다. 유사한 프랑스어 표현 'tirer la jambe (pull the leg)'는 '꾸물대다'라는 뜻이다. 이처럼 원천언어와 목표언어에서 그 의미는 다르지만 겉보기에는 동일하거나 유사한 관용구의 경우, 원천언어의 관용구에 익숙하지 않고 그 관용구를 그저 목표언어 방식대로 해석하고자 하는 부주의한 번역가들은 덫에 쉽게 걸려든다.

화자나 저자가 관용구의 특정 자질을 처리하는 방식과, 원천 표현과 목표 표현이 형태상 비슷하기 때문에 일어날 수 있는 혼동에 주의를 기울이는 것과는 별도로, 번역가는 의미를 쉽게 알 수 없는 표현을 둘러싼 연어 환경에 대해서도 주의를 기울여야 한다. 관용표현과 고정표현은 개별적인 연어 유형을 갖는다. 이 표현들은 단일 단위로써 텍스트에서 다른 항목들과 연어를 형성하며, 표현을 구성하고 있는 각 단어들의 어휘 집합과는 다른 어휘 집합에 속한다. 관용구 'have cold feet(겁먹다)'를 예로 들어보자. 'cold(추운)'는 단독으로 쓰일 경우 'weather (날씨), winter(겨울), feel(느낌), country(지역)' 등과 연어를 이루고, 'feet (발)'은 단독으로 쓰일 경우 'socks(양말), chilblain(동상), smelly(냄새나는)' 등과 연어를 이룰 것이다. 그러나 'having cold feet'이 관용적으로 쓰이면 반드시 'winter, feet, chilblains'와 연관될 필요가 없으며 따라서 대개 다른 연어 집합과 함께 사용된다.

연어를 통해 의미를 구별하는 능력은 외국어를 번역하는 번역가에게 매우 소중한 자산이다. 이 능력은 종종 '의미를 분명히 하기 위해 문맥에 의존'하는 일반 규칙에 포함되는데, 이는 무엇보다도 특히 단어나 단어 이상의 표현의 의미를 이해하기 위해 연어 유형에 대한 지식을 활용한다는 의미이다. 연어 유형에 대한 지식이 있다고 해서 어떤 관용구의 의미를 늘 알 수 있는 것은 아니지만 많은 경우 관용구를 인식하는데 도움이 되며, 특히 비축어적 의미뿐만 아니라 축어적 의미까지 담고 있는 관용구를 인식하는데 큰 도움이 된다.

3.2.3 관용구 번역의 어려움

일단 관용구나 고정표현을 인식하여 정확히 해석하고 나면, 다음은 목표언어로 어떻게 번역할 것인지를 결정하는 단계이다. 관용구 번역에 얽힌 어려움은 관용구 해석에 얽힌 어려움과는 완전히 별개의 문제이다. 이 단계에서는 해당 관용구의 뜻이 투명 혹은 불투명한 혼동을 주는지 아닌지가 관건이 아니다. 뜻이 불투명한 표현이 투명한 표현보다 번역하기 쉬울 수도 있다. 관용구 번역에 얽힌 큰 어려움은 다음과 같이 요약할 수 있다.

(a) 어떤 관용구나 고정표현은 목표언어에 등가어가 없을 수도 있다. 어떤 언어가 다양한 의미를 표현하느냐 혹은 표현하지 않느냐를 선택하는 방식은 예견될 수 없으며, 그 방식이 다른 언어가 동일한 의미를 표현하기 위해 선택하는 방식과 일치하는 경우도 드물다. 해당 의미를 표현하기 위해 단일 단어를 사용하는 언어가 있는가 하면, 뜻이 투명한 고정표현을 사용하는 언어도 있고, 또 다른 언어는 관용구를 사용

하기도 한다. 따라서 목표언어에서 등가를 이루는 관용구를 찾을 수 있다고 기대하는 건 당연히 비현실적이다.

단일 단어와 마찬가지로 관용구와 고정표현 역시 문화적으로 특수하다. 특수한 사회적 상황 및 종교적 상황에 연관된 'Merry Christmas', 'say when' 등의 상투적 문구가 좋은 예이다. Bassnett-McGuire(1980: 21)는 'say when(술 따위를 따를 때 하는 말)'이라는 표현이 '영어의 사회적 습관 유형과 직결'되어 있다고 설명하면서 '이 구절을 프랑스어나 독일어로 옮겨야하는 번역가는 두 목표문화에는 유사한 관습이 존재하지 않는다는 문제와 씨름해야 한다'고 지적한다. 영어의 'Yours faithfully'와 'Yours sincerely'처럼 격식을 갖춘 서신에서 사용하는 고정된 상투문구는 조금 덜 어려운 문제이긴 하지만 역시 어느 정도 문화적으로 특수한 것은 사실이다. 예를 들어 격식을 갖춘 아랍어 서신에는 이에 해당하는 등가 표현이 없다. 그 대신 'wa tafadalu biqbuul fa'iq al-ihtiraam'과 같은 표현을 자주 사용하는데 직역하면 '그리고 최고의 존경을 받을 정도로 친절해 주십시오'라는 뜻으로써 'Your faithfully'나 'Yours sincerely'와 직접적인 관련은 없다. 프랑스어와 몇몇 다른 언어에서도 이와 같은 불일치 현상이 일어난다.

문화적으로 특수한 항목을 포함한 관용구와 고정표현의 경우 번역하는 일이 반드시 불가능한 것은 아니다. 어떤 표현이 번역 불가능한 혹은 번역하기 어려운 이유는 그 표현이 포함하고 있는 특정 항목 때문이 아니라 그 표현이 전달하는 의미와 표현이 쓰이는 문화적으로 특수한 맥락 때문이다. 예를 들어 'carry coals to Newcastle'[1]이라는 영어 표현은 뉴캐슬의 석탄을 언급하면서 이를 풍부함의 척도로 사용하고 있다는 면에서 문화적으로 특수하다고 할 수 있지만, 그럼에도 불

---

1) 뉴캐슬은 석탄 수출로 유명한 잉글랜드 북부의 항구도시이다. (역자 주)

구하고 독일어에도 이와 유사한 표현인 'Eulen nach Athen tragen (carry owls to Athens)'가 존재한다. 두 표현 모두 동일한 의미, 즉 '이미 충분히 가지고 있는 사람에게 또 주다'라는 의미를 전달한다 (Graugerg, 1989). 프랑스어로는 동일한 의미를 'porter de l'eau à la rivière(carry water to the river)'로 옮길 수 있다. Palmer(1976)는 웨일스어로는 'it rains <u>cats and dogs</u>'가 아니라 'it rains <u>old women and sticks</u>'라고 표현하지만, 두 표현 모두 동일한 뜻이라고 설명한다.

(b) 어떤 관용구나 고정표현은 목표언어에 유사한 대응물이 있긴 하지만 그 사용 맥락이 다를 수 있다. 가령 두 표현이 내포하는 의미가 다르거나 화용론적으로 바꿔 쓸 수 없는 경우도 있다. 'sing a different tune'은 '전에 했던 말이나 행동과 모순이 되기 때문에 생각이 바뀌었다는 것을 보여주는 어떤 말이나 행동을 하다'라는 뜻의 영어 관용구이다. 중국어의 '唱对台戏(sing different tunes/sing a duet)'도 대개 모순된 관점을 가리키지만 용법은 매우 다르다. 중국어 표현에는 강한 정치적 내포가 담겨있어 특정 문맥에서는 모순된 관점이 아니라 상보적인 관점을 표현하는 것으로 해석될 수 있다.[6] 'go to the dogs(몰락하다)'는 독일어에 유사한 대응 표현이 있지만, 영어 관용구는 사람과 장소에 대해 쓸 수 있는데 반해 독일어 표현은 사람에 대해서만 쓸 수 있고 '죽다' 혹은 '망하다'를 뜻하는 경우가 많다. Fernando와 Flavell(1981)은 'skate on thin ice(지혜롭지 못하게 행동하다 또는 나서서 위험을 초래하다)'를 유사한 세르비아어 표현 'navuci nekoga na tanak led(to pull someone onto the thin ice)'과 비교하고 있다. 세르비아어 관용구는 '누군가를 위험한 자리에 <u>억지로 밀어 넣다</u>'라는 의미를 함축한다는 점에서 영어 관용구와 차이가 난다. 의미는 유사하지만 두 관용구가 사용될 수 있는 문맥은 분명히 다르다.

(c) 어떤 관용구는 원천텍스트에서 축어적 의미와 관용적 의미가 동시에 사용될 수 있다(위의 3.2.2 (a) 참조). 목표언어 관용구가 형태와 의미 모두 원천언어 관용구와 일치하지 않으면 그 관용구를 이용한 말장난은 목표텍스트에서 성공적으로 재현될 수 없다. 다음은 모든 언어에 대한 영국 번역가 조합의 중간시험의 일부 구절에서 발췌한 예문이다 (1986).

도로시 L 세이어즈는 피터 윔지 경이라는 인물을 창조해내면서 애호가로서의 개인적 안목이 갖는 모든 장점을 십분 발휘하였다. 피터 윔지 경은 부유한 예술 애호가로서 지겹게 돈을 벌 필요 없이 단서를 찾아나갈 수 있었다. 공작의 작은 아들이라는 직위는 독자의 속물근성을 자극하였고, 귀족 사회의 생활양식, 혹은 자신이 상상하는 귀족 사회의 생활양식에 지나칠 정도로 넋을 잃는 일부 독자들의 욕구에 영합하였다. 그는 덜 귀족적인 코(nose) 같았으면 금방이라도 코피를 흘렸을 만큼 사적인 일에도 코를 들이댈(poke his nose into) 수 있을 정도로 영향력이 대단했다.

위의 관용구에 대한 말장난은 동일한 관용구가 존재하는, 혹은 적어도 '남의 일에 간섭하다'는 뜻의 관용구가 있고 그 관용구 내에 'nose'에 대한 등가어가 있는 프랑스어나 독일어 같은 언어에서만 재현이 가능하다.

또 다른 예는 Kishtainy(1985)의 *Arab Political Humour* 『아랍의 정치 유머』에서 찾아 볼 수 있다. 이 책은 원래 영어로 집필되었지만 저자가 아랍어에 기원을 둔 농담과 일화를 인용하고 있기 때문에 사실상 이 부분에서는 영어가 목표언어이다. 다음 농담은 결국 아랍 영토가 이스라엘에 넘어가는 결과로 이어진 1967년 아랍군의 패배 이후에 등장한 것이다.

나세르 대통령이 시나이, 가자, 샬름 엘 쉐이크, 예루살렘, 골란 고원 등
이스라엘에게 빼앗긴 모든 영토의 이름을 자신의 오른 팔에 새기라고
문신 전문가에게 명령하는 모습을 보자 이집트의 총사령관이자 육군 원
수인 아민은 겁에 질렸다.

"무엇 때문에 이러십니까?"

"이 영토들을 잊지 않기 위해서네."

"하지만 왜 문신을 하시는 거죠? 그러다 우리가 그 땅을 되찾으면 어
떻게 하시려고요?"

"우리가 거길 되찾으면 <u>내 오른 팔을 잘라버리겠네(I'll cut off my
right arm)</u>."

(Kishtainy, 1985: 157-8; 필자 강조)

아랍어 화자가 아니라면 위 예문의 유머는 이해하기 힘들 것이다. 이
유머는 철저히 축어적 의미와 관용적 의미의 교묘한 처리에 기반을 두
고 있기 때문이다. 팔을 잘라버린다는 것은, 특히 오른 팔을 잘라버린
다는 것은 의미상 영어의 'pigs might fly'에 가까운 관용구이다. 이 영
어 표현은 어떤 일이 불가능하거나 적어도 그런 일이 일어날 가능성이
거의 없다는 의미이다. 그러나 이 표현도, 또 의미가 유사한 다른 어떤
영어 관용구도 위 예문에서 'I'll cut off my right arm'을 대체하기 위
해 사용될 수는 없다. 이 문맥에서는 아랍어 표현의 축어적 의미도 관
용적 의미만큼이나 중요하기 때문이다. 위에서 저자가 제시한 축어적
번역도 효과가 없기는 마찬가지인데 비아랍권 독자는 그 관용적 의미
를 알 수 없기 때문이다. 이 책은 1988년에 Al-Yaziji가 아랍어로 번역
했는데 짐작할 수 있듯이 아랍어 역본에서 농담의 효과가 훨씬 컸다.

(d) 문어 담화에서 관용구를 사용하는 관습과, 관용구가 사용되는 맥락

과, 사용 빈도까지도 원천언어와 목표언어에서 달라질 수 있다. 영어의 모든 텍스트가 다 그런 것은 아니지만 다수의 텍스트 유형에서 관용구를 사용한다. 일반 신문 기사에서는 사용을 제한하지만 영어 광고와 판촉물, 타블로이드 신문에서는 관용구를 아주 쉽게 찾아볼 수 있다. Austin Rover의 멋진 소책자 중에서 발췌한 다음 예문은 이런 유형의 영어 문어 담화에서 관용구가 매우 많이 사용됨을 보여준다. 글 전체가 문체상 몹시 관용적이고 매우 구어적이다. 주요 관용구는 밑줄을 그어 강조하기로 한다.

Metro
당신만의 스타일에 대한 감각이 바로 여기 있습니다. 호화로움. 다채로움. 독창성. 얼른 <u>서두르십시오(get up and go)</u>.
　<u>당신 마음에 꼭 드는(after your own heart)</u> 바로 이 차! 신 1989형 Metro, 근사한 최신형 스포츠카. <u>망설이지 마십시오(don't hang around)</u>. 새로운 감각. 선명한 색상, 고급스럽고 독특한 내외장.
　최신형 Metro GTA의 세계로 <u>서둘러(get going)</u> 오십시오. 특별한 가격의 73PS에 합금 바퀴.
　최신식 Metro 바퀴로 <u>당신의 품격을 뽐내십시오(show what you're made of)</u>. 살아있는 스타일. <u>멋진 외관 이상(it's a lot more than just a pretty face)</u>의 기능.
　고급 스포츠 매장에서 정말 특별한 물건을 찾으십니까? 선루프 · 중앙 집중식 도어 잠금장치 · 선팅, 모든 면에서 <u>최적격(be just the ticket)</u>의 최신 Metro 1.3GS. 두말할 필요 없는 가격.

(Today's Cars, Austin Rover, 1989)

영어에서 관용구를 사용하는 문제는 대부분 문체와 관련이 있다. 구어 담화와 문어 담화 간에 구분이 매우 뚜렷하고, 문어 방식에서는 높은 수준의 격식체를 사용하는 아랍어와 중국어 같은 언어는 전체적으로 문어 텍스트에서 관용구를 피하는 경향이 있다. Fernando와 Flavell(1981: 85)은 일반적인 관용구 사용으로 얻는 수사학적 효과와 특수 유형의 관용구 사용으로 얻는 수사학적 효과가 원천언어와 목표언어에서 달라진다는 점을 논의하면서 다음과 같이 아주 적절한 결론을 내린다. '번역은 고된 기술이다. 언어의 다른 어떤 특징보다도 특히 관용구를 번역할 때는 정확하기만 해서는 안 되며 언어의 수사학적인 어감에도 매우 민감해야 한다.'

3.2.4 관용구의 번역 전략

관용구나 고정표현을 다른 언어로 번역하는 방법은 여러 요인에 의해 좌우된다. 단지 유사한 의미의 목표언어 관용구를 찾아낼 수 있는지 없는지의 문제가 아니다. 목표언어의 해당 사용역에 관용구를 사용하는 것이 적절한지 부적절한지의 문제뿐만 아니라 관용구를 구성하는 구체적 어휘항목의 중요성, 즉 특정 어휘항목이 원천텍스트의 다른 부분에서도 다뤄지고 있는지의 여부도 포함된다. 따라서 아래에 제시한 전략을 사용하는데 있어서의 허용성의 여부는 해당 관용구를 번역하는 맥락에 의해 좌우된다. 목표언어에서 비슷한 의미와 비슷한 형태를 지닌 관용구를 찾는 첫 번째 전략이 이상적인 해결책으로 보일 수 있겠지만 그런 경우가 항상 존재하지는 않는다. 문체와 사용역, 수사학적 효과에 대한 문제도 고려해야 한다. Fernando와 Flavell은 '그 관용구가 적절하지 않을 때조차도 수용언어의 관용구를 찾아야 한다는 강력한 무의식적 충동'에 대하여 명백히 경고하고 있다(1982: 82).

3.2.4.1 의미와 형태가 유사한 관용구의 사용

이 전략은 원천언어 관용구의 의미와 거의 동일한 의미를 전달하면

서 동시에 등가적 어휘항목으로 구성된 목표언어의 관용구를 사용하
는 방법이다. 이러한 일치 현상은 아주 드물다.

예문 A

원천텍스트(영어: *A Hero from Zero*, 21쪽)

브루네이국 술탄의 막대한 수입은 그의 지시에 따라 충동적으로 분배되
었다. 의로운 자와 불의한 자 모두에게 나눠졌다(The rain fell on the
just and on the unjust).

목표텍스트(프랑스어, 21쪽) — 역번역

브루네이국 술탄의 엄청난 수입은 술탄 자신의 간단한 명령으로 분배되
었다. 의로운 자와 불의한 자 모두에게 나눠졌다(The rain was falling on
the just as well as on the unjust).

예문 B

원천텍스트(영어: *Language and Society*, 1985, 16권 7쪽)

마지막 충돌이 될 5일째에, 퍼리는 짐 워딩 대변인에게 보수당이 참가
하든 참가하지 않든 투표를 강행하라고(force Speaker Jim Walding's
hand) 하였다.

목표텍스트(프랑스어, 7쪽) — 역번역

마지막 접전이 예상되는 5일째에, 퍼리는 짐 워딩 대변인에게 보수당이
참가하든 참가하지 않든 투표를 공표하여 강행하라고(force the hand of)
하였다.

예문 C

원천텍스트(영어: *A Hero from Zero*, 85쪽)

파예드 일가는 먼저 입찰한 하우스 오브 프레이저사의 전략을 <u>뒤집어 버렸다(turn on its head)</u>.

목표텍스트(아랍어, 94쪽) — 역번역

이로써 파예드 일가는 하우스 오브 프레이저사의 소유권 인수 전의 전략을 <u>뒤집어 버렸다(turn head over heel)</u>.

'뒤집다(upside down)'를 의미하는 아랍어의 표현은 '사랑에 깊이 빠지다(very much in love)'를 의미하는 또 다른 영어 관용구인 'head over heels (in love)'와는 형태면에서만 유사하다.

예문 D

원천텍스트(영어: *Masters of the Universe*)

아마도 그라나미르는 <u>세상 일이 겉보기와는 다르다는 것(things aren't always what they seem)</u>을 알리려고 했는지도 모른다.

목표텍스트(프랑스어) — 역번역

아마도 그라나미르는 <u>세상 일이 겉보기와는 다르다는 것(things aren't always what they seem)</u>을 알리려고 했는지도 모른다.

3.2.4.2 의미는 유사하지만 형태는 다른 관용구 사용

원천언어와 목표언어의 관용구나 고정표현이 의미적으로 유사하긴 하나 구성 어휘 항목이 다른 경우를 쉽게 발견할 수 있다. 예를 들면, 영어의 표현 'One good turn deserves another(가는 정이 있어야 오는 정도 있다)'와 프랑스어의 표현 'À beau jeu, beau retour(a handsome action deserves a handsome return)'는 서로 다른 어휘항목을 사용하여 거의 같은 의미를 표현하고 있다(Fernando & Flavell, 1981).

예문 A

원천텍스트(영어: *China's Panda Reserves*, 부록 3, 54번 참조)

쓰촨성의 솟아있는 바위는 야생 산양의 일종인 세로웨에게 <u>무척이나 편한 곳이다</u>(very much at home).

목표텍스트(중국어) - 역번역

쓰촨성의 평평한 바위는 야생 산양의 일종인 세로웨에게 <u>무엇보다도 편안한 곳이다</u>(totally at ease).

'very much at home(무척이나 편한)'을 대체하기 위해 중국의 관용구인 '十分自在'가 사용되었다. 이 관용구는 10을 비율로 한 척도 단어와 'self at ease(마음편한)'으로 이루어져 있다. 이 비율 척도는 '100%'을 의미하지만 여기서의 비율은 100%를 기준으로 하는 게 아니라 10%를 기준으로한 척도이다.

예문 B

원천텍스트(영어: *Masters of the Universe*)

내 주먹 맛 좀 봐라(feel the force of my fist), 냉혹한 악마야!

목표텍스트(독일어) — 역번역

뜨거운 맛을 보여주마(I will make things hot for you), 악마야!

위의 설명은 냉혹한 악마에게 하는 말이다. 독일어 표현 'Dir werde ich einheizen'은 축어적으로 혹은 거의 축어에 가깝게 'I will put the heating on to you(뜨거운 맛을 보여주다)'를 의미한다.

3.2.4.3 풀어쓰기 번역

이 전략은 목표언어에 딱 맞는 관용구가 없거나, 원천언어와 목표언어에서 선호하는 문체가 다르기 때문에 목표텍스트에서 관용구적 언어를 사용하기에 부적절하다고 판단될 때 가장 보편적으로 사용된다. 경우에 따라서 풀어쓰기가 정확하지 않다고 생각될 수도 있다. 다음은 원래 문서의 개별적인 관용구의 의미를 설명하기 보다는 오히려 풀어쓰기 전략을 설명하기 위해서 인용한 예문이다.

예문 A

원천텍스트(영어: *Austin Montego* — 자동차 소책자)

험한 지형을 수월히 뚫고 갈 수(take rough terrain in its stride) 있도록

완충장치 방식을 완전히 개량하였다.

목표텍스트(아랍어) — 역번역

험난한 지형을 극복하도록(overcome) 완충장치의 수용력을 증대하였다.

예문 B

원천텍스트(영어: *Language and Society*, 1985, 15권 22쪽)

초등학교 상급생이나 고등학생인 소수민족 학생에게 문화 유산이 된 언어를 가르친다는 계획은 상당히 칭찬할 만한 일이다. 그러나 이것이 만약 전반적으로 실용적인 목적을 위해서 이미 잃어버린 모국어 능력을 강화하거나 주입하고자 하는 문제에 불과하다면 이는 오히려 소 잃고 외양간 고치는 격이 될(shut the stable door when the horse has bolted) 뿐이다.

목표텍스트(프랑스어, 22-3쪽) — 역번역

초등학교나 중학교의 상급생 과정에서 가르치게 될 과정은 칭찬할 만한 출발점이 되겠지만 많은 경우, 이 학생들이 조상의 언어를 희미하게 기억하는 정도에 불과하기 때문에 다소 늦은 감이 있다(too little too late).

예문 C

원천텍스트(영어: *A Hero from Zero*, iii쪽)

결국 론호사의 이사는 무역부의 허락이 떨어지기 전에는 입찰하지 않는다는 데 동의했다. 우리는 이러한 공약에 서명한 것을 유감스럽게 생각

할 것이다. 그리고 모든 공사가 이러한 무기한의 임의적인 제약에 동의
해야만 한다고 생각하지 않는다. 나중에 이 공약은 무역산업부 장관의
자격으로 노만 테비트가 <u>다른 편의 손을 들어주는 동안(push another</u>
<u>pony past the post)</u> 론호사의 입찰을 부당하게 막기 위해서 사용되었다.

목표텍스트 1(프랑스어, ⅲ쪽) － 역번역

... 이는 나중에 상공부 장관인 노만 테비트에 의해 론호사의 제안을
부당하게 막는 동시에 <u>다른 후보자를 편들기 위해(favour another</u>
<u>candidate)</u> 사용되었다.

목표텍스트 2(아랍어, 9쪽) － 역번역

나중에 이 공약은 무역산업부 장관 자격으로 노만 테비트에 의해 <u>다른</u>
<u>경쟁자가 결승선에 다다르도록 돕는(help another competitor to reach</u>
<u>the end of the race)</u>동안 론호사의 제의를 부당하게 막는데 이용되었
다.

예문 D

원천텍스트(영어: *Language and Society*, 1985, 16권 4쪽)

언어 논쟁 내내 매니토바 정부가 자주 받은 비난은 그 문제를 제대로
<u>다루지(get a handle on)</u> 못하는 듯 하다는 점이었다.

목표텍스트(프랑스어, 4쪽) － 역번역

언어 논쟁 기간 내내 매니토바 정부는 어떤 면에서 보아도 상황에 성공
적으로 <u>대처하지(master)</u> 못하기 때문에 자주 비난 받았다.

예문 E

원천텍스트(영어: *Saving China's tropical paradise* — 슬라이드 쇼를 병행한 세계자연보호기금(WWF) 텍스트)

<u>최고의 소식</u>(best news of all)은 2000 평방킬로미터에 달하는 다섯 개의 자연보호구역체계를 마련한다는 결정이다. 이 지역의 독특한 생태계의 대표적인 종들은 향후 보호될 전망이다.

목표텍스트(중국어) — 역번역[7]

<u>최고의 소식</u>(the best news is)은 2000 평방킬로미터의 다섯 개의 자연보호구역체계를 마련한다는 결정<u>이다</u>. 이러한 체계 내에서 이 지역의 독특한 생태계의 대표적인 동·식물들이 보호될 전망이다.

'the best news is(최고의 소식은 ~ 이다)'는 중국어에서 고정표현으로 쓰지 않는다. 이 고정표현이 영어의 표현 'best news of all(최고의 소식)'과 상당히 비슷한 면이 있다 하더라도 이는 단지 풀어쓰기에 불과하다.

3.2.4.4 생략을 통한 번역

개별 단어들처럼 관용구도 간혹 목표텍스트에서 통째로 생략되는 경우가 있다. 이는 목표언어에 적합한 관용구가 없거나, 관용구의 의미를 쉽게 풀어쓸 수 없거나 아니면 문체상의 이유로 인한 것이다. 다음은 *A Hero from Zero*에서 발췌한 예문이다(vi쪽).

스미스 교수가 파예드의 제안을 권하기도 전에 자신의 월급을 두 배로 인상하고, <u>덤으로</u>(for good measure) 예정보다 먼저 상여금까지 챙긴 것을 보니 씁쓸하고 기막히기도 했다.

목표텍스트(아랍어, 12쪽) - 역번역

스미스 교수가 파예드의 제안을 수락하도록 권하기도 전에 자신의 월급을 두 배로 인상하고, 또 이전에 결정된 상여금도 챙긴 것을 보니 유감스럽고 기막히기도 했다.

지면상의 이유로 적절히 보여줄 수는 없지만 간단히 말해서 보상 전략은 원천언어에서 발생한 관용구와 같은 자질을 생략하거나 정도를 줄이고, 목표텍스트의 다른 어딘가에 이 자질을 표현한다는 뜻이다. 이 전략은 관용구나 고정표현에만 한정되지 않고 목표텍스트의 해당 맥락에 직접적으로 재생산할 수 없는 의미적인 손실이나, 감정적인 힘, 혹은 문체적 효과 등을 보상하기 위해서 사용될 수 있다. Mason(1982: 29)은 텍스트의 어떤 맥락에서 발생한 구체적 말장난을 번역하기란 불가능하므로 'Astérix「아스테릭스」'의 번역가는 그 만화의 다른 부분에 의미적으로 등가를 이루기보다 오히려 등가적 효과를 얻을 수 있게 '영어의 말장난을 새롭게 만들었다'고 설명한다.

　전형적인 목표언어의 어법 즉, 자연스러운 연어, 고정 혹은 준고정 표현, 적절한 관용구 수준은 번역물의 가독성을 현격히 향상시킬 수 있다. 이러한 수준에서 적절하게 등가를 이루게 되면 목표텍스트는 '이질적인' 느낌이 덜 들며, 다른 요소들이 동등하다고 할 때 원문처럼 여겨질 수도 있다. 그러나 자연스러움과 가독성은 또한 다른 언어적 자질의 영향을 받으므로 다음 장들에서는 다양한 관점으로 이를 논의하도록 하겠다.

연습문제

1. 영어 단어 하나를 선택하여 당신 자신의 목표언어에서 이에 해당하는 첫 번째 사전적 등가어를 찾아라. 이 영어 단어의 보편적인 연어들을 목록화하고, 목표언어 등가어의 가장 전형적인 연어들을 따로 목록화 하라. 두 목록을 비교한 뒤 두 어휘항목의 연어 유형 간의 차이점과 유사점에 대해 논하라.

2. 자신이 선택한 영어 단어의 보편적인 연어들을 목록화 하라.
   (a) 자신의 목표언어에서 이 영어 연어들과 유사한 의미를 전달하는 보편적인 연어들을 제시하고 의미면에서 어떤 차이가 발생하는지 논하라.
   (b) 목표언어에 이 영어 연어들과 유사한 의미를 표현하는 보편적인 연어가 없다면, 필요한 경우 목표독자에게 문제의 영어 연어들의 의미를 전달하기 위해 풀어쓰기나 주석 등을 사용하여 완곡하게 표현하라.

3. 자신에게 친숙하고 자신의 목표언어에 근접한 대응표현이 있는 영어 관용구의 목록을 작성하라. 각각의 영어 관용구와 이에 해당하는 목표언어의 '등가어' 간의 의미, 형태, 사용맥락의 차이점을 논하라.

4. 자신의 목표언어로 번역하기 어렵다고 생각되는 보편적인 영어 표현이나 관용구의 목록을 작성하라. 예를 들면 특수한 영어 습관이나 사회적 의식에 관련되어 있기 때문일 수 있다. 능력을 최대한 발휘하여 각각의 표현을 두 번씩 풀어쓰기 해 보라. 처음에는 텍스

트에 삽입될 수 있을 정도로 가능한 간단히 써보고, 다음에는 텍스
트의 주석으로 들어갈 수 있게 좀 더 자세하게 써 보라.

5. 다음 텍스트를 자신의 목표언어로 번역해 달라는 고객의 의뢰를
   받았다고 가정해 보자. 이 텍스트는 영국 소매시장의 현재 추세에
   대한 뉴스 기사에서 발췌한 것이다. 목표독자는 소매사업에 참여하
   고 있는 관리자 수준이며 유행상품을 영국의 번화가에 수출하고
   있으므로 백화점 이름에 대해서는 익숙하다.

> The high street is having a facelift. In an unprecedented flurry of
> activity, new retailing concepts are being launched, while some of
> the 'oldies' are being revitalised. Marks and Spencer is testing
> new layouts, shops within shops, satellite stores. The experimental
> Woolworth stores are light years away from the traditional
> Woolies. Burton has begun a blitz to install some of its high
> street names in branches of the department store chain
> Debenhams, which it has just acquired - with the controversial
> 'galleria' concept to follow.
>
> (from The Translators' Guild Intermediate Examination, 1986)

이 텍스트를 번역할 때 'high street'와 'facelift', 'concepts'와
'launched'의 결합 같은 다양한 연어를 다루는데 사용된 전략들에
대해 논하라.

6. Austin Rover의 책자(*Today's Cars*, 1989)에서 발췌한 예문을 한번
   번역해 보자. 자신의 지역 시장에 배포하기 위해 목표언어로 아래
   지문을 번역해야 한다고 가정하라. 친숙하지 않은 자동차 용어를

써서 혼란스럽게 만들지 말라.

자동차 용어가 연습의 목적이 아니다. 필요하다면 특정 용어에 대한 등가어를 찾을 수 없을 경우, 공백으로 남겨놓아라.

지문에 다양한 관용구와 상당히 비격식적인 문체가 포함되어 있다는 사실을 알 수 있을 것이다. 번역하는데 어떤 전략을 사용하든 관용구는 의미를 전달하는 데에만 쓰이는 것이 아니라 독자에게 미치는 영향, 즉 문체적 효과를 위해서도 사용됨을 기억하라.

METRO SPORT

The new Metro Sport. Terrific looks. Loads of go. For a lot less than you think.

The Sport looks just what it is - a hot little hatchback that knows how to handle itself. With an aerodynamic tail spoiler; all-white sports wheel trims; and special graphics and paint treatment.

Under the bonnet is a 73 PS1.3 engine with a real sting in its tail. (Relax - it's also remarkably economical.)

You won't have to put up with a spartan cockpit in return for sparkling performance. Just try those stylishly trimmed sports seats for size.

Now tune into the electronic stereo radio/stereo cassette player. Four speakers, great sound. *And* a built-in security code theft deterrent.

There's a wealth of driving equipment too - including a tachometer of course.

Right up your street? Choose your Sport in one of five selected colours. And paint the town red.

위 텍스트 번역에서 경험한 어려움과 자신이 사용한 전략, 그리고
번역문에서 발생한 비격식체의 수준 변화에 대해 논하라.

보충자료

연어

Barnwell, K. (1974) *Introductin to Semantics and Translation* (High
    Wycombe: Summer Institute of Linguistics), Chapter 6: section 6.8:
    'Collocation'.
Beekman, J. & Callow, J. (1974) *Translating the Word of God* (Michigan:
    Zondervan), Chapter 11: 'Collocational clashes'.
Carter, R. & McCarthy, M. (1988) *Vocabulary and Language Teaching*
    (London: Longman), Chapter 2, section 7: 'Linguistic goings-on'.
Mackin, R. (1978) 'On collocations: Words shall be known by the company
    they keep', in P. Strevens (ed.) *In Honour of A. S. Hornby* (Oxford:
    Oxford University Press)

관용구 및 고정표현

Carter, R. (1987) *Vocabulary: Applied Linguistic Perspectives* (London: Allen &
    Unwin), Chapter 3, section 3.6: 'Idioms galore', and section 3.7:
    'Fixing fixed expressions'.
Fernando, C. and Flavell, R. (1981) *On Idiom: Critical Views and
    Perspectives* (Exeter Linguistic Studies 5, University of Exeter), Chapter
    4: 'Contrastive idiomatology'.

참고

1 규칙은 대개 문법적 진술의 형태로 기술된다. 4장 참조.
2 유표성은 언어 학습에서 중요한 개념이다. 유표성의 여러 유형에 관해서는 Lyons(1977: 305-11)가 잘 다루고 있다. 유표성과 선택과 의미 사이의 관계에 대한 논의는 본 책 5.1.1.3을 참조하라.
3 이 자료를 제공한 버밍함 대학 불문과의 Paula Chicken에게 감사드린다.
4 *Language and Society*에서 발췌한 예문의 원천언어가 영어인지 프랑스어인지 확실치 않지만, 편의상 영어로 간주한다.
5 이는 통번역 협회의 전문인 행동 지침으로 대체되었으며, 표현은 다음과 같이 수정되었다. '... 회원은 자신의 모국어나 모국어처럼 구사할 수 있는 언어로만 번역해야 한다. 또는 통역할 때 모국어나 모국어처럼 구사할 수 있는 언어가 반드시 포함되어야 한다.'(항목 4.1)
6 자료를 제공해주신 캠브리지 대학의 Ming Mix에게 감사드린다.
7 最好的消息·是发展一个由五个自然保护区共两千平方公里面积的体系的决定。在述一体系中该区独特生态系统中有代表性的动植物将得到保护。其中之一的动腊将保护长臂猿、野牛、老虎和大象，以及珍稀的双叶果树（dipterocarp）森林。

문법 차원의 등가

번역에서 바라는 가장 간단하고 가장 기본적인 요구사항조차도 충족시키기는 쉽지 않다. A 언어에서 어떤 표현을 통해 전달되는 메시지의 내용이 언제나 B 언어에서도 정확히 똑같은 내용으로 맞춰질 수 있는 것은 아니다. 무엇이 표현될 수 있는가와 무엇이 표현되어야 하는가는 '어떻게' 표현될 수 있는가와 마찬가지로 개별 언어의 속성이기 때문이다.

(Winter, 1961: 98)

언어는... 경험을 체계화하고 사물을 보는 방식을 결정하도록 도와준다. 그래서 언어가 제시하는 방식 외에 다른 방식으로 사물을 보기 위해서는 지적인 노력이 필요하다.

(Halliday, 1970: 143)

2장과 3장을 통해, 어떤 언어의 어휘 요소들은 그 언어를 표현하는 방식뿐만 아니라 내용에도 크게 영향을 끼친다는 점을 살펴보았다. 언어의 어휘구조, 단어, 표현, 연어 유형 등은 화자에게 경험을 분석하고 전달하는 기존의 방식을 제공한다. 필요할 때는 경험을 전달하는 새로운 방식을 찾아내기도 하지만, 전반적으로 해당 언어 공동체의 다른 구성원들과 쉽게 성공적으로 의사소통하기 위해서는 기존의 어휘 요소에 주로 의존하는 경향이 있다.

어휘 요소가 경험의 분석과 전달 방식에 영향을 끼치는 유일한 요인은 아니다. 경험을 전달하는 규칙적인 분류 방식을 결정하는 또 다른 강력한 요인은 문법 체계이다. 사건을 전달하는 과정에서 모든 언어는 시간, 수, 성, 모양, 가시성, 인칭, 근접성, 생물/무생물 등의 개념에 따라 달라질 수 있는 온갖 개연성 있는 분류의 집합에서 서로 다른 선택을 한다. 사건을 실세계에서 일어나는 것과 똑같이 모든 세부적인 사항까지 전달하는 획일적인 혹은 객관적인 방식은 존재하지 않는다. 각 언어의 구조는 어떤 경험을 전달하는데 중요하다고 생각되는 특정 영역을 강조하고 대부분 이를 우선적으로 선택한다.

'문법'은 어떤 언어에서 단어와 구 같은 단위들이 결합될 수 있는 방식과 발화에서 규칙적으로 명시되어야 하는 정보의 종류를 결정짓는 규칙 집합이다. 언어는 화자가 표현할 필요가 있는 모든 종류의 정보를 물론 표현할 수 있지만, 해당 언어의 문법 체계는 시간에 대한 지시나 성과 같은 특정 개념들을 얼마나 쉽게 명시할 수 있을지 결정해 준다. 수 세기 전에 그리스인과 로마인들은 시간, 수, 성 같은 개념을 나타내는 범주가 실세계에 존재하며 따라서 모든 언어에 공통적으로 나타나는게 틀림없다고 가정하였다. 모든 언어가 이러한 경험의 '기본적' 측면을 규칙적으로 표현해야 한다고 생각했다. 후에 다른 언어들을 많이 접하게 되자 소위 이러한 '기본적' 범주가 사실상 보편적이지도 않으며 규칙적으로 명시하려고 선택한 개념의 범위도 언어마다 크게 다르다는 점이 명백해졌다. 이번 장에서는 서로 다른 언어들 간에 표현될 수도 표현되지 않을 수도 있는 다양한 문법 범주와, 언어 구조의 이러한 영역이 번역 과정의 결정에 영향을 미치는 방식에 대해 간단히 살펴볼 것이다. 먼저 문법 범주와 어휘 범주 간의 주요 차이점을 간단히 알아보기로 한다.

4.1 문법 범주와 어휘 범주

어휘 목록과 반대로 언어의 문법 유형은 그 언어에서 표현되어야 하는 각 경험의 측면들을 결정한다.

(Jakobson, 1959: 235-6)

문법을 구성하는 두 가지 주요 차원은 형태론과 통사론이다. **형태론**(morphology)은 단어의 구조, 즉 문법 체계에서 특정 대조 사항을 지시하기 위해 단어의 형태가 변하는 방식을 다룬다.[1] 예를 들어 대부분의 영어 단어는 'man/men, child/children, car/cars'처럼 단수와 복수의 두 가지 형태를 가진다. 따라서 영어에는 수의 문법 범주가 있다고 말할 수 있다. 어떤 언어의 형태론적 구조는 그 언어에 표현되어야 하는 기본 정보를 결정한다. **통사론**(syntax)은 구와 절과 문장의 문법 구조를 다룬다. 해당 언어에서 허용하는 명사, 동사, 부사, 형용사 같은 품사들의 선형적인 연속체와 주어, 술어, 목적어 등의 기능적 요소가 논의된다.[2] 한 언어의 통사 구조는 그 언어에서 메시지가 구성되는 방식에 특정 제약을 부과한다.

언어는 그 언어에서 사용가능한 언어적 요소의 종류와 범위에 따라 문법적인 선택과 어휘적인 선택으로 표현할 수 있다. 영어의 수 체계(단수/복수)나 대명사 체계처럼 폐쇄 체계에서 선택하는 것은 문법적이다. 반면에 항목이나 표현의 개방 집합에서 선택하는 것은 어휘적이다. 문법적 선택은 영어에서 단수와 복수가 대조를 이루는 경우처럼 대개 형태론적으로 표현된다. 또한 어떤 절에서 구성 요소들과 기능 간의 특정 관계를 지시하기 위해 요소들의 순서를 조정하는 등 통사적으로 표현될 수도 있다(참고. 영어의 진술문과 의문문에서 요소들 간의 순서 차이: 'She had forgotten about the party./Had she forgotten about the party?').

번역에 관련하여 문법적 선택과 어휘적 선택 간의 가장 중요한 차이점은 어휘적 선택은 주로 선택의 자유가 있는데 반해 문법적 선택은 주로 강제적이라는 데 있다. 수, 시제, 성 같은 특정 범주를 표현하는 형태론적 요소가 있는 언어는 이러한 범주를 규칙적으로 표현해주어야 한다. 그러나 동일한 특정 범주를 표현하는 형태론적 요소가 없는 언어는 관련 있다고 느껴지는 때 외에는 그런 범주를 표현할 필요가 없다. 문법적 선택은 폐쇄된 선택 집합에서 행해지기 때문에 (a) 강제적이고 (b) 기본적으로 동일 체계의 다른 선택을 배제한다. 영어에서 수가 문법 범주라는 사실은 'student'나 'child'같은 명사를 사용하는 영어 화자나 저자가 단수와 복수 중에서 선택해야 한다는 것을 의미한다. 단수 일치와 복수 일치 중 선택이 가능한 소수의 명사를 제외하면 (예 The committee is/are considering the question), 영어에서 단수를 선택한다는 것은 기본적으로 복수와 관련될 가능성을 배제하는 것이며 그 반대의 경우도 역시 마찬가지이다. 중국어와 일본어에서는 사정이 달라지는데 이 언어들은 수가 문법 범주라기보다는 어휘 범주이기 때문이다(아래 4.2.1 참조). 중국이나 일본어 화자나 저자는 문맥상 반드시 밝혀야 할 경우가 아니면 단수와 복수 중에 선택할 필요가 없다. 이런 언어에서는 불가피한 경우에도 명사 자체의 형태를 바꾸기 보다는 '몇몇' 같은 단어나 '하나', '다섯' 등의 수사를 덧붙여서 수를 지시해준다.

문법 구조는 변화에 대한 저항이 더 심하다는 면에서 어휘 구조와 다르다. 어떤 언어에 새로운 단어나 표현, 연어를 도입하는 것이 새로운 문법 범주와 체계, 시제의 일치를 도입하는 것보다 훨씬 쉽다. 물론 언어의 문법 구조도 변하긴 하지만 그런 변화가 하룻밤 사이에 일어나지는 않는다. 문법적 변화는 어휘적 변화보다 훨씬 오랜 기간이 걸린다. 대체로 한 언어의 문법 구조는 개인의 일생에 걸쳐 꽤 일정하게 유지되지만 새로운 단어와 표현과 연어는 하루가 멀다 하고 계속 마주치게 된다. 문법 규칙은 또한 화자의 조정에 대한 저항도 더 심하다. 때로 비정상적인 문법 구조가 매우 제한적 맥락에서 허용되기도 하는데 운문에서 운율이나 보격을 맞춰야 하는 경우를 예로 들 수 있다. 시, 광고, 농담 등 소수의 텍스트 유형은 때때로 특별한 효과를 창조해 내기 위해 언어의 문법 규칙을 조정하거나 위반한다. 유명한 시인 e. e. cummings의 경우가 대표적인데, 그는 문법 구조를 이상하게 배치함으로써 특별한 효과를 얻는다.[3] 다음은 신용카드회사인 Access의 최근 광고인데 비문학 맥락에서도 유사한 유형의 조정이 이루어짐을 보여주는 예문이다.[1)]

Does you does or does you don't take access?
7 million outlets worldwide does.

그러나 대체적으로 비정상적인 문법 배치는 대부분의 문맥에서 절대 허용하지 않는다. 이는 번역에서 문법이 종종 번역가에게 어떤 특정 방향을 따르라고 강요하는 구속력을 가진다는 점을 의미한다. 그 특정 방향은 번역가가 따르고 싶은 만큼 원천텍스트의 방향에 근접할 수도 근접하지 않을 수도 있다.

---

1) 일반 맥락에서 문법적인 문장 구조는 'Do you or do you not take access? 7 million outlets worldwide do.'가 되어야 하지만, 복수 주어에 어울리는 'do' 대신에 단수 주어에 어울리는 'does'를 사용함으로써 개별성을 강조하고 있다. (역자 주)

4.2 언어 간 문법 범주의 다양성

> 언어는 다른 실세계의 관계들을 표현하기 위해 서로 다르게 갖추어져
> 있다. 그리고 분명히 의미의 모든 측면이 다 똑같이 쉽게 표현되는 것은
> 아니다.
>
> (Ivir, 1981: 56)

모든 언어에서 동일하게 규칙적으로 표현되는 개념 범주를 찾기는
어렵다. 많은 이들이 시간과 수 같은 범주는 경험의 기본적인 측면을
반영하는 것으로 보지만, 중국어나 베트남어 같은 일부 아시아 언어에
서는 이런 범주를 오직 선택적으로만 지시한다. 반면에 야냐어나 나바
호어 같은 많은 아메리칸 인디언 언어에는 여러 다른 언어에서는 어휘
적 방법으로도 거의 표현되지 않을 법한 문법 범주가 존재한다. 가령
이 언어들에는 '모양'의 범주가 있어 물체는 그 모양이 길쭉한지, 둥근
지, 얇은 판처럼 생겼는지에 따라 분류되어야 한다(Sapir & Swadesh,
1064). 페루의 아무에샤어 같은 일부 언어는 죽은 사람을 언급할 때
그 사람의 이름에 접미사를 덧붙여 부름으로써 언제나 사람의 생사를
지시해준다(Larson, 1984). 접미사가 없으면 그 사람이 살아있음을 지
시하는데 이는 영어에서 복수 접미사 '-s'가 없으면 복수의 반대인 단
수를 선택한 것임을 지시하는 것과 마찬가지이다.[4] 그러므로 각각의
언어는 다양한 개념을 다루기 위해 갖춰진 방식과 경험의 다양한 측면
을 표현하는 방식에 있어 크게 차이가 난다. 아마도 이는 이러한 경험
의 측면에 부과된 중요성과 관련성의 정도가 언어마다 다르기 때문일
것이다. 영어에서는 시간을 경험의 중요한 측면으로 여기기 때문에 과
거나 현재나 미래로 설정해 두지 않고는 어떤 사건을 논하기가 사실상
불가능하다. 아즈텍어에서는 존경의 개념이 중요하게 간주된다. 그 결

과 Nida(1964: 95)에 의하면 이 공동체에서는 화자와 청자에 대한 상
대적인 존경의 정도를 지시하지 않고는 누구에게 어떤 말도 할 수 없
다.

원천언어와 목표언어 간의 문법 구조의 차이는 종종 번역 과정에서
메시지의 정보 내용이 약간 달라지는 결과로 이어진다. 이런 변화는
원천텍스트에 표현되지 않은 정보를 목표텍스트에 추가하는 방식으로
이루어지기도 하는데, 이는 원천언어에 존재하지 않는 문법 범주가 목
표언어에 존재하는 경우에 발생한다. 영어나 프랑스어를 야냐어나 나
바호어 같은 아메리칸 인디언 언어로 번역할 때는 텍스트에서 언급된
물체의 모양에 대해 정보를 추가해야 한다. 마찬가지로 아무에샤어로
번역할 때는 텍스트에서 언급한 사람의 생사 여부를 표시해야 한다.
원천텍스트에서는 무시되지만 목표언어에서는 구체화되어야 하는 세
부 항목들이 문맥상 적절히 추론되지 않는 경우 번역가는 심각한 고민
에 빠진다.

메시지의 정보 내용은 원천텍스트에서 구체화한 정보를 생략하는
방식으로 달라지기도 한다. 원천언어에 존재하는 문법 범주가 목표언
어에는 존재하지 않는 경우, 그 범주로 표현된 정보는 무시해야 한다.
Jakobson(1959: 235)은 '번역할 언어에 문법적 기제가 없다고 해서 원
문에 있는 전체 개념 정보를 축어적으로 번역하는 것이 불가능한 것은
아니다'라고 주장한다. 이론상으로는 옳은 주장이지만 실제 번역에서
는 문법적 기제가 없으면 '전체 개념 정보'를 번역하기가 매우 어렵다.
첫째, 해당 언어에서 어떤 문법 범주가 없다는 사실은 그 범주와 연관
된 정보 지시가 선택 사항임을 암시한다. 이런 선택적 정보는 명시적
으로 표현되지 않는 경향이 있으며, 일반적으로 목표언어에서 명시적
으로 표현되지 않는 정보가 번역문에 반복해서 나타나면 부자연스럽
게 들리기 마련이다. 둘째, 이런 선택적 정보는 어휘적으로 표현해야

하기 때문에 원천텍스트보다 목표텍스트에서 더 중요하게 간주되게
된다. 어휘적 선택은 선택적이기 때문에 문법적 선택보다 더 중요하게
여겨진다.

몇몇 주요 범주를 간단히 논하고 예를 살펴보면서 원천언어와 목표
언어의 문법 구조 차이로 인해 번역가가 자주 직면하는 어려움에 대해
설명하고자 한다.

4.2.1 수

수(number)를 센다는 개념은 모든 사람들이 쉽게 접할 수 있고 모든
언어의 어휘 구조에 표현되어 있다는 의미에서 대체로 보편적일 것이
다. 그러나 모든 언어에 수의 문법 범주가 존재하는 것은 아니며, 수의
문법 범주가 존재하는 언어라 해도 이를 반드시 동일한 관점에서 보지
는 않는다. 위에 설명한 대로 영어는 하나와 하나 이상, 즉 단수와 복
수의 차이를 구분한다. 이러한 차이는 형태론적으로 표현해야 하는데,
지시하는 대상이 하나인지 혹은 그 이상인지를 표시하기 위해 명사에
접미사를 붙이거나 다른 방법을 통해 형태를 바꿀 수 있다. 'student/
students, fox/foxes, man/men, child/children'이 그 예이다. 일본어, 중국
어, 베트남어 같은 일부 언어는 동일한 개념을 어휘적으로 표현하기도
하지만, 전혀 표현하지 않는 경우가 더 많다. 이런 언어에서는 대체로
명사의 형태에 단수와 복수의 구분을 표시하지 않는다. 예를 들면 중
국어에서는 'my book'과 'my books'를 모두 '我的书'로 표현한다(Tan,
1980).

일본어, 중국어, 베트남어와 달리 대부분의 언어에는 수의 문법 범
주가 존재하며, 영어의 범주와 유사한 경우도 있지만 반드시 일치하는
것은 아니다. 아랍어와 에스키모어와 일부 슬라브계 언어는 형태적으

로 하나와 둘과 둘 이상을 구분한다. 이런 언어들은 단수와 복수 형태 외에 양수 형태도 포함한다. 오늘날 대부분의 유럽 언어에서는 양수가 문법 범주라기보다는 어휘 범주에 속하기 때문에 오직 수사를 통해서 만 표시할 수 있다. 따라서 영어는 단수, 복수를 구분하여 'house'와 'houses'간의 의미 대조를 규칙적으로 표현하는데 반해, 에스키모어는 'iglu(집 한 채)', 'igluk(집 두 채)', 'iglut(집 두 채 이상)' 간의 의미 대조를 규칙적으로 표현한다. 피지어 같은 소수 언어들은 심지어 단수, 양수, 삼수(셋과 작은 수를 포함), 복수를 서로 구분한다(Robins, 1964). 이와 같이 세밀하게 구분된 체계는 때로 번역에 문제가 되기도 한다.

수의 구분이 있는 언어에서 수의 범주가 없는 언어로 작업하는 번역 가는 두 가지 선택을 할 수 있다. 번역가는 (a) 수에 대한 관련 정보를 생략하거나 (b) 이 정보를 어휘적으로 기호화할 수 있다. 다음 예는 중 국어와 일본어 같은 언어에서 어떤 식으로 수에 대한 정보가 자주 생 략되는지를 보여 준다. 두 예문 모두 원천언어는 영어이다. 꺾쇠괄호 로 표시한 항목은 목표텍스트에서 표현되지 않았지만 중국어와 일본 어에 수의 범주가 없기 때문에 규칙에 어긋나지 않는다. 첫 번째 예문 은 *China's Panda Reserves*「팬더 보호구역」(부록 3, 1번)에서 발췌한 것 이다.

원천텍스트(영어)

중국의 팬더 <u>보호구역들(reserves)</u>.

목표텍스트(중국어) – 역번역

중국의 팬더 <u>보호지역(protection-zone<s>)</u>

'protection-zone'은 'reserve'에 대한 일반적인 중국어 번역을 다시 영어로 직역한 것으로써 수가 표시되어 있지 않다. 중국어텍스트의 독자는 이 제목만 보고 중국에 팬더 보호구역이 한 개인지 아니면 그 이상인지를 알 수 없다.

다음 예는 *The Fix: the Inside Story of the World Drug Trade* 『마약 주사: 세계 마약 거래의 뒷이야기』(부록 7)에서 발췌한 것이다.

원천텍스트(영어)

특히 미국 세관당국의 집행관들은 마약운반자를 식별하고 차단하기 위해 일련의 알기 쉬운 인물분석표를 제공하고 있다. 이는 특히 야쿠자에게 잘 적용되는 체계인데, 일본 마피아인 야쿠자는 전 세계 어느 범죄사회와도 크게 다른, 기괴하지만 엄격한 윤리 강령을 준수하기 때문이다. 강령 내용은 <u>손가락들(fingers)</u>, 더 정확히 말하자면 <u>손가락들(them)</u> 자르기와 <u>문신들(tattoos)</u>에 관한 것이다.

목표텍스트(일본어) - 역번역

... 강령 내용은 <u>손가락(finger<s>)</u>, 더 정확히 말하자면 <u>손가락(finger<s>)</u> 자르기와 <u>문신(tattoo<s>)</u>에 관한 것이다.

이 예문에서도 목표텍스트의 밑줄 친 명사에는 수가 전혀 표시되지 않았으며, 일본어 독자는 저자가 손가락 한 개와 문신을 말하는 것인지 아니면 여러 개를 말하는 것인지 그저 추측할 수밖에 없다. 이처럼 한 개와 그 이상간의 차이에 대한 명백한 무관심은 영어와 대부분의 유럽 언어가 양수에 대해 무관심한 것과 마찬가지이다. 영어 화자가 사람이나 물건이 둘인지 아니면 그 이상인지를 확정하는데 그다지 관심이 없는 것과 마찬가지로, 위의 경우에 중국어와 일본어 화자는 지시 대상이 한 개인지 혹은 그 이상인지를 확정하는데 별로 관심이 없다.

수의 범주가 없거나 양수 형태가 없기 때문에 보통은 복수나 양수를 표시하지 않는 언어에서도 특정 문맥에서는 이런 정보를 구체화하는 것이 필요하거나 바람직한 경우가 가끔 있다. 이런 경우, 번역자는 다음 예처럼 관련 정보를 어휘적으로 표현할 수도 있다. 첫 번째 예는 *Palace and Politics in Prewar Japan*『전쟁 이전의 일본 궁전과 정치』(부록 6)에서 발췌하였고 원천텍스트는 영어로 기록되었다.

원천텍스트(영어)

1869년에 창설된 부처들의 대표들(heads of the ministries)은 황제에게 '조언하고 보좌'할 직접적인 책임은 없었으나, 1889년에 이르러서는 그런 책임을 지게 되었다.

목표텍스트(일본어) ― 역번역

메이지 2년에 창설된 여러 부처의 대표(head<s> of various ministry<ies>)는 황제에게 '조언하고 보좌'할 직접적인 의무는 없다.

지시대상이 한 개 이상의 부처이고 함축적으로 부처 대표도 한 명 이상임을 표시하기 위해 번역문에 '여러'라는 의미의 일본어 단어가 추가되었다.

두 번째 예는 카이로의 중재 절차에 대한 미발행 문서에서 발췌한 것이다. 원천텍스트는 아랍어로 기록되었다.

원천텍스트(아랍어) ― 역번역

중재자를 세 명 임명해야 할 경우에는 양쪽 관계자가 각각 한 명씩 선정하고, 이런 식으로 <u>임명된(양수 형태) 중재자들(양수 형태)(arbitrators-dual appointed-dual)</u> 이 세 번째 중재자를 선정하여 중재권 통할을 맡긴다.

목표텍스트(영어)

중재자를 세 명 임명해야 할 경우에는 양쪽 관계자가 각각 한 명씩 선정하고, 그렇게 선정된 <u>두 명의 중재자들(two arbitrators)</u>이 중재 위원회를 지휘할 세 번째 중재자를 선정한다.

따라서 중요하다고 여겨지는 부분에서는 수에 대한 정보를 어휘적으로 표현할 수 있다. 그러나 다른 문법 범주와 마찬가지로 수의 범주가 있는 언어에서 그 범주가 없는 언어로 작업하는 번역가는 목표텍스트에서 이 종류의 정보를 지나치게 명시하지 않도록 주의해야 한다. 문맥상 특별히 필요하지 않은 경우에 대체로 해당 언어에서 주로 명시적으로 표현하지 않는 정보를 계속 언급하면, 목표언어에서 경험을 전달하는 일반적인 방식을 따르지 않는 것이 되므로 번역물이 어색하고 부자연스럽게 된다.

4.2.2 성

성(gender)은 일부 언어에서 어떤 명사나 대명사를 남성이나 여성으로 분류하는 것에 따른 문법적 구분이다.[5] 이 구분은 무생물체를 지시하는 명사뿐만 아니라 생물체를 지시하는 명사에도 적용된다. 예를 들어 프랑스어는 'fils/fille(아들/딸), chat/chatte(수고양이/암고양이)'같은 명사의 남성과 여성을 구분한다. 게다가 'magazine(잡지), construction(건물)' 같은 명사 역시 각각 남성과 여성으로 분류한다. 한정사[6]와 형용사, 때로는 아랍어와 스와힐리어의 경우처럼 동사가 대개 명사의 수뿐만 아니라 성과도 일치한다.

영어에는 이러한 성의 문법 범주가 없으며, 영어 명사는 여성과 남성을 구별하기 위해 규칙적으로 어미가 변화하지 않는다. 그럼에도 일부 의미 영역과 인칭 체계에는 성의 구분이 존재한다. 때로는 동일종의 경우에도 남성과 여성을 지시하기 위해 각각 다른 명사를 사용한다. 'cow/bull(암소/수소), sow/boar(암퇘지/수퇘지), doe/stag(암사슴/수사슴), mare/stallion(암말/수말), ewe/ram(암양/수양)' 등이 그 예이다. 직업을 가리키는 몇몇 명사는 여성을 표시하는 접미사 '-ess'를 사용하여 남성형과 여성형을 구분한다. 'actor/actress(남배우/여배우), manager/manageress(남지배인/여지배인), host/hostess(남주인/여주인), steward/stewardess(남승무원/여승무원)' 등이 그 예이다. 그러나 이런 여성형 어미가 다른 유럽 언어의 경우처럼 언제나 곧이곧대로 성의 구분만을 반영하는 것은 아니다. 어떤 단어에서는 특정한 어감을 내포하기도 한다. 가령 'author(작가)'와 'authoress(여성 작가)' 간의 구분에는 명제적 의미보다는 표현적 의미가 더 많이 포함된다. 'author'는 남녀 모두에게 무표적인 형태이지만 'authoress'는 경멸적인 어감를 담고 있는 경향이 있다.[7] 구체적인 의미 영역에서의 성의 구분 외에도 영어에는 또한 인칭의 범주가 있어 3인칭 단수에서는 남성, 여성, 무생물(he/she/it)을 구분한다(아래 4.2.3 참조). 이러한 구분은 3인칭 복수(they)에는 적용되지 않는다. 러시아어와 독일어도 이와 비슷하게 3인칭 단수 대명사에서 성을 구분하고 있으며 영어와 마찬가지로 3인칭 복수에서는 이런 구분이 적용되지 않는다. 반면에 프랑스어와 이탈리아어 같은 언어는 3인칭 복수에서도 성을 구분하는데, 프랑스어의 'ils/elles(그 남자들/그 여자들)'가 그 예이다. 아랍어 같은 일부 언어에서는 성의 구분이 3인칭뿐만 아니라 2인칭 대명사에도 적용된다. 아랍어는 3인칭 단수와 복수의 성 구분 외에 상대방을 지칭하는 표현에서도 상대방이 남성인지 여성인지에 따라 서로 다른 형태를 사용한다. 반면에 중국어와 인도네시아어 같은 언어에서는 인칭 체계에 성 구분이 전혀 없다.

성의 범주가 있는 대부분의 언어에서는 대개 남성형이 '우세'하거나 '무표적'인 형태이다. 프랑스어의 'elles'는 지칭하는 사람이나 물체가 모두 여성일 때만 사용한다. 어떤 그룹에 한 명 혹은 그 이상의 사람이나 물체가 남성이면 아무리 남성보다 여성이 더 많다 해도 남성형 'ils'가 사용된다. 이와 유사하게 어떤 지시 대상의 성이 알려져 있지 않는 경우에는 여성형보다는 남성형이 사용된다. 요컨대 남성형을 사용할 때보다 여성형을 사용할 때 더 구체적인 정보가 제공된다고 할 수 있다. 여성형의 사용은 지시 대상이 남성일 가능성을 배제하지만, 남성형의 사용은 지시 대상이 여성일 가능성을 배제하지 않기 때문이다.

오늘날 영어에서는 무표적 남성형 'he'를 's/he', 'he or she', 'him or her' 같은 형태로 대체하려는 시도가 계속되고 있다. 이런 현상은 특히 학술적인 저술에서 더욱 두드러진다. 그러나 일반 대중들 사이에서조차 'chairman(의장), spokesman(대변인), businessman(사업가)'처럼 명백한 남성 명사를 'chairperson, spokesperson'처럼 보다 중성적인 명사로, 혹은 지시 대상이 분명히 여성인 경우에는 'businesswoman'처럼 명확하게 여성 명사로 대체하는 일이 의식적이고 체계적으로 진행되고 있다. 심지어 소수이긴 하지만 여성형을 영어의 무표적 형태로 사용하려는 시도도 이루어지고 있다. 예컨대 Diane Blackmore는 'she'와 'her'를 남성이나 여성에 관계없이 어떤 사람을 지시하는 의미로 사용한다.

발화 해석이 모든 측면에서 맥락에 영향을 미치므로, <u>자신의</u>(her) 발화
가 특정 방식으로 이해되기를 바라는 화자는 그 해석을 낳는 맥락 내에
서 발화가 해석되기를 기대해야만 한다.

(1987: 27; 필자 강조)

이러한 이데올로기적 태도는 성 구분이 문법 체계에 골고루 스며들어
있는 언어로는 전달하기가 다소 어렵다. 영어에서는 해당 어휘 항목만
바꾸면 되니까 'he'를 's/he, him/her' 등으로 전환하기가 아주 쉽다. 그
러나 아랍어 같은 언어에서는 성 구분이 명사와 대명사에 반영될 뿐만
아니라 동반하는 동사와 형용사와의 일치에도 반영되기 때문에 그 결
과 영어에서보다 훨씬 더 성가신 구조가 될 게 분명하다. 아무리 노력
해도 아랍어 저자나 번역가는 목표텍스트의 가독성을 희생하지 않는
한, 성에 대해 확실히 더 계몽적인 이러한 접근법에 동참할 수 없다.
   성 구분이 번역에 깊이 연관되는 것은 대체로 명사나 대명사의 지시 대
상이 사람인 경우이다. 영어에서 '자동차'나 '배' 같은 무생물체와 '개'와
'고양이' 같은 생물체에서의 성 구분은 때로 표현적 의미를 전달하기 위해
조정된다. 특히 문학작품에서는 이런 현상이 두드러지지만 비문학 번역에
서는 이 때문에 어려움을 겪는 일이 많지 않다.[8] 예를 들어 목표텍스트에
서 성 구분을 추가함으로써 필요한 조정을 하는 것(영어 'table' : 프랑스어
'la/une table')은 그러한 구분 자체가 대부분 작위적이기 때문에 대개 간단
하고 자동적이다. 예컨대 Lyons(1968)가 의사소통에서 중요한 것은 일반
적인 성의 범주가 아니라 성의 대명사적 기능이라고 주장한 이유가 바로
여기에 있다. 성의 대명사적 기능은 작위적 구분이 아니라 남성과 여성간
의 실제적 구분을 반영한다. 지시 대상이 사람인 경우 성을 규칙적으로
구체화하는 범위는 언어에 따라 다르지만(참고. 영어 'they'와 프랑스어
'ils/elles'), 우리 모두는 쉽게 이런 구분을 인식하고 이 구분이 경험의

실제적인 측면을 반영한다고 생각한다.

다음 텍스트는 성의 대명사적 기능이 번역에 부과하는 어려움의 유형을 보여주고 있다. 앞의 예문에서와 마찬가지로 원문텍스트에서 문제가 되는 항목과 목표텍스트에서 이를 대체하는 항목에는 밑줄을 그어 표시한다. 성의 구분으로 인한 어려움을 해결하기 위해 사용한 전략만을 논하기로 한다.

원천텍스트(영어: *Kolestral Super*)

사용법:

- 모발을 순한 웰라 <u>샴푸로 감은 후(shampoo)</u> 가볍게 <u>수건으로 말리십시오(towel dry)</u>.
- Kolestral Super를 직접 모발에 <u>사용하여(apply)</u> 부드럽게 <u>마사지 하십시오(massage)</u>.
- 최대 효과를 얻으려면 모발을 비닐모자나 수건으로 <u>두르세요(cover)</u>.
- Kolestral Super을 모발에 바른 채 10-20분간 그대로 두십시오.
- 시간이 지나면 모발을 손질하기 전에 충분히 <u>헹구어 내십시오(rinse off)</u>. 샴푸로 감을 필요는 없습니다.
- 평소대로 모발을 <u>손질하십시오(style)</u>.

목표텍스트(아랍어) – 역번역

사용법 안내:

- 순한 샴푸를 원하신다면 모발은 '웰라' 샴푸로 <u>씻겨집니다(be washed)</u>. 그런 뒤 모발은 물기가 촉촉이 남을 정도로 가볍게 수건으로 <u>말려집니다(be dried)</u>.
- Kolestral Super가 모발에 직접 <u>발라져(be put)</u> 부드럽게 살살 <u>마사지 됩니다(be massaged)</u>.

- 최대 효과를 얻으려면 모발을 감싸는 비닐 모자인 캡이나 수건으로 모발이 둘러집니다(be covered).
- Kolestral Super는 10-20분간 그대로 두어집니다.
- 시간이 지나면 원하는 모양으로 손질하기 전에 모발이 충분히 잘 헹구어져야 합니다(should be rinsed). 이 마지막 단계에서는 샴푸로 감을 필요가 없습니다.
- 모발이 평소처럼 원하는 방식으로 손질되고 빗질되며(be styled and combed) 그 결과는 이상적이고 놀랍습니다.

아랍어는 3인칭뿐만 아니라 2인칭에도 성 구분을 적용한다고 앞에서 언급한 바 있다. 아랍어 화자나 저자는 2인칭 단수의 경우 'you, 남성('anta')'과 'you, 여성('anti')' 중에서 선택해야 한다. 게다가 이런 종류의 정보는 반드시 동사 자체의 형태에 표시되어야 한다. 예컨대 아랍어 동사는 주어가 2인칭 단수 여성인지 3인칭 복수 남성인지에 따라 형태가 달라진다. 사실 아랍어에서 'she'와 'I'같은 대명사는 대개 잉여적인 것이며 주로 강조하기 위해 사용한다. 이들 대명사가 전달하는 모든 정보가 이미 동사 형태에 포함되어 있기 때문이다.

위의 텍스트에서 명령문의 동사를 아랍어로 번역할 때 일반적으로 번역가는 성이 관련되는 한 각 동사를 남성형과 여성형 중에서 선택해야 한다. 성의 범주가 있는 대부분의 언어와 마찬가지로 아랍어도 남성형이 무표적 형태이며 따라서 대부분의 광고와 전단과 보편적인 사용 설명서에서 남성형을 보통 선택한다. 그러나 *Kolestral Super* 텍스트는 헤어컨디셔너에 함께 들어있는 전단이며 이 제품은 남성보다 여성이 훨씬 더 많이 사용하는 종류이다. 배경이 아랍임을 고려해보면 여성만 사용할 가능성이 높다. 이런 상황을 고려해볼 때 위 텍스트에서 남성형을 사용하면 매우 유표적이 될 것이다. 번역가는 동사의 여성형을 사용할 수

도 있었지만 아마 그런다 해도 여전히 유표적이거나 잠재적인 남성 사
용자를 불필요하게 배제할지도 모른다고 느꼈을 수 있다. 그래서 성 구
분을 피하기 위해 사용법 안내 전체에 걸쳐 전혀 다른 구조를 사용하고
있다. 동사의 명령형 대신 **수동태**(아래 4.2.5 참조)를 사용함으로써 번역
가는 동사의 주어 표시를 완전히 피할 수 있게 된다.

프랑스어에도 성의 문법 범주가 있긴 하지만 성 구분은 명사, 관사,
형용사, 3인칭 대명사에만 표현될 뿐 동사 형태에는 영향을 끼치지 않
는다. 그러므로 *Kolestral Super* 전단의 프랑스어 번역가는 아랍어 번
역보다 좀 더 충실하게 원천텍스트를 따를 수 있다. 프랑스어의 사용
설명서 작성 규범대로 동사의 부정사 형태를 사용한다. 실례로 사용법
의 첫 몇 구절을 인용하면 아래와 같다.

- Laver le cheveux avec un shampooing doux Wella et bien les essorer.
- Appliquer Kolestral Super directement sur les cheveux et bien faire
  pénétrer.

4.2.3 인칭

인칭(person) 범주는 참여자 역할의 개념과 연관된다. 대부분의 언어
에서 참여자 역할은 다양한 차원에서 구성될 수 있는 대명사의 폐쇄적
체계를 통해 체계적으로 정의된다.

가장 보편적인 구분은 1인칭(화자나 화자를 포함한 집단을 지시: 영
어 'I/we'), 2인칭(청자를 지시: 영어 'you'), 3인칭(화자와 청자 외의
다른 사람과 사물을 지시: 영어 'he/she/it/they')간의 구분이다. 북아메
리카 지역의 많은 언어들은 인칭 범주를 셋이 아니라 넷으로 구분한
다. 이런 언어에서 4인칭은 '3인칭 형태를 통해 이미 언급한 대상과

별개인 사람이나 사물'을 가리킨다(Robins, 1964: 264). 이와 마찬가지로 러시아어는 같은 절에서 이미 언급된 참여자를 지시하기 위해 대명형용사 'svoj(남성)', 'svoja(여성)', 'svojo(중성)', 'svoi(복수)'를 사용한다. 그러나 러시아어에서는 3인칭 형태에만 대명 형용사(pronominal adjective)를 한정하지 않고 1인칭, 2인칭, 3인칭 참여자 지시에 모두 사용할 수 있다. 예를 들어 '나는 나의 선생님을 만나고 있다'에서 '나의'는 이어지는 명사의 성에 따라 'svoj'나 'svoja'로 번역될 것이다. 마찬가지로 '그는 그의 선생님을 만나고 있다'에서 '그의'가 가리키는 지시 대상이 앞에 나온 '그'의 지시 대상과 동일한 경우, '그의'라는 단어는 'svoj'나 'svoja' 중 적절한 격 형태로 번역될 것이다. 그렇지 않다면 대명사 'jego'가 사용될 것이다(Halliday, 1964).

인칭 체계는 참여자 역할에 근거한 주요 구분 외에 다른 다양한 측면에 따라 구성되기도 한다. 앞에서 언급한 대로 몇몇 언어의 인칭 체계에는 체계 전체나 부분에 적용되는 성이나 수의 차원이 포함되기도 한다. 중국어에서 수는 문법 범주가 아닌데도 불구하고(위 4.2.1 참조) 중국어의 인칭 체계는 수를 구분하는 특징을 보인다(예 '我(I)' 대 '我们(we)', '你(you 단수)' 대 '你们(you 복수)'). 반면에 성 구분은 전혀 없다(예 '他 / 她 / 它(he/she/it)' 대 '他们 / 她们 / 它们(they)').[2] 일본어에서는 인칭 체계가 사회적 지위와 친밀함의 정도뿐만 아니라 성의 구분도 반영한다(Levinson, 1983). 일부 언어는 좀 더 복잡한 인칭 체계를 보인다. Catford(1965)는 바하사 인도네시아어의 인칭 체계에는 9개의 대명사가 있지만 영어에는 7개밖에 없다고 설명한다. 바하사 인도네시아어에는 성 구분이 없지만 다음 두 가지 차원이 관련된다.

---

2) 중국어의 3인칭 대명사 '他 / 她 / 它(he/she/it)'는 한자가 서로 달라 문어 상에서는 구분이 가능하나 발음과 성조가 동일하여 구어 상에서는 구분이 되지 않는다. (역자 주)

1 포함/제외 차원: 영어 'we'가 바하사 인도네시아어로는 두 가지로 번역
   된다. 청자가 포함 되느냐 제외 되느냐에 따라 'kami'와 'kita' 중의 하
   나를 선택한다.
2 친밀함/친밀하지 않음의 차원: 예를 들어 영어 'I'를 번역하기 위해서는
   화자와 청자 간의 관계에 따라 'aku'와 'saja' 중에서 하나를 선택해야
   한다.

영어를 제외한 많은 현대 유럽 언어는 인칭 체계에 격식이나 공손함의
차원을 포함한다.[9] 이런 언어에서는 존경 혹은 친밀하지 않음을 나타
내기 위해 2인칭 단수 외에 대개 2인칭 복수나 3인칭 복수를 사용하여
단수 청자와 교류한다. 프랑스어에서는 'vous'가 'tu'에 대해, 이탈리아
어에서는 'lei'(3인칭 단수)와 특정 지역, 계층, 연령층에서의 'voi'(2인
칭 복수)가 'tu'에 대해 이런 작용을 한다. 스페인어에서는 'usted'가
'tu'에 대해, 독일어에서는 'Sie'가 'du'에 대해, 그리스어에서는 'esi'가
'esis'에 대해, 러시아어에서는 'vy'가 'ty'에 대해 동일한 작용을 한다.
또한 일부 언어에는 복수 대명사에 여러 가지 형태가 존재하는데, 이
는 각기 다른 청자와 교류하면서 친밀함이나 존경의 여러 차원을 표현
하는데 사용된다.

　모든 언어에는 이와 유사하게 친밀함이나 존경을 표현하기 위해 사
용할 수 있는 호칭 방식(mode of address)이 있다. 가령 '너, 여보게,
애, 여보'는 '스미스 씨, 선생님, 브라운 교수, 존스 여사, 부인'과 비교
된다. 호칭 방식과 대명사 방식 간의 차이는 대명사는 사용을 피할 수
없으며 특히 많은 언어에서 그 지시하는 바가 동사의 굴절형에 기호화
되기 때문에 더욱 그러하지만, 사람을 직접 호칭하는 일은 피할 수 있
는 경우가 많다는 점에 있다(Brown & Gilman, 1972).

　이를 종합해 보면 영어를 프랑스어, 이탈리아어, 그리스어, 스페인

어, 러시아어, 독일어, 바하사 인도네시아어로 옮길 때 무엇보다도 대명사의 번역은 성, 참여자간의 친밀함의 정도, 지시 대상이 청자를 포함하는지의 여부 등에 따라 결정되어야 할 수도 있는 것이다. 이 정보는 문맥에서 쉽게 찾아낼 수도 있지만 그렇지 못할 수도 있다. 반대로 위에 열거된 언어에서 영어로 번역할 때는 해당 차원에서의 정보의 손실이 생기는 경우가 많을 것이다. 이론상으로는 모든 관련 정보를 영어 번역문에 기호화하는 일이 가능하다. 가령 상대방을 포함하지 않는 'we'를 'he and I but not you(너는 빼고 그와 나)' 식으로 돌려서 말할 수 있긴 하지만, 이런 식의 자세한 설명은 대부분의 맥락에서 너무 성가신 결과를 낳게 된다.

다음 예는 원천텍스트에 명시되지 않은 차원을 목표텍스트에서 결정해야 하는 좀 더 난해한 상황을 보여준다. 예문은 Agatha Christie의 추리소설 *Crooked House* 『비뚤어진 집』(1949)의 프랑스어 번역본에서 발췌한 것이다.[10] 소설에 나오는 사건들에는 다양한 방식으로 서로 얽혀있는 주요 인물들이 많이 등장한다. 프랑스어 번역본에는 각 인물들이 서로를 호칭하는데 사용하는 대명사 선택에 상호간의 관계가 반영되어 있어야 한다. 다음 대화의 등장인물은 젊은 남자 찰스와 젊은 여자 소피아이다. 둘은 얼마동안 함께 일해 왔고 친구로 지내온 사이이다. 아래 대화는 찰스가 소피아에게 막 결혼 신청을 한 다음에 나오는 장면이다.

원천텍스트(영어, 9쪽)

"내 사랑 – 당신은(you) 이해하지 못하겠소? 당신을(you) 사랑한다고 말하지 않으려고 노력해왔는데 –"

그녀가 내 말을 가로막았다.

"이해해요, 찰스. 그리고 난 당신의(your) 이런 엉뚱한 방식도 좋아하고요..."

목표 텍스트(프랑스어, 9쪽)

- Mais <u>vous</u> ne <u>comprenez</u> donc pas? <u>Vous</u> ne <u>voyez</u> donc pas que je fais tout ce que je peux pour ne pas <u>vous</u> dire que je <u>vous</u> aime et... Elle m'interrompit.
- J'ai parfaitement compris, Charles, et <u>votre</u> façon comique de presenter les choses m'est très sympathique...

영어원문에는 명시되어 있지 않은 격식과 공손함의 차원을 나타내기 위해 프랑스어 번역본에서 'vous' 형태를 사용했음에 주목하자. 이번 에는 위 대화에 드러난 격식의 차원을 다른 대화에서 발췌한 예문과 서로 비교해 보도록 한다. 다음은 찰스가 런던경시청의 부총감인 아버 지에게 말하는 장면이다.

원천텍스트(영어, 16쪽)

"하지만 <u>아버지의(your)</u> 경찰대원도 충분히 유능하더군요. 어떤 멋진 군 인 타입의 남자가 마리오 레스토랑까지 그녀를 뒤쫓아 왔거든요. <u>아버 지가(you)</u> 받으실 보고서에 제가 등장하게 될 겁니다."

목표 텍스트(프랑스어, 16쪽)

- Mais <u>ta</u> police a l'oeil et un de <u>tes</u> hommes l'a suivie jusqu'au restaurant. Je serai mentionné dans le rapport qui <u>te</u> sera remis.

서로 다른 인물들이 나누는 대화에서 각각 'vous'와 'tu' 형태를 선택한 점은, 친밀함이나 존경의 차이에 따른 표현 사용의 관습에서 보여주듯 이 이야기에 등장하는 각각의 인물들 간의 관계가 어떤 유형인지에 대

해, 또한 이 인물들의 사회적 신분이 어떠한지에 대해 프랑스어 번역가
가 의식적으로 결정해야 했음을 시사한다. 이러한 결정에 대해 동의할
수도 동의하지 않을 수도 있지만 중요한 것은 한 언어의 문법 체계가
그 언어에서 사건을 제시하는 방식에 영향을 끼친다는 사실을 인정하
는 법을 배우는 것이다. 서로 다른 언어는 문법 체계가 요구하는 바도
다르기 때문에 번역시 발생하는 어려움을 과소평가해서는 안 된다.

대명사 체계에서 친밀함이나 존경의 차원은 문법에서 가장 흥미로
운 측면인 동시에 번역에서는 가장 까다로운 부분 중의 하나이다. 이
차원은 담화의 **형식**(tenor)을 반영하며(2장, 21쪽 참조) 보다 미묘한 전
체 의미를 전달할 수 있다. 친밀함과 친밀하지 않음을 구분하는 대명
사가 있는 언어에서는 대명사 용법에 관한 미묘한 선택이 더욱 복잡해
진다. 사회 집단마다 대명사 사용이 크게 다르며 그러한 용법은 사회
적 가치와 태도의 변화를 반영하면서 계속해서 달라진다는 사실 때문
이다. Brown과 Gilman(1972: 269)의 주장에 따르면 인도의 구자라티
어와 힌디어는 대명사 용법에 대한 매우 엄격한 규범이 있으며 이는
가령 남편과 아내 사이에 존재하는 힘의 불균형 관계를 반영한다. 그
러나 '진보적인 젊은 인도인은 아내와 비격식적 표현인 *T*형태의 대명
사를 주고 받는다'고 설명한다.[11]

4.2.4 시제와 상

대부분의 언어에서 **시제**(tense)와 **상**(aspect)은 문법적 범주에 속한
다. 시제와 상에 대한 범주가 있는 언어에서는 동사의 형태가 보통 두
가지 중요한 정보 유형을 나타내는 데, 바로 시간 관계와 상의 차이이
다. 시간 관계는 사건의 시간을 정하는 것과 관련이 있으며, 대부분 과
거, 현재, 미래로 구분한다. 상의 차이는 사건의 시간적인 분배, 말하

자면 사건의 완결, 미완결, 계속, 순간 등과 관련이 있다.

몇몇 언어는 시간의 위치나 분배가 여러 개로 세분화되어 있기 때문에 이러한 언어의 시제와 상의 체계는 더욱 발달되었을 수도 있다. 발리어의 경우, 시간 관계는 보다 정확한 체계를 보인다. 과거, 현재, 미래를 지시할 뿐만 아니라 각각의 과거나 미래의 지시는 지시되는 사건이 현재와 직접적으로 연결되어 있는지, 현재 시점과 시간적 간격은 있지만 같은 날 일어난 것인지, 현재와 적어도 하룻밤 이상 차이가 나는지에 따라 달리 표기된다. 미국 인디언의 위시람 언어는 단지 과거 사건과 관련해서만 네 가지 표현의 구분을 하는데, 각각의 구분은 말하는 순간과의 시간적 거리감을 표시한다(Sapir & Swadesh, 1964). 또한 어떤 언어에서는 좀 더 드문 유형의 시간적, 상적 관계를 의무적으로 명시화하기도 한다. 예를 들어 멕시코 자포텍어의 빌라 알타 방언은 개별 참여자에게 처음으로 일어난 사건을 이후에 반복되는 사건과 반드시 구별해야 한다(Nida, 1959).

중국어, 말레이시아어, 유록 인디언 언어 등은 시간과 상에 대한 형식적인 범주가 없다. 이 언어들은 시간적 혹은 상적인 차이에 따라 동사 형태를 바꾸지 않는다. 다만 경우에 따라서 시간 관계는 여러 가지 불변화사나 부사어구로 표현한다. 아래 중국어 예문은 시간 관계의 정보가 명시적으로 표현되어야 할 맥락인 경우에 전형적으로 표현되는 방법을 보여준다.

> 他现在在北京工作 (축어적 번역 : '그는 현재 북경에서 일한다', 즉 '그는 북경에서 일하고 있다')
> 他当时在北京工作 (축어적 번역 : '그는 그 때에 북경에서 일한다', 즉 '그는 북경에서 일하고 있었다')
>
> (Tan, 1980: 111)

중국어의 시제와 상은 문법 범주가 아니기 때문에 대부분 선택적으로 표시된다. 따라서 시간 지시 관계를 이해하기 위해 영어나 발리어보다 맥락에 더 의존하게 된다. 위의 예에서 절 안에 부사어구가 없다면 사건의 시간을 이해하기 위해 전적으로 맥락에 의존해야 할 것이다. 다음은 *China's Panda Reserves*(부록 3, 2번과 10번)에서 발췌한 것으로 (a) 중국어 번역에서 시간 지시가 필요하고 적절한 경우 부사어구를 사용한 예와 (b) 맥락에서 추론할 수 있거나 중요하지 않을 경우 시간적 지시를 생략한 예를 보여주고 있다.

예문 A

검고 하얀 이 귀여운 동물은 널리 많은 사람들의 호감을 얻고 있으며, 중국 및 국제적으로도 세계자연보호기금의 상징으로서 보호 노력을 기울이는 상징이 <u>되고 있다</u>(have become).

목표텍스트(중국어) – 역번역

검고 하얀 이 귀여운 동물은 많은 사람들의 사랑을 받았으며, <u>이미 (already)</u>... 보호 노력을 기울이는 상징이 <u>된다</u>(become).

영어의 'already(이미)'의 의미인 중국어 부사 '已经'은 'have become'의 영어의 현재 완료적인 효과를 얻기 위해 'become'의 중국어 등가어에 부가되었다.

예문 B

원천텍스트(영어)

이 산의 진달래꽃과의 종들은 19세기 식물학자에 의해 수집되었으며(were), 후에 원예 수집을 위해 유럽으로 다시 운반되었다.

목표텍스트(중국어) — 역번역

이 산의 진달래꽃과의 종들은 19세기 식물학자에 의해 수집되어(collect <ed>), 후에 원예 수집을 위해 유럽으로 다시 운반된다(transport<ed>).

위 발췌문은 19세기 식물학자에 대한 언급이 있으므로 과거 시제라는 것을 맥락을 통해 추론할 수 있다. 그러므로 중국어 텍스트에서는 공공연하게 과거 시제임을 드러낼 필요가 없다.

시제와 상에 대한 문법 범주는 주로 시간이나 상의 관계를 나타내기 위해 사용되고 있지만 모든 언어에서 반드시 동일한 기능을 하지는 않는다. 예를 들어 호피언어에서 시제 체계의 중요한 기능은 대개 확실성, 불확실성, 가능성, 의무와 같은 서법(modal)의 의미를 표현하는 것이다. Hockett(1958)는 호피어에 세 가지 주된 '시제'가 있다고 설명한다. 먼저 첫 번째 시제는 '태양은 동그랗다'와 같이 영원한 진리를 표현하기 위해 사용되며, 두 번째는 '파리는 프랑스의 수도다' 등과 같이 이미 알고 있거나 알고 있다고 추정되는 사건과 관련되며, 마지막으로 '그들은 내일 도착할 것이다'에서처럼 불확실성의 범위에 있는 사건을 나타내기 위해 시제가 사용된다.

또한 담화 상에서 시제와 상의 차이는 부가적이면서도 보다 미묘한 의미를 전달할 수도 있다. Johns(1991)는 영어와 브라질어의 학술 초록

에 쓰인 시제를 간략히 논의하면서 몇몇 동사는 학술 논문 그 자체에
진술된 사항을 의미하는 **지시 동사**(indicative verb)인 반면, 또 어떤 동
사는 논문 보고에 대한 연구 중에 실제로 행했던 일을 언급하는 **정보
동사**(informative verb)라고 지적하였다.[12] Johns는 영어와 브라질어 학
술 논문의 지시적 혹은 정보적 차이는 시제의 선택과 상호 관련된다고
설명하였다. 즉 현재 시제는 지시적인 진술을 위해 사용하며 과거 시
제는 정보적 진술을 위해 사용한다고 하였다. 'present(진술하다), mention
(언급하다), propose(제안하다), refer to(지시하다)' 등의 동사는 저자가 논
문 그 자체에서 행하는 사항과 관련되며 대부분 현재 시제로 사용된
다. 반면, 'determine(결정하다), record(기록하다), select(선택하다), detect(발
견하다)' 등의 동사는 실제 연구와 관련이 있으며 과거 시제로 사용된
다. 이러한 규칙적인 상호관계는 학술 논문의 진술을 해석하는 방식에
영향을 끼친다. Johns(1991: 5)는 '실험 결과가 분석된다(are analyzed)
는 것은 논문의 내용을 전달하는 것이지만 실험 결과가 분석되었다
(were analyzed)는 연구 과정에서 행했던 절차 중의 하나를 전달하는
것이다'라고 지적한다.

　Johns(개인 접촉)는 또한 영어의 과학 및 공학 학술 초록에 다른 과
학자의 연구를 언급하고자 할 때는 특히 현재 완료가 사용된다고 설명
한다. 예를 들면 'It is proposed that . . .(~라고 제안하다)'은 초록문의 저
자가 제안을 하고 있는 것이지만 'It has been proposed that . . .(~라고
제안했다)'은 저자라기보다는 다른 누군가가 그 제안을 한 것이다. 이러
한 표시 체계는 분명 어느 정도 브라질계 포르투갈어와 유사한 면이
있다. 그러나 Johns는 번역된 브라질어 초록문은 시제와 상을 일관성
있게 사용하는 것을 선호하는 문법의 교과서적인 규칙을 따르는 경향
이 있다고 하였다. 가령 대부분의 번역가들이 '일관성'을 성취하기 위
해 초록 전체를 현재 완료나 단순 과거를 사용하는데, 이는 목표 언어

의 자연스러운 표시 체계를 파괴하는 것이라고 설명한다.

　기본적인 시제와 상의 체계가 매우 유사하다 하더라도 위에서 요약한 것과 같은 표기 체계는 원천언어와 목표언어간에 상당히 다를 수 있다. 일본어 문법의 시제 범주는 영어와 별반 차이가 없다. 일본어의 접미사 'る'와 'た'는 각각 비과거나 과거 관계를 나타내기 위해 규칙적으로 동사에 붙는다.[13] 그러나 영어 텍스트에 쓰인 모든 과거 시제에 'た'를 붙여 일본어로 번역한다거나, 현재나 미래 시제에 모두 'る'를 사용하여 번역한다는 의미는 아니다. 번역가는 일본어 텍스트에서 이러한 형태가 지닌 부가적 의미를 염두에 두어야 한다. 다음은 영어 텍스트의 과거 시제를 비과거 형태를 사용하여 일본어 번역문에 표현한 예로, 일본어에서는 개인적인 판단을 표현하기 위해 대부분 비과거 시제를 사용하고 있다.

원천텍스트(영어: *Palace and Politics in Prewar Japan*, 부록 6 참고)

1869년에 창설된 각 부처의 대표들은 황제에게 '조언하고 보좌할(ほひつ)' 직접적인 책임이 <u>없었으나(were not)</u>, 1889년에 이르러서는 그러한 책임을 지게 되었다.

목표텍스트(일본어) － 역번역

메이지 2년에 창설된 여러 부처의 대표들은 황제를 보좌할 직접적인 책임은 <u>없다(are not)</u>. 이러한 책임을 갖게 된 것은 바로 메이지 22년 부터였다.

이 예에서 비과거 시제를 사용한 것은 1889년 이전의 각 부처 대표의 역할에 관한 진술은 그 당시 상황을 저자 개인의 판단을 근거로 했다는 점을 시사하기 위해서였으며, 이와는 반대로 1889년 이후 이 대표

들의 역할에 관한 진술은 명확한 사실이 뒷받침되고 있다는 것을 짐작
할 수 있다. (메이지 2년과 메이지 22년은 일본력으로 볼 때 각각
1869년과 1889년을 가리킨다.)

4.2.5 태

'수동'은 수동으로, '능동'은 능동으로 번역한다 ... 이러한 번역이 수용자 언어에서는 부자연스러울 수도 있고, 다른 의미를 전달하는 결과를 가져올지도 모른다. 수용자언어에서 능동 범주나 수동 범주를 선택해야 할 때 축어적 번역 접근법은 번역자가 원문에 사용된 형태에 대응하는 형태를 따르도록 하는데 수용자언어에서 태의 사용은 원문에 사용된 것과는 상당히 다를 수 있다.

(Beekman & Callow, 1974: 27)

어느 중국어 번역가는 ... 중국어 동사에는 태가 없다는 점을 생각지 않고, 원문 동사에 있는 수동태를 접할 때마다 전치사 'by'(被)를 사용한다... 이러한 일이 자주 일어나게 되면 번역문과 관계없는... 중국어 원문에서조차도 쓰이게 된다. 이러한 '번역투(translatese)'는 대부분의 사람들이 껄끄럽게 여기며 아무도 이렇게 말하지 않지만, 학문 저서, 신문, 학교에서는 이미 보편화 되어 있다.

(Chao, 1970; in Li and Thompson, 1981: 496)

수동태는 다양한 유형의 영어 글에서 아주 빈번히 사용되기에 목표 언어에 유사한 구조나 유사한 기능을 하는 구조가 있는지에 따라 여러 가지 번역상의 문제를 일으킬 수 있다. 특히 수동태는 영어의 전문적이거나 과학적인 영역에서 널리 쓰이기 때문에 번역을 통해 다른 언어들의 유사 사용역에도 큰 영향을 끼쳐왔다. 언어학자들과 번역훈련 전문가들은 수동태 구조가 아예 없거나 일반적으로 잘 쓰이지 않는 목표 언어에서도 영어의 수동태 구조를 그대로 수동태로 번역하는 경향을 종종 비난한다.

태는 동사와 주어간의 관계를 정의하는 문법 범주이다. **능동절**(active clause)의 주어는 행위를 할 책임이 있는 **행위자**(agent)이다. 반면 **수동절**(passive clause)은 영향을 받는 실체가 그 주어가 되므로 각 언어에서 사용하는 구조에 따라 행위자가 명시될 수도 있고 그렇지 않을 수도 있다.

능동태 : (a) 나이젤 만셀은 1986년에 만셀 홀을 창립했다.
수동태 : (b) 만셀 홀은 1986년에 창립되었다.
            (c) 만셀 홀은 나이젤 만셀에 의해 1986년에 창립되었다.

수동 구조에서는 주어가 행위자라기보다는 영향받은 실체가 되므로 동사의 형태가 바뀐다는 사실에 주목해야 한다. 중국어 동사에 태가 없다는 Chao의 설명은 중국어는 절의 주어와 동사간의 관계를 지시하기 위해 동사의 형태를 바꾸지 않는다는 사실을 의미한다.

수동절 속에 행위자가 명시된 예문(c)의 구조는 행위자가 명시되지 않은 예문(b)의 구조만큼 자주 사용되지는 않는다. 이는 대부분 언어에서 수동 구조의 주요 기능이 '행위자가 없는' 절의 구조를 만드는 것이기 때문이다.[14] 터키어와 같은 일부 언어에서는 행위자가 없는 절을 만드는 것이 수동 구조의 유일한 기능으로 보인다(Lyons, 1986). 또 어떤 언어는 특정 맥락에서 수동 구조가 의무적으로 사용되고 있다. 예를 들어 미국 인디언의 야나어에서는 1인칭이나 2인칭에 어떤 행동을 가하는 3인칭이 행위자인 경우에는 수동 구조를 사용해야만 한다(Sapir & Swadesh, 1964).

대부분의 언어는 '행위자가 없는' 절을 만들기 위한 여러 기제가 있다. 프랑스어 문장과 독일어 문장 'On parle anglais'와 'Man spricht Englisch'에는 각각 일반주어 'on'과 'man'을 사용함으로써 동작주를 명시하지 않고 있다. 이 문장들을 영어로 번역할 때 구체적인 행위자를 지시하지 않는 유사한 일반 주어 'they'을 사용하여 'They speak English'로 번역할 수도 있고 수동태를 이용하여 'English is spoken'으로 할 수도 있다(Lyons, 1968).

태의 범주가 있는 언어들도 수동태를 사용하는 빈도가 항상 동일하지는 않다. 독일어는 영어보다 수동태를 훨씬 덜 사용한다. 러시아어와 프랑스어도 마찬가지여서 이와 유사한 기능을 위해서는 재귀(reflexive) 구조를 훨씬 많이 사용한다.[15] 태의 범주가 있는 언어의 수동태 사용 빈도는 보통 문체적인 선택에 따른 것이며, 몇몇 사용역에서는 순수한 관습의 문제일 수도 있다. 영어에서 학문적 및 전문적 글쓰기는 상당부분 수동 구조에 의존한다. 이는 객관적인 인상을 주고 저자와 텍스트 진술간의 거리를 두기 위함이다. 하지만 이런 특징은 어느 정도 전문적 글의 '규범'을 대표해 왔으며 저자가 객관적인 인상을 주는데 별로 관심이 없는 경우라 해도, 전문적 글에 수동 구조를 현저히 많이 사용한다는 관습을 벗어나기 힘들다. 해당 맥락에서 보편적으로 사용되는 구조일수록 화자나 저자가 다른 구조를 선택하거나 사건을 다르게 묘사하기가 더욱 어렵다.

모든 맥락에서 영어보다 더욱 빈번히 수동 구조를 사용하는 언어들도 있다. 멕시코 쪼로발 부족의 언어를 보면 수동 구조는 규범으로 정해져 있으며 능동 구조는 아주 드물게 사용한다(Beekman & Callow, 1974). Nida 또한 '나일강 유역의 몇몇 언어를 예로 들어 수동 형태가 몹시 선호되고 있기 때문에 'he went to town(그는 마을로 갔다)'으로 말하기보다 'the town was gone to by him(마을은 그에 의해 도착되었다)'으로 표현하는 것이 훨씬 보편적이다(1975: 136)'라고 설명한다.

원천텍스트(영어: *Euralex Conference Circular*, 부록 8)

논문 요청

헝가리 부다페스트에서
1988년 9월 4일까지 개최되는
제 3차 국제 유럽사전학회 학술회에
<u>논문이 요청됩니다(papers are invited)</u>
1988년 9월 4 - 9일

이론과 실제, 통시와 공시에 관계없이 사전편찬의 모든 측면에 대해 논문이 요청됩니다(papers are invited). 학술회 일정에 따른 <u>주요 관심 분야(the main fields of interest reflected)</u>는 다음과 같습니다:

일반(단일 언어 혹은 이중 언어)사전편찬학, 컴퓨터 사전편찬학,
전문용어 사전편찬학, 전문번역 사전편찬학.

인지도가 낮은 언어와 관련된 논문은 특히 환영합니다.

학회의 일정은 총회, 심포지움, 분과별 모임, 워크숍, 컴퓨터 사전편찬학 및 기타 분야의 프로젝트 발표와 시연으로 구성됩니다. 또한 충분한 토론 시간도 가질 예정입니다.
<u>개인 발표(individual presentation)</u>는 20분 이내로 <u>한정되어지며(should be timed)</u>, 토론 시간이 이어집니다.
<u>초록(Abstract)</u>(1,000자 내외)은 학회 공식 언어인 영어, 프랑스어, 독일어, 러시아어 중의 하나로 작성하며 강연 일정 주최자인 타마스 머게이 박사에게 1987년 11월 15일 까지 상기 주소로 <u>보내져야 합니다(should be sent)</u>. 1988년 2월 말까지 <u>회신이 보내질 것입니다(a response will be sent)</u>. <u>그 외 다른 서신(any other correspondence)</u>은 주디 지개니 학회 조직위원에게 <u>보내져야 합니다(should be addressed)</u>.
<u>이번 학회의 논문집(a volume of collected papers from this Congress)</u>은 후에 부다페스트의 아카데미아이 키아도 출판사에서 <u>출판될 것으로 예상됩니다(be expected to be published)</u>
이번 학회 역시 이전의 엑서터와 취리히 학회에서처럼 사전 편찬자, 학회 회원, 출판사간의 모임이 될 것이며, 동·서양의 참여자들에게도 전문적인 교류와 사적인 교류를 촉진시켜 향후 더 많은 친교와 협력의 근간을 이루는 특별한 기회가 될 것입니다.

88년 BUDALEX에서 만나길 고대합니다.

목표텍스트(러시아어) ― 역번역

1988년 9월 4일에서 9일까지
부다페스트에서 개최되는
제 3차 부다페스트(PRH) 국제 유럽사전학회 학술회에
초대합니다(we invite)

이번 학회의 전반적인 주제(the overall theme of the congress)에는 사전편찬학의 모든 중요한 분야를 포함합니다(will include). 학회에서는(we) 사전편찬학의 다음과 같은 분야에 특별한 관심을 두고자 합니다(intend)

일반(단일 언어 혹은 이중 언어 사용) 사전편찬학,
컴퓨터 사용 사전편찬학, 전문용어 및 전문적 사전편찬학.

학회(we)에서는 덜 보편화된 '소수' 언어와 보다 보편화된 '다수'언어에 관련된 논제를 따로 다루고자 합니다(intend).
　학회 일정은 총회, 심포지움, 워크숍으로 구성되며, 프로젝트 발표도 역시 토론할 것입니다. 더불어 분과별 학회 모임과 사전편찬의 컴퓨터 기술에 대한 사용상의 시연도 있을 것입니다.
　추가 발언과 토론을 제외하면 개인 논문 발표 시간은 20분입니다.
　학회(we)에서는 1987년 11월 15일 까지 학회 공식 언어인 러시아어, 영어, 프랑스어, 독일어 중 하나로 작성하여 초록(1000자 혹은 100줄 내외)을 상기 주소로 주디 지개니 운영위원이나 타마스 머개이 학회조직위원에게 보내주시기 바랍니다(ask for).
　PRH의 과학 아카데미 출판사(the Press of the Academy of Sciences of the PRH)는 학회의 모든 학술 자료를 논문집 형태로 출판할 계획입니다(intend to publish).
　이번 학회 역시 이전의 엑서터와 취리히 학회에서처럼 사전 편찬자, 언어학자, 출판사간의 모임이 될 것이며, 더불어 동·서양의 참여자들에게도 사적인 교류와 전문적인 교류를 통해 더 많은 협력을 다질 근간을 이루는 기회가 될 것이라(the opportunity will make itself available) 사료됩니다.

88년 BUDALEX에서 만납시다.

능동 구조를 수동 구조로 옮기거나 반대로 수동 구조를 능동 구조로 옮기면 해당 절의 정보량, 행위자와 영향 받는 실체 등과 같은 의미 성분의 선형 배열, 그리고 메시지의 초점에 영향을 끼치게 된다.[16] 가령 어떤 맥락이 목표언어에서는 능동 구조나 대안 구조에 비해 수동구조가 문체적으로 덜 사용되므로 이를 매끄럽고 자연스럽게 옮길 수 있다는 장점은 있지만 내용과 초점의 잠재적인 변화를 깊이 생각해야 한다. 위에 인용된 학회 회보와 러시아어 역번역 텍스트는 전문 번역가가 원천텍스트의 특정 맥락에 쓰인 수동 구조를 러시아어의 능동 구조나 재귀 구조 같은 보다 받아들이기 쉬운 대안 구조로 바꾼 예를 잘 보여주고 있다. 영어 텍스트와 러시아어 역번역 텍스트를 비교하는 데 용이하도록 해당 구조에 밑줄을 그어 표시하였다. 러시아어에 친숙한 독자들은 부록 8의 러시아 번역을 참고하기 바란다.

영어는 거리감을 조성하기 위해 수동 구조에 상당 부분 의존하여 저자를 객관적 과정의 주체로 부각시킨 형식적 서신의 상투적인 문구나 준고정 표현이 많다. 러시아어는 대체로 영어의 이러한 전략을 선호하지 않기 때문에 상투적인 고정구나 준고정구에는 능동태를 사용한다. 예를 들면 'we invite you to...'와 'you are invited to...'는 모두 러시아에서 사용되는 표현이기는 하지만 전자가 훨씬 자연스럽다. 러시아어 역번역의 마지막 밑줄 친 표현 'the opportunity will make itself available'은 재귀 구조의 사용 예를 보여주는 것으로써 이 나라에서는 특히 일반화된 표현이며 문체적으로도 영어의 수동태와 대체로 등가를 이룬다고 할 수 있다 (James Mullen, 개인 접촉).

이미 언급했듯이 영어와 다른 많은 언어의 수동태는 행위자를 명시하지 않거나 객관적인 인상을 심어주고자 하는 데 그 주요 기능이 있다. 하지만 태의 범주가 있는 언어라 하더라도 수동 구조의 기능이 반드시 이와 같은 것은 아니다. Larson(1984: 226)은 페루의 아구아루나

어의 경우 '수동태는 거의 텍스트의 서론과 결론에만 사용되며 본문에
는 사용되지 않는다. 그러므로 수동태로 전환한다는 것은 저자가 이제
개요를 말하려고 한다'는 사실을 나타낸다고 설명한다. 특히 일본어,
중국어, 베트남어, 타이어와 같은 언어에서 수동 구조나, 중국어의 수
동 구조와 같은 유사한 구조는 주로 불운을 표현하는 기능을 한다. 이
언어들은 전통적으로 불운한 사건을 말하기 위해 수동태를 사용하고
있다.[17] 예를 들어 일본에서는 'It rained on me(나에게 비가 내렸다)'나 'I
got wet in the rain(나는 비에 젖었다)'라고 하지 않고, 'I was rained on
(나는 비를 맞았다)'라고 말한다. 영어는 참여자가 오직 하나인 사건은
논리적으로 수동화될 수 없음에도 이 언어들은 불쾌한 사건이라면 수
동 구조를 사용하는데 일본어의 'I was died on by my father (나는 우리
아버지한테 죽었다)'가 그 예가 된다.

　어떤 언어에서는 수동 구조와 불운한 표현이 항상 연관되기 때문에
묘사된 사건이 일반적으로 불쾌한 것으로 여겨지지 않음에도 불구하
고 수동 구조를 사용하게 되면 불쾌한 어감을 전달하게 된다. 다음 예
에서 보여주는 것처럼 일본어의 수동태는 화자나 저자가 어떤 한 사건
을 비평적인 말투로 표현하고 있다는 사실을 내포할 때 사용한다. 원
천텍스트 *Palace and Politics in Prewar Japan*는 영어텍스트이다. 그
러나 여기에 제시된 예문은 본래 일본어에서 인용한 것을 영어로 번역
하여 원천텍스트에 사용한 경우이다. 영어원천텍스트를 일본어로 옮긴
번역가는 고전 일본어로 쓰인 원래의 일본어텍스트를 복구시켜 이 텍
스트를 일본어 번역문에 인용한 듯 보인다. 영어텍스트를 먼저 인용하
게 되면 독자가 일본어 역번역을 보다 수월하게 이해하리라고 생각한
다. 일본어 역번역의 꺾쇠 괄호 속에 있는 항목은 사실 일본어 텍스트
에는 존재하지 않는 것으로 일본어 절에서는 문법적인 주어를 감추는
경향이 있다(6장 6.1 참조). 그럼에도 불구하고 일본어 역번역은 텍스

트의 가독성을 높이기 위해 이에 합당한 주어를 삽입하였다.

목표텍스트(영어, 부록 6)

세 번째 '지호'인 코메다 토라오가 가장 직설적이어서 '지난 날 [황제가] 승마술에 대한 열정만큼 정치에도 관심을 보였더라면 대중으로부터 "두 세 명의 각료에 의한 정치"라는 <u>비난(criticism)</u>은 받지 않았을 것이다' 라고 하였다.

원천텍스트(일본어) - 역번역

가장 직설적이었던 사람은 세 번째 '지호'인 코메다 토라오였다. '<황제 는> <그가> 일상적으로 즐겼던 말타기만큼이나 정치에도 현명하게 관 심을 쏟았다면 <나는> <그/정부가> 두 세 명의 각료 정치라는 말을 대 <u>중에게서(by the public)</u> 들었을거라고는<u>(would have been said)</u> 생각지 않는다. 그래서 <나는> 진정 염려된다'라고 하였다.

일본어 텍스트에 쓰인 'said'는 수동 구조이므로 '비난받는다(criticized)'와 같은 의미로 이해해야 한다. 영어 번역문에서도 이와 같은 의미를 잘 살 려 표현하였다. 특히 여기서는 '적의어린' 비난이란 의미를 표현하기 위 해 어휘항목 'said'가 아니라 수동 구조를 사용했다는 사실에 주목해라.

　일본어와 중국어 같은 언어의 수동 구조는 적대시하는 의미를 전달 하는 경향이 다분하기 때문에 이러한 언어를 다루는 번역가는 이 사실 에 유념해야 한다. 다음은 일본어와 중국어 전문 번역가들이 영어의 수동 구조와 목표언어의 수동 구조간의 기능적 차이에 대해 민감하며 목표텍스트에 부정적인 어감이 들어가지 않도록, 주로 영어 수동 구조 를 목표텍스트에서는 능동 구조로 대체하는 경향이 있다는 사실을 보 여주는 예문이다.

예문 A

원천텍스트(영어: *A Study of Shamanistic Practices in Japan*, 부록 5 참고)

... <u>가로놓여진 장애물</u>도, <u>마주하여 달래줄 불가사의한 다른 존재</u>도 없다. (... there is no <u>barrier to be crossed</u>, no mysteriously <u>other kind of being to be met and placated</u>.)

목표텍스트(일본어) ― 역번역

<u>우리는 넘어야 할 장애물</u>도 없으며, <u>신비스런 다른 존재를 마주치지도 위로하지도 않는다</u>. (There is no <u>barrier that <one> should go over</u>, and <u><we> do not meet or placate a mysterious different being</u>.)

예문 B

원천텍스트(영어: *Palace and Politics in Prewar Japan*, 부록 6 참고)

일본 황제의 인품이나 정책 선호도는 전쟁 전 정치와 그다지 관계가 없는 듯하지만, 사회적 위력은 확실히 관계가 깊다. 사회적 위력을 가장 지엽적인 것으로 치부하는 데는 두 가지 이유가 있다. 먼저 <u>이 연구는 연구 범위 내에서 통제되어야만 했다</u>(this study simply had to be controlled in scope)는 점이다. 명백히 <u>일본 정치 발전에 관련된 모든 사항들이 포함될 수는 없었다</u>(not everything relevant to Japanese political development could be encompassed).

목표텍스트(일본어) ― 역번역

... 첫 번째는 <우리가> <u>연구 영역을 제한해야 했다</u>(had to limit the

area of research)라는 단순한 이유 때문이다. 명백히 일본의 정치 발전
에 관련된 모든 문제를 다루기란 불가능하다. (It is impossible to take up all
the matters which are concerned with Japan's political development).

예문 C

원천텍스트(영어: *China's Panda Reserves*, **부록 3, 17번 참고)**

… 많은 팬더들(many)은 아사 직전에서 보호를 받아 건강하게 되었다
(have been nursed back to health).

목표텍스트(중국어) － 역번역

… 많은 팬더들(many pandas)은 이미 보호를 통하여 아사와 죽음의 문
턱에서 건강을 되찾았다(have recovered).

태와 관련한 가장 중요한 문제는 원천언어와 목표언어의 능동 구
조, 수동 구조, 이와 유사한 구조의 사용 빈도와 각기 다른 텍스트
유형의 문체적 가치와 특히, 각각의 언어의 수동 구조와 이와 유사
한 구조의 기능을 알고 있는 게 무엇보다도 중요하다. 능동 형태를
능동 형태로 수동 형태를 수동 형태로 대체시킨다는 것이 아니다.
번역에서 가장 중요시해야 하는 것은 형태보다는 항상 범주의 기능
이다.

위에서 논의하고 예로 든 범주는 가장 많은 번역 문제를 초래하지만
이러한 어려움을 제공하는 유일한 범주는 결코 아니다. 예를 들면 서법
의미표현은 언어마다 현저한 차이를 보일 수 있기 때문에 번역 상에서 민

감하고도 조심스럽게 다뤄야만 한다. 양상(modality) 혹은 서법(modal) 의미는 확실성, 가능성, 의무 등과 관련하여 청자나 말한 내용에 대해 화자가 가지는 태도와 연관이 있다. 서법 의미표현은 언어마다 각양각색의 형태를 나타낼 수 있다. 이스라엘 텔레비전에서 방영된 정치 대담에 대한 논문에서 Blum-Kulka(1983)는 영어는 'Let's...'나 'Shall we...'와 같은 표현을 사용하여 다른 사람의 행동을 지시하거나, 대화를 통제하거나, 지휘권을 지닌 정치적 요청을 행하는 경향이 있다고 설명한다. 반면 히브리어는 어떤 일을 행하도록 하는 가능성에 관한 질문을 제기함으로써 이와 유사한 서법 의미를 표현한다. 예컨대 어머니가 아이에게 "가서 자야겠네(ulay telex lišon)"라고 말하는 표현을 직역하면 단순히 "가서 자라"는 의미이다(같은 책: 147). Blum-Kulka는 논문 전체에 걸쳐 질문자가 사용한 히브리어 표현을 히브리어의 축자적 표현이 아니라 이와 비슷한 서법 의미를 지닌 자연스러운 영어 표현으로 각 대화를 옮겨놓았다. 가령 Blum-Kulka는 히브리어의 축자적 번역으로는 '다음 화제로 넘어가야 할 듯 합니다'이지만 '다음 화제로 넘어 가겠습니다'라고 영어로 표현하였으며, 히브리어의 축자적 번역 '방어 정책 문제로 시작해야 할 듯 합니다'는 '방어 정책 문제로 시작하도록 하겠습니다'라는 영어로 옮겼다.

번역의 어려움을 초래하는 또 다른 문법 범주는 서법(mood), 직접 화행과 간접 화행(direct/indirect speech), 사역(causativity) 등이다. 번역자는 원천언어와 목표언어에서의 이들 범주의 표현과 다양한 구조와 관련된 의미를 비교하며 연구하는 것이 유용하다는 것을 알아야 한다.

언어마다 존재하는 많은 문법 범주와 표현은 Robins(1964)와 Lyons(1968)를 참고하기 바라며, 영어의 주요 범주, 표현과 기능에 관한 세부적인 사항은 *Collins COBUILD English Grammar* 『콜린스 코빌드 영어 문법』(Sinclair, 1990)을 참고하면 된다.

4.3 어순에 대한 간단한 논의

언어의 통사 구조는 그 언어의 메시지를 전달하는 방식에 제약을 가한다. 주어, 술어, 목적어와 같은 기능적 요소들의 배열 순서가 어떤 언어에서는 더 고정적이다.[18] 언어마다 절 요소간의 관계를 표시하기 위해 어순에 의존하는 정도가 다르다. 영어의 어순은 독일어, 러시아어, 핀란드어, 아랍어, 에스키모어 등의 어순과 비교하여 볼 때 비교적 고정되어 있는 편이다. 영어나 중국어처럼 유사한 고정 어순을 지닌 언어에서 문장의 의미는 문장 요소들이 놓이는 순서에 전적으로 의존하게 된다(참고. 'The man ate the fish' 그가 생선을 먹었다, 'The fish ate the man' 물고기가 그를 먹었다).

몇몇 언어는 누가 무엇을 누구에게와 같이 절 요소간의 관계를 나타내기 위해 **격 굴절**(case inflection)이 나타난다. 이러한 언어의 명사 형태는 절의 기능에 따라 달라진다. 러시아어에서는 'Ivan videl Borisa'와 'Borisa videl Ivan' 모두 'John saw Boris(존은 보리스를 보았다)'를 의미한다(Lyons, 1968). 러시아어의 '-a'는 주어와 동사의 위치에 관계없이 목적어로 'Boris'를 취하기 때문이다.

복잡한 격 굴절체계를 지닌 언어는 격 굴절이 거의 없는 영어 등에 비해 어순의 제약이 거의 없는 편이다. 복잡한 격 굴절을 지닌 언어의 어순은 대체로 문체의 다양성의 문제이며 강조나 대조를 표시하거나 여러 방법으로 메시지를 조직하는 수단으로 사용된다. 또한 어순은 표층결속적인 관점을 유지하고 텍스트 수준에서의 메시지를 판단하는데도 커다란 역할을 하므로 번역에서 아주 중요하다고 할 수 있다. 어순이 담화의 전반적인 구성에서 갖는 의미가 특별하므로 다음 장은 완전히 텍스트적인 관점에서의 어순에 대해 심도 있는 논의를 하도록 하겠다. 단어, 구, 문법 범주 등의 낮은 차원에서 벗어나 의미 단위로서의 텍스트를 논의하기에 앞서, 텍스트의 정의를 알아보고 주어진 글이 무관한 단어와 문장들의 결합이 아니라 텍스트를 파악하는 이유가 무엇인지를 간단히 설명하는 편이 유용하리라 생각된다.

4.4 텍스트 소개

지금까지 이 책은 언어의 기초가 되는 '집 짓는 블록'으로서의 어휘 항목들과 문법 구조에 대해 다루었다. 언어를 묘사하고 설명하는데 어느 정도 진척을 시키기 위해서 언어 단위와 언어 구조는 독립적인 위치를 차지하고 있으며, 그 자체로 '의미'를 지니고 있는 것으로 다루도록 하겠다. 따라서 언어를 보는 시각을 넓히고 언어체계의 일부분으로 어휘 항목과 문법 구조 또한 '잠재적 의미'를 담고 있다고 간주할 필요가 있다. 여기서의 '잠재적 의미'는 오직 의사소통 사건 즉, '텍스트'에서만 표현될 수 있다. Brown과 Yule(1983: 6)에 따르면 **텍스트**는 '의사소통 사건을 말로 기록한 것'으로 정의된다. 이는 텍스트를 의미와 관계의 추상적인 체계로서의 언어라기보다는 사용상의 언어라고 보는 입장이다.

4.4.1 텍스트 대 비텍스트

고의적으로 비텍스트를 창조하는 시인과 산문 작가의 작품을 고려하지 않는다면, 실생활에서 비텍스트에 가장 가깝다고 생각되는 것은 아마도 어린 아이의 말과 '질 낮은 번역'일 것이다.

(Halliday & Hasan, 1976: 24; 필자 강조)

번역가는 번역 과정의 여러 층위에서 어휘 항목과 문법 구조를 다뤄야만 한다. 그럼에도 불구하고 텍스트는 대체로 번역 과정의 시작이며 끝이라고 볼 수밖에 없다. 훌륭한 번역가는 적어도 한번은 텍스트를 읽어보고 전체적인 메시지의 '핵심'을 간추린 후에 번역을 시작한다. 그러나 이는 시작에 불과하다. 훌륭한 번역가라면 원천텍스트를 이해하고 난 후, 텍스트 그 자체로 용인될 수 있는 목표텍스트를 생산하는 일에 뛰어들어야 한다. 목표텍스트의 문체와, 연어와 문법 유형은 반드시 목표언어의 규범을 따라야 하지만, 이렇게 한다고 해도 번역은 계속 낯설고 어색할 수 있다. 설상가상으로 목표독자가 번역을 이해 못하는 경우도 있을 수 있다. 용인될 만한 연어 유형과 문법 구조는 개별 문장의 가독성을 높여주기는 하지만, 그 자체로는 문장과 단락이 모여서 읽을 만 하거나 심층결속성이 있는 텍스트가 되게끔 보장하지는 않는다. 출판되지 않은 글인 '훌륭하고, 명확한 문체 성분'에서 Wilson은 다그바니어의 구 성서과 개역 성서의 차이를 다음과 같이 설명하고 있다.

원어민이 초기 성서 번역에서 '낯설음'을 제외하고 잘못된 점을 표현하기란 어렵다. 겉으로 드러나는 명확한 문법적 실수가 없고, 어휘도 확연히 틀린 게 없기 때문에 낯선 성분도 처음에는 쉽게 눈에 띄지 않는다. 하지만 비교해 보면... 초기 성경 번역이 주로 보이는 문제는 '담화 구조'가 상당히 부족하다는 것을 명확하게 알 수 있다. 여기서 '담화구조'란 문장들이 잘 융합된 단락으로 결합되었는가, 또 이 단락이 전체적으로 잘 구조화되었는가에 대한 방식을 말한다. 반면 개역 성서의 텍스트는 텍스트의 담화 표기 기능을 원어민답게 잘 살려 텍스트를 심층결속성이 있는 명확한 산문으로 만들어서 읽는 즐거움을 준다.

(Callow에서 인용, 1974: 10-11)

그러므로 텍스트에는 문장과 단락을 두서없이 모아놓은 비텍스트와는 구별되는 구성상의 특질이 있다. 연어와 문법 유형 그리고 많은 다른 언어 현상들처럼 이러한 텍스트 구성의 특질은 언어적으로 그리고 문화적으로 특수한 것이다. 각 언어 공동체는 다양한 유형의 담화를 구성하는데 저마다 선호하는 방식이 있다. 이로 인하여 목표 독자는 어휘적, 문법적으로 '보편적인' 텍스트를 번역물이나 '낯선' 것으로 인식하게 된다.

번역은 여러 가지 목적으로 수행될 수 있다. 하지만 다음 장들에서 번역가의 목표는 대부분 단어나 구 수준보다는 텍스트 수준에서의 등가 기준을 성취하는데 있다고 가정할 것이다.[19] 대체로 번역가는 독자가 해당 번역물을 텍스트 그 자체로 받아들이길 바라며 가능하면 불필요하게 이것이 번역물이라는 사실을 느끼지 않기를 바란다. 번역가는 이러한 목적을 성취하기 위해 원천텍스트 구성의 어떤 특질을 목표 언어에서 선호하는 담화 구성 방법에 맞출 필요가 있을 것이다. 다음 장들은 텍스트를 생산하고 이해하는 방식을 제약하거나 도와주는 여러 요소를 고찰함으로써 담화 구성의 몇몇 주된 특질들을 개략하고자 한다.

이러한 언어학 분야는 어휘나 문법 연구보다 다소 '성가신' 편이다. 텍스트는 다양한 방법으로 구성될 수 있으며 텍스트 구성의 자연스러움이나 그 외 다른 것은 수많은 요소에 의해 결정된다. De Beaugrande 와 Dressler(1981: 17)는 '문법적 혹은 수용될 만한 문장의 연속, 단락, 텍스트, 혹은 담화를 구성하는 것보다 문법적 혹은 수용될 만한 문장을 구성하는 것을 결정하는 게 훨씬 명쾌하다'고 적절히 지적한 바 있다. 무엇보다도 텍스트 연구는 언어학에서 비교적 최근에 발전된 학문이다. 언어학과 개별 작가 특히 문학 작가의 작품을 분석하는 문학 연구는 모두 오랜 전통을 지니고 있다. 하지만 공동체내의 비문학적 글쓰기에 관한 관습이나 다양한 유형의 담화에서 선회되는 구성 형태와 같은 텍스트 연구 영역에서는 상대적으로 연구가 미비하다. 더욱이 현재 연구된 내용들은 대부분 구어 영어와 문어 영어의 유형과 관습을 기술하는 데에 중점을 두고 있다. 따라서 중국어 혹은 스페인어 등의 텍스트 유형을 기술하거나, 이런 텍스트를 구성하는 방법에는 거의 연구되지 않고 있다. 이 책의 나머지 부분이 독자에게 해답을 제시하기보다는 문제를 제기하는 일이 더 많겠지만, 적어도 문제를 제기하는 일이 해답을 찾거나 문제를 해결하는데 출발점이 된다는 사실에 동의하기를 바란다.

4.4.2 텍스트 구성의 특질

모든 언어의 모든 텍스트에는 텍스트로 파악하게 하는 일정한 언어적 특질이 있다. 어떤 글을 텍스트로 인정하는 데에는 두 가지 이유가 있다. 어떤 글이 텍스트로 제시되었으며 따라서 그것을 하나의 단위로 이해하기 위해 독자가 최선을 다하기 때문이며, 또한 문장 내에서 그리고 문장 사이에서의 결합관계를 파악하려고 하기 때문이다. 이러한 결합 관계에는 몇 가지 유형이 있다. 첫째, 각각의 절 내에서의 정보 배열과 이 정보가 선·후행하는 절과 문장에서의 정보 배열과 연결되는 방식을 통하여 확립되는 결합관계이다. 그러므로 이 관계는 주로 **주제구조**(thematic structure)와 **정보 구조**(information structure)를 통해 주제를 발전시키고 유지시키는데 한 몫을 한다(5장). 두 번째는 사람과 사건간의 상호관계를 정하는 표층 결합 관계로, 텍스트의 참여자를 추적하여 이 텍스트의 여러 부분이 서로 관련을 맺는 방식, 즉 **표층결속성** (cohesion)을 해석하게 된다(6장). 마지막은 의미 단위로 텍스트를 '이해하게 하는' 기저의 의미 결합 관계로 7장의 **심층결속성**(coherence)과 **함축**(implicature)의 표제 하에서 다루게 된다(화용론적 등가).

텍스트 구성의 또 다른 중요한 특질은 **장르**(genre)와 **텍스트 유형** (text type)의 중첩된 개념에서 도출 된다. 장르와 텍스트 유형은 독자에게 친숙한 유형에 따라 저자가 텍스트 요소를 구성하는 방식과 관련이 있다. 이러한 구성 방식을 이해하기 위해 텍스트는 두 가지 방법으로 분류 된다. 첫 번째의 좀 더 명쾌한 분류는 텍스트가 쓰이는 맥락에 기초를 두고 있으며 '학술지 논문', '과학 교재', '신문 사설', 혹은 '여행 책자' 등의 제도화된 명칭들을 포함한다. 두 번째는 좀 더 주관적이며 덜 제도화되어 있고 따라서 주로 전체 텍스트보다는 텍스트의 부분들에 적용되는 좀 더 모호한 분류이다. 이 분류에 쓰이는 전형적인 명칭들에는 '서술', '설명', '논의', '지침' 등이 포함된다. 첫 번째 분류가 맥락에 따라 추론된다면 두 번째 분류는 관련된 메시지의 성격이나 화자나 청자의 관계와 같은 요소를 통해 추론된다. 두 분류 모두 번역 문제를 정의하고 문제를 해결하기 위한 특정한 전략을 정당화하는데 유용하다. 종교 텍스트와 신문 사설과 같은 제도화된 장르는 이 책 전체에 걸쳐 적용가능한 곳마다 언급하고 있다. 두 번째 분류 유형에 대해 자주 언급하며 번역 문제를 논의하는 것을 찾아보려면 Hatim과 Mason(1990)을 참조하면 된다.

연습문제

1. 시간 지시, 성별, 가산성, 가시성, 유정성과 같은 개념 범주를 택하여 자신의 목표언어와 영어에서 표현되는 방식을 비교해 보라. 두 언어에서 표현하는데 문제시 되는 개념의 차이에서 발생할 수 있는 번역 문제에 대해서 자세히 설명하라. 자신의 원천언어와 목표언어의 문법을 참조하여 논의의 기반으로 삼으면 믿을만한 번역

텍스트를 분석하는데 도움이 될 것이다.

2. John Le Carré의 *The Russia House*(1989)를 당신 자신의 목표언어
   로 번역하라는 의뢰를 받았다고 가정해 보라. 번역 계약을 하기 전
   에 출판업자는 이런 유형의 문학 작품을 번역할 수 있는지 능력을
   평가해보기 위해 2쪽 정도 견본 번역을 해달라고 요구한다. 출판업
   자들은 번역자가 소설 전체를 읽을 시간이 없었을지도 모른다고
   여길 수는 있지만 그들은 단지 Le Carré의 언어를 얼마나 잘 다룰
   수 있는지 보고 싶은 것이라고 말하면서 다음과 같은 발췌문을 번
   역해달라고 요구한다. 출판업자들은 당신이 발췌문의 경향을 파악
   할 수 있도록 소설 배경에 대해 간단히 요약해 준다.

   <번역가가 알아야 할 사항>

   John Le Carré의 *The Russia House*는 소련의 새로운 글라스노스트 시
   대를 떠오르게 하는 스파이 스릴러 작품이다. 이 소설을 읽고 일반적
   으로 느낄 수 있는 감정은 여전히 변한 것은 별로 없으며 냉전 음모
   는 아직도 성행하며 여전히 무의미하고 잔인하다. 다음 발췌문에서
   해설자인 Palfrey는 영국 기밀조사부의 법률 고문으로 자신을 '불법적
   인 일의 법률고문'이라고 한다(47쪽). 이 단락은 책의 거의 끝 부분으
   로 Palfrey는 화이트홀과 워싱턴의 위선적인 관료주의자들이 주요 스
   파이 작전이 잘못되었을 때 자신들의 부적절함을 대처하는 방법을 반
   어적으로 개괄한다. Ned나 Barley 같이 거론된 여러 사람들은 어떤
   식으로든지 작전에 개입하였다.

   <번역 발췌문>

   Oh, and note was taken. Passively, since active verbs have an
   unpleasant way of betraying the actor. Very serious note. Taken all

over the place.

Note was taken that Ned had failed to advise the twelfth floor of Barley's drunken breakout after his return from Leningrad.

Note was taken that Ned had requisitioned all manner of resources on that same night, for which he had never accounted, among them Ben Lugg and the services of the head listener Mary, who sufficiently overcame her loyalty to a brother officer to give the committee a lurid account of Ned's high-handedness. Demanding illegal taps! Imagine! Faulting telephones! The liberty!

Mary was pensioned off soon after this and now lives in a rage in Malta, where it is feared she is writing her memoirs.

Note was also taken, if regretfully, of the questionable conduct of our Legal Adviser de Palfrey — I even got my *de* back* — who had failed to justify his use of the Home Secretary's delegated authority in the full knowledge that this was required of him by the secretly agreed Procedures Governing the Service's Activities as Amended by etcetera, and in accordance with paragraph something of a deniable Home Office protocol.

The heat of battle was however taken into account. The Legal Adviser was not pensioned off, neither did he take himself to Malta. But he was not exonerated either. A partial pardon at best. A Legal Adviser should not have been so close to an operation. An inappropriate use of the Legal Adviser's skills. The word injudicious was passed around.

It was also noted with regret that the same Legal Adviser had drafted a glowing testimonial of Barley for Clive's signature nor forty-eight hours before Barley's disappearance, thus enabling Barley to take possession of the shopping list**, though presumably not for long.

In my spare hours, I drew up Ned's terms of severance and thought nervously about my own. Life inside the Service might have its limitations but the thought of life outside it terrified me. (412-13쪽)

> * Palfrey의 성명은 Horatio Benedict dePalfrey이지만 47쪽에 설명했
> 듯이 '앞의 두 이름은 금방 잊어버릴 수 있고 "de"는 아무도 기억
> 하지 못할 것이다.'
> **화이트홀과 워싱턴에서 러시아측 정보자와 망명자에게 자세한 정
> 보를 요구한다.

자신의 목표언어로 위 소설을 번역할 때 수동 구조[20]와 6번째 단락에 쓰인 'take himself to Malta'같은 문법적인 면에 주의를 기울이면서 원문과 번역문의 차이를 논의하라. 이 기회를 통해 그 동안 연구된 의미론이나 어휘 분야에 대한 자신의 지식을 견고히 할 수 있을지도 모른다. 예를 들어 첫 번째 단락의 'all over the place in a range'같은 표현의 환기적 의미(evoked meaning)나 네 번째 단락의 'lives in a rage'같이 잘 쓰이지 않는 연어에서 발생하는 영향에 대해 생각해보라. 이런 표현들을 자신의 목표 언어로 어떻게 잘 번역하겠는가?

특히 문법적 수준에서 생기는 어려움을 극복하기 위해 사용한 전략에 대해 상세히 설명하라.

보충자료

Beekman J. & Callow, J. (1974) *Translating the Word of God* (Michigan: Zondervan), Chapters 3: 'Implicit and explicit information', and Chapter 14: 'Multiple functions of grammatical structures'.

Catford, J. C. (1965) *A Linguistic Theory of Translation* (London: Oxford University Press), Chapter 12: 'Translation shifts'

Lyons, J. (1968) *Introduction to Theoretical Linguistics* (Cambridge: Cambridge University Press), Chapter 7: 'Grammatical categories', and Chapter 8: 'Grammatical functions'.

Nida, E. A. (1959) 'Principles of translation as exemplified by bible translating', in R. A. Brower (ed.) *On Translation* (Cambridge, MA: Harvard University Press).

Robins, R. H. (1964) *General Linguistics: an Introductory Survey* (London and New York: Longman), Chapter 6, section 6.4 and 6.6: grammatical classes, structures, and categories.

참고

1 체계는 선택 사항 혹은 대조적인 선택들의 집합이다.

2 어순 유형에 대한 논의는 5장을 참조하고, 기능적 요소인 **주어**(subject), **술어**(predicator), **목적어**(object)에 대한 설명은 5장 참고 1에 나온다.

3 e. e. cummings의 시 'One X'는 문법 유형의 조정 방식을 보여주는 전형적인 예이다.

death is more than

certain a hundred these

sounds crowds odours it

is in a hurry

beyond that any this
taxi smile or angle we do

not sell and buy
things so necessary as
is death and unlike shirts
neckties trousers
we cannot wear it out . . .

> (*The Faber Book of Modern Verse*, ed. Michael Roberts,
> London: Faber & Faber 1960).

4 'the late(故) Graham Greene'이라는 표현에서 볼 수 있듯이 영어에서
는 'late'라는 어휘 항목이 이와 유사한 의미를 전달한다. 차이점은 영
어에서는 이 정보가 선택적이기 때문에 'late'라는 어휘가 없다고 해서
반드시 지시대상자가 생존해있음을 표시하는 것은 아니라는 점이다.

5 때로는 독일어의 경우처럼 남성, 여성, 중성으로 분류된다.
일부 언어에서는 성의 범주가 남성 대 여성보다는 생물 대 무생물의
관점에서 표현된다. 미국 인디언 언어인 남파이우트어는 생물과 무생
물의 구분을 그 이상의 차원, 즉 가시성의 구분과 결합한다(Sapir and
Swadesh, 1964). 해당 존재는 (a) 생물인지 무생물인지, 또한 (b) 주로
활동하는 곳에서 쳐다볼 때 눈에 보이는지 보이지 않는지에 따라 분류
되어야 한다.

6 **한정사**(determiner)는 명사와 함께 쓰여 어떤 식으로든지 그 명사의 의
미를 제한하거나 지시대상을 구체화하기 위한 단어로써 'the, this, some'
등이 있다.

7 여기에서 무표적이라 함은 화자가 둘 사이의 구분을 특별히 강조하고
싶지 않은 이상 일반적으로 사용하는 형태라는 의미이다.

8 영어에서 성 구분이 이런 식으로 조정될 수 있는 이유는 성 구분이 영
어 문법의 규칙적인 자질이 아니기 때문이다. 영어 화자는 '자동차'나
'배'같은 무생물체를 지시하기 위해 ('it' 보다는) 'she'를 사용함으로써
어떤 표현적 의미를 전달할 수 있다. 이런 종류의 조정을 프랑스어처
럼 성이 규칙적인 문법 자질인 언어로는 전달하기 어려울 것이다. 프

랑스어 화자는 '차'에 대해서는 여성형 'voiture'를, '배'에 대해서는 남
성형 'bateau'를 사용해야 하며, 다른 선택의 여지가 없다.

9   엘리자베스 시대 영어는 'thou'(2인칭 단수)와 'you'(2인칭 복수)를 구
분하였다. 단수 형태는 친밀함을, 복수 형태는 존경과 신분 차이를 표
현하기 위해 사용되었다. 현대 영어에는 더 이상 이러한 구분이 존재
하지 않는다.

10 Christie, A. (1949, 1989) *The Crooked House*. Michel Le Houie가 프
랑스어로 번역: *La Maison biscornue*, Paris: Librairie Des Champs-
Élysées.

11 Brown과 Gilman은 언어의 친밀한 형태를 지시하기 위해서 'T'를, 공
손한 형태를 지시하기 위해서 'V'를 사용한다.

12 이는 St John(1983)의 분류이다.

13 비과거 지시의 현재와 미래는 '지금(now)', 혹은 '내일(tomorrow)'과
같은 시간 부사를 덧붙임으로써 구별할 수 있다(Netsu, 1981).

14 영어의 수동태 기능은 *The Collins COBUILD English Grammar*
(Sinclair, 1990)의 10.10 - 10.14절(404-5쪽)을 참고하면 적절하고 용이
한 설명을 찾을 수 있다.

15 재귀 구조는 목적어로서 'myself' 혹은 'himself'와 같은 재귀 대명사를
수반한다. 재귀 구조의 경우 행동에 영향을 받는 사람이나 사물이 이
러한 행동을 하는 사람이나 사물과 같다. 예를 들면 'I blame myself
for not paying attention(집중을 안 한다고 스스로에 게 꾸지람을 하
다)', 'He introduced himself to me(그는 나에게 자신을 소개했다)'
(Sinclair에서 인용(1990)).

수동 구조와 마찬가지로 재귀 구조도 또한 행위자를 숨기기 위해 간
혹 사용된다. 한 예로, 'the opportunity made itself available(기회가 있
었다)'는 러시아어에서는 완벽히 자연스러운 표현으로, 화자는 'the
opportunity was made available' 표현과 같이 누가 기회를 주었는지를
명시하는 것을 피하고 있다.

16 메시지를 조직하는데 있어 태의 역할에 대한 토론은 5장을 참고하라.

17 번역의 영향으로 인해 수동 구조가 다양한 맥락에 훨씬 보편적으로 쓰

이고 있지만 이 또한 상당 부분 사실이다.

18 기능 성분인 주어, 술어, 목적어, 보어와 수식어에 대한 설명은 5장의 2번 주석을 참조하라.

19 이것은 맥락내에서 단어 수준의 등가를 우선시하거나 혹은 우선시해 야 한다고 하는 것은 아니다. 예컨대 성경이나 코란 번역가는 단어 수준의 등가에 비해 더 많은 관심은 두지 않을지라도 적어도 단어나 구 차원의 등가에 동등한 관심을 두려고 할 것이다.

20 이러한 특정 텍스트에는 수동 구조를 과도하게 사용한다고 해도 불운과 연관되는 것은 수동 구조를 사용하는 일본어와 중국어 같은 언어에는 문제가 되지 않을 것이라고 필자는 생각한다. 불운의 기능이 텍스트의 어조와 비겁함과 책임 회피를 함축하는 것과 일맥상통한다고 보아도 무방하다.

텍스트 차원의 등가:

주제 구조와 정보 구조

문장은 자율적이지 않다. 즉 문장 자체를 위해 존재하는 것이 아니라 상황의 일부와 텍스트의 일부로써 존재한다. 그리고 정보 역학의 가장 중요한 기능 중의 하나는 정보가 바람직한 방식으로 텍스트에 흘러가도록 하나의 문장을 주변 환경에 정확하게 이어주는 것이다.

(Enkvist, 1978a: 178)

번역가는 텍스트의 인지적 의미와 기본적 통사 구조뿐만 아니라 정보 역학에 대해서도 알아야 한다. 그렇다고 해서 반드시 언어학 이론에 대한 심도 깊은 지식과, 문장을 주제와 평언 또는 무표적 요소와 강조하는 유표적 요소로 분석하는 능력을 갖춰야 하는 것은 아니다. 여기에서도 마찬가지로 번역가는 직관과 언어감각에 의존해야 한다. 그러나 심지어 문제 해결보다는 문제를 규정하는 데 도움이 되는 경우일지라도 일단 이론이 도움이 될 수 있는 상황에서는 이론을 피하면 안 된다.

(같은 책, 180)

앞 장은 **어순**(word order)과 **텍스트**(text)에 대한 간단한 논의로 끝을 맺었다. 논의 중에 언어 요소의 선형 배열은 텍스트 차원에서 메시지를 구성하는 역할을 담당한다는 주장이 제기되었다. 이번 장에서는 문법적 자질보다는 텍스트 전략으로써의 어순에 대해 다시 논의하고, 어순이 정보 흐름을 어떻게 조절하는지에 대한 다양한 설명 방식을 살펴보고자 한다.

'정보 흐름'의 의미를 설명하기 위해 Stephen Hawking의 *A Brief History of Time* 『시간의 역사』(1988: 3)에서 발췌한 다음 예문 중 (2)에서 보여주는 가능한 문장 결합 방식 몇 가지를 살펴보자.

(1) Ptolemy's model provided a reasonably accurate system for predicting the positions of heavenly bodies in the sky.

(2)

a. But Ptolemy had to make an assumption that the moon followed a path that sometimes brought it twice as close to the earth as other times, in order to predict these positions correctly.	b. But an assumption that Ptolemy had to make in order to predict these positions correctly was that the moon followed a path that sometimes brought it twice as close to the earth as at other times.	c. But in order to predict these positions correctly, ptolemy had to make an assumption that the moon followed a path that sometimes brought it twice as close to the earth as at other times.

(3) And that meant that the moon ought sometimes to appear twice as big as at other times!

문장(2a-c)는 동일한 요소로 구성되어 있지만 구성요소의 배열은 각각 다르다. 각 문장마다 중간 부분의 전후의 문장들과의 연결관계는 아래에서 시각적으로 보여주는 것처럼 진행된다.

a. the positions … an assumption … the moon … these positions … that … the moon

b. the positions … an assumption … these positions … the moon … that … the moon

c. the positions … these positions … an assumption … the moon … that … the moon

위 도식을 보면 (1)과 (3) 사이를 가장 읽기 좋게 연결하는 문장 형태는 (2c)임이 분명하다(실제 텍스트에 나타난 형태도 (2c)이다). 정보의 흐름이 (2c)에서 좀 더 부드러운 이유는 연결 진행 과정이 덜 복잡해서 (2a)와 (2b)보다 따라가기 쉽기 때문이다. (2c)를 선택할 경우 위 발췌문의 처리가 더 용이한 또 다른 요인은 문장 (2c)와 (3)이 모두 새로운 정보를 제시하기에 앞서 이미 알고 있는 요소로 시작하고 있다는 점이다. (2c)의 출발점 'these positions'는 앞 문장 (1)의 끝부분에 나오기 때문에 이미 독자에게 알려져 있다. 마찬가지로 문장 (3)의 출발점 'that'은 앞 문장에서 이미 설명한 'an assumption'을 가리킨다.

따라서 선형 배열은 텍스트 차원에서 정보를 처리하고 메시지를 구성하는 역할을 한다. 주어진 메시지를 표현하는데 사용할 수 있는 수많은 결합방식 중에서 화자나 저자는 대체로 주어진 맥락에서 정보의 흐름이 좀 더 선명한 방식을 선택할 것이다. 저자나 화자가 그런 선택을 하게 되는 요인들을 이해하려면 절을 일련의 문법 및 어휘적 요소들로써가 아니라 하나의 메시지로써 생각할 필요가 있다. 절은 주어·목적어, 행위자·대상자와 같은 요소 면에서 명제적 구성뿐만 아니라 화자와 청자의 관계를 반영하는 상호작용적 구성도 포함한다. 연결 진행 과정을 명확하게 성취하고 텍스트 전반에 걸쳐 일관적인 관점을 유지하도록 선택하는 동기가 바로 이 상호작용적 구성이다.

메시지로써의 절은 두 가지 유형의 구조, 즉 (a) **주제 구조**(thematic structure)(5.1.1)와 (b) **정보 구조**(information structure)(5.1.2) 면에서 분

석할 수 있다. 절을 메시지로써 분석하는 방법에는 크게 두 가지가 있다. Halliday식 접근법은 주제 구조와 정보 구조를 별개로 다룬다. 담화 구성 특성상 자주 겹치긴 하지만, 두 구조는 본질적으로 서로 구별된다고 본다. 반면에 프라그 학파에 속하는 언어학자들은 대체로 두 구조를 혼합하고 묶어서 함께 기술한다(아래 5.2절 참조). 이 두 가지 접근법은 서로 조화를 이루지 못할 때가 많고 동일한 절에 대해 완전히 다르게 분석할 수도 있다. 그러나 언어적 배경이 다른 번역가들이 양쪽 관점 모두를 간단히 살펴보는 일은 유익할 것이다. 다른 곳과 마찬가지로 여기에서도 번역가는 자신이 관심 있는 언어에 합당한 설명은 이용하되 다른 부분은 그냥 넘어가면 된다.

두 가지 접근법의 개요는 아래에 제시되어 있으며, 먼저 Halliday식 접근법 혹은 '개별' 접근법부터 전체적으로 개괄하기로 한다. 양쪽 입장에 대한 전체적인 개관은 Fries(1983)를 참조하기 바란다. Fries는 이를 '개별' 접근법과 '통합' 접근법이라고 부른다.

5.1 Halliday식 접근법에 기초한 정보 구조의 개요

5.1.1 주제 구조: 주제와 평언

문장의 상호작용적 구성을 설명하는 한 가지 방식은 하나의 절이 두 부분으로 이루어진다는 주장이다. 첫 번째 부분은 **주제**(theme)라고 불린다. 주제는 그 절이 무엇에 관한 것인지를 나타내며 다음 두 가지 역할을 한다. (a) 이전의 담화 범주에 연결하여 일관된 관점을 유지하여 하나의 방향점으로 작용한다. 그리고 (b) 이후에 나오는 부분과 연결하여 이어지는 담화 범주의 전개에 기여함으로써 하나의 출발점으로 작용한다. 'Ptolemy's model provided a reasonably accurate system for predicting the positions of heavenly bodies in the sky'에서 주제는 'Ptolemy's model'이다. 즉 이 절 전체는 'Ptolemy's model'이라는 주제에 대해 얘기하고 있다. 화자는 절 차원에서 메시지의 화제(topic)를 나타낼 때 이를 주제화함으로써, 즉 첫머리에 위치하여 나타낸다.

절의 두 번째 부분은 **평언**(rheme)이라고 한다. 평언은 화자가 주제에 대해 말하고자 하는 내용이며 담화의 목표이다. 그런 면에서 평언은 화자가 청자에게 전달하고 싶은 바로 그 정보를 나타내기 때문에 메시지로서의 절 구조에서 가장 중요한 요소이다. 발화의 의사소통적 목적을 달성하는 부분이 바로 평언이다. 위 예문에서 평언은 'provided a reasonably accurate system for predicting the positions of heavenly bodies in the sky'이며, 이 부분이 저자가 'Ptolemy's model'에 대해 말하고자 하는 내용이다. 이는 기본적으로 모든 절이 메시지의 구조를 가진다는 의미이다. 절은 무엇인가에 대해(주제) 무엇인가를 말한다(평언).

이제 조금 더 확장된 예를 통해 영어에서 텍스트에 대한 Halliday식 주제 분석이 어떤 식으로 진행되는지 살펴보겠다. 아래 제시된 짧은 발췌문은 분석을 위해 Stephen Hawking의 *A Brief History of Time* (1988: 2)에서 선택한 것이다.

Aristotle thought that the earth was stationary and that the sun, the moon, the planets, and the stars moved in circular orbits about the earth. He believed this because he felt, for mystical reasons, that the earth was the center of the universe, and that circular motion was the most perfect.

제안한 분석은 다음과 같다.

```
T₁      Aristotle
        thought that
        t₂  the earth
R₁      r₂  was stationary       (and that)
        t₃  the sun, the moon, the planets, and the stars
        r₃  moved in circular orbits about the earth.
T₁      He
        believed this        (because)
        t₂      he
                felt, for mystical reasons,       (that)
R₁      t₃      the earth
                r₃  was the center of the universe,      (and that)
        r₂      t₄  circular motion
                    r₄  was the most perfect.
```

위의 분석은 다음과 같이 흥미로운 점들이 많다.

(a) 주제는 계층적으로 분석될 수 있다. 문장은 종종 하나 이상의 절로 구성되기 때문에 여러 층의 주제 구조를 포함할 것이다. 각 절은 그 자체의 주제-평언 구조를 가지며 이러한 구조는 더 큰 주제-평언 구조에 종속될 수도 있다. 위 분석은 주제-평언 구조의 계층적 성격이 시각적으로 표현되어 있기 때문에 복잡하고 전문적인 논의를 거치지 않고도 요점을 잘 설명해 준다.

(b) 'because' 등의 몇몇 요소는 괄호로 묶여 있는데 이는 분석에 다소 적합하지 않음을 암시한다. 그 이유는 엄격히 말해 일부 요소는 메시지의 명제적 의미에 속하지 않기 때문에 텍스트의 기본적인 주제 구조에도 속하지 못한다는 점에 있다. 여기에는 **접속사**(conjunction)로 불리는 'however(그러나)', 'nevertheless(그럼에도 불구하고)', 'because(왜냐하면)', 'moreover(게다가)' 등의 특수한 연결 장치들이 포함된다(6장 6.3절 참조). 또한 화자의 태도를 표현하는 'unfortunately(불행히도)', 'in my

opinion(내 의견으로는)', 'frankly(솔직히)', 'clearly(분명히)' 등의 항목들도
포함하는데 이런 표현들을 **이접사**(disjunct)라고 한다. 접속사와 이접사
는 대개 영어 절의 첫 부분에 위치한다. 앞으로 말하려는 내용을 이전
에 말했던 내용과 연관 짓는 요소인 접속사나, 혹은 말하고 있는 내용
에 대한 화자 자신의 평가를 보여주는 요소인 이접사가 맨 앞에 나오
는 것은 자연스러운 일이다. 이런 의미에서 접속사와 이접사는 본래
주제의 성격을 가진다. 그러나 접속사와 이접사는 메시지의 명제적 내
용의 일부가 아니므로 **주어, 술어, 목적어, 보어, 부가어** 등, 절의 주요
요소와는 성격이 다르다.[1] 접속사와 이접사를 주제 분석에 통합하는
방법도 있지만 이렇게 상세한 분석은 지금 우리가 다루고 있는 논의에
는 필요하지 않다. 이 주제에 대한 충분한 논의는 Halliday(1985: 3장
'Clause as message')를 참조하면 된다.

(c) 접속사와 이접사를 고려 대상에서 제외하면, Halliday식 모형은 주
제·평언과 주부·술부 간의 상관성이 매우 높은 경향이 있다(참조.
프라그 학파의 입장, 5.2절). 잠시 후에 간단히 살펴 볼 **유표적 주제**
(marked theme)의 경우에는 적용되지 않지만(5.1.1.3), 일반적으로 주제
와 평언의 구분은 주부와 술부를 나누는 전통 문법의 구분과 대체로
동일하다. 사실 이미 BC 4세기에 플라톤은 본래 각각 '이름'과 '발언'
을 의미하는 ónoma와 rhema라는 용어를 사용하여 지금 우리가 주부와
술부로 알고 있는 두 부분으로 문장을 나눈 바 있다. 그러나 주제와
평언이라는 현대적 구분은 한 가지 중요한 점에서 플라톤이 주장한 최
초의 양분법과 차이가 난다. 바로 주제-평언 구분은 텍스트에 기반을
두고 있다는 점이다. 이러한 구분은 개별 문장 구조에 대한 설명보다
는 정보의 흐름을 조절하는 수많은 중요 영역을 명백히 밝혀준다는 점
에 그 진정한 가치가 있다. 여기에 대해서는 아래 5.1.1.1-5.1.1.3에서

간단히 논의하기로 한다.

5.1.1.1 주제 구조: 문법성 대 수용성

　주부-술부 구분과는 달리 주제와 평언 개념은 주어진 맥락에서 주어진 순서의 문법성(grammaticality)보다는 수용성(acceptability)을 설명하는데 사용할 수 있다. 주제와 평언은 문법적인 개념이 아니며, 주어진 순서가 문법적인지 비문법적인지와는 거의 관련이 없다.[2] 문법상의 순서는 추상적인 언어 체계의 일부이다. 문맥에서 문법성이 반드시 수용성 혹은 심층결속성(coherence)을 보장해주지는 않는다. 예를 들어 다음 텍스트는 문법적 구성은 좋지만 주제 구조면에서는 구성이 좋지 않다.

> 저기 대통령께서 오고 계십니다. 바로 그 창문을 통해 그는 군중에게 손을 흔들며 걷고 있습니다. 그의 승리를 상대 후보가 축하합니다. '신사 숙녀 여러분. 저를 믿어주시니 영광입니다...'
>
> (Halliday, 1978: 134)

'그의 승리를 상대 후보가 축하합니다'와 같은 문법적 순서는 명제적 내용을 손상하지 않고도 얼마든지 수많은 다른 방식으로 재조정될 수 있다. 저자는 '상대편이 그의 승리를 축하합니다.' 혹은 '그는 상대편에게 승리에 대한 축하를 받았습니다.' 등의 순서를 선택할 수도 있었다. 주어진 맥락에서 이러한 순서들의 문법성이 아닌 수용성은 그 순서가 주변 텍스트 환경에 얼마나 적합한지에 달려있다. 위 발췌문이 주제 구조면에서 구성이 좋지 않은 이유는 앞으로 주제 구조 구성의 다양한 측면을 살펴보면 분명해질 것이다. 이 시점에서는 예컨대 위 예문에서 여러 절의 주제들이 제대로 연결되어 있지 않다는 점과 심지어 하나의 평언과 다음 주제 사이에도 연결이 되지 않는다는 점만 지적하기로 한다. 그 결과 위 텍스트는 여러 토막으로 나뉘고 방향성이 없다는 인상을 준다. 각각의 절은 문법적으로 완벽하지만 합쳐 놓으면 하나의 담화 범주로 받아들일 수 없다.

위 텍스트는 설명을 목적으로 만들어진 것이다. Halliday는 일반적으로 현실에서는 이런 종류의 비텍스트를 마주칠 일이 없다고 주장한다 (1978). 그러나 번역 텍스트를 많이 읽어 본 사람들의 생각은 다르다. 위 텍스트는 일부러 꾸며낸 것이지만 다음 텍스트는 마쯔다 자동차의 실제 광고로써(이탈리아어 텍스트에서 번역한 것으로 보임) 알리탈리아 항공사의 기내 잡지에 실린 것이다(1991년 2월호, 20-1).

무엇이(what) 그 림바우드라는 이름의 반항적인 젊은 시인에게 영감을 주었는가? 무엇이(what) 아직 발견하지 못한 것을 찾아 영혼의 가장 깊은 부분에 이르도록 그를 몰고 갔는가? 그것 덕분에 그는, 이미 존재하긴 했지만 자기 자신을 전혀 새로운 방식으로 표현하는 말을 할 수 있게 되었다. 일부 창조자들은 타협하지 않고 자신의 꿈을 실현할 만큼 용감하다. 1989년에 MX-5를 창조한 사람도 바로 이와 같은 사람들이다. 그들은 규칙을 무시함으로써 끊임없이 미래를 다시 만들어낸다. 지금 이 순간조차도 새로운 꿈을 실현하고 있다. 그들은 마쯔다사를 위해 일한다.

마쯔다 텍스트 역시 Halliday가 만들어 낸 예문과 마찬가지로 어색하고 방향성이 없다는 인상을 준다. 우선 이전 문장의 주제나 평언에 연결되는 주제가 전혀 없다. 각 문장은 일종의 진공 상태에 혼자 서 있는 것처럼 보인다. 예를 들어 세 번째 문장의 주제인 '그것'은 이전 문장의 주제와 평언 어느 쪽과도 연관이 없다. 네 번째 문장의 주제 '일부 창조자들은'의 경우에는 시인도 일종의 창조자라는 점을 바탕에 두어야만 겨우 간접적으로나마 '림바우드'와 연관될 수 있다. 그러나 이 경우에도 역시 이전 문장의 주제나 평언과는 연관이 없다. 독자는 처음에 이 텍스트의 목적이 림바우드의 영감의 원천을 밝히려는 데 있다고 생각할 것이다. 그런데 네 번째 문장에 가면 갑자기 초점이 일반적인 창조자들과 그들이 어떻게 꿈을 실현하는지에 관한 이야기로 옮겨간다.

텍스트가 산만한 또 다른 원인은 첫 부분의 첫 문장과 둘째 문장의 what-의문문 '무엇이'라는 질문 다음에, 림바우드에게 영감을 주고 그를 영혼에 이르도록 몰고 간 것이 무엇인지 밝힐 것이라는 독자의 예상과는 달리, 대명사 '그것'이 나왔는데 있다. '그것'은 림바우드에게 영감을 준 것이 무엇인지 등을 독자가 알고 있어야 한다는 점을 암시한다. 그러나 저자가 제공한 관련 정보가 없기 때문에 독자는 이를 알 방법이 없다. 주어진 요소와 새로운 요소의 배열은 **정보 구조**(5.1.2항)에서 자세히 논의하기로 한다.

마쯔다 텍스트는 문법성에 대한 고려와는 전혀 별개로 반드시 주제 구조에 대한 고려가 필요하며 모든 의사소통 행위에서 일관된 관점을 유지해야 할 필요성을 보여준다.

5.1.1.2 주제 구조: 텍스트 조직과 전개

주제-평언 구분은 문법성의 개념을 수용성과 자연스러움의 개념으로 보완하는 것과 더불어 다양한 유형의 텍스트에서 구성과 전개 방법을 설명하는데도 유용하다. 이 영역에서는 전통적으로 평언보다는 주제를 상당히 강조해왔다. 정의에 의하면 주제는 각 절에서 화자나 저자의 출발점을 나타내며, 이는 텍스트 구성에서 주제가 평언보다 더 중요한 역할을 한다는 점을 암시한다.

해당 텍스트에서 주어진 절의 개별 주제를 선정하는 일은 그 자체로는 그다지 중요하지 않다. 그러나 주제의 전반적인 선택과 배열은 텍스트를 구성하고 주어진 글의 방향점을 제공하는데 중요한 역할을 하는데 특히 독립된 절의 경우는 더욱 그러하다. 가령 적어도 영어로 쓰인 여행 소책자에는 당연히 장소 부사가 주제 자리에 많이 등장하는 특징을 보인다. 여행 맥락에서는 장소가 총괄적인 텍스트 구성을 가능케 하는 자연스러운 방향점을 제공한다.

*A Hero from Zero*에서 발췌한 다음 예문은 일련의 동일한 주제가 어떤 식으로 방향점과 주어진 글의 전개 방식을 제공할 수 있는지를 보여준다. 발췌문은 서문의 가장 마지막 부분에 해당한다. 여기에서 티니 로우랜드는 업계에서의 자신의 경험을 바탕으로 문제의 상황에 대한 직접적인 설명과 함께 파예드 형제가 하우스 오브 프레이저사를 획득하게 되는 사건들에 대한 설명으로 끝을 맺는다. 'I'가 주제 자리에 위치하는 빈도가 매우 높기 때문에 연속체라는 느낌과 일관된 관점을 유지하는데 일조한다.

I had nothing against his [Fayed's] being a wealthy commission agent — *I* had everything against his cheating his way into House of Fraser, helped by Kleinwort Benson and Norman Tebbit.

It was bitter, but funny, to see that Professor Smith had doubled his own salary before recommending the offer from Fayed, and added a pre-dated bonus for good measure.

I saw how Brian Basham of Broad Street Associates and the barrister, Royston Webb, helped venal journalists to turn a sow's ear into a golden purse, and how that golden purse was well received everywhere that it opened.

I saw how the well-documented material containing the truth about Fayed that we began to put before the DTI was received in embarrassed silence.

I saw how Leon Brittan, the incoming Secretary of State for Trade, was prepared to say he could find nothing wrong with the matter.

I took my first job in the City in 1936, working for Kittel and Company at 5 Fenchurch Street. *I*'ve been a director of British public companies for thirty-one years. It is the worst thing I've ever seen in business, that deceits triumph so well, and can even find apologists when they are exposed. *I* am glad that after two years inspectors were appointed, and that they have expended 18 months upon investigating the take-over of House of Fraser.

위 유형은 많은 언어에서 재현될 수 있지만 모든 언어에서 다 가능한 것은 아니다. 위 발췌문을 아랍어로 번역하면 여러 이유로 인해 주제 구조가 원문과 달라진다.[3] 첫째, 아랍어는 인칭, 수, 성별에 따라 동사 의 굴절이 일어나기 때문에 대명사를 독립적으로 사용하는 일이 드물 다. 즉 'I took' 이나 'I saw' 등, 대명사와 동사가 결합된 형태를 아랍 어로 번역하면 굴절이 일어난 동사가 주제로 나오게 된다는 의미이다. 아랍어, 스페인어, 포르투갈어 등의 언어에서는 굴절 동사가 영어의 '대명사＋동사' 형태와 동일한 정보를 전달하는 반면에, 그 동사가 주 제 자리에 위치함으로써 얻게 되는 효과는 영어 형태와 동일하지 않다 는 점을 잊지 말아야 한다. 주제 자리에 위치한 일련의 'I' 가 주는 효 과는 'saw-I', 'took-I' 등 1인칭 굴절 동사가 주는 효과와 동일하지 않 으며, 이러한 굴절 동사 형태에서는 주제가 한 줄로 이어지는 모습도

'대명사+동사' 형태에서만큼 뚜렷하게 식별하기가 어렵다. 둘째, 아랍어는 부정 불변화사가 동사 앞에 위치한다. 따라서 'I had nothing against' 같은 표현은 축어적으로 'not was for me any objection'으로 옮겨지며, 따라서 'me'는 주제 자리에서 한층 더 멀어진다. 셋째, 아랍어는 현재 완료에 해당하는 등가 표현이 없다. 따라서 'I've been a director'는 아랍어로 번역시 'since then become-I'로 옮겨지며, 따라서 시간 부사가 주제 자리에 위치하고 굴절 동사는 평언 쪽으로 더 이동한다. 위 영어 발췌문과 아랍어 번역문에서 첫 자리에 위치한 요소들을 정리해 보면 다음과 같다. 주제의 단절로 인한 부분적인 방향 상실을 강조하기 위해 아랍어 주제는 축어 번역하여 제시하였다.

영 어: I, I, It, I, I, I, I, I, It, I.

아랍어: not-was, but-I, was-it, saw-I, saw-I, saw-I, occupied-I, since then, among the worst saw-I, pleases-me.

아랍어 번역문에는 부분적인 방향 상실이 나타난다고 말했지만, 중요한 것은 아랍어 번역문에서도 나름대로 주제가 적당한 수준으로 연속되고 있다는 점이다. 아랍어 번역문에 연속체의 느낌을 부여하는 것은 영어의 경우처럼 일련의 동일 주제(I, I, I, ...) 사용이 아니라, 동사에 표현된 대로(주로 'saw'지만 'occupied'와 'pleases'도 포함) 어떤 과정을 주제화한 빈도가 높다는 점이다.

아랍어처럼 동사가 앞에 위치하는 언어를 Halliday식 모형의 관점에서 분석해 보면 영어와 달리 일부 언어에서는 이러한 모형이 제대로 적용되지 않을 수도 있다는 사실이 명확하다. 그러나 다른 언어에서의 적용 여부에 관계없이, 영어의 주제 구조 분석을 탐색하는 일은 담화 구성의 특정 영역을 조명하는데 유용하다. 예를 들어 이 분석을 아랍어에 적용하여 본다면, 영어에서는 자기-중심 유형이 아랍어에서는 더 전형적이라고 생각되는 과정-중심 유형으로 대부분의 맥락에서 대체되어야 한다.

이런 차원의 텍스트 분석에서 일반적으로 번역가는 다음과 같은 세 가지 주요 가능성에 직면할 것으로 보인다.

(a) 번역가는 목표텍스트를 왜곡하지 않고도 원문의 주제 유형을 보존할 수 있을지도 모른다. 원천텍스트에서 주제 자리에 위치한 요소를 목표텍스트에서도 쉽고 자연스럽게 주제 자리에 위치시킬 수 있다면 두 텍스트의 전개 방법은 동일하거나 매우 유사할 것이다. *A Hero from Zero*에서 발췌한 위 예문의 프랑스어 번역문에서는 원문에 제시된 주제 'I'를 하나도 빠짐없이 유지하고 있으며 심지어 하나가 덧붙여지기도 했다. 즉 프랑스어에서는 'It was bitter, but funny' 대신에 영어로 직역하면 'I felt bitterness, but also amusement'에 해당하는 표현을 사용하였다. 프랑스어 번역문에서 주제 자리에 위치한 요소들을 정리해보면 다음과 같다.[4]

Je, Je, Je, Je, Je, Je, J'ai, Je, La pire chose, Je.

따라서 두 발췌문의 전개 방법은 동일하며 프랑스어 번역문은 원문의 자기-중심 유형을 유지하고 있다.

(b) 번역가는 목표텍스트를 왜곡하지 않는 이상 원문의 주제 유형을 보존할 수 없을지도 모른다. 번역에서 주제의 선택과 배열을 제약하는 요소는 다양하다. 그 중 일부는 문법적인 데, 가령 아랍어나 스페인어와는 달리 영어에서는 주제 자리에 동사가 오면 문법에 어긋난다.[5] 반

면에 아랍어에서 독립적인 대명사가 주제 자리에 위치하는데 가해지는 제약은 엄격히 말해 문법적인 요소가 아니다. 때로는 독립적인 대명사도 강조하기 위해 주제 자리에 위치할 수 있다. 다만 독립적인 대명사가 연속해서 주제 자리에 나오면 매우 부자연스럽다.

  원문의 주제 유형이 목표언어에서 자연스럽게 재현될 수 없다면 원문의 유형을 포기해야 한다. 그럴 경우 번역문에는 나름대로의 전개 방식이 있어야 하며 그 자체로 연속체의 느낌이 있도록 해야 한다.

(c) 번역가는 Halliday식 주제 분석 모형이 자신이 다루는 언어 전체 혹은 일부 문장 유형에 적용되지 않는다는 것을 발견할 수도 있다. 그런 경우에는 5.2절에 논의한 프라그 모형이 도움이 될 수 있다.

주어진 언어에 Halliday식 주제 분석 모형을 적용할 때 어떤 어려움이 있든지 간에, 또 주어진 경우에 원천텍스트의 주제 유형이 재현될 수 있는지의 여부와 관계없이 다음 한 가지는 분명하다. 번역가는 반복적인 주제 선택이 텍스트를 해석하는 방식에 미치는 영향을 과소평가해서는 안 된다. Fries(1983: 135)는 다음과 같이 지적한다.

  만약 한 단락에 포함된 문장들의 주제가 대부분 하나의 의미장을 지시한다면(장소, 어떤 물체의 부속품들, 지혜와 요행 등), 그 의미장은 그 단락의 전개 방식으로 인식될 것이다. 그러나 한 단락에 포함된 문장들의 주제를 관통하는 공통 의미장이 없다면, 그 단락에 대한 단순한 전개 방식은 찾아볼 수 없게 된다.

이 때문에 번역가는 목표텍스트에서 혹은 목표텍스트의 주어진 부분에서 절의 첫 부분에 위치하는 요소가 무엇이든지간에, 그 요소가 하나의 전개 방식으로 이해될 수 있고 텍스트의 해당 부분에 하나의 방향점을 제공할 수 있다는 점을 분명히 해야 한다.

5.1.1.3 주제 구조: 유표적 배열과 무표적 배열

주제와 평언 개념이 매우 유용하다고 입증된 또 다른 영역은 유표 및 무표 구조와 관련이 있다. 이러한 주제 구성의 특이한 측면을 이해하게 되면 의사소통 과정에서 화자와 저자가 행하는 의미 있는 선택을 번역가가 더 잘 인식할 수 있으므로 특히 번역과 연관성이 깊다.

주제를 선택한다는 것은 절의 요소 중 하나를 주제로 선정한다는 의미이다. 절의 주요 요소는 **주어, 술어, 목적어, 보어, 부가어**이다.[6] Halliday 식 모형에서는 이 요소들 중 하나를 절의 첫 부분에 위치시켜 주제를 선택한다. 주제 선택은 화자와 저자의 출발점을 지시하기 때문에 언제나 의미가 있다. 그러나 어떤 선택이 다른 선택보다 더욱 의미가 있는 것은 이 선택이 더 유표적이기 때문이다.

의미와 선택과 유표성은 상호 연관된 개념들이다. 언어적 요소는 그것이 선택된 만큼의 의미를 전달한다. 의미는 선택과 밀접한 연관이 있으며, 따라서 의무적인 요소일수록 덜 유표적이고 의미도 약해진다. 예컨대 영어에서는 형용사가 명사 앞에 위치해야 한다는 규칙이 있기 때문에 그렇게 배열된 형태는 선택의 결과가 아니며, 따라서 전달하는 의미도 거의 혹은 전혀 중요하지 않다. 반면에 'today'나 'on the shelf'처럼 시간이나 장소 부사를 절의 첫 부분에 위치시키는 것은 선택, 즉다른 곳에 올 수도 있지만 첫 부분에 놓기로 선택한 결과이므로 더 큰의미를 전달한다. 이것이 의미와 유표성과 선택 간의 관계에 포함된첫 번째 측면이다. 두 번째 측면은 선택의 예상 혹은 예상치 못하는정도와 연관된다. 예상치 못한 선택일수록 유표적이고 전달하는 의미가 크다. 예상한 선택일수록 덜 유표적이고 중요성도 떨어진다. 예를 들어 영어 절에서는 첫 부분에 보어가 올 수 있지만 흔하지는 않다(예 'Her eyes were beautiful' 대신 'Beautiful were her eyes'). 따라서 첫 부분에 위치하는 보어는 매우 유표적이고, 화자나 저자 편에서 이 특정 요소를 출발점으로 강조하기 위해 보다 의식적인 노력을 기울인다. 또한 절 첫 부분의 보어는 같은 위치에 부사가 올 때보다 텍스트상의 의미가 더욱 커진다. 유표적인 선택일수록 그렇게 선택할 필요성이 더욱 크기 마련이다. 역으로 무표적 선택 항목은 문맥상 동일 체계에서 다른 항목을 선택할 필요가 없는 경우 일반적으로 고르는 항목이다.

 이상의 논의에 따르면 어떤 특정 요소를 주제 자리에 위치시킨다고 해서 반드시 유표적인 주제 구조를 선택하는 것은 아니다. 관련된 유표성의 정도는 해당 요소가 일반적으로 주제 자리에 위치하는 빈도와, 그 요소가 절 내에서 통상적으로 이동할 수 있는 범위에 달려있다. 따라서 어떤 종류의 절은 하나의 무표적 주제 구조를 가지며, 그 무표구조의 변이형들은 여러 종류의 유표적 주제를 생성할 수 있다. 영어에서는 무표적 주제가 절의 서법(mood)을 알려주는 역할을 하는 것으로 보인다. 평서절은 주어가(*Jane* said nothing for a moment), 의문절은 의문사가(*What* did Jane say?), 판정의문절일 경우에는 조동사가(*Did* Jane say anything?), 명령절은 동사가(*Say* something) 무표적 주제이다. 이렇게 무표적 주제를 선택하면 주제의 기능, 즉 출발점과 방향점을 제공하는 기능이 자연스럽게 확장된다. 일반적으로 화자는 진술할지 질문할지 명령할지를 지시하여 출발점을 표시한다. 따라서 명령절의 경우에는 동사가 주제 자리를 차지하는 것이 자연스러운데, 이는 메시지가 전하는 내용, 즉 청자에게 뭔가를 시키는 일이 바로 동사로 표현되기 때문이다. 유표성 문제로 다시 돌아가 보면 평서절에서는 주어가 주제 자리에 위치하는 것이 전혀 유표적이지 않는데 이는 그 자리가 일반적으로 영어 평서절에서 주어가 차지하는 곳이기 때문이다. 다시 말하면 영어 평서절에서는 결코 주어가 주제로 '선택'되지 않으며 기본적으로 그 자리를 차지한다.[7] 이와 대조적으로 영어 평서절에서 술어가 주제 자리에 나오는 경우는 거의 없다. 따라서 술어가 주제 자리에 오면 매우 유표적이다. 이를 모든 언어에 적용할 수는 없는데 가령 술어가 주제 자리에 빈번하게 나오는 언어에서는 이런 배열이 무표적인, 적어도 덜 유표적인 주제의 선택이다.

그렇다면 유표적 주제의 기능은 무엇일까? 예상대로, 기본 선택 사항(가령 영어 평서절에서 주어를 주제화하는 경우)을 포기하고 대신에 이전 담화에 더욱 매끄럽게 연결해주는 요소를 선택하는 문제인가? 이것도 부분적으로 화자나 저자가 주어진 맥락에서 유표적 주제를 선택하는 이유를 설명해 주기는 한다. 하지만 항상 모든 언어에는 주변 맥락에 맞춰 절 요소의 자리를 바꿀 수 있게 해 주는 무표적 선택 사항들이 있기 마련이다. 이러한 선택 사항의 예로 영어의 수동태를 들 수 있다(예 'John gave me this book'과 'This book was given to me by John'은 둘 다 무표적이다). 이는 유표적 주제가 부가적인 혹은 별개의 기능을 가진다는 사실을 암시한다. 유표적 주제는 어떤 특정 요소를 그 절의 화제나 출발점으로 내세우기 위해 특별히 선정한다. 종종 문제의 요소를 좀 더 부각하거나 강조하기 위해서 이렇게 행한다고 설명하는데 이러한 설명은 다소 혼란의 여지가 있다. 이미 앞에서(175쪽) 절의 마지막 부분에 오는 평언이 첫 부분에 오는 주제보다 더 중요하다고 주장한 바 있다. 그렇다면 어떤 요소를 부각할 수 있는 위치는 절의 첫 부분보다는 마지막 부분이라고 예상할 수도 있다. 어떻게 이 의견이 어떤 요소를 부각하기 위해 화자가 그것을 주제 자리에 위치시킨다는 주장과 조화를 이룰 수 있을까? 그 답은 부분적으로 부각되는 것과 전체 담화에서 부각되는 것 간의 차이를 구분할 때 얻을 수 있을지도 모른다(Sinclair, 개인 접촉). 유표적 주제 구조에서 주제 자리는 절 차원에서 부분적으로 부각되는 것과 관련이 있다. 반면에 평언 자리는 전체 담화 차원에서 부각된다. 다시 말해서, 어떤 요소를 주제 자리에 놓으면 그 주제는 절 내에서 부분적이고 일시적으로 부각된다. 어떤 요소를 평언 자리에 놓는 것은 그 요소가 화자가 말해야하는 부분, 바로 메시지의 핵심 부분임을 의미한다. 주제와 평언에 대한 Halliday식 정의보다는 프라그 학파의 이론을 적용한 Kirwood(1979: 73)는 어떤 요소를 첫 부분에 위치시키면 어느 정도 부각되기는 하겠지만 여전히 '실제 평언보다는 중요성이 적을 것'이라고 주장한다.

이 시점에서 유표적 주제가 한 언어에서 어떤 식으로 작용하는지 영어의 몇몇 예를 들면서 유표적 주제의 기능에 대해 설명하면 도움이 될 수도 있다. Halliday식 모형을 적용하는 언어학자들은 영어의 유표적 주제에는 크게 세 가지 종류, 즉 **전치 주제**, **술부 주제**, **일치 주제**가 있다고 본다. 각각의 설명은 아래에 제시되어 있으며 가능한 곳에서는 번역텍스트의 예도 함께 제시하였다.

(a) 전치 주제

Greenbaum과 Quirk(1990:407)에 의하면 전치(fronting)는 '첫 부분에 오면 어색한 요소를 앞으로 옮겨서 유표적 주제를 만드는 것'을 의미한다. 먼저 'The book received a great deal of publicity in China'와 같은 무표적 구조를 예로 들어 영어에서 있을 수 있는 많은 주제 구조를 제시하고자 한다. 가장 덜 유표적인 구조를 시작으로 가장 유표적인 구조까지 살펴보도록 한다. 전치된 주제 요소는 밑줄을 그었다.

시간 · 장소 부사의 전치

In China the book received a great deal of publicity.
(중국에서 그 책은 상당한 명성을 얻었다.)

위의 예는 유표적 구조이긴 하지만 영어의 경우 부사의 위치가 상당히
자유롭다는 것을 감안하면 그다지 유표적이라고 볼 수는 없다. 처음에
언급한 대로 영어의 장소 부사는 어떤 종류의 텍스트에서든 매우 보편
적으로 주제화하는 경향이 있다. 예를 들면 여행 소책자에서는 장소를
주제로 하여 텍스트를 자연스럽게 전개한다. Enkvist(1987)는 안내책자
도 같은 현상을 보인다는 점을 발견했다. 마찬가지로 모든 유형의 서
술 텍스트, 즉 일련의 사건을 설명하는 모든 텍스트에서도 시간 부사
를 주제화하는 것이 일반적이다. 다음은 *A Hero from Zero*의 서문에서
발췌한 예로 파예드 형제가 하우스 오브 프레이저사를 얻게 된 경위를
티니 로우랜드가 설명하는 부분이다. 주제화된 시간 부사어는 밑줄을
그어 표시하였다.

On 4th March 1985, the Fayed brothers made an offer of four pounds a
share for House of Fraser. We applied twice more to the DTI for
release. We immediately notified the Department of Trade that Mohamed
Fayed's representations were incorrect, and gave what information we
had at the time, which was sufficient to alarm, or at least give pause for
basic investigations.

On 11th March the merchant bank Kleinwort Benson announced on
behalf of its brand new client, Fayed, that they had acceptances from
House of Fraser shareholders for more than fifty per cent of the issued
share capital.

Three hours later a junior official of the DTI sent a note, uselessly releasing Lonrho from the undertakings not to bid.

In ten days, the unknown Fayeds gained permission to own House of Fraser, and throughout the ten days they put continuous lies before the public to justify the Government permissions they had got with such ease.

시간과 장소 부사를 주제화하는 것이 스페인어와 포르투갈어 등의 언어에서는 영어보다 덜 유표적이다. 독일어의 'Hier steigen wir aus'(축어적 번역: '여기에 우리가 왔다')와 같은 구조는 완전히 무표적이다 (Kirkwood, 1979). 반면 다른 언어에서는 이와 같이 시간과 장소 부사를 주제화하는 것이 영어보다 훨씬 더 유표적일 수도 있다. Wilkinson (1990)에 따르면 네덜란드어에서는 시간 부사가 주제 위치에 놓이는 일이 거의 없다. 따라서 시간 부사를 주제로 선택하면 영어보다 네덜란드어에서 훨씬 더 유표적인 주제 구조가 된다.

*A Hero from Zero*에서 발췌한 위 예문에서 일련의 유표적 주제는 저자의 출발점으로써 시간 순서를 앞에 내세우고 있다. 프랑스어와 아랍어에서도 이와 유사한 효과를 지닌 유표적 주제를 생산할 수 있다. 따라서 위 예문의 프랑스어와 아랍어 번역가는 시간 부사를 주제 위치에 놓아서 동일한 주제 전개 방법을 따를 수 있다. 위 발췌문이 아주 짧고, 유사한 주제 전개 유형이 서문 전체에 걸쳐 나타난다는 점을 염두에 둘 때, 이 예문이 네덜란드어로 번역된 적은 없지만 만약 번역되었다면 네덜란드 번역가가 겪었을 어려움을 짐작할 수 있다. 네덜란드어에서 위의 시간 부사를 모두 주제 위치에 놓는다면 상당히 유표적인 구조가 되는 반면, 또 한편으로는 번역가가 시간 부사 외에 지속적인 방향점을 제공할 수 있는 다른 주제요소를 찾지 못하는 한, 원문의 주제 구조를 바꾸는 것은 텍스트의 자연스러운 전개를 깨트릴 수 있다.

목적어와 보어의 전치

목적어: A great deal of publicity the book received in China.
(상당한 명성을 그 책은 중국에서 얻었다)
보 어: Well publicized the book was.
(더할 나위없는 명성을 얻게 된 것은 그 책이었다)

영어의 목적어와 보어는 문장에서의 위치에 상당한 제약이 따르기 때문에 이를 전치시키는 것은 부사를 전치시키는 것보다 훨씬 더 유표적이다. 그러나 모든 언어에 똑같은 현상이 나타나는 것은 아니다. 중국어의 경우 목적어의 전치는 영어에 비해 덜 유표적이며, 독일어의 경우는 한정사(definite determiner)를 수반하게 되면 완전히 무표적이게 된다(Kirkwood, 1979).

전치와는 달리 수동태를 사용하면 화자는 능동절의 목적어가 되었을 요소를 유표화하지 않은 채 주제로 선택할 수 있게 된다. 반면에 목적어의 전치는 능동절의 목적어를 전면에 내세워 눈에 두드러지게 된다. (참고. 'A great deal of publicity was received in China' 상당한 명성은 중국에서 얻게 되었다. 'A great deal of publicity the book received in China' 상당한 명성을 그 책은 중국에서 얻었다.)

위에서 인용된 것처럼 연속적으로 전치된 시간 부사와 마찬가지로 연속적으로 전치된 목적어나 보어는 찾아보기 쉽지 않다. 부사와 달리 목적어와 보어는 대체로 글의 방향점이나 전개방식을 목적으로 전치되지는 않기 때문이다. 영어에서 목적어나 보어를 주제화 하는 것은 대조의 효과를 누리거나 메시지에 대한 화자의 태도를 강조하기 위해서이다.[8] 이는 발화의 표현적 의미를 부각시키게 된다. 아래의 Le Carré의 *The Russia House*(1989: 19)는 전치 목적어의 예를 보여준다.

The drive Landau had still. But the class, as he himself was the first to tell you, the class, forget it.

다음 두 번째 사례는 Le Carré의 *The Little Drummer Girl* 『북치는 어린 소녀』(1983: 19)에서 발췌한 것으로 전치 보어를 보여준다.

In my next life I shall be a Jew or a Spaniard or an Eskimo or just a fully committed anarchist like everybody else, Alexis decided. But a German I shall never be—you do it once as a penance and that's it.

술어의 전치

They promised to publicize the book in China, and publicize it they did. (그들은 중국에서 그 책을 선전하기로 약속했다. 그리고 그 책을 선전하였다.)

영어에서 술어의 전치는 모든 주제 구조의 선택 중에서 가장 유표적이다. 이러한 선택에는 술어의 전치와 함께 절의 다른 성분들을 재배열하고 동사군의 형태를 조정하는 것까지 포함된다. 영어에서 전치 술어는 상당히 드문 현상이므로 확실한 예를 찾는 것은 어려운 일이다. 아랍어 같은 언어에서는 주제 위치에 동사가 나오는 경우가 많기 때문에 술어의 전치는 유표적 주제 전략이 될 수 없다. 아랍어 같은 언어를 영어 같은 언어로 번역할 때 무표적인 '술어 + 주어' 구조는, 형태는 동일하지만 매우 유표적인 구조인 술어를 전치하는 구조보다는 동일하게 무표적인 구조, 즉 '주어 + 술어'로 번역될 것이다. 이와 반대로 번역가가 영어를 아랍어로 옮긴다면 전치 술어에 따르는 강조의 의미를 전달하기 위해 방법을 찾아야만 한다. 여기서 다른 언어에서 사용되는 기제에 대해서는 언급할 수 없지만 가령 아랍어의 경우는 강조를 위해 동사의 과거 시제와 불변화사 'qad'가 함께 사용될 수 있다. 더 강한 강조의 의미를 전달하기 위해 'in fact'에 해당하는 어휘 항목이 사용될 수도 있다. 그 결과 아랍어에서는 동사가 주제 위치에 놓이게 된다(축어적 번역: qad publicize-they-it in fact)는 점만 제외하면 영어의 'and they did in fact publicize it(그리고 그들이 실제로 그것을 선전하였다)'과 유사한 효과를 주게 된다.

(b) 술부 주제

주제를 술부화하는 것은 어떤 요소를 절의 시작 부분 근처에 놓기 위해 **'it 구조(분열 구조)'**를 사용하는 것과 관련 있다. 예컨대 'It was the book that received a great deal of publicity in China(중국에서 상당한 명성을 얻은 것은 바로 그 책이었다)', 'It was a great deal of publicity that the book received in China(그 책이 중국에서 얻은 것은 바로 상당한 명성이었다)', 혹은 'It was in China that the book received a great deal of publicity(그 책이 상당한 명성을 얻은 것은 바로 중국에서였다)' 같은 경우를 들 수 있다. 현재의 목적에 부합하지 않기 때문에 고려 대상에서 제외하기로 한 접속사와 이접사 외에는 유일하게 it 구조만이 절의 첫 부분에 나오는 요소가 그 절의 주제가 아닌 경우에 해당한다. it 구조에서는 'it'이 아니라 'be 동사' 다음에 오는 성분이 주제가 된다. 'it'은 단지 'the book'이나 'in China'와 같은 성분을 그 절의 시작 근처에 놓고, 주제 즉, 그 메시지가 무엇에 관한 것인가를 해석하게 하는 공주어(empty subject)의 역할을 할 뿐이다.

어떤 성분을 술부화 한다는 것은 그 요소를 주제 위치에 놓고 그것을 부각시키는 것이다. 화자가 할 수 있는 선택 중의 하나는 주어를 유표적 주제로 선택하는 것이지만 영어의 평서절의 주어는 무표적 주제이므로 특별한 경우가 아니라면 이러한 선택을 하지 않는다.

모든 유표적 주제와 마찬가지로 술부 주제는 대조를 암시하는 경우가 많다. 일반적으로 'It was in China that the book received a great deal of publicity'에서 'in China'는 그 책이 상당한 명성을 얻지 못한 다른 곳과 대조된다는 것을 나타낸다. 술부 주제의 또 다른 기능은 청자나 독자의 관심을 끄는 새롭거나 중요한 요소를 주절의 'It + BE' 다음에 오는 위치에 지시함으로써 **정보 구조**(information structure)를 보여주는 것이다. 정보 구조에 대한 세부적인 설명은 아래의 5.1.2를 참조하면 된다.

(c) 일치 주제

일치 주제(identifying theme)는 술부 주제와 상당히 비슷하다. 일치 주제는 'it(분열 구조)'을 사용하지 않고 한 성분을 주제 위치에 놓은 후 **wh 구조**(의사분열문)를 사용하여 이를 명사화하는 방법이다. 예를 들면 'What the book received in China was a great deal of publicity(그 책이 중국에서 얻은 것은 상당한 명성이었다)', 혹은 'What was received by the book in China was a great deal of publicity(그 책으로 인해 중국에서 얻은 것은 상당한 명성이었다)'를 들 수 있다.

술부 주제와 일치 주제는 종종 함축적인 대조와 관련이 있다. 이 두 주제는 모든 가능한 항목의 집합에서 청자나 독자의 관심을 끌만한 가치가 있는 항목으로써 술부 주제인 경우에는 주제 위치에, 일치 주제인 경우는 평언 위치에 있는 항목을 선택한다는 점을 내포한다. 즉 'It was the book(rather than something else) which received a great deal of publicity in China(중국에서 상당한 명성을 얻게 된 것은 다른 것보다는 그 책 때문이었다)', 혹은 'What the book received in China was a great deal of publicity(rather than bad reviews, for instance(그 책이 중국에서 얻은 것은 안 좋은 평이 아니라 상당한 명성이었다)'와 같은 경우이다. 두 구조 모두 주제 위치에 있는 항목이 부각되지만, 술부 주제에서는 주제 요소가 신정보로 제시되고, 일치 주제에서는 주제 요소가 구정보로 제시된다는 점에서 다르다(구·신정보에 대한 더 많은 설명은 5.1.2 참조).

영어에서 술부 주제와 일치 주제는 유표적이기는 하지만 어순에 대한 제약을 극복하는 전략을 제공하기 때문에 매우 보편적으로 사용된다. 또한 억양 사용과는 별개로 구정보와 신정보를 표시하는 방법도 제공한다. 구어 영어에서는 강세가 믿을만한 정보 상태를 표시해주지만 문어 영어에서는 강세를 그러한 표시 장치로 사용할 수 없다(아래 5.1.2 참조). 이러한 이유 때문에 술부 주제와 일치 주제는 구어 영어에서보다 문어 영어에서 훨씬 일반적으로 사용된다. 반면, 두 구조는 중국어의 구어나 문어 모두에서 같은 빈도수를 보이는데 이는 중국어의 구어에서는 강세가 정보 구조를 표시하는 장치로서 사용될 수 없기 때문이다(Tsao, 1983).

술부 주제와 일치 주제는 영어보다는 독일어처럼 비교적 어순이 자유로운 언어에서 훨씬 더 유표적이므로 유의하여 번역해야 한다. 술부 주제와 일치 주제의 모든 예문을 그대로 독일어 번역문으로 옮긴다면 전혀 독일어답지 않을 수 있다. 경험이 풍부한 독일어 번역가라면 보통 모든 혹은 대부분의 술부 주제와 일치 주제를 덜 유표적인 독일어 구문으로 바꿀 것이다. 이와 같은 예문은 *Morgan Matroc* 텍스트에서 찾아볼 수 있다. 편의상 해당 영어 발췌문과 독일어 역번역문을 아래에 인용하였다.

원천텍스트(영어: *Morgan Matroc*, 부록 2 참조)

... It is for such customers that we have listed the properties of Matroc's more widely used materials.

목표텍스트(독일어) — 역번역

... For such customers have we the properties of the most popular Matroc materials listed.

또 다른 예는 일본 소니 회사의 아키오 모리타 회장과의 인터뷰에서 볼 수 있는데 이 예문은 플레이보이 잡지에 실렸으며 브라질계 포르투 갈어로 번역되었다.[9] 술부 주제는 영어보다 브라질계 포르투갈어에서 더욱 유표적이다.

원천텍스트(영어: *Playboy*)

It was about thirty years ago that a young Japanese businessman visited the West and was deeply humiliated to learn that 'Made in Japan' was an international synonym for shoddiness —...

It was Sony that gave the world mass-produced transistor radios, Trinitron television sets, Betamax video recorders and Walkman portable cassette players.

목표텍스트(포르투갈어) — 역번역

Thirty years ago, a young man of Japanese business ...

Was Sony that gave to the world transistor radios ...

포르투갈어 번역문에서 첫 번째 분열 구조는 시간 부사를 전치하여 무 표적으로 번역되었다. 두 번째 분열 구조는 동사를 전치하여 유표적이 기는 하지만 크게 유표적이지는 않게 옮겨놓았다.

다음은 *The Independent*(1988. 11. 8.)에서 발췌되어 *A Hero from Zero* 에 첨부되어 있는 기사로 일치 주제에 대한 예문을 보여주고 있다.

원천텍스트(영어: *The Independent*)

. . . What Mr Rowland wants is the early publication of this report.

목표텍스트(아랍어) — 역번역

And seeks Mr Rowland now to publish this report as soon as possible.

아랍어의 술어＋주제 구조는 전혀 유표적이지 않기 때문에 영어의 일 치구조를 통해 표시한 강조를 전달하지 못하고 있다. 위 예문에서 영 어의 유표적인 구조를 '일반적으로 만드는 것'은 좋은 전략이라 할 수 없으며, 'inna'와 같은 불변화사를 사용하면 약간의 차이점은 있지만 영어와 유사한 유표적인 아랍어 구조라고 할 수 있으므로 저자가 첫 부분 'Mr Rowland wants'에 부가한 강조를 유지하면서 동시에 아랍어 에서도 자연스럽게 들린다.

Inna Mr Rowland seeks now . . .
혹은
Inna what seeks Mr Rowland now is . . .

일반적으로 독일어 같이 비교적 어순이 자유로운 언어는 단지 절의

성분을 전치시키기만 해도 주제화할 수 있다. 따라서 이러한 언어는
비교적 어순이 고정된 언어들이 어떤 성분를 주제화하기 위해서 자주
사용하는 복잡한 구조를 사용하지 않는다. 번역가는 원천언어와 목표
언어에서 주어진 구조의 유표적인 수준을 알고 있어야 할 뿐만 아니
라 각 언어에 존재하는 주제화 기제를 이용하는 법을 배워야 한다.
예를 들면, Wilkinson(1990: 81)는 '네덜란드어 절에서 전치를 통해
강조한 정보는 it 분열 구조를 사용하여 영어로 번역하기 쉽다'고 주
장한다. 그러나 초보 번역가는 네덜란드어를 영어로 옮길 때 영어 번
역문에 술부 주제와 일치 주제를 활용하지 못하고 있다고 지적한다.

영어에는 전치 주제, 술부 주제, 일치 주제와 더불어 다른 유형의 유
표적 주제도 있지만 이들 유형에는 상당한 제약이 따르며 비격식적인
영어에서 사용되는 경향이 있다. 이들을 **전방위치 주제**(preposed theme)와
후방위치 주제(postposed theme)라고 한다(Young, 1980). 이 두 주제는
간단한 주석을 사용하는 것으로 전방위치 주제의 주석은 절의 도입부
에 나타나며 후방위치 주제의 주석은 절의 끝부분에 나타난다. 두 유형
의 주제에 대한 다음 예문은 Young(1980: 145)에서 발췌하였다.

전방위치 주제: The fitter, he sent these documents to the office.
These documents, the fitter sent them to the office.
후방위치 주제: He sent these documents to the office, the fitter.
He sent these documents to the office, the fitter did
The fitter sent them to the office, these documents.

전치 주제에 대한 확실한 예는 Le Carré의 *The Russia House*(1989: 19)
에서 찾아볼 수 있다.

With the *glasnost* today, <u>the Soviet Union</u>, it's the Mount Everest of the recording business.

5.1.1.4 주제에 대한 Halliday식 입장의 간단한 논의

자연 언어의 정보 흐름을 기술하는 접근 방법은 일반적으로 절이 주제와 평언으로 조직된다고 인정한다. 하지만 이미 언급한 대로, 주제와 평언이 담화에서 실현되는 방식에 대해서는 언어학자들마다 설명하는 방식이 다르다. 각각의 설명은 당연히 해당 언어학자에게 익숙한 언어뿐만 아니라 그의 모국어쪽으로도 편중된다. Halliday식 접근법과 다른 접근법의 중요한 차이점 중의 하나는 Halliday는 언제나 적어도 영어의 주제-평언은 절 성분이 놓이는 연속적인 순서에 의해 구분된다고 주장한다는 점이다. 화자가 절의 성분을 첫 부분에 놓게 되면 주제가 되고, 평언은 그 주제 뒤에 나오는 모든 것이 해당된다. 그러므로 Halliday식 체계에서 평언-주제 순서는 있을 수 없다.[10] 이러한 입장은 프라그 학파 언어학자들의 방식과는 확연히 대조적이다. 가령 Firbas 등의 프라그 학파 언어학자들은 문장의 위치가 주제와 평언을 표시하는 유일한 기준이라는 주장을 거부한다(아래 5.2 참조).

프라그 학파의 복잡한 설명과는 달리, Halliday식 접근법은 따르거나 적용하기에 매우 용이하다는데 그 매력이 있다. 무엇에 관해서 말하고 있는가가 그것에 대해 무엇이라고 말해야 하는가 보다 먼저 나온다는 주장도 어느 정도 직관적인 면에서 설득력이 있다. 반면 Halliday식 접근법은 (a) 부분적인 순환성이 하나의 단점으로 지적되고 있다.[11] 즉, 주제는 처음 위치에 오는 어떤 것이든 해당되며 처음 위치에 오는 어떤 것이든 주제가 된다는 것이다. 또한 (b) 영어처럼 비교적 고정된 어순을 지닌 SVO 언어를,[12] 종종 문장의 첫 위치에 동사가 오는 비교적 어순이 자유로운 언어에 관련시켜 기술하지 못했다는 점이 또 하나의 단점으로 지적되고 있다. 첫 부분에 나오는 것이 무조건 주제라면 어떤 언어는 규칙적으로 SVO와 SOV 언어에서 주어로 표현되는 참여자를 주제화시키는 것을 선호하며, 반면 또 다른 언어는 VSO언어에서 동사로서 표현되는 과정을 주제화하는 것을 선호한다는 점을 인정해야만 한다. 그러나 Halliday식 접근법은 이러한 선호 방식을 다루고 있지 않으며 화자가 주제 요소를 선택하는데 제약을 가하는 언어 자질에 대해서도 다루고 있지 않다. 그 예로, 파푸아 언어의 일종인 하르웨이어는 언제나 문장의 마지막 위치에 동사가 오므로 화자나 저자가 과정을 주제화하는 선택권이 없다.[13]

절의 첫 부분에 나오면 무조건 주제가 된다는 Halliday식 접근법은 (a) 비교적 어순[14]이 고정된 언어인 영어의 특성과 (b) 항상 절의 첫 부분에 위치하는 '화제'라는 특수한 범주가 존재하는 중국어에 대한 연구를 반영했다고 볼 수 있다.

여기에서 Halliday식 주제 개념과 중국어 및 기타 화제중심 언어의 화제 범주 간의 연관관계를 탐색하는 것이 유용할 수 있다. 화제에 대한 논의는 담화에서 주제가 실현되는 방식에 대한 Halliday의 관점을 통찰할 뿐만 아니라 화제중심 언어의 주제 구조 분석에 관심있는 번역가들이 상당히 혼란스러워할 만한 영역을 부각시키기 때문에도 관심을 가질만 하다.

주제와 중국어식의 화제

Li(1976)은 중국어를 **화제중심**(topic-prominent) 언어로 간주한다. 영어, 프랑스어와 독일어 같은 **주어중심**(subject-prominent) 언어와는 달리 화제중심 언어는 이중 주어가 있는 것처럼 보인다. Li는 다양한 화

제중심 언어에서 다음과 같은 예를 든다. 각 문장의 화제에는 밑줄을
그어 표시하였다.

> Animals, I advocate a conservation policy.　　(만다린어)
> 동물들은 내가 보호정책을 옹호한다.
> This field, the rice is very good.　　(라후어)
> 이 들판은 쌀이 상당히 좋다.
> The present time, there are many schools.　　(한국어)
> 현재는 학교가 많다.
> Fish, red snapper is delicious.　　(일본어)
> 생선은 빨간 도미가 맛있다.

여기서 주제(theme)와 화제(topic)간의 관계를 살펴보기 위해 몇 가지
질문을 제기할 수 있다. 예를 들면, 화제는 주제와 어떤 관계가 있는
가? 화제와 주제가 통사적으로 동일한가? 화제는 주제처럼 메시지가
무엇에 관한 것인가를 의미하는가? 화제는 화제중심이 아닌 언어로도
번역될 수 있는가?

　화제중심 언어에서 절의 화제는 항상 첫 위치에 자리한다(Li, 1976).
이러한 측면에서 화제는 Halliday식 모델의 주제와 일치한다. 문장의
첫 위치가 주제를 위한 자리이고 화제도 항상 첫 위치에 나온다면 주
제와 화제는 같은 것일 수 있다.

　리수어, 일본어, 한국어 같은 일부 언어의 화제는 형태소를 덧붙이
면 훨씬 더 유표적이다. 예를 들면 리수어의 접미사 '-nya'는 항상 문
장의 화제에 붙는다. 일본어에는 'は'와 'が'라는 두 개의 접미사가 있
는데 이들의 기능은 언어학자마다 다르게 설명하지만, 'は'는 화제를,
'が'는 비화제를 표시한다고 한다. 화제의 또 다른 통사적 특징은 화제

가 지시조응적인 지시[15]를 통제하며 그 결과 (a) 일단 한 성분이 화제
가 되면 다음 절에서는 생략될 수 있기 때문에 중국어와 일본어 등의
언어에서는 주제가 없는 절이 상당히 많게 되고 (일본어의 주제가 없
는 절의 사례는 6장의 267쪽 참조) (b) 화제로 언급된 요소는 그 문장
내에서 다른 요소와 공지시적 관계를 맺을 가능성이 사라진다. Li는
다음과 같이 중국의 만다린어 예를 제시하고 있다(1976: 469):

Nèike shù yèzi dà, suŏyi wŏ bu xīhuān ─
that   tree leaves big so   I   not like
'저 나무는(화제) 잎이 크다. 그래서 나는 좋아하지 않는다.'

위에서 제시한 예문 같은 화제-논평 구조는 영어로는 'concerning
animals . . .(동물에 관해서는)'이나, 'about this field . . .(이러한 분야에 관해
서는)'으로, 혹은 'as for fish . . .(물고기에 대해 말하자면)' 등으로 번역되
기도 한다. 물론 영어에서 이렇게 번역될 수 있는 빈도에는 한계가 있
으므로 비교적 빈도수가 낮다는 면에서 유표적 구조가 된다. 일본인과
중국인 영어 학습자가 이러한 구조를 지나치게 많이 사용한다는 사실
은 쉽게 느낄 수 있다. 이와 마찬가지로 King(1990)은 화제화는 '-에
관해서'라는 의미를 지닌 'os pros, oson afora', 'oso ya'와 같은 표현을
사용하는 것을 보면 영어보다 그리스어에서 더 보편화되어 있으며, 영
어를 배우는 그리스인은 이러한 구조를 많이 사용하는 경향이 있다고
주장한다. 번역가는 상급 단계의 외국어 학습자와 유사한 입장이며 번
역의 방향이 번역자의 모국어로 번역할 때 보다 비모국어로 번역할 때
이런 종류의 함정에 더 쉽게 빠지게 된다.
　Li(1976: 484)는 영어에서 화제화와 유사한 효과를 얻을 수 있는 좀
더 자연스러운 구조를 다음과 같이 제시한다.

Remember Tom?
(탐 기억하지?)
　　　　Well, he fell off his bike yesterday.
　　　　(어제 자전거 타다 떨어진 애 말이지.)
You know Tom?
(탐 알지?)

이 구조는 일부 상황, 특히 비격식적인 구어 대화에서 자연스러울 수
있다. 하지만 이 구조는 의심의 여지없이 대부분의 맥락에는 적합하지
않다. 중국어식 화제를 표현하기 위해 위에서 제시된 영어 구조처럼
이 구조는 중국어와 한국어와 같은 언어들의 일반적인 화제-논평 구조
보다 훨씬 더 제한적으로 쓰인다. 화제중심 언어에서 이러한 구조는
예외가 아니라 규범이다.

　Chafe(1976)가 중국어식 화제를 'as for' 같은 영어 표현으로 바꾸는
것은 옳은 번역이 아니라고 하는 이유는 영어 표현이 대조를 암시하기
때문이다. 'As for animals, I advocate a conservation policy'와 같은 진
술은 화자가 보호정책을 옹호하지 않는 다른 대상과 동물을 대조하고
있음을 내포한다. 반면 중국어 구조는 대조의 의미가 함축되지 않는
다. 그래서 Chafe는 다음과 같은 결론을 내린다.

　중국어는 이러한 경우 영어의 어떤 구조와도 일치하지 않는 방법으로
　정보를 표현한다. 말하자면 영어에는 중국어 화제 기제에 상응하는 구
　성 기제가 없으며 따라서 완벽하게 들어맞는 번역이 없다.

　　　　　　　　　　　　　　　　　　　　　　　　　　(1976: 50)

통사적 양식과 대조라는 문제를 제쳐두면 중국어식 화제를 주제, 즉

'이 점이 제 논지의 출발점입니다'나 혹은 '이 점이 제 얘기의 주제입니다'와 같은 의미로 해석하려고도 한다. 하지만 화제의 영역은 204쪽에서 제시된 예문처럼 그 절에만 국한되는 게 아니다. 화제는 절 경계 내에 있는 지시를 통제할 뿐만 아니라 절 경계 밖의 지시도 통제한다. 이런 이유로 인해 일단 화제가 언급되면 이어지는 절의 주어는 생략될 수 있다. 또한 한정적(definite) 혹은 비한정적(indefinite)일 수 있는 주제나 주어와 달리 화제는 언제나 한정적이다(Li, 1976). 이 점으로 보건데 화제와 주제 간에는 의미적, 기능적 차이가 있을 수 있다. Chafe(1976: 51)에 따르면 화제의 기능은 주요 진술이 적용되는 시간, 장소, 개인적 지시와 같은 구조를 구체화하는 것으로써 '화제중심 언어의 "실제" 화제는 "문장이 무엇에 관한 것인가"라기 보다는 "문장이 구성되는 구조"이다.' Li는 화제에 관한 Chafe의 해석에 동의하고 있으며 이 해석을 화제는 항상 한정적이라는 견해와 연결시킨다. 화제는 전반적으로 문장을 해석하기 위한 구조를 설정하는 기능이 있으므로 한정적이어야 한다.

필자가 알기로는 아직까지 화제중심 언어에서의 화제와 주제간의 관계를 언급한 사람은 아무도 없다. 화제중심 언어는 문장의 화제뿐만 아니라 절의 주제도 있을 수 있다. 이러한 언어들은 화제-논평구조로 조직되어 있기 때문에 주제 구조 분석이 더 복잡하고 주제 위치에 대한 신호를 식별하는 일도 더 어렵다. 예를 들면 일본어 접미사 'は'의 기능에 대해 몇 가지 상반된 주장이 있다. 어떤 학자는 'は'가 의무적으로 화제를 표시하는 표지라고 주장하는 반면(이 주장은 Li(1976: 465)에 암시되어 있음), 다른 학자는 구정보를 표시한다고 주장한다(아래 5.1.2의 구·신정보의 설명 참조). Maynard(1981: 124)는 '주제'라는 용어를 사용하지만 'は'가 화제를 표시한다고 말하고 있는 듯하다.

'は'는 소위 '주제 단계'에 위치해야 할 NP(명사구)를 식별함으로서 주제를 만드는데 일조한다. 주제 단계는 표현하거나, 제시되거나, 수행되는 개념적 구조라고 정의할 수 있다.

'は'를 사용하기로 선택한 것은... 작가의 주제 선택을 반영한다.

이는 분명 한국어, 일본어, 중국어처럼 화제중심 언어를 번역하는 번역가에게는 어느 정도 어려움을 줄 수 있는 영역이다.

위의 논의는 주제 구조의 모든 측면을 다루지는 않았지만 현재의 목적에는 부합할 듯하다. 이제 메시지의 상호작용 조직의 두 번째 측면, 즉 정보구조에 관심을 돌리기로 한다.

5.1.2 정보 구조: 구정보와 신정보

주제와 평언간의 구분은 화자지향적이다. 이는 화자가 출발점으로써 말하고자 하는 바와 그것에 관하여 계속 말하는 것을 토대로 한다. 또한 어떤 메시지에서 이미 주어진 것과 새로운 것 간의 구분도 가능하다. 이는 청자지향적 구분으로써 메시지의 어떤 부분이 청자에게 알려져 있고 어떤 부분이 새로운 지에 토대를 둔다. 여기서 메시지는 다시 두 부분으로 나뉜다. 화자가 청자에게 이미 알려져 있다고 생각하는 정보를 전달하는 부분과 화자가 청자에게 전달하려고 하는 신정보를 전달하는 부분이다. 구정보는 화자와 청자간의 공통적인 배경을 나타내며 정보와 관련지을 수 있는 지시점을 청자에게 제공한다.

정보 구조도 주제 구조와 마찬가지로 언어 체계가 아니라 맥락의 특질이다. 그래서 오직 언어학적 혹은 상황적인 맥락 하에서 메시지의 어떤 부분이 새롭고, 어느 부분이 이미 알고있는 것인지를 결정할 수 있다. 가령 동일한 메시지도 질문에 따라 다르게 분류할 수 있다.

> What's happening tomorrow? (내일 뭐 할거야?)
>   We're climbing Ben Nevis(우리는 베네비스 산에 가려고 해).
>   (신정보)
> What are we doing tomorrow?(우리 내일 뭐할까?)
>   We're(우리는) climbing Ben Nevis(베네비스산에 갈꺼야).
>   (구정보)   (신정보)
> What are we climbing tomorrow?(우리 내일 어디로 등산하지?)
>   We're climbing(우리는 오를 거야)   Ben Nevis(베네비스를).
>   (구정보)   (신정보)
>   (Morley에서 발췌한 예문, 1985: 75)

메시지를 구정보와 신정보 단위로 조직한다는 것은 의사소통 과정에서 화자가 청자의 지식 상태를 중요시 한다는 점을 반영한다. 의사소통 과정의 어떤 지점에서든지 언어적 환경과 비언어적 환경은 이미 정해져 있을 것이다. 화자는 맥락에서 이미 설정된 요소에 전달하고자 하는 신정보를 연관시키기 위해 이 점을 이용할 수 있다. 화자가 새로운 요소에 앞서 이미 주어진 요소를 놓는 것은 평이하고 무표적인 어순이다. 이 순서는 이해나 기억을 용이하게 하는 것으로 밝혀졌기 때문에 일부 작문 전문가들은 저자들에게 이 점을 분명히 권고한다(Vande Kopple, 1986).

구정보 다음에 신정보가 오는 원칙은 언어의 다른 어순 결정에도 영향을 끼친다. Greenbaum과 Quirk(1990: 395)는 '정보를 가치가 낮은 것에서부터 높은 것으로 두는 선형적인 배열을 위한' 정보 처리 경향을 설명하기 위해 '**문미초점**(end-focus)'의 원칙을 제시하였다. 또한 그들은 다음과 같이 제시하고 있다.

신정보는 종종 구정보 보다 더 충분히, 즉 더 길고 무거운 구조로 진술할 필요가 있으므로 소위 '문미하중(end-weight)'의 구성 원칙이 문미초점 원칙과 함께 작용한다는 점은 예상가능한 것이다.

(같은 책: 398)

다시 말해서 화자가 신정보 앞에 구정보를 배치하도록 하는 원칙은 동시에 더 길고 무거운 구조를 절의 끝에 배치하도록 한다. 다음 예문을 보자(같은 책 :398).

She visited him that day.
(그녀는 그를 그날 방문했다)
She visited her best friend that day.
(그녀는 가장 절친한 친구를 그날 방문했다)
She visited that day an elderly and much beloved friend.
(그녀는 그날 나이 지긋한 아주 소중한 친구를 방문했다)

독일어에서도 이와 유사한 원칙이 작용할 수도 있다. Herbst 외(1979: 165)에 따르면 독일어는 '더 복잡한, 즉 상대적으로 훨씬 많은 단어를 포함하는 성분은 덜 복잡한 성분 뒤에 놓이는 문체적 경향이 있다'고 한다.[16] 브라질계 포르투갈어에서는 적어도 한 장르, 즉 학술 초록에서만은 **문미하중** 원칙을 따르는 경향이 있다. Johns(1991)의 연구에 따르면 학술 초록에서는 서법이나 서로 밀접하게 연결된 전치사가 없는 단순 동사는 통례적으로 전치되었으나 길고 통사적으로 복잡한 주어는 전치되지 않는 것으로 나타났다. 문미하중이나 문미초점 같은 원칙이 목표언어에서 더 기본적인 문법 원칙과 충돌하는 경우 번역상의 문제가 생긴다. 한 예로, 영어의 기본적인 문법 원칙 중에는 술어 앞에 주어를 위치시키는 원칙이 있다. 번역가가 단순 동사를 전치할 수 있는 브라질계 포르투갈어를 영어로 옮기게 된다면 주어 다음에 술어가 나오는 배열을 유지하고자 문미하중 원칙을 무시하기가 쉽다. 다음은 브라질계 포르투갈어의 학술 초록에서 발췌한 것으로 이 문제점을 잘 보여주고 있다.[17]

Foram estudados os efeitos de luz, de temperatura e   dos
were   studied   the effects of light, of temperature and of

tegumentos   na germinação de sementes de limãocravo
presence/absence in germination of seeds   of limão-cravo

(*Citrus limonia*, Osb.). Foi   também verificada a   influência da
(*Citrus limonia*, Osb.). Was also   verified   the influence of

velocidade de reidratação de sementes secas artificialmente.
the speed of rehydration of seeds   dried artificially

저자나 번역가는 위의 예문을 다음과 같이 번역하였다.

빛, 온도, 씨 껍질의 유・무가 감귤 씨 발아에 끼친 영향이 연구되었다. 재수화율이 인공적으로 건조한 씨 발아에 끼친 영향 또한 입증되고 있다.

번역가는 위의 예에서 술어 앞에 주어를 놓으려는 원칙에 충실한 나머지 문미하중 원칙을 무시했다. 그 결과 조잡하고 부자연스러우며 영어같지 않은 문장이 되었다. 각 문장은 아주 긴 주어에 이어 아주 짧은 동사로 이루어져 있다. 문미하중과 술어 앞에 주어를 놓는 원칙간의 충돌은 수동 구조를 능동 구조로 바꾼다거나 'we(우리)'나 'this paper (이 논문은)'와 같은 주어를 삽입하여 피하는 게 좋다.

이 논문은 빛과 온도, 그리고 감귤씨 껍질의 유·무가 감귤에 끼친 영향을 조사하기 위한 것이다. 더불어 이 논문은 재수화율이 인공적으로 건조된 씨 발아에 끼친 영향력을 입증하고 있다.

5.1.2.1 담화상의 구·신정보의 표시

Halliday와 Hasan이 관심을 갖고 있는 정보 구조는 문어 영어보다는 구어 영어의 특징이다.

이 정보 체계는 텍스트를 정보 단위로 구성하는 것에 중점을 둔 체계이다. 영어에서 이 체계는 억양 유형으로 표현될 수 있기 때문에 구어 영어만의 특질이 된다.

(Halliday & Hasan, 1976: 325)

엄격히 말해서 정보 구조의 범위는 문법 단위로써의 절이 아니라 음성학적 단위로써의 음조군이다. 각 정보 단위는 구+신요소의 결합이나 단지 새로운 요소만으로 구성된다. 이는 음성학적으로 음조군으로 표현되는데 음조의 최고점이나 혹은 음조의 강세는 새로운 요소에 놓이게 된다. 음조 강세(tonic accent)가 있는 새로운 성분은 **정보 초점**(information focus)을 전달한다. 영어 화자는 정보 초점 기제를 이용하여 메시지의 핵심을 강조한다. 음조 강세는 보통 강세(stress)로 인식된다. 다음의 예문에서(Halliday, 1985) 음조 강세를 받는 요소는 밑줄을 그었다. '//' 표시는 음조 단위 경계를 표시한 것이다.

// now silver needs to have <u>love</u> //
// I haven't <u>seen</u> you for ages //

이 접근법은 해석 활동에는 분명 적절해 보이지만 음성학적 증거에 주로 의존하기 때문에 번역에 적용하기에는 한계가 따를 듯하다. 하지만 음성학적 강세를 지정하기보다 구·신요소 간의 구분에 초점이 더 맞춰져 있기 때문에 실제로 그렇지는 않다.

Halliday(1985)는 구요소와 신요소의 경계는 음성학적 증거로만 결정되지는 않는다고 설명한다. 음조 강세는 보통 마지막 항목에 있긴 하지만 구요소의 끝과 신요소의 시작이 어디인지를 말해주지 않는다. 이러한 점을 확신하기 위해서는 텍스트 주변에서 다른 증거를 찾아봐야만 한다. 예컨대 위의 첫 예문의 맥락을 확장한 'In this job, Anne, we're working with silver. Now silver needs to have love'에서 어떤 요소가 구요소인지를 알게 된다. 음성학적 증거보다는 맥락으로 인해 위의 예문에서는 'silver'가 구요소이며 새로운 요소는 'needs'에서 시작한다는 점을 알게 된다. 음조군의 분석은 다음과 같다.

// now silver   needs to have love //
구요소   신요소

위의 예문은 보편적이며 무표적인 구조이다(아래의 5.1.2.3과 5.1.2.4의 유표적 정보 구조 논의 참조). 여기에서 음조 단위는 문법적 단위로서 절과 일치하며 주제는 구요소와, 평언은 신요소와 일치한다.

맥락을 통해 문어를 구요소와 신요소의 관점에서 분석할 수 있기 때문에 구요소와 신요소의 경계를 정하는데 있어 맥락이 중요하다. 구어와 마찬가지로 문어에서도 어떤 정보가 이전에 소개되었는지 아닌지의 여부를 정하기 위해 맥락을 참고할 수 있다. 더욱이, 정보 상태를 표시하기 위해서 사용되고 있는 많은 기제들은 구어와 문어 모두에 보편화되어 있다. 예를 들면 구어 영어와 문어 영어 모두 한정성(definiteness)

은 보통 구정보와 연관되며 비한정성(indefiniteness)은 신정보와 연관이 있다. 'The girl walked into the room(그 소녀가 방으로 걸어 들어갔다)'의 경우 대부분의 맥락에서 'the girl'의 정체는 이미 정해져 있다. 이 문장은 'A girl walked into the room(한 소녀가 방으로 들어갔다)'과는 대조를 이루고 있으며, 'a girl'이 포함된 문장은 새로운 실체를 담화에 도입하고 있다. 마찬가지로 구어와 문어 영어에서의 구정보는 문법적으로 다른 정보에 종속되는 경향이 있다. 'Heseltine's appointment as Minister of the Environment came as no surprise(히셀틴이 환경부 장관으로 임명된 것은 놀라울 게 없었다)'에서 'Heseltine's appointment'라는 사건은 구정보로 제시되므로 독자는 그것에 대해 알고 있으리라 추정된다. 일반적으로 영어에서 신정보가 나오는 위치가 바로 술부이기 때문에 만약 'Heseltine's appointment'라는 사건이 신정보라면 술부에 따로 제시되어야 한다. 즉 'Heseltine has been appointed as Minister of the Environment. This comes as no surprise(히셀틴은 환경부 장관으로 임명되었다. 이 점은 놀라울 게 없었다)'가 된다. 많은 언어에서 구정보를 표시하기 위한 통사적 기제로 종속관계를 사용하는 것은 정보 구조의 보편적 특질이기도 하다. 예를 들면 Maynard(1981)는 일본어의 구정보 또한 종속적이 되는 경향이 있다고 말한 바 있다.

어떤 항목은 그 의미로 인해서 본질적으로 구정보가 되기도 하는데 이는 구어 영어와 문어 영어뿐만 아니라 대부분의 언어에도 일반적으로 적용된다. 대명사가 가장 두드러진 경우로 1인칭과 2인칭 대명사는 맥락에서 구정보로 결정되는 대표적인 예이다.

강세는 문어에서 사용될 수 없기 때문에 이와 유사한 기능을 수행하기 위해서 복잡한 통사적 기제를 사용해야 한다. 예를 들면 영어의 분열 구조와 의사분열문의 경우(술부 주제와 일치 주제에서 논의하였음. 5.1.1.3 참조) 가장 중요한 기능 중 하나는 정보 상태를 표시하는 것이

다. 분열 구조에서 주제 자리에 있는 항목은 신정보이며 평언 자리의
항목은 구정보이다. 다음은 *Morgan Matroc*의 소책자(부록 2)에서 인
용한 예문이며 새로운 항목은 밑줄을 그어 표시하였다.

And yet there are some customers who in their search for a suitable
material prefer to study complex tables of technical data. It is <u>for such</u>
<u>customers</u> that we have listed the properties of Matroc's more widely
used materials.
(그러나 자신들에게 적당한 재료를 찾기 위해 복잡한 기술 자료집을 조
사하는 고객도 몇 명 있다. <u>바로 이러한 고객을 위해</u> 매트로사는 보다
널리 사용되는 당사만의 자료의 특성을 열거하고 있다.)

위 구조를 간단히 설명하자면 'It is for X that we have listed the
properties … (바로 X를 위해 당사는 자료의 특성을 열거했다)'가 되며 여기
에서 구정보로 제시되는 요소는 'we have listed the properties … for
X(당사가 X를 위해 자료의 특성을 열거했다)'이고 신정보 요소는 'X = such
customers(X는 그러한 고객이다)'가 된다. 이 분열문과 *The independent*의
의사분열문을 비교해 보도록 한다.

Lonrho has been informed that the report made no criticism of its
conduct.
What Mr Rowland wants is <u>the early publication of this report</u>.
(로우랜드가 바란 것은 <u>신속히 이 자료를 공표하는 것</u>이었다.)

여기에서 구정보는 로우랜드가 무엇인가를 원한다는 것이며, 신정보는
이 무엇인가에 해당하는 것, 즉 이 자료를 신속히 공표하는 것이다.
 번역가가 구정보와 신정보를 표시하는 특정한 통사 구조적 기능을

인식하지 못한다면 번역상 불필요한 전환이 생길 수 있다. 다음의 사례는 *Arab Political Humour* (Kishtainy, 1985: x)에서 발췌한 것으로 영어가 원천텍스트이다.

원천텍스트(영어)

The kind of joke related by any man is a good indicator of his character, mood and circumstance — a fact which is as valid when applied to the nation as a whole. It is a general picture this book tries to depict rather than the detailed idiosyncrasies of any political leader.
(남자와 관련된 이러한 농담은 그 사람의 성격, 기분, 상황을 잘 보여준다. 대체적으로 국가에 적용해 봐도 타당성이 있다. 이 책이 묘사하려는 것은 정치 지도자의 세부적인 특성이 아니라 바로 일반적인 모습이다.)

목표텍스트(아랍어) — 역번역

. . . And this general picture is, primarily, that which we attempt to draw in this book, not the detailed personal characteristics which distinguish any of the political leaders.
(... 그러므로 이러한 일반적인 모습이 주로 우리가 이 책에서 그리고자 하는 것이며, 어떤 정치지도자를 구별하는 세부적인 개인적 특성이 아니다.)

위의 영어 분열문을 아랍어로 정확하게 옮기면 상당히 부자연스러우며 선택한 구조 또한 어색하다. 부자연스러움은 차치하고라도 영어의 분열문에서는 'general picture(일반적인 모습)'를 주목할 만한 신정보로 제시하는데 아랍어 번역에서는 이것을 구정보로 첫 번째 요소가 되게 배치함으로써 원문의 정보 구조를 왜곡하고 있다. 영어의 분열문은 (모든 책이 다 그렇듯이) 이 책이 무엇인가를 묘사하려고 하고 있다는 가정을 구정보로써 꽤 적절히 제시하고 있다. 반면에 아랍어 번역문은 'general picture'를 구정보로써 제시하며 이러한 일반적 모습에 대한 정의 또는 확인을 술부에서 신정보로써 제공한다. 정보 구조의 전환은 아랍어에서 유표적이지만 자연스러운 구조인 의사분열문 구조를 이용했더라면 피할 수 있었을 것이다. 위의 메시지를 'What we are attempting to draw in this book is a general picture, not ... (우리가 이 책에서 그리고자 하는 바는 일반적인 모습이며, ... 아니다)'처럼 바꾸어 말하면, 그 순서는 바뀔지라도 관련 요소의 구·신정보 상태는 유지할 수 있었을 것이다. 이 같은 의사분열문은 첫 부분인 'we are attempting to draw something in this book(우리는 이 책에서 무엇인가를 그리려고 한다)'이 구정보이며, 'this something is a general picture(이러한 무엇인가는 일반적인 모습이다)'는 신정보임을 표시한다.

 강세는 문어에서 사용될 수 없지만 강조와 관련된 구조에서는 가능하다. 예를 들어 'I **did** see him(그를 정말 봤어)'에서처럼 'DO'가 강조를 위해 쓰인 경우, 강세는 주로 'DO'에 있다고 생각한다. 이는 조동사가 반복되는 경우, 특히 축약될 수 있는데도 축약되지 않고 쓰이는 경우에도 마찬가지다.

 A: It's about time you went home(너 집에 갈 시간이 된 것 같아).
 B: I *am* going(나 정말 간다). (참고. I'm going. '나 간다')

통사적 구조와는 별도로 구두점 역시 문어의 정보 구조를 표시하는 장치로 사용될 수 있다.[18] 예를 들면 한정적 관계사절과 비한정적 관계사절을 구별하는 데 사용되는 경우로, 전자는 'He was waving to the girl who was running along the platform(그는 역을 따라 달리는 소녀에게 손을 흔들고 있었다)'이며, 후자는 'He was waving to the girl, who was running along the platform(그는 그 소녀에게 손을 흔들고 있었으며, 소녀는 역을 따라 달리고 있었다)'을 들 수 있다. 전자의 예에서 'who was running along the platform'은 'the girl'을 한정하기 때문에 신정보가 추가되지 않는다(신정보가 된다면 소녀를 확인하는 방법으로서 유용하지 않다.) 후자의 예에서 쉼표는 동일한 관계사절이 신정보임을 나타내는 표시로 사용되고 있다.

위의 논의는 문어에서 필요한 경우 정보 상태를 알려주는 선명한 신호가 사용될 수 있다는 점을 암시한다. 언어마다 정보 구조를 표시하기 위해 다른 기제를 사용하고 있기 때문에 번역가는 번역하는 언어에서 사용하는 다양한 표시 체계에 민감해야 한다. 물론 다양한 언어에서 정보 상태를 표시하는 방법에 대해 연구된 바가 많지 않기 때문에 말하는 것보다 실제로 행하는 것이 더 어렵다. 대부분의 텍스트언어학 분야에서와 마찬가지로 언어학자들은 영어의 표시 기제를 분석하는데 전력을 쏟은 후, 그 분석에서 유추한 내용을 다른 언어에 적용하려는 경향이 있다. 한 예로, Chafe는 구정보의 표현을 다음과 같이 요약하고 있다.

> 영어와 <u>아마도 모든 언어에서</u> 구·신정보의 구분에서 얻는 중요한 언어적 효과는 구정보가 신정보에 비해 더 약한 방식으로 전달된다는 사실이다. 이러한 약화성은 두 가지 중요한 방법으로 표현될 수 있다. 즉 구정보는 신정보에 비해 낮은 음조와 약한 강세로 발음되며, 대명사화되기 쉽다는 점이다.
> (1976: 31; 필자 강조)

Brown과 Yule(1983: 189)은 '화자는 일반적으로 약화된 통사적 및 음성적 형태를 통해 구정보를 지시한다'고 주장하면서 Chafe의 관점에 동의하고 있다. 이들의 설명이 영어와 아마도 많은 언어에 잘 적용될지도 모른다. 그러나 이 설명이 모든 언어에 다 적용되는 것은 아니다. 예를 들면 일본어에서 대명사화가 드문 현상이라는 점은 너무나 유명하며 구정보를 표시하는 데 중요한 역할을 거의 하지 못한다. 반면 일본어를 포함한 일부 언어는 특별한 접사를 사용하여 구정보와 신정보를 표시하거나 혹은 주제 요소와 비주제 요소를 표시한다. 하지만 이러한 특질을 약화 현상이라는 관점에서 설명하기란 어렵다. 중국어(Tsao, 1983)나 프랑스어(Paula Chicken, 개인 접촉) 같은 언어에서는 강세와 억양이 신정보를 표시하는 기제로 사용하지 못한다. 중국어와 프랑스어는 어휘적 및 통사적 기제에 의존하여 정보 상태를 표시하기 때문이다. 예를 들면, 중국어에서 각각 구정보와 신정보를 반영하는 한정성과 비한정성은 전형적으로 어순에 의해서 표시된다.

> 중국어의 한정성을 나타내는 가장 평이한 방법은 어순 배열을 이용하는 것이다. 또한 가장 보편화된 원칙은 문장의 본동사 앞에 나오는 명사는 한정되는 경향이 있는 반면, 본 동사 뒤에 오는 명사는 한정적이지 않을 수도 있다.
>
> (Tsao, 1983: 104)

핀란드어 또한 관사체계가 없는 언어이다. 핀란드어는 격어미와 어순을 이용하여 한정성과 비한정성을 표시한다(Sunnari, 1990). 이러한 종류의 표시체계는 약화이론을 지지하지 못할 수 있다. 마찬가지로 약화이론은 정관사는 있지만 명백하게 비한정성을 표시하는 체계는 없는 아랍어에는 적용될 수 없다고 주장할 수도 있다. 영어와 마찬가지로 이러한 언어들은 구정보를 나타내는 표시로써 한정성을 사용하고 신정보의 표시로 비한정성을 사용하는 경향이 있다. 그러나 약화된 통사 구조로 규칙적으로 지시되는 것은 구정보가 아닌 신정보이다.

5.1.2.2 구정보를 결정하는 방법

정보 상태의 표시를 확인하는 작업은 분명 번역과 연관있는 정보 구조
의 한 영역이다. 번역문제를 일으키는 또 다른 영역은 어떤 정보 항목을
구정보로 처리해야 할 때와 그렇지 않을 때를 결정하는 능력과 관련된다.

일반적으로 구요소는 이미 언급한 적이 있기 때문에 회복 가능한 요소
이다. 이는 207쪽에서 제시한 질문에 대한 답의 여러 요소를 구요소나
신요소로 표시하는 원리가 된다. 하지만 화자는 여러 다른 이유로 인해
정보를 이미 알고 있는 것으로 다룰 수 있다. 구정보는 예측 가능할 수도
있고, 1인칭 대명사의 경우처럼 맥락상 분명할 수도 있다. Chafe는 구정
보를 설명하기 위해 복원성, 예측가능성, 선명성과 같은 다양한 개념을
사용하는 대신 구정보의 핵심은 의식의 개념에 있다고 주장한다.

> 구정보는 화자가 발화시에 청자의 의식 속에 존재하리라 추정하는 지식
> 이다. 소위 신정보는 화자 자신이 말을 함으로써 청자의 의식 속에 도입
> 한다고 가정하는 지식이다.
>
> (1976: 30)

> 화자와 청자 자신들이 규칙적으로 구정보로 인식되고 'I'와 'You'로 각
> 각 대명사화된다는 사실은 같은 생각에서 나온다. 즉 화자는 청자를 알
> 고 있고 청자는 화자를 알고 있다.
>
> (1976: 31-2)

몇몇 번역과 관련된 활동들, 즉 요약, 확장, 혹은 텍스트에서 어떤 항
목과 그 항목을 계속 언급하는 것 사이에 간격을 삽입하거나 삭제하는
다시쓰기 형태에는 한 가지 중요한 의문이 있다. 어떤 요소가 청자의
의식 속에 얼마나 오랫동안 남아있다고 추정할 수 있는가? 즉, 어떤

상황에서 이미 언급된 항목을 새로운 것으로 다시 소개해야 하는가?
Chafe는 어떤 항목이 청자의 의식 속에 남아있을지 여부를 결정하기
위한 두 가지 변수가 있다고 제시한다.

> 그 항목이 언급되지 않은 문장이 얼마나 많이 중간에 끼어있는지가 하
> 나의 명백한 변수가 되지만, 더 흥미로운 것은 장면 전환과 같은 담화
> 경계의 영향이다. 담화 경계지점에서 항목의 전체집합이 이전 집합을
> 밀어내면서 청자의 의식 속으로 들어간다고 추정할 수 있다.
>
> (1976: 32-3)

다음은 두 가지 변수 즉 끼어있는 문장의 수와 장면 전환의 영향을 설
명하기 위해 *Autumn of Fury: the Assassination of Sadat* 『분노의 가을
-사다트의 암살』(Heikal, 1983)에서 발췌한 예문이다. 이 책의 원문은
영어로 쓰였으며 후에 저자 자신이 상당히 많은 사항을 추가하여 아랍
어로 번역하였다. 추가한 사항에 대한 설명은 7장에서 논의하도록 한
다. 발췌문은 사다트 대통령의 암살에 이은 사건을 설명하는 부분이다
(영어원문: 271쪽; 아랍어 번역문: 527-31쪽). 구정보에 대해 현재 논의
와 관련된 항목에는 밑줄을 그었다.
　Heikal에 따르면 사다트는 아내 지안과 함께 헬리콥터를 탔다. 하지
만 이 헬리콥터는 병원으로 곧장 가지 않고 사다트의 집에 먼저 들른다.

원천텍스트(영어)

Jihan is known to have rushed into the house and put through <u>two
telephone calls</u>(두 곳에 전화를) to the United States. <u>One was to her
elder son Gamal</u>(한 번은 장남 가멜에게), who was then in Florida. She

learnt that Gamal had gone with some friends to an island off the coast of Florida, so she told the person who answered the telephone to get hold of him immediately at any cost and <u>tell him to call his mother(어머니에게 전화하라고 전해달라며)</u> on a matter of the greatest urgency. Who the other call was to Jihan has never revealed, but it is certain that it must have been someone of the highest importance, and that her purpose was to obtain from the most authoritative source possible some outside indication of what was happening in Egypt. After these two telephone calls had been made Jihan rejoined the helicopter which continued its course up the Nile to the Maadi hospital.

The official report from the hospital stated that when the President arrived he was in a state of complete coma, with no recordable blood pressure or pulse, 'the eyes wide open, with no response to light', and no reflexes anywhere. The report went on to list his injuries, which included two bullet entrances under the left nipple, one entering below the knee and exiting at the top of the left thigh, as well as several wounds in the right arm, chest, neck and round the left eye. There was 'a foreign substance which can be felt by touch under the skin of the neck', which was presumably the first and fatal bullet fired by Abbas Mohamed. The doctors detailed the attempts made at resuscitation, but by 2.40 it was concluded that there was no activity in either heart or brain and that the President must be declared dead. The cause of death was given as shock, internal haemorrhage in the chest cage, lesions in the left lung and all main arteries. The report was signed by twenty-one doctors.

Form the outset Jihan had realized that there was no hope of her husband's survival. As she waited outside the room where the doctors were operating <u>the call(전화가)</u> came through from Gamal in Florida.

위의 중간 단락은 병원에 도착했을 때의 사다트의 상태와 의사의 진단을 종합한 것으로 아랍어 번역에는 세 쪽에 걸쳐 나와 있다. 더불어 부상에 대한 모든 기록을 따로 떼어 별도로 제시한 뒤 상단과 하단에 각각 별 세 개 씩을 표시하여 구분하였다. 그러므로 화제나 장면의 변화를 명백하게 표시하여 독자가 알 수 있도록 하였다. 아래의 요약본은 이 주된 차이를 보여준다.

아랍어 번역문의 527-31쪽에서 선별한 아랍어 번역문의 역번역 예문은 다음과 같다.[19]

목표텍스트(아랍어) ― 역번역

... Some reliable sources report that the President's wife, Mrs Jihan, rushed to the telephone to make <u>some telephone calls</u> to the United States. Among these was definitely <u>a call to her only son Gamal</u>, who was then in Florida. During <u>the call</u> she discovered that Gamal had gone with some of his friends to an island on the coast of Florida. She asked the person who answered her to try and find him as soon as possible and to <u>ask him to contact her</u> in Cairo immediately as there is an extremely urgent matter she needs to talk to him about. There were other telephone calls that Mrs Jihan made to the United States ...

*   *   *

The official report of the Maadi Hospital states that when Sadat arrived at the hospital and was examined he was in a state of complete coma. The official report issued by the Maadi Hospital was as follows:

[진단보고서가 세 쪽에 걸쳐 있으며 의사들의 서명으로 끝을 맺고 있음]

*   *   *

Mrs Jihan was waiting outside the examination room, knowing in her heart of hearts that her husband has departed. <u>A telephone call</u> came from the United States. It was her son Gamal on the line calling from Florida ...

아랍어 번역문의 마지막 단락은 영어 원문과는 달리 장남인 가멜과 어머니간의 전화 통화를 새로운 정보로 다시 소개하고 있다. 아랍어에서는 이를 비한정명사구, 즉 'the call(그 전화)'이 아니라 'a telephone call (전화 한 통)'을 사용하여 표시하고 있다. 저자나 번역가가 세 쪽을 삽입하고 장면이나 화제에 대해 명백하게 유표적인 전환을 시켜 놓은 후 이러한 정보 항목이 독자의 의식 속에 남아있다고 기대하는 것은 타당치 않았을 것이다.

마지막으로 염두에 두어야 할 점은 구정보는 화자에 의해 정해지며, 구정보 그 자체로는 반드시 언어적 혹은 언어 외적 상황의 실재와 관련이 있지는 않다는 점이다. 화자는 어떤 요소가 청자의 의식 속에 존재한다고 추정할 충분한 근거가 없을 때 조차도 그 요소를 구정보로써 제시할 수 있는데, 수사학적인 이유나 정치에서 흔히 볼 수 있는 책략이 이에 해당된다. 어떤 정보를 구정보로 제시한다는 것은 이 정보가 이미 정해졌고 동의된 바 있기 때문에 재고의 여지가 없음을 의미한다. 이와 마찬가지로 이미 언급된 바 있는 요소도 새로운 요소로 제시될 수 있는데, 이 요소가 전혀 예기치 못한 경우이거나 화자가 이 요소를 대조적인 관점에서 제시하고자 하는 경우이다.

5.1.2.3 유표적 및 무표적 정보 구조

정보 구조는 적어도 영어의 주제 구조와는 달리 요소의 배열순서로 실현되지 않고, 주로 음조로 표현된다. 무표적 정보 구조에서의 정보는 주제를 제외한 다른 것에 초점을 맞추는데, 이는 평언 전체가 될 수도 있고 평언의 일부가 될 수도 있다. 예를 들면 'John was appointed Chairman(존은 의장으로 임명되었다)'에서 음조 강세는 보통 'Chairman'에 온다.

// Jonn was appointed <u>Chairman</u> //

위의 정보 구조는 발생한 일이나 존이 무엇으로 임명되었는가에 대한 진술 의미를 메시지에 담게 된다.

화자는 화자 자신이 메시지에 대한 책임이 있다고 생각하는 곳에 따라 다른 선택을 할 수 있다. 예를 들면, 정보 초점을 'John'에 맞출 수도 있는데 이런 경우 메시지는 의장으로 지명된 사람은 '누구인가'라는 진술문으로 이해되며 놀라움이나 대조를 내포할 수 있다:

// <u>John</u> was appointed Chairman //

유사하게 초점을 'was'에 두고 발화의 사실에 강세를 줄 수도 있다.

// John <u>was</u> appointed Chairman //

문어의 유표적 정보 구조는 활판 인쇄술이나 구두점 기제로 표시되는 경우도 있다. 다음 예문은 Agatha Christie의 *Crooked House*(1949)에서 발췌한 것인데 이탤릭체를 사용하여 정보 초점이 맞춰지는 요소를 강조하고 있다:

'The family! Beasts! I hate them all.'

She looked at me, her mouth working. She looked sullen and frightened
and angry.

'They've been beastly to me always − always. From the very first.
Why shouldn't I marry their precious father? What did it matter to
them? They'd all got loads of money. *He* gave it to them. They
wouldn't have had the brains to make any for themselves!'

She went on:

'Why shouldn't a man marry again − even if he is a bit old? And he
wasn't really old at all − not in himself. I was very fond of him.
I *was* fond of him.' She looked at me defiantly.

(1959: 61)

여기에서 초점 'them, he, was'는 전에 언급된 적이 없기 때문에 신요
소가 되는 것이 아니라 어떤 면에서 대조가 된다는 점에서 새로운 요
소가 된다. 가령 마지막 항목인 'was'는 화자가 생각하기에 화자 자신
의 느낌에 대해 청자가 믿고 있는 바와 대조를 이룬다. 이 예문의 프
랑스어 번역문은 이탤릭체를 없앴다. 이미 언급한 바 있는 것처럼 프
랑스어는 절 요소를 강조하기 위해 음운적 강세를 사용하지 않는 대신
에 영어의 억양으로 전달되는 것을 표시하기 위해 어휘적 의미를 사용
하는 경향이 있다. 따라서 다음과 같이 바꿀 수 있다.

The English have changed

→ Les Anglais, eux aussi, ont évolué

위의 어휘적 항목 'eux aussi(게다가)'는 앞에 있는 항목 'Les Anglais'

를 강조하려고 강세를 대체한 것이다. 위 발췌문의 프랑스어 번역가는
이탤릭체를 사용하지 않고 비슷한 강조의 효과를 얻고자 마지막 문장
을 반복하고 있다.

> . . . D'ailleurs, il n'était pas vieux du tout! Il y a vieux et vieux. Je
> l'aimais bien.
> Comme me défiant des yeux, elle répéta:
> −Oui, je l'aimais bien. . . .

프랑스어 번역문에서는 원문에 있는 'je l'aimais bien(나는 그를 매우 좋
아해)'을 반복하지 않고 오히려 'elle répéta(그녀는 반복하였다)'를 붙여 반
복을 표시함으로써 강조하고 있다.

5.1.2.4 유표적 정보 구조와 유표적 평언

Halliday측 언어학자들은 유표적 주제에만 관심을 두었지 평언도 유
표적일 수 있다고는 생각지 않은 듯하다. 하지만 유표적 평언이라는
개념은 발화의 의사소통적 원동력을 설명할 때 유용할 수 있다. 예를
들면 화자나 저자가 메시지에서 첫 요소인 주제를 없애서 고의적으로
평언을 강조하는 경우도 있다. 다음 예문은 이러한 점을 보여주고 있
다.

원천텍스트(영어: *A Hero from Zero*, v쪽)

House of Fraser shares were highly sensitive to any rumours of a bid,
and we waited with caution and anxiety for the green light from the
ministry. <u>And waited</u>.

두 번째 문장의 주제는 당연히 'we'이지만 평언을 전치시키려고 생략되었다고 보는 게 타당할 듯하다. 절 내에 있는 것은 평언뿐이므로 독자의 관심이 평언에 집중된다. 유표적 주제와 유표적 평언의 기능적 차이를 보면 유표적 주제는 정보를 연결하는 요소를 강조하는 반면 유표적 평언은 메시지의 핵심인 요소를 강조한다.

위의 사례에서 'And waited'를 강조한 또 다른 이유는 이전 문장에서 이미 언급한 정보를 축어적으로 반복하는 데 있다. 따라서 이는 새로운 절로 담화가 이어질 것이라고 예상하는 독자에게 놀라움을 주는 효과가 있다. 이러한 경우에 그대로 정보를 반복하는 것과 새로운 내용으로 담화가 전개될 것이라는 독자의 기대감 간의 괴리는 메시지를 간접적으로 해석함으로써 해소된다. 이러한 특별한 경우에 우리는 'And waited'를 '우리는 계속 기다렸으나 아무 일도 없었다' 라든가 '우리는 소득도 없이 기다렸다'로 해석한다. 프랑스어에서는 위의 예문처럼 주제가 없는 절을 재생산할 수 없다. 프랑스어 동사는 직접적인 주어가 함께 와야 한다. 물론 이는 추상적인 체계로써의 영어 문법에서도 마찬가지이다. 그러나 프랑스어와는 달리 영어는 주제가 없는 문장을 많은 맥락에서 용인할 만하고 효과적인 것으로 여겨지는 상당히 일반화된 문체적 기제로써 사용한다. 프랑스어 번역문에는 이 해석을 명확히 표현하여('Nous attendîmes en vain' 축어적으로: 우리는 소득도 없이 기다렸다) 문제점을 해결하고 있다. 그러나 구정보+신정보로 번역했기 때문에 놀라움의 요소는 손실되었다. 아랍어 번역에서는 반복과 시간 표기를 섞어 사용하여 여전히 놀라움의 요소가 있다. 축어적으로는 'and waited-we then waited-we(그리고 기다렸다-우리는 그리고나서 기다렸다-우리는)', 즉 'we waited and then we waited <some more>(우리는 기다리고 기다렸다<얼마간>)'로 표현되며 '우리는 소득도 없이 기다렸다'라는 의미가 된다.

평언의 요소를 강조하기 위해 주제를 없애는 방법도 있지만 문어에
서는 구두점을 사용하여 특별한 절 요소의 배열을 어조군으로 표시하
기도 한다. Le Carré의 *The little Drummer Girl*(1983: 8)에서 발췌한
다음 예문을 살펴 보도록 하자.

As a further precaution, the addresses of Israeli staff were not printed in
official diplomatic lists for fear of encouraging the impulsive gesture at
a time when Israel was being a little hard to take. Politically.

'Politically(정치적으로)' 앞에 있는 마침표는 동시에 많은 일을 한다. 먼
저 마침표는 이전의 글에 대한 어조군이 끝이 나게 함으로써 이어지는
글을 별개의 정보 단위로 제시한다. 정보 단위는 신요소를 포함해야
하고 구요소는 선택적이다. 이러한 경우 하나의 완전한 정보 단위인
신요소는 단순 부사, 즉 'Politically'가 된다. 이 단순 부사는 그 자체로
특별하기 때문에 영어에서는 유표적이다. 둘째로, 'Politically'를 하나
의 정보 단위로 해석하기 위해서는 이것이 전치된 평언으로 의도된 것
이라고 생각해야 한다. 말하자면 주제 요소인 'Israel was being a little
hard to take'를 생략함으로써 맨 앞에 위치하는 평언이 되는 것이다.
셋째, 마침표는 이 지점에서 어조군이 끝나게 함으로써 앞의 평언이
전면에 나오게끔 한다. 마침표는 이전 정보 뭉치인 'was being a little
hard to take'에 더 큰 평언적 강조를 두고 있다.
　다음은 유표적 정보 구조의 사례로 에스티 로더사의 다양한 화장품
에 붙어있는 광고 전단에서 나온 것이다.

Extraordinary new colors.
Extraordinary new compacts.

ESTÉE LAUDER SIGNATURE.

Singular. Intense.
Privileged. Provocative.

Colors to astonish.
Make resistance impossible.

Consider them. Yours.
Like a fingerprint.

위의 예는 평언 요소를 앞으로 내세우며 상당히 유표적인 정보 구조를
형성하는 것으로 Le Carré의 *The little Drummer Girl*과 같은 전략을
사용하고 있다. 예를 들면 'Make resistance impossible(They/These colors?)'
처럼 평언을 전치시키기 위해 주제 요소가 생략되었다. 또한 마침표도
예상치 못한 곳에 삽입되어 독자에게 특정 요소를 완벽한 정보 단위로
간주하도록 한다. 특히 'Consider them. Yours'가 아주 효과적인 경우
로 이는 자동적으로 두 의미, 즉 'consider them', 'they are yours(그것들
에 대해 생각해 봐라. 그것들은 당신의 것이다)'와 'Consider them yours(그것
들이 당신의 것이라고 생각해 봐라)'로 해석된다. 이 중 첫 번째 해석만이 프
랑스어 광고 전단에 성공적으로 번역되었다(Regardez-les. Elles sont à
vous).
　정보 초점이 대부분 평언이나 평언의 부분에 맞춰지는 경향이 있
고, 무표적 정보 구조는 신요소 앞에 구요소를 놓게 되고 무표적 주
제 구조는 평언에 앞서 주제가 놓이기 때문에 주제는 구정보와 일치
하며 평언은 신정보와 일치한다는 점은 놀랍지 않다. 바로 이 점 때
문에 대부분의 프라그 학파 언어학자들이 주제에 대한 정의의 일부는
'구정보'이며, 평언에 대한 정의의 일부는 '신정보'라고 생각한다. 이

제 번역 활동과의 관련성을 알아보기 위해 대안적 관점을 살펴 보기로 한다.

5.2 정보 흐름에 대한 프라그 학파의 입장: 기능통사론

주제·평언과 구·신정보에 대한 프라그 학파의 입장은 Halliday의 입장과 크게 다르며 그 결과 이러한 범주가 담화에서 실현되는 방식에 대한 설명도 크게 달라진다. 이러한 접근법은 일반적으로 **기능통사론** (FSP: functional sentence perspective)이라고 한다.[20]

기능통사론은 통사론과 의사소통적 기능간의 상호작용을 탐구하는 연구 대부분을 개척한 일단의 체코 연구학자들이 발전시켰다. 기능통사론의 이론적 세부 사항은 다소 복잡하며 프라그 전통 자체 내에서도 별개의 여러 접근법이 존재한다. 그럼에도 불구하고 번역가는 이 대안적인 전통 내에서 제기된 주요 모형 중 적어도 한 개는 알고 있어야 한다. 우선, 기능통사론 접근법은 영어 외의 다른 언어들, 특히 어순이 비교적 자유로운 언어의 상호작용적 구성을 설명하는데 더 편리하다고 알려져 있다. 또한, 기능통사론의 이론은 종종 번역 문제 및 전략과 관련 깊은 논의의 기초를 형성하며(예 Hatim 1984, 1987, 1988, 1989; Hatim & Mason 1990), 기능통사론과 번역학의 연관성을 연구하는 사람들은 이 접근법에 대한 기본적인 지식을 당연한 것으로 여기는 경향이 있다. 그러므로 번역 문제를 정보 흐름과 연관 지어 해결하거나 적어도 발견하는데 관심 있는 번역가들에게는 이 이론이 유용하리라고 기대하면서, 기능통사론 모형의 일반적이고 간략한 개요를 아래와 같이 제시한다.[21]

기능통사론 이론은 상호작용이라는 의사소통적 목적 때문에 절이나 문장의 구조가 서로 다른 종류의 관점에서 기능한다는 점을 주요 전제로 한다. 이 접근법의 주요 지지자 중 한 명인 Jan Firbas[22]는 다음과 같은 예를 든다. 'John has been taken ill'과 같은 문장은 의사소통 배경이 달라져도 여전히 변하지 않는 특정 통사 구조를 가진다. 그 구조는 문맥상 의사소통의 목적에 따라 특정 종류의 관점에서 기능한다. 예컨대 어떤 사람의 건강 상태에 관한 진술로 기능할 수도 있고(John has been taken <u>ill</u>), 영향을 받은 사람에 대한 신원 확인으로 기능하거나(<u>John</u> has been taken ill), 전달된 정보가 정말 유효한지 확인하는 기능을 할 수도 있다(John <u>has</u> been taken ill). 이 예에서 Firbas가 기능통사론으로 묘사하는 것은 Halliday식 모형에서는 순전히 정보 구조의 관점에서 분석된다는 점에 유의해야 한다.

Firbas 모형에서는 절에서 어떤 요소가 주제이고 비주제인지를 결정하는 비이분법적인 개념을 통해 주제·평언 개념과 구·신정보 개념을 보충한다. 이것이 바로 **의사소통적 역동성**(CD: communicative dynamism)의 개념이다. Firbas(1972: 78)는 이 개념을 다음과 같이 설명한다.

> 의사소통적 역동성 … 은 언어적 의사소통이 정적인 현상이 아니라 동적인 현상이라는 사실에 기초한다. 나는 CD에 의해 의사소통의 특질을 이해하는데, CD는 전달될 정보의 전개 과정에 나타나며 이러한 전개를 진척시킨다. 나는 언어 요소가 전달하는 CD의 정도에 따라 그 요소가 의사소통 전개에 기여하는 정도를, 말하자면 그 요소가 '의사소통을 진척시키는' 정도를 이해한다.

Firbas는 CD 개념을 담화에서 주제·평언과 구·신정보를 찾는 문제와 관련짓기 위해 다음과 같이 주장한다. 하나의 절은 서로 다른 종류의 요소들로 구성된다. 일부 요소는 다른 요소들이 메시지를 전달할 수 있는 기초를 마련한다. 이러한 기초 마련 요소는 문맥 의존적이며 주제를 구성한다. 이 요소가 전달하는 CD는 낮은데, 문맥 의존적이라서 의사소통을 진척시키는데 중요한 역할을 하지 않기 때문이다. 'John has been taken ill'(John의 건강 상태에 대한 진술)을 예로 들자면, 기초 마련 요소는 'John'이다. 나머지 요소는 정보를 완성하고 그 발화의 의사소통 목적을 달성한다. 이러한 핵심 구성 요소는 비(非)주제를 구성하며 문맥 독립적이고 전달하는 CD의 정도가 더 높다.

이상의 내용에 비추어 볼 때 Firbas가 주장하려는 것은 주제는 문맥 의존적인 항목으로, 평언은 문맥 독립적인 항목으로 구성된다는 점이다. 하지만 그는 우리가 간단히 살펴보게 될 이후의 저작에서 이 입장을 약간 수정한다. 또한 이 단계에서 문맥 의존과 독립에 대한 Firbas의 개념은 Halliday의 구·신정보 개념보디 훨씬 더 제한적이라는 사실을 지적하는 것도 중요하다.

> 문맥 의존적인가 독립적인가 하는 문제는 매우 제한된 기준에 따라 판정된다. 직접 관련된 언어 문맥이나 상황 문맥에 존재하지 않는 정보의 종류나 상은 회복될 수 없다고 여기며 따라서 문맥 독립적인 것으로 간주한다.
>
> (Firbas, 1987: 30-1)

그러므로 Firbas의 문맥 의존과 독립 개념은 순전히 언어적인 것이며, Halliday의 개념처럼 의사소통의 심리적 측면까지 확장하지는 않는다.

Firbas는 계속해서 비(非)주제가 두 요소, 즉 전이(transition)와 평언으로 구성된다고 설명한다. 전이는 절의 기초 마련 부분과 핵심 구성 부분을 연결하는 기능을 수행하는 요소들로 이루어진다. 대개 동사의 시제와 서법을 설명해 주는 요소들로 구성되는데, 이는 '특히 전이적인 요소로써 비(非)주제 내에서 가장 낮은 CD를 전달하는 진정한 전이'이다(Firbas, 1986: 54). 위에 제시한 예문 'John has been taken <u>ill</u>' 에서 전이는 'has been + -en'이 된다. 또한 전이는 'be'나 'seem'같은 연결 동사나, 또는 절의 기초 마련 요소와 핵심 구성 요소를 단순히 잇는 역할을 주된 기능으로 하는 동사로 이루어지기도 한다. 예를 들 어 'The weather is fine'에서는 날씨가 어떤지 진술하는 것이 이 발화 의 의사소통 목적이라고 가정할 때 일반적으로 'is'가 전이를 구성한 다. 평언은 메시지의 핵심을 나타내며 가장 높은 정도의 CD를 전달한 다. 평언은 정동사의 개념 성분과 메시지의 나머지 부분으로 구성된 다. 'John has been taken <u>ill</u>'에서 평언은 'take + ill'이고, 'The weather is <u>fine</u>'에서는 'fine'이 평언이 된다.

위에서 간단히 살펴본 전이 개념과는 별도로, 또한 동사를 대개 평 언의 일부로 여기는 Halliday식 접근법과 달리, 기능통사론 이론은 동 사 자체의 문맥과 의미 구조에 따라 그 동사가 갖는 지위가 주제인지 혹은 평언인지를 지정한다. 의미적으로, 동사가 가지는 개념 성분이 적을수록 그 동사는 기초 마련 요소로써 주제에 속하는 게 자연스럽 다. 매우 제한된 개념 요소를 지니며 주제를 메시지의 나머지 부분에 단순히 연결하는 기능만 하는 동사의 대표적 예는 연결 동사이다. 사 실 많은 언어에서(예컨대 아랍어와 러시아어) 'The weather is fine'에 해당하는 문장에는 동사가 없다. 영어에서도 일부 문맥에서는 연결 동 사를 생략하는 것이 가능하며, Le Carré의 *The Russia House*(1989: 18) 에서 발췌한 다음 예문에서 확인할 수 있다.

And in the corner of his eye — an anxious blue blur was all that she amounted to — this Soviet woman he was deliberately ignoring.

이 예는 연결 동사가 의사소통을 진척시키는 역할을 거의 혹은 전혀

하지 않으며 따라서 평언의 지위를 갖지 못한다는 견해를 지지하는 듯
하다.

문맥상, 이미 언급한 바 있는 동사의 개념 성분에는 주제의 지위가
부여된다. Scinto(1983: 80)는 다음과 같은 예를 든다.

> 다음 발화를 생각해 보자.
> Leander bought a new book(리앤더는 새 책을 샀다).
> 우리는 이 문장에 다음과 같은 질문을 제기할 수 있다. 리앤더는 무엇을
> 샀는가? 혹은 리앤더는 무엇을 했는가? 첫 번째 질문의 대답은 'a new
> book(새 책)'이고 두 번째 질문의 대답은 'bought a new book(새 책을
> 샀다)'이다. 이러한 대답이 보어 주는 바는 동사가 주제의 일부가 될 수
> 도 있고 평언의 일부가 될 수도 있다는 점이다. 첫 번째 질문의 경우 동
> 사는 주제화되며, 두 번째 경우는 동사가 평언에 속하고 범주 동사, 즉
> 'do(하다)'로 대체된다.

물론 어떻게 질문하는가의 문제는 우리가 문맥을 통해 리앤더가 뭔가
를 샀다는 사실을 이미 알고 있는지의 여부에 따라 결정된다. 이러한
접근법은 대체로 주제를 문맥 의존적인 구요소와, 또한 평언을 문맥
독립적인 신요소와 동등시하는 경향이 있다는데 주목해야 한다. 그러
나 Firbas는 반드시 그렇지는 않다고 주장하면서 이러한 입장을 수정
한다.

> 나는 평언적 정보는 언제나 신정보이지만 주제적 정보는 구정보이거나
> 혹은 구정보와 신정보라고 생각한다. 다시 말해 구정보는 언제나 주제
> 적 정보이지만 신정보는 주제적 정보 혹은 평언적 정보이다.

> (1987: 46)

다시 말하면 Firbas는, Halliday와 마찬가지로 정보 단위가 '구요소+신요소'로 구성되거나 아니면 오직 '신요소'로만 구성될 수도 있음을 인정한다. 첫 번째 경우에는 구요소가 주제적 요소로, 신요소가 평언적 요소로 여겨질 것이다. 두 번째 경우에도 여전히 주제가 식별될 수 있어야 하며, Firbas의 관점에 따르면 이 주제는 가장 문맥 독립적이지 못한 요소, 즉 CD의 정도가 가장 낮은 요소가 될 것이다.

지금까지 논의된 정보의 흐름에 대한 Firbas의 접근법은 다음과 같이 요약할 수 있다. 절은 두 종류의 요소, 즉 기초 마련과 문맥 의존적 요소와 핵심 구성과 문맥 독립적 요소로 구성된다. 전자는 포함하는 CD의 정도가 낮고, 언제나 주제에 해당한다. 그러나 후자는 주제가 될 수도 있고 평언이 될 수도 있다. 절은 전적으로 문맥 독립적인 요소만으로 구성될 수 있다. 이 경우 주제는 CD의 정도가 가장 낮은 요소이며, 평언은 CD의 정도가 가장 높은 요소가 될 것이다.

5.2.1 선형 배열과 기능통사론의 주제 구조

이제 Halliday측 언어학자들과 달리 기능통사론 이론가들은 주제와 평언이 주로 절 내에서의 상대적인 위치에 따라 실현된다고 보지 않는다는 점이 분명해졌을 것이다. 이는 기능통사론 학자들이 어떤 발화의 의사소통 기능을 표시하는데 순차 배열이 담당하는 역할을 인정하지 않는다는 말이 아니다. 예컨대 Firbas는 'CD의 기본적인 분포는 가장 낮은 정도의 CD를 전달하는 요소부터 시작하여 점차 가장 높은 정도의 CD를 전달하는 요소로 나아가는 일련의 요소들로 인해 이루어진다'고 주장한다(1974: 22). 이는 일반적으로 주제가 평언보다 먼저 나온다는 말과 거의 비슷한 주장이다. 그러나 동사가 주제적 요소일 수도, 평언적 요소일 수도 있다는 상기의 간단한 논의에서 알 수 있듯이,

기능통사론 이론가들은 의미 구조와 문맥 또한 CD의 분포를 결정하는 요소로 인정한다. 따라서 의사소통적 역동성(CD)은 선형 수식(즉 위치의 단계적 변화, 통사론), 의미 구조, 문맥이라는 세 가지 요인의 상호작용을 통해 성취되는 것으로 보인다. 의미 구조와 문맥은 선형 수식과 '같은 방향으로 작용하거나 반대 방향으로 작용'하지만(Firbas, 1974: 22), 둘 다 계층적으로 선형 수식보다 우위에 있다. 예를 들어, 대조적으로 제시되는 경우를 제외하면, 대명사는 문맥 의존적이기 때문에 절의 어느 지점에 위치하느냐에 관계없이 언제나 낮은 정도의 CD를 전달한다. 기능통사론 이론에서는 'I gave the book to him'이나 'I gave him the book'에서 'him'은 대개 주제적 요소로 본다. 이와 유사하게 대부분의 문맥에서 한정적 표현은 주제적 요소로, 미한정 표현은 평언적 요소로 본다. Firbas(1986: 58)의 다음 예는 선형 배열보다 문맥이 우선시된다는 사실을 보여준다. 평언적 요소는 이탤릭체로 표시하였다.

(1) *A heavy dew* (Rh) had (TME) fallen (Th; TME).

(2) The grass (Th) was (TME) *blue* (Rh).

(3) *Big drops* (Rh) hung (TME) on the bushes (Th).

(Rh = 평언, TME = 시간 서법 요소/전이, Th = 주제)

기능통사론 관점에서의 절 요소 분석은 분명히 복잡한 작업이며, 적용하거나 따라하기가 Halliday 체계처럼 쉽지 않다. 그러나 전에 설명했듯이 기본적인 기능통사론 접근법을 이해하고 있으면 일부 문맥에서는 유용하게 사용할 수 있을 것이다.

5.2.2 선형 배열과 기능통사론의 유표 구조

기능통사론 이론가들은 문장 위치를 절 요소에 주제 지위를 부여하는 유일한 기준으로 받아들이지 않기 때문에 동일한 메시지를 전하는 서로 다른 두 가지 결합방식에 대해 동일한 주제 분석을 내릴 수 있다. 예를 들어 'In China the book received a great deal of publicity'와 'The book received a great deal of publicity in China'는 동일한 방식으로 분석된다. 주제 · 평언 지위에 차이가 있음을 알리기 위해 강세가 사용되지 않는 한 두 결합방식 모두에서 'In China'가 평언으로 간주될 것이다. 이 분석을 Halliday식 접근법과 비교해 보자. Halliday식 접근법에 따르면 'In China'는 두 번째 예에서는 평언으로, 첫 번째 예에서는 유표적 주제로 여겨진다. 기능통사론 이론에서는 또한 '유표적 주제'에 대해 명확하게 말할 수 없다. 어떤 요소를 절의 앞자리에 두어 유표적 주제를 만드는 문제는 앞자리가 주제를 위한 자리라는 가정을 하고 있기 때문이다. 그러나 기능통사론 이론가들은 모든 언어에 유표 구조와 무표 구조가 있다고 인정한다. 또한 Halliday의 설명과는 다소 다르긴 하지만 주제 · 평언의 관점에서 두 구조의 차이점을 설명하려고 시도한다.

아주 간단히 말해 Mathesius와 Firbas 같은 프라그 학파 언어학자들에 따르면 상호작용의 본질상 주제 다음에 평언이 따라 나오는 게 메시지 구성 요소들의 일반적이고 무표적인 순서이다. 주어를 먼저 밝힌 뒤 그 주어에 대해 이야기하는 메시지가 반대 순서로 진행되는 메시지보다 훨씬 이해하기 쉽다. 이 연구 분야의 선구자 중 한 명인 Weil(1844, Firbas(1974)에서 논의)은 발화의 주어라는 첫 개념(주제)으로부터 발화 목적(평언)으로 이동한다는 것은 사고 자체의 이동을 나타낸다고 주장했다.[23] 따라서 주제 + 평언 순서로 메시지를 구성하는 것이 무표적이고 일반적인 순서이다. 더 나아가 Weil은 이러한 일반적인 순서에서 벗어나는 경우도 발생한다고 주장하면서, 메시지의 평언-주제 조직을 '정서적 순서'라고 불렀다(Firbas, 1974). 정서적 순서는 유표적이며, 어떤 종류의 정서를, 예컨대 대조적이라든가 모순되는 정서 등을 전달하는 기능을 한다. 메시지를 직접적인 방식으로 전달하는 대신에 정서적 순서를 사용하면 화자는 그 메시지에 어떤 정서를 추가할 수 있다. 따라서 'Well-publicized the book was' 같은 영어 절은 Halliday측 언어학자와 프라그 학파 언어학자 모두 유표적으로 여길 것이다. 그러나 Halliday측 언어학자는 이를 전치 주제＋평언 순서로 분석하는 반면에 프라그 학파 언어학자는 평언-주제 순서로 분석할 것이다.

그렇다면 우리는 여기에서 유표적으로 조직된 메시지로써의 절이 갖는 특성에 대해 두 가지 다른 설명을 얻게 된다. Halliday식 접근법은 이에 대해 어떤 요소를 주제로 만들기 위해 전치하는 것으로 설명하고, 프라그 학파 언어학자들의 접근법은 주제-평언 순서를 뒤집은 것으로 설명한다. 번역을 위해 중요한 것은 두 종류의 분석 모두 이러한 순서를 유표적인 것으로 인정한다는 점이다.

5.2.3 어순과 의사소통 기능간의 긴장과 번역 문제

기능통사론 학자들은 많은 언어에서 어순에 가해지는 제약들 때문에 결국 발화의 해석상의 배열과 일치하거나 일치하지 않을 수 있는 선형 배열이 나타난다고 주장한다. Firbas(1986: 47)는 다음과 같은 예를 제시한다. 각 발화는 항상 중립적인 문맥임을 가정한다.

해석상의 배열	선형 배열
I him used to know.	I used to know him.
Ich ihn habe gekannt.	Ich habe ihn gekannt.
Je l'ai connu.	Je l'ai connu.

Firbas가 사용한 구체적인 예와 상관없이, 이 견해는 대체로 어순이 상대적으로 자유로운 언어에서는 통사적 요구사항과 의사소통적 기능의 요구사항 간에 긴장이 한결 적다는 점을 암시한다. 반대로 어순이 상대적으로 고정된 언어에서는 통사 구조와 의사소통 기능 간의 긴장이 더 클 것이다.

어순 유형은 모든 언어에서 많은 기능을 수행한다. 통사적으로는 주어, 목적어 등의 역할을 지시하고, 의미적으로는 행위자, 대상자, 수혜자 등의 역할을 지시하며, 의사소통적으로는 정보의 흐름을 지시한다. 하지만 우리는 이것을 주제 · 평언, 구 · 신정보 혹은 의사소통적 역동성의 관점에서 표현하기를 바랄지도 모른다. 일부 언어학자들은 언어마다 어순 체계의 고정 정도에 따라 이러한 각각의 기능에 부여하는 우위가 다르다고 주장한다. Mathesius(Firbas에서 인용, 1974: 17)는 이런 점에서 영어와 체코어를 비교한 뒤, 영어에서는 문법 법칙, 즉 통사론이 어순 법칙의 계층에서 주된 역할을 한다며 '영어는 종종 기능통사론의 요구사항들을 완전히 무시할 정도로 이 요구사항을 맞추기가 거의 힘들다는 면에서 체코어와 다르다'고 결론 내린다. De Beaugrande와 Dressler (1981: 75)도 동일하게 주장한다.[24]

> 영어는 분화된 형태소 체계가 결여된 영역이 많기 때문에 어순 유형에 대한 제약이 심하다. 체코어는 형태소 체계가 더 풍부하기 때문에 체코어의 어순은 기능통사론을 훨씬 더 충실하게 따를 수 있다.

이와 유사하게 Johns(1991: 10-11)는 화제중심 언어와 주어중심 언어에 대해 '화제중심 언어에서는 주어중심 언어에서보다 선형배열이 CD 등급을 훨씬 더 밀접하게 따른다'고 주장한다. 이는 어순과 의사소통 기능에 대한 흥미로운 견해이다. 이러한 견해는 통사적 제약의 종류가 다르고 우위가 다른 언어들 간의 번역에는 필연적으로 정보 흐름의 유형이 크게 어긋나는 현상이 발생하기 마련이라는 점을 암시한다. 그렇다면 이렇게 어긋나는 현상을 최소화하기 위해 번역가들이 할 수 있는 일이 있을까라는 의문이 제기된다.

5.2.4 어순과 의사소통 기능간의 긴장을 최소화하기 위한 번역 전략

많은 언어학자들이 번역과 언어 학습에서 통사적 기능과 의사소통 기능간의 긴장을 해소하기 위해 다양한 전략을 제시해왔다. 여기에서는 이러한 전략들 중 일부를 탐색해보고, 가능한 곳에서는 번역테스트의 예문도 함께 제시한다. 논의한 전략은 주로 Johns(1991)와 Papegaaij와 Schubert(1988)에서 선정한 것이다.

전략1: 태의 전환

이 전략은 요소들의 순서를 바꾸기 위해 동사의 통사적 형태를 전환하는 것을 의미한다. 태의 범주가 있는 언어에서 태를 전환하는 경우가 좋은 예이다. Johns(1991)의 다음 예는 수동태를 능동태로 대치하는 전략을 포함한다. 물론 반대로 능동태를 수동태로 대치하는 전략도 가능하다.

예 A

포르투갈어 텍스트(*Ciência e cultura*, 1980, 32권 7호 936쪽)

Neste trabalho são apresentadas observações fenológicas sobre
In this paper   are presented   observations phenological about

Magonia   pubescens   St. Hil.
Magonia   pubescens   St. Hil.

영어 텍스트

This paper reports observations about the phenology of Magonia
pubescens St. Hil.

예 B

포르투갈어 텍스트(*Ciência e cultura*, 1980, 32권 7호 941쪽)

Estudaram-se a   morfologia e   a   histologia do aparelho
Were studied the morphology and the histology of system

reprodutor   masculino do camarão   de água   doce,
reproductive male   of prawn   of fresh water,

Macrobrachium   acanthurus (Wiegmann, 1836).
Macrobrachium   acanthurus (Wiegmann, 1836).

영어 텍스트

This paper deals with the anatomy and histology of the male
reproductive system of the freshwater prawn Macrobrachium acanthurus
(Wiegmann, 1836).

Johns는 수동태를 능동태로 대치하는 전략이 능동절의 주어를 보충해
야 하는 문제를 일으킨다는 점에 주목한다. 많은 유럽 언어에서 수동
구조는 비인칭과 연관있는데, Johns는 능동절의 구조가 이 비인칭성을

보존해야 한다고 정확히 지적한다. 위에 제시한 예에서 'This paper'를 주어로 선택한 것은 이러한 비인칭성의 조건을 만족시킨다.

능격 구조는 일부 언어에서 태의 전환과 유사한 전략을 제공하기도 한다. **능격성**(ergativity)이란 타동사의 목적어를 자동사의 주어로 사용하는 것을 의미한다. 'An explosion shook the room'과 'The room shook (with the explosion)'을 예로 들 수 있다. 이런 종류의 구조는 핀란드어 등의 일부 언어에서 쉽게 찾아볼 수 있다.

전략 2: 동사의 전환

이 전략은 동사를 완전히 전환하여 그 의미는 유사하지만 통사 구성은 달리 할 수 있는 다른 동사로 교체하는 것을 의미한다. 어떤 사건을 서로 다른 관점에서 기술하는 영어의 동사 쌍으로는 'give/get(주다/받다)'과 'like/please(좋아하다/기쁘게 하다)'를 예로 들 수 있다. 이런 동사들을 사용하면 종종 의미의 큰 변화 없이 절 요소의 순서를 재배열할 수 있다(참고. I like it '나는 그것을 좋아한다'와 It pleases me '그것은 나를 기쁘게 한다').

필자는 본인의 데이터와 Johns의 데이터에서 이 전략을 사용한 예를 전혀 찾아볼 수 없었다. 번역가들이 이 전략을 꺼려하는 이유는 어느 정도 이해가 된다. 'I like it'과 'It pleases me'와 같은 예는 오직 이론상으로만 '등가'를 이루며, 사실상 두 가지 선택 사항 중 하나는 매우 부자연스러운 경향이 있는데, 'It pleases me'가 이 경우에 해당한다. 각 언어는 고유한 어법과 관용구가 있으며, 이 기준 때문에 문법적 순서 면에서는 사용 가능할 수도 있는 많은 선택 사항들이 제외된다.

그러나 'like/please'보다 더 자연스러운 대안을 제공하는 상호적인 쌍도 존재한다. 예를 들어 'I bought it from John'과 'John sold it to

me', 또는 'I received/got a letter from John'과 'John sent me a letter'
는 영어 어법에 관한한 똑같이 '자연스럽다'. 물론 이런 표현들의 '수
용성'은 각 표현이 사용되는 문맥에 의해 결정된다.

전략 3: 명사화

일부 언어는 동사 + 주어의 순서가 가능하다. 만일 번역가가 이 주
제 구성을 유지하는 동시에 목표언어의 의무 사항인 주어 + 동사 순서
를 고수하고자 한다면 여러 문맥에서 명사화(nominalization) 전략이
유용하게 사용될 수 있을 것이다. 명사화는 동사 형태를 명사 형태로
교체하는 것을 의미한다(예 describe → description). 그리고 이 명사
형태 뒤에는 'give'나 'take' 등, 의미상의 '공동사(empty verb)'가 수동
태 형태로 따라 나올 수 있다. 예를 들어 다음과 같은 포르투갈어 순
서는

Estudou-se	o comportamento	de *Drosophila*	*sturtevanti*
were-studied	the behaviour	of *Drosophila*	*sturtevanti*

아래와 같이 바뀔 수 있다.

A study was carried out of the behaviour of ...

아니면 명사화를 위해 다음 예처럼 'This' 같은 '약주어(weak subject)'
를 사용할 수도 있다(Johns의 예, 1991).

This is a study of the behaviour of ...

필자는 이 전략이 실제 번역에 사용된 예를 전혀 찾지 못했다. Johns (1991: 7)도 유사하게 그의 데이터에서 이러한 '명사화의 정교한 전략이 매우 적게 나타난다'고 말한다. 명사화 전략이 적게 나타난다는 사실은 이 전략에 번역가들의 관심을 집중시킬 필요가 있다고 강조한다. 만약 지금까지 명사화 같은 정교한 전략이 통사 구조와 의사소통 기능 간의 긴장 해소에 유용한 선택 사항으로 인정받지 못했다면, 그것은 이 전략이 유용하지 않다는 의미가 아니라 단지 대체로 간과되어 왔다는 점을 의미한다.

명사화 전략의 잠재적 유용성을 설명하기 위해 이 전략이 기존의 번역을 향상시키는데 어떻게 사용될 수 있는지 한번 살펴보기로 하자. 다음 텍스트는 브라질 학술 논문의 초록이고(*Ciência e cultura*, 1980, 32권 7호 857쪽), 그 아래에는 이 초록에 대한 기존의 영어 번역문을 제시한다. 포르투갈어 텍스트에서 첫 부분에 위치한 동사에는 밑줄을 그어 강조하였다.

원천텍스트(포르투갈어)

<u>Analisou-se</u> as relações da dopamina cerebral com as funções motoras. O trabalho discute as evidências de que drogas que incrementam a transmissão dopaminérgica central produzem aumento da atividade locomotora, estereotipia e hipercinesia, enquanto que drogas neurolépticas como o haloperidol, bloqueadoras de receptores dopaminérgicos centrais, induzem hipocinesia e rigidez. <u>Associou-se</u> o efeito do tratamento prolongado com neurolépticos e os sintomas das discinesias tardias ao desenvolvimento da supersensibilidade dopaminérgica central.

기존의 목표텍스트(영어)

Dopamine and motor function. The relations between dopamine and motor functions were analyzed. Several references were presented suggesting not only that drugs that increase central dopaminergic transmission increase locomotor activity and induce stereotypy and hyperkinesia but also that neuroleptic drugs like haloperidol, that block dopamine receptors, induce hypokinesia and rigidity. The effects of long-term neuroleptic treatment and the symptoms of tardive dyskinesia were associated to the development of central dopaminergic supersensitivity.

제안한 목표텍스트(영어)

Dopamine and motor function. An analysis is carried out of the relations between dopamine and motor functions. Several references are presented which suggest not only that drugs that increase central dopaminergic transmission increase locomotor activity and induce stereotypy and hyperkinesia but also that neuroleptic drugs like haloperidol, that block dopamine receptors, induce hypokinesia and rigidity. An association is established between the effects of long-term neuroleptic treatment and the symptoms of tardive dyskinesia on the one hand and the development of central dopaminergic supersensitivity on the other.

필자가 제안한 번역문은 명사화를 사용한 것과 과거 시제를 현재 시제로 바꾼 것 외에는 기존의 번역문과 동일하다. 현재 시제는 이 초록이 연구 절차가 아니라 논문의 내용을 보고하고 있다는 점을 나타내기 때문에 여기에서는 현재 시제를 사용하는 것이 옳다(학술 논문 초록에서 이렇게 신호 장치로 사용되는 시제에 관한 논의는 4장 4.2.4 참조). 명사화는 포르투갈어 텍스트와 유사한 관점에서 정보를 제시하는 방법을 제공한다. 이는 형태를 보존하기 위해 원문텍스트 구조를 고수하려는 문제가 아니다. 포르투갈어 텍스트에서 첫 부분에 동사가 위치하는 것은 의사소통적 기능을 가진다. 즉 과정을 저자의 출발점으로 주제화하고 있는데, 이는 학술 연구와 과학적 방식을 보고하는데 특히 적합한 배열이다.[25]

전략 4: 외치

외치(extraposition)는 예컨대 복문에 단일 절을 끼워 넣는 식으로 문장에서 전체 절의 위치를 바꾸는 것을 의미한다. 5.1.1.3에서 술부 주제 및 일치 주제와 함께 논의했던 **분열문**과 **의사분열문** 구조가 좋은 예이다. Papegaaij와 Schubert(1988: 182)는 외치의 주된 장점을 어순이 절차원에서 비교적 고정적일 때 '더 상위 차원으로, 특히 이 점에서 더 자유로운 차원으로 피할 길을 제공한다'는 점이라고 설명한다. 분열문과 의사분열문 구조의 다양한 예는 이 장의 5.1.1.3과 5.1.2.1을 참고하라.

위의 전략들은 어순과 의사소통 기능간의 긴장 해소에 유용할 수 있다. 실제로는 원천텍스트의 배열을 따르지 않는 구조를 만들기 위해 통사론 및 의미론적 고려 사항들이 의사소통적 고려사항들보다 우선하거나 서로 상호작용하는 경우가 많다.

실제 번역에서는 위의 전략들을 사용한 뚜렷한 예를 찾기가 사실상 매우 어렵다는 점을 인정한다. 만약 있다 해도 지금까지 가장 흔히 쓰인 전략은 원천텍스트의 주제 구성을 포기하고 목표언어에서 작용하는 어순 법칙에 따르는 방법인 듯 하다. 다시 말하면 대부분의 번역가들은 원천텍스트의 의사소통 구조보다는 목표언어의 통사 법칙을 우선시하는 것을 선호한다. 대체로 이 전략 자체가 목표텍스트의 자연스러운 정보의 흐름을 방해하는 것 같지는 않다. 브라질 학술 논문 초록의 포르투갈어 원문과 영어 번역문에 대한 연구에서 Johns(1991: 6)는 원천언어(이 경우는 포르투갈어)의 주제 구성을 포기해도 '더할 나위 없이 훌륭한 영어텍스트가 만들어지는 경우가 많음'을 발견했다. 그러므로 필자는 번역가에게 유용할 수 있는 전략들을 간단히 설명하면서, 번역가들이 반드시 원천텍스트의 모든 절의 주제 구조를 따라야한다고 주장하지 않는다. 또한 이 전략들을 실제로 전문 번역가들이 긴요하게 사용한다고 주장하지도 않는다. 이론상으로는 사용가능한 전략이긴 하지만 사실상 전문번역가들이 실제 번역에 사용하는 경우는 거의 없다는 사실을 인정해야 한다. 하지만 필자가 주장하는 바는 통사적 기능과 의사소통적 기능간의 긴장을 해소할 수 있는 잠재적 방법과 정보흐름의 측면을 아는 것이 번역에 중요하다는 점이다. 번역에 유용하다고 증명된 어떤 전략들이 지금껏 사용되지 않았다는 사실이 말하는 바는, 단순히 번역가들이 그러한 전략을 잘 모른다는 것이지, 잘 알면서도 의식적으로 또는 무의식적으로 그런 전략을 사용하지 않기로 선택한다는 것은 아니다.

요약하자면, 언제나 번역가가 원천텍스트의 주제 구성을 따를 수 있는 것은 아니지만, 적어도 그럴 수 있는 경우에는 원천텍스트와 유사한 관점에서 목표텍스트를 제시하도록 노력해야 한다. 그러나 어순에 대한 제약이라든가, 문미하중의 원리, 목표언어의 자연스러운 어법과 같은 통사 구조의 특징들은 종종 원문텍스트의 주제 구성을 포기해야 한다는 사실을 의미한다. 결국 중요한 것은 목표텍스트가 그 나름대로 어떤 주제 구성이 있는가, 자연스럽고 매끄럽게 읽히는가, 원문의 정보 구조를 왜곡하지 않는가(5.1.2 참조), 가능한 곳에서는 원문에서 유표적 구조로 표시된 특별한 강조점을 보존하고 있는가, 그리고 하나의 텍스트가 본래 갖추어야 할 일관된 관점을 유지하고 있는가 하는 점이다.

연습문제

1   John Le Carré의 소설 *The Russia House*는 다음 세 단락으로 시작한다.

In a broad Moscow street not two hundred yards from the Leningrad station, on the upper floor of an ornate and hideous hotel built by Stalin in the style known to Muscovites as Empire During the Plague, the British Council's first ever audio fair for the teaching of the English language and the spread of British culture was grinding to its excruciating end. The time was half past five, the summer weather erratic. After fierce rain showers all day long, a false sunlight was blazing in the puddles and raising vapours from the pavements. Of the passers-by, the younger ones wore jeans and sneakers, but their elders were still huddled in their warms.

The room the Council had rented was not expensive but neither was it appropriate to the occasion. I have seen it — Not long ago, in Moscow on quite another mission, I tiptoed up the great empty staircase and, with a diplomatic passport in my pocket, stood in the eternal dusk that shrouds old ballrooms when they are asleep — With its plump brown pillars and gilded mirrors, it was better suited to the last hours of a sinking liner than the launch of a great initiative. On the ceiling, snarling Russians in proletarian caps shook their fists at Lenin. Their vigour contrasted unhelpfully with the chipped green racks of sound cassettes along the walls, featuring *Winnie-the-Pooh* and *Advanced Computer English in Three Hours*. The sackcloth sound-booths, locally procured and lacking many of their promised features, had the sadness of deck chairs on a rainy beach. The exhibitors' stands, crammed under the shadow of an overhanging gallery, seemed as blasphemous as betting shops in a tabernacle.

Nevertheless a fair of sorts had taken place. People had come, as Moscow people do, provided they have the documents and status to satisfy the hard-eyed boys in leather jackets at the door. Out of politeness. Out of curiosity. To talk to Westerners. Because it is there. And now on the fifth and final evening the great farewell cocktail party of exhibitors and invited guests was getting into its stride. A handful of the small *nomenclatura* of the Soviet cultural bureaucracy was gathering under the chandelier, the ladies in their beehive hairstyles and flowered frocks designed for slenderer frames, the gentlemen slimmed by the shiny French-tailored suits that signified access to the special clothing stores. Only their British hosts, in despondent shades of grey, observed the monotone of socialist austerity. The hubbub rose, a brigade of pinafored governesses distributed the curling salami sandwiches and warm white wine. A senior British diplomat who was not quite the Ambassador shook the better hands and said he was delighted.

(Le Carré, 1989: 17-18)

Le Carré의 소설을 당신 자신의 목표언어로 번역해달라는 요청을 받았다고 상상해보라. 당신은 아직 소설 전체를 읽어보지 않았고, 보통은 진지하게 번역에 임하기 전에 텍스트 전체를 읽어보곤 한다. 하지만 작가의 특이한 문체를 이해하기 위해 발췌문을 약간 번역해 봄으로써 Le Carré에 '익숙'해지는 것도 유익할 수 있겠다고 결정한다.

위 발췌문을 자신의 목표언어로 번역한 뒤, 주제 구조와 정보 구조의 관점에서 정보의 흐름을 유지하는데 수반되는 어려움에 대해 논하라. 특히 세 번째 단락의 유표적 정보 구조에 주목해야 한다. Le Carré는 정보의 특정 항목을 전면에 내세우기 위해 어떤 식으로 영어 통사 구조를 조정하고 있는가? 자신의 목표언어에서도 이를 성공적으로 전달할 수 있는가?

2 다음 텍스트는 Swee Chai Ang의 *From Beirut to Jerusalem: a Woman Surgeon with the Palestinians* (1989)에서 발췌한 것이다. 이 책은 전쟁으로 파괴된 베이루트의 팔레스타인 난민 캠프에서 죽음과 고통을 직접 체험한 이야기를 들려준다. 외과의사인 Ang 여사는 팔레스타인 주민들을 돕기 위해 의료봉사에 나섰고, 1982 년에 이스라엘이 서베이루트를 침공했을 때 팔레스타인 주민들과 함께 있었다. 또한 끔찍한 1982년 대학살 사건도 사브라 캠프와 샤 틸라 캠프에서 겪어냈다. 그 이후로 Ang 여사는 팔레스타인 주민 들을 돕기 위해 레바논과 점령지에 여러 차례 되돌아갔다.

Israeli bomber planes were breaking the sound barrier in south Lebanon. Villages in the south, as well as the Palestinian refugee camps, were attacked. In May 1988, two thousand Israeli troops crossed into southern Lebanon. People in Lebanon told me: 'The Israelis failed to stifle the uprising in the occupied territories, so they take it out on us by threatening to invade Lebanon again.'

It was a multi-pronged attack on the Palestinians in Lebanon. Saida and the south were bombed by Israeli aeroplanes, and shelled from the sea by Israeli gunboats. The Beirut camps were attacked from the mountains, not by the Israelis, but by anti-PLO forces. Shatila and Bourj el-Brajneh were shelled incessantly from the month of May 1988. Both camps were flattened; homes and hospitals demolished.

Shatila finally collapsed on 27 June 1988, followed by Bourj el-Brajneh a few days later. I got the news of the fall of Shatila in London, having just returned from a fund-raising trip in the Gulf countries. People all over the Gulf wanted to support the uprising and

build hospitals and clinics to mend the wounds of the Palestinians.
What can I say? Each time I think of Shatila, I still cry. It was nearly
six years since I first met the people of Sabra and Shatila. My
understanding of the Palestinians began with them. It was they who
taught a naive woman surgeon the meaning of justice. It was they
who inspired me to struggle incessantly for a better world. Each time
I felt like giving up, they would strengthen me with their example.

(Swee Chai Ang, 1989: 299-300)

the uprising: 서구에서는 흔히 'intifada(아랍인 반란)'으로 알려져
                 있음 - 이스라엘 점령에 반대하여 가자 지역과 요
                 르단의 웨스트 뱅크 지역에서 일어난 팔레스타인의
                 반란
Saida: 레바논의 도시
PLO: 팔레스타인 해방 기구
Bourj el-Brajneh: 팔레스타인 난민 캠프

전국 유력지 중의 하나에 실릴 서평에 싣기 위해 위 발췌문을 번
역해달라는 요청을 받았다고 상상해보라. 이 책에 대한 여러 영어
신문의 다양한 서평은 '다듬지 않은 일상 언어가 그대로 담겨있다'
고 묘사되는 서투르고 기교 없는 산문과 소박한 문체 때문에 Ang
의 이야기에 신랄함이 한층 더해졌다고 주장한다. 직접 요점을 말
하고 수사적 기교를 부리지 않는 이러한 '소박한' 문체가 위 발췌
문에서 주제 구조와 정보 구조의 단순함 속에 어떤 식으로 반영되
어 있는지 살펴보라. 이러한 일반적인 특징과 감정의 고조(발췌문
의 종결 부분쯤에서 유표적 주제 구조가 최고조에 이름)간의 대조
가 어떤 식으로 메시지의 정서적 충격을 강화하는가? 이러한 특징
들이 본인의 목표텍스트에서는 얼마나 성공적으로 반영되는가?

보충자료

주제 구조와 정보 구조에 대한 Halliday식 모형

Halliday, M. A. K. (1985) *An Introduction to Functional Grammar* (London: Edward Arnold), Chapter 3: 'Clause as message', and Chapter 8: 'Beside the clause: intonation and rhythm'.

Young, D. (1980) *The Structure of English Clauses* (London: Hutchinson), Chapter 12: Theme.

기능통사론

Firbas, J. (1986) 'On the dynamics of written communication in the light of the theory of functional sentence perspective', in C. R. Cooper and S. Greenbaum (eds) *Studying Writing: Linguistic Approaches* (New York: Sage).

정보 흐름의 관점에 대한 전체 개괄 및 논의

Brown, G. and Yule, G. (1983) *Discourse Analysis* (Cambridge: Cambridge University Press), Chapter 4: '"Staging" and the representation of discourse structure', and Chapter 5: 'Information Structure'.

Fries, P. H. (1983) 'On the status of theme in English: arguments from discourse', in J. S. Petöfi and E. Sözer (eds) *Micro and Macro Connexity of Texts* (Hamburg: Helmut Buske).

참고

1 전통적으로 절의 주어는 동작을 수행하는 사람이나 사물을 지시하는 명사구로 정의된다. 좀 더 정확히 말하자면 주어는 영어에서 대개 동사구 앞에 위치하는 명사구이며 수와 인칭, 일부 언어에서는 성별 면

에서도 동사와 일치한다.

Ellen laughed.
Her sudden death had surprised everybody.
Blue suits you.
This view has been challenged by a number of workers.

술어는 절의 동사나 동사구이다.

Bob *coughed*.
He *had* always *liked* Mr Phillips.
What *am* I *doing*? I'*m looking* out of the window.

목적어는 주어 외에 동사의 동작에 관련되거나 영향을 받는 사람이나
사물을 지시하는 명사 혹은 명사구이다.

My questions angered *the crowd*.
The trial raised *a number of questions*.
She had *friends*.

능동절의 목적어는 종종 수동절의 주어가 될 수 있다.

The crowd were angered by my questions.
A number of questions were raised by the trial.

보어(complement)는 'be, remain, look' 등의 연결 동사 다음에 위치하
여 주어에 대해 더 많은 정보를 제공하는 명사구나 형용사이다.

The results of the experiment remain *a secret*.
We were *very happy*.

부가어(adjunct)는 목적어에 대해 더 많은 정보를 제공하기도 한다.

They're driving me *crazy*.
She painted her eyelids *deep blue*.

부사는 사건이나 상황을 둘러싼 시간, 장소, 방식 등의 환경에 대해 더

많은 정보를 제공하고자 절에 부가되는 단어나 단어들의 집합이다.

I've been *here all night.*
Donald was lying *on the bed.*
He acted *very clumsily.*

모든 예문은 *Collins COBUILD English Grammar*에서 발췌한 것이다
(Sinclair, 1990).

2   어순과 의사소통적 기능 간의 잠재적 긴장에 대한 논의는 5.2.3을 참
    조하라.

3   و لم يكن لدى اى اعتراف على كونه وكيلا بالعمولة من الاثرياء،
    ولكنى كنت اعارض تماما سيطرته بالخداع على هاوس اوف
    فريزر، بمساعدة كلاينوورت بنسون و نورمان تيببيت .

    وكان من المؤسف . بل ومن المضحك، ان يتمكن البروفسور
    سميث من مضاعفة راتبه مرتين قبل ان يتقدم بتوصيته لقبول
    عرض فايد، وان يضيف إلى ذلك مكافاة يتحدد سلفا موعد
    حصوله عليها .

    ورايت كيف ان براين باشام المسؤول فى برود ستريت
    اسوشييتس . والمحامى رويستان ويب قد ساعدا الصحفيين
    المرتشين على تحويل ثمن مبتذل إلى خزانة ذهبية، وكيف
    كانت هذه الخزانة الذهبية تستقبل احسن استقبال كلما
    فتحت .

    ورايت كيف ان المواد الحسنة التوفيق التى تشتمل على
    الحقيقة والصدق عن فايد، والتى بدانا نعرضها على
    وزارة التجارة والصناعة، كيف انها بدات تستقبل بصمت
    مشوب بالحرج .

    ورايت كيف ان ليون بريتن وزير التجارة الجديد كان
    مستعدا للقول بانه لايجد اى خطا فى الاجراءات .

    لقد شغلت اول وظيفة لى فى حى السيتى بلندن سنة ١٩٣٦،
    وذلك عندما التحقت بمؤسسة كيتل وشركاء فى ٥ فينتشرف
    ستريت . ومنذ ذلك اصبحت مديرا لشركات بريطانية عامة
    على مدى احدى وفلاثين سنة . ومن اسوا ما عرفته فى
    المعاملات المالية والتجارية ان يفوز الاحتيال هذا
    الفوز الكبير، وان يجد من يبرره حتى بعد فضحه .
    ويسعدنى ان تعين لجنة من المفتشين بعد انقضاء سنتين،
    وان تقضى هذه اللجنة ١٨ شهرا للتحقيق فى واقعة
    امتلاك مؤسسة هاوس اوف فريزر .

4 Je n'avais rien contre le fait qu'il fût un riche agent commissionné, mais je m'élevais fermement contre le fait qu'il ait obtenu House of Fraser par escroquerie, aidé par Kleinwort Benson et Norman Tebbit.

Je ressentis de l'amertume, mais aussi de l'amusement, en voyant que le professeur Smith avait doublé son propre salaire avant de recommander l'offre de Fayed, et qu'il avait même ajouté un bonus antidaté pour faire bonne mesure.

Je vis comment Brian Basham de Broad Street Associates et l'avocat, Royston Webb, aidèrent des journalistes mercenaires à transformer un tas de cailloux en un sac d'or, et comment ce sac d'or fut bien accueilli partout où il était ouvert.

Je vis comment les documents constitués avec sérieux, que nous commençions à présenter au ministère du Commerce et de l'Industrie et qui révélaient la vérité sur Fayed, étaient accueillis par un silence gêné.

Je vis comment Leon Brittan, le nouveau ministre du Commerce et de l'Industrie, était prêt à déclarer qu'il ne trouvait rien à redire sur cette affaire.

J'ai commencé à travailler dans la City en 1936, chez Kittel and Company au numéro 5 de Fenchurch Street. Je suis administrateur de sociétés anonymes depuis trente et un ans. La pire chose que j'ai constatée dans les affaires, c'est la supercherie triomphant si facilement, et trouvant, même lorsqu'elle est démasquée, des apologistes. Je suis heureux qu'au bout de deux ans des inspecteurs aient été nommés, et qu'ils aient passé dix-huit mois à enquêter sur l'acquisition de House of Fraser.

5 본 교재 5.1.1.3 (c) 참조 및 비교. 195쪽.

6 위 참고 1 참조.

7 반면에 주어 기능을 하는 명사나 명사구는 주제로 선택될 수 있다. 이 는 'It was John who told me about it'과 같은 it 구조를 통해 가능하

다. it 구조에서의 주제는 'It'이 아니라 동사 뒤에 나오는 명사나 명사
구이다. 사실상 it 구조는 유표적 주제로써의 주어였어야 할 요소를 선
택한다. 이 항의 술부 주제에 관한 논의를 참고하라.

8   전치된 부가어도 대조를 표시할 수 있다: *In China, the book received
a great deal of publicity* (but in other places it didn't). (중국에서 그
책은 상당한 명성을 얻은 바 있다. 그러나 다른 나라에서는 그렇지 못
했다)

9   필자는 출판 날짜는 알아내지 못했다.

10 Halliday가 이러한 입장을 벗어난 유일한 사례는 "후방위치 주제"에
관한 짧은 논의에 있다. Halliday는 이를 대용(substitution)이라고 부른
다.

11 필자는 '순환성(circularity)'이라기보다 '부분적 순환성(partial circularity)'
이라고 표현하였는데 이는 첫 자리는 주제와 관계없이 확인되기 때문
이다. 이점에 주목하게 해준 Mike Hoey에게 감사한다.

12 언어는 대부분 절 요소분의 정상적인 순서를 따라서 분류된다. 예를
들면 영어의 절 요소의 정상적인 순서는 주어-동사-목적어 이므로
SVO 언어로 분류된다. 일본어는 그 순서가 주어-목적어-동사이므로
SOV 언어로 분류된다.

13 하르웨이어의 동사는 장소격(locative)에 의해 (선택적으로) 올 수 있다
(Comrie, 1987).

14 Halliday식 관점은 독일어와 같이 비교적 어순이 자유로운 언어에 관
심을 갖고 있는 일부 언어학자에 의해서도 공유되고 있다고 보는 게
타당하다. Herbst 외(1979: 166)는 'Boost(1955: 26-31)와 같은 몇몇 언
어학자들에 따르면 주제의 상태는 모든 경우 첫 자리에 있는 성분에
배정돼야만 한다'고 제시한다.

15 지시조응적 지시(anaphoric reference)는 텍스트에서 이전에 나온 다른
단어나 구를 다시 지시하기 위해 어떤 단어나 구를 사용하는 것을 의
미한다. 가령 '*John* is a scientist(존은 과학자이다). *He* studied physics at
university(그는 대학에서 물리학을 공부했다)'라는 문장에서 'he(그)'는
앞에 나온 'John(존)'을 지시한다(지시조응에 대한 보다 상세한 토론은

6.6.1 참조).

16 독일어-영어 번역의 문미초점과 문미하중 원리와 관련된 구체적 문제점은 Snell-Hornby(1985) 참조.

17 브라질어의 학술 초록에서 나온 모든 자료를 제공해 주시고 적합한 인용문을 분석하는 데 도움을 주신 버밍엄 대학의 Tim Johns 교수께 감사드린다. 이 특별한 인용문은 *Ciência e culture* (32, 8 (1980), 1094)에서 발췌하였다.

18 Halliday와 Hasan은 구두점이 정보 구조를 표시하는데 중요한 역할을 한다는 점은 인정하지만 영어의 정보 구조를 완벽하게 설명할 수는 없다고 주장한 바 있다. 또한 그들은 '대부분의 구두점 사용은 정보 구조(억양에 따른 구두점)와 문장 구조(문법에 따른 구두점)간의 일종의 타협'이라고 말한다(1976: 325).

19

وتقول بعض الروايات الموثوق بها ان زوجته السيدة جيهان هرعت الى التليفون تجري بعض الاتصالات بالولايات المتحدة، كان بينها اتصال مؤكد بالسيد الوحيد جمال، والذي كان موجودا" في ذلك الوقت في ولاية فلوريدا بالولايات المتحدة . وقد عرفت أثناء اتصالها ان جمال قد ذهب مع بعض اصدقائه الى جزيرة امام ساحل فلوريدا . وقد طلبت الى الشخص الذي اتصلت به ان يحاول العثور عليه باسرع ما يمكن، وان يطلب اليه الاتصال بها في القاهرة علي الفور لان هناك امرا" في منتهي الخطورة تريد ان تحدثه فيه . وكانت هناك ....

* * *

كانت السيدة جيهان تنتظر خارج غرفة الكشف وهي تعلم في اعماقها ان زوجها قد فارق الحياة . وجاءتها مكالمة تليفونية من الولايات المتحدة، وكان ابنها جمال علي الخط من ولاية فلوريدا .

20 기능통사론은 때때로 주제-평언이나 구정보-신정보류의 분석에 기반을 둔 접근법을 가리키는 용어로 사용된다. 그러나 대부분의 언어학자들은 이 용어를 Mathesius, Firbas, Daneš와 같은 프라그 학파 학자들의 연구에만 적용한다.

21 기능통사론 이론에 관한 보다 구체적인 논의는 Firbas(1974, 1986)를 참고하라.

22 Jan Firbas는 브루노 학파에 속하지만 프라그 학파의 이론적 전통 내에서 연구한다.

23 사실상 Weil은 '주제'와 '평언'이라는 용어를 사용하지 않았다. Firbas
는 Weil이 '첫 개념(initial notion)'과 '담화 목적(goal of discourse)'이
라는 용어를 사용한 것으로만 밝히고 있다.

24 Halliday는 영어에서의 기능통사론의 중요성에 대해 완전히 다른 견해
를 표현한다. 예를 들어 영어에서 무표적 주제가 절의 서법을 표시한
다고 주장하면서 다음과 같이 말한다(5.1.1.3 참조).

기본적으로 방법이 동일한 여타 많은 언어와 대비하여 영어에서 '순
서가 뒤바뀐' 의문문을 더 선호하는 것은 영어 절의 통사 구조에서
비교적 주제 조직에 중요성을 부여하기 때문이라고 주장해도 무리가
없을지도 모른다(1976: 180).

25 Mike Hoey(개인 접촉)는 포르투갈어와 아랍어처럼 동사, 즉 과정을 쉽
고 자연스럽게 주제화할 수 있는 언어들과 비교해 볼 때, 영어는 과학
적 연구를 보고하기에 다소 불편한 언어라고 주장한다.

텍스트 차원의 등가:

표층결속성

각 언어에는 사람과 사건의 상호 관계를 전달하는 고유한 유형이 있다. 독자가 번역을 이해하기를 바란다면 어떤 언어든지 이런 유형을 부시하지 말아야 한다.

(Callow, 1974: 30)

표층결속성(cohesion)에 관한 화제는 언제나... 번역에 적용할 수 있는 텍스트 언어학이나 담화 분석의 가장 유용한 구성물이라는 생각이 든다.

(Newmark, 1987: 295)

앞 장에서는 텍스트와 비텍스트의 구분을 돕는 결속성의 한 종류, 즉 주제 구조와 정보 구조를 다루었다. 이번 장에서는 4장 마지막에서 언급한 텍스트 조직의 두 번째 특징인 표층결속성을 살펴보면서, 텍스트 차원에서 번역문제와 전략에 관한 논의를 다시 시작하기로 한다.

표층결속성은 텍스트의 다양한 부분들 간의 연결을 위한 어휘적, 문법적 및 기타 관계들의 망이다.[1] 이러한 결합관계는, 예컨대 독자에게 어떤 단어와 표현을 주변 문장과 단락의 다른 단어와 표현들을 참조하여 해석하라고 요구하면서, 텍스트를 구성하고 어느 정도까지는 생성

해낸다.[2] 표층결속성은 하나의 표층 관계로써, 우리가 보고 들을 수 있는 실제 단어와 표현들을 하나로 연결한다(참고. 7장 심층결속성). 이번 장은 유용한 표층결속성 모형 중에서 가장 잘 알려지고 가장 구체적인 모형, 즉 Halliday와 Hasan이 *Cohesion in English*『영어의 표층결속성』(1976)에서 약술한 모형에 주로 기반을 두고 있다. 그러나 그 외에 여러 언어학자들이 제안한 다른 모형들도 있다는 점은 주목할 만하다(例 Callow, 1974; Gutwinski, 1976; de Beaugrande & Dressler, 1981; Hoey, 1988, 1991).

Halliday와 Hasan은 영어의 주요 표층결속기제로 지시, 대용, 생략, 접속, 어휘적 표층결속성 다섯 가지를 제안한다. 각각의 기제는 아래에서 구체적으로 설명하며 번역과의 관련성도 함께 살펴 보기로 한다.

6.1 지시

지시(reference)라는 용어는 전통적으로 의미론에서 단어와 그 단어가 실세계에서 가리키는 것 사이에 존재하는 관계를 언급하는데 사용한다. 따라서 '의자'라는 단어는 특정 상황에서 식별되는 특정 의자를 지시한다. 그러나 Halliday와 Hasan의 표층결속성 모형에서는 지시라는 용어가 이와 유사하긴 하지만 좀 더 제한된 방식, 즉 단어와 언어 외적인 대상물 간의 직접적인 관계를 표시하는 대신에 두 개의 언어적 표현 간에 존재하는 일치 관계를 표시하는데 사용된다. 예를 들어 다음 문장에서는

Mrs Thatcher has resigned. She announced her decision this morning.
(대처 여사가 사임했다. 그녀는 오늘 아침 사임 결정을 발표했다.)

대명사 'she'는 텍스트 세계 자체 내에서 'Mrs Thatcher'를 가리킨다. 의미론적 의미가 아니라 텍스트적인 의미에서 지시가 발생하는 경우는 독자가 근접 문맥에서 다른 표현을 참고하여 지금 말하고 있는 것의 정체를 재발견해야 하는 때이다. 그렇게 해서 생겨난 표층결속성은 '지시의 연속성에 달려있으며, 이러한 지시에 의해 동일 요소가 담화에 다시 한 번 나온다'(Halliday & Hasan, 1976: 31).

모든 언어에는 텍스트적 의미에서 지시의 특성을 가진 특정 항목들이 존재한다. 이러한 지시 항목들은 독자가 텍스트를 이해하기 위해 다른 곳으로 눈을 돌리도록 하는 잠재성이 있다. 영어를 비롯한 많은 언어에서 가장 흔하게 나타나는 지시 항목이 바로 대명사이다. 3인칭 대명사는 이미 발화에 소개한 실체를 가리키는 이전 항목을 지시하거나 또는 소개할 실체를 가리키는 다음 항목을 지시하는데 자주 사용한다. 영어는 또한 사람을 지시하는 것과는 별도로 이와 유사하게 텍스트 표현들 간의 관계를 형성하기 위해 'the, this, those' 같은 항목을 사용한다. 다음 예문에서

Mrs Thatcher has resigned. This delighted her opponents.
(대처 여사가 사임했다. 이것은 그녀의 정적들을 기쁘게 했다.)

독자는 'This'가 지시하는 바를 알기 위해 이전의 담화 범주로 되돌아가야 한다.

따라서 지시는 독자나 청자가 텍스트에서 참여자, 실체, 사건 등을 밝혀낼 수 있게 하는 기제다. 영어를 비롯한 많은 언어에서 지시의 연계성을 형성하는 가장 보편적인 유형은, 처음에는 이름이나 명칭 등을 사용하여 참여자에 대해 분명하게 언급한 뒤 바로 이어 나오는 문맥에서는 대명사를 사용하여 동일 참여자를 다시 지시하는 방법이다. 대명

사 체계에 수와 성별의 구분이 있는 언어는 이러한 표층결속적 기제를 사용하는데 제약이 적다. 텍스트 내에서 서로 다른 실체를 지시하는데 각각 다른 대명사를 사용하여 혼동의 여지가 적기 때문이다. Agatha Christie의 *Triangle at Rhodes* 『로도스 섬의 삼각형』에서 발췌한 다음 예문은 짧은 단락에서의 인칭 지시 망을 보여준다.

> Hercule Poirot sat on the white sand and looked out across the sparkling blue water. He was carefully dressed in a dandified fashion in white flannels and a large panama hat protected his head. He belonged to the old-fashioned *generation* which believed in covering *itself* carefully from the sun. Miss Pamela Lyall, who sat beside him and talked carelessly, represented the modern school of thought in that she was wearing the barest minimum of clothing on her sun-browned person.
>
> (Christie, 1936: 196)

Halliday와 Hasan은 '언어 외적인 관계보다는 텍스트적 관계에 기반을 둔 지시'라는 제한된 개념을 사용하긴 하지만 지시 관계가 상황적으로도 성립할 수 있다는 점을 여전히 인정한다. 예를 들어 대명사는 주변 텍스트가 아니라 상황 문맥에 존재하는 실체를 지시할 수도 있다. 그 전형적인 예로 1인칭과 2인칭 대명사를 들 수 있는데, 이들은 텍스트에서 이미 소개한 어떤 명칭 표현을 지시하는 게 아니라 각각 화자와 청자를 지시한다. 3인칭 대명사는 전형적으로 뒤로 되돌아가거나 앞으로 나아가 텍스트에 나온 명칭 표현을 지시하지만, 직접적인 물리적 혹은 정신적 상황 문맥에 존재하는 실체를 지시하는데 사용하기도 한다. 'He's not back yet(그는 아직 돌아오지 않았다)' 같은 발화는 부부가 아들에 대해 언급하는 경우처럼 화자와 청자가 'he'의 신원을 분명히 아는 상황이라면 충분히 가능하다.

엄격히 말해 텍스트적인 지시 관계가 아닌 또 다른 종류는 공(共)지시(co-reference) 관계이다. 공지시적 항목이 연계성을 이룬 예는 'Mrs Thatcher(대처 여사)' → 'The Prime Minister(수상)' → 'The Iron Lady(철의 여인)' → 'Maggie(매기)'이다. Halliday와 Hasan은 이런 종류의 지시적 연결 기제에 대해 논하지 않았지만, Hoey(1988: 162)는 공(共)지시가 '엄격히 말해 결코 언어적 자질이 아니라 실세계에 대한 지식의 문제'라고 지적한다. 물론 'Mrs Thatcher'와 'The Iron Lady'간의 연관성을 인정하는 일은 텍스트적 능력보다는 세상 지식에 달려있는 게 사실이다. 그러나 언어적 혹은 텍스트적인 것과 언어 외적 혹은 상황적인 것을 구별하는 일은 대체로 어려우며 번역을 목적으로 할 때도 그다지 도움이 되지 않는다.

이 시점에서 Halliday와 Hasan이 제시한 대로, 담화에서 이미 언급한 실체를 다시 지시하는데 사용할 수 있는 표층결속적 요소의 연속체가 있다고 제안하는 것도 유용할 것이다. 이 연속체의 범위는 어떤 항목을 완전히 반복하는 것에서부터 그 항목을 대명사로 지시하는데까지 이른다. Halliday와 Hasan(1976: 283)의 예를 약간 변형한 다음 예문에 잘 드러나 있다.

There's a boy (남자아이) climbing that tree.
a. <u>The boy</u> (남자아이)'s going to fall if he doesn't take care. (반복)
b. <u>The lad</u> (사내애)'s going to fall if he doesn't take care. (동의어)
c. <u>The child</u> (아이)'s going to fall if he doesn't take care. (상위어)
d. <u>The idiot</u> (바보)'s going to fall if he doesn't take care. (일반어)
e. <u>He</u> (그)'s going to fall if he doesn't take care. (대명사적 지시)

현재 목적을 위해 좀 더 융통성 있는 지시 개념을 채택하기로 한다면,

공(共)지시는 이 연속체의 반복과 동의어 정도의 차원에서 통합될 수 있다.

지시 조응어(anaphora)라고도 알려진 이러한 지시 유형은 서로 다른 언어들뿐만 아니라 동일 언어 내에서도 매우 다양하다. 텍스트 종류는 동일 언어 내에서 선택 유형을 결정하는데 중요한 요인이다. Fox (1986: 27)는 미국 영어의 세 장르, 즉 즉흥적 대화와, 글로 쓴 설명적 산문과, 글로 쓴 속도감 있는 대중 문학의 지시 유형을 조사하였다. 그 결과 '대명사와 전체 명사구의 분포가 각각의 담화 종류에 따라 극적인 차이가 있음'을 발견하였다. 각 언어는 텍스트 유형에 따라 선호하는 바가 달라질 뿐만 아니라 일반적으로 특정 지시 유형을 선호하는 경향이 있다.

Callow(1974)는 영어와 달리 히브리어는 참여자를 밝히기 위해 담화 내내 고유 명사를 사용한다고 설명한다. 따라서 영어에서는 혼동의 여지가 없는 이상 이미 언급된 참여자를 지시하기 위해 대체로 대명사를 사용하는 반면, 히브리어는 참여자의 이름을 반복한다. 이와 비슷하게 브라질의 보로로스어에서는 참여자를 지시하기 위해 연달아 몇 번은 명사를 사용하고 그 후에 대명사 형태로 바꾸는 게 일반적인 유형이다.

영어는 참여자를 밝히기 위해 주로 대명사적 지시에 의존하는 경향이 있지만, 브라질계 포르투갈어는 대체로 어휘 반복을 더 선호하는 편이다. 게다가 포르투갈어는 인칭과 수에 따라 동사가 굴절한다. 이러한 문법 자질 덕분에 독립적인 대명사를 사용하지 않고도 과정과 행동을 특정 참여자와 관련시킬 수 있다. 다음은 소니사의 회장인 아키오 모리타에 관한 기사에서 발췌한 예문이다. 이 기사는 플레이보이지의 영어판과 포르투갈어판에 실린 것이다. 두 발췌문 모두 아키오 모리타에 대한 지시를 강조하고 있다. 다만 포르투갈어 텍스트에서 굴절

된 동사는 강조하지 않기로 한다. 역번역에서 꺾쇠괄호안의 항목은 읽기 쉽게 하기 위해 삽입한 것으로써 원래 포르투갈어 텍스트에는 없는 부분이다.

영어텍스트

Surrounded by the toys and the gadgets of <u>his</u> calling — tape recorders, mini television sets, world-band radios — <u>he</u> is the quintessential Japanese combination that has conquered the world: a tinkerer turned businessman.

As the <u>eldest son</u> of a wealthy sake and soy-sauce producer in conservative Nagoya, <u>he</u> was expected to take over the family business — and perhaps become the 15th generation of Morita Mayors in the local community. Instead, <u>he</u> spent <u>his</u> time taking apart clocks and listening to Western classical music and preferred the study of physics to business. During World War Two, <u>he</u> went into naval research as a lieutenant, working on a thermal-guided missile and other projects, and it was there that <u>he</u> met <u>his</u> future partner, Ibuka. After the war, the two set up a business after a false start in the home-appliance market — manufacturing rice cookers. Total production: 100. Total sales: 0.

포르투갈어텍스트

Produto de uma cultura que valoriza a sutileza e as maneiras indiretas, **Morita**, com **seu** jeito franco, é a ponte ideal entre o Japão e o Ocidente.

Filho mais velho de um próspero produtor de óleo de soja e de saquê, em Nagoya, os pais de **Morita** esperavam que **ele** assumisse o controle dos negócios da famlia. Ao invés disso, **Morita** passava o tempo desmontando relógios, ouvindo música clássica ocidental e preferindo estudar Fisica a **se** meter em negócios. Durante a Segunda Guerra Mundial dedicou-**se** à pesquisa naval, como civil, e foi nessa época que fez a sociedade numa fábrica de panelas de cozinhar arroz. Produção total: 100 panelas. Total de vendas: 0.

포르투갈어텍스트 — 역번역

Product of a culture that values subtlety and indirect manners, **Morita**, with **his** frank way, is an ideal bridge between Japan and the West.

The eldest son of a prosperous producer of soya oil and saki, in Nagoya, the parents of **Morita** expected that **he** should take over the control of the family business. Instead of this, **Morita** spent the time taking clocks apart, listening to Western classical music and preferring to study physics to putting **himself** into business. During the Second World War <he> dedicated **himself** to naval research, as a civilian, and it was in this period that <he> made a partnership in a factory of rice cooking pots. Total production: 100 pots. Total sales: 0.

각 발췌문의 첫 문장은 지금 검토 중인 단락의 바로 전 단락 끝 부분에 나오는 문장이다.[3] 두 문장이 서로 '등가'를 이루진 않지만 여기에 인용한 이유는, 특정 참여자의 신원을 밝히는 마지막 언급에서 영어판은 대명사적 지시를, 포르투갈어판은 고유 명사를 사용했는데도 불구하고, 이어지는 새로운 단락에서 영어는 여전히 대명사를 통한 지시를 선호하지만 포르투갈어는 어휘 반복을 선호한다는 점을 보여주기 위해서이다. 검토 대상인 주요 단락을 보면 영어는 계속해서 대명사적 지시를 사용하는데 반해 포르투갈어는 'Morita'를 두 번 반복한다. 포르투갈어 텍스트에서 정동사는 인칭을 표시하기 때문에 'Morita'와의 표층결속적 연결 관계를 추가하고 있다는 점을 주목해야 한다.

일본어와 중국어 같은 일부 언어에서는 전혀 다른 유형이 작용하는 듯 하다. 대명사는 거의 쓰이지 않으며, 어떤 참여자가 일단 소개되면 다음에 이어지는 절들에서는 주어를 생략하여 지시의 연속성을 표시한다. 이는 달리 제시되지 않는 이상 최근에 언급한 참여자, 혹은 초점이 맞춰진 참여자, 아니면 논리나 문맥상 추측할 수 있는 참여자가 다음 절들의 주어라는 점을 독자에게 알려주는 일종의 기본 수단이다(주제와 중국어식 화제에 대한 논의 참조. 5장, 5.1.1.4). 다음은 *Palace and Politics in Prewar Japan*(부록 6)에서 발췌한 예문인데, 우리가 이미 아는 대로 여기에서의 청자는 바로 황제이다. 독자는 빠진 주어를 모두 보충하고 독자 나름대로 지시의 연쇄를 창조해내야 한다. 여기에서는 독자의 편의를 위해 적절한 주어와 대명사적 지시를 삽입하고 꺾쇠괄호로 표시하였다. 표시한 부분은 일본어 텍스트에는 나오지 않는다.

일본어텍스트 ─ 역번역

The most blunt one was Komeda Torao who was the third Jiho. 'If <the Emperor/Your Majesty> pours <his/your> wise consideration into politics as much as <he/you> likes riding in <his/your> daily life, <I> would not think that <he/you/the government> would have been said as 'two three ministers' politics' by the public. So <I am> sincerely concerned.

영어 번역문은 당연히 다음과 같이 영어의 표층결속성 유형에 최대한 맞추려고 노력한다.

영어텍스트

Komeda Torao, Jiho of the third rank, was the most blunt: 'If in the
past [Your Majesty] had shown as much care for politics as he had
passion for horsemanship, no such criticism from the public as "politics
by two or three Ministers" would have occurred.'

영어 번역문에서 생략과 바꾸어 말하기를 다양하게 사용한 것에 주목
하자. 덕분에 번역가는 그저 짐작만 할 수 있는 지시 연쇄를 피할 뿐
만 아니라 영어의 전형적인 지시 연쇄('Your Majesty' → 'he')를 사용
할 수 있게 된다. 영어 번역문에서 'Your Majesty'에 각괄호를 표시한
이유는 이것이 원문에는 없는 표현이라는 사실을, 또는 이 경우에 주
어 자리에 들어갈 수 있는 것으로 번역가가 '추측'하고 있다는 사실을
독자에게 경고하려는 의도로 보인다. 표층결속성을 높이기 위해 'blunt' 다
음에 콜론(:)을 사용하고 있는 점도 주목해야 한다.

　위 예문은 언어에 따라 선호하는 일반적 지시 유형이 다르다는 것을
보여준다. 언어상 특수한 종류와 장르상 특수한 종류의 유형은 Hatim
과 Mason(1990: 97)의 설명에 잘 예시되어 있다.

　프랑스의 뉴스 보도/부정 폭로 저널리즘 담화 분야에 적용된다고 보는
　텍스트 관습의 하나는 명사구로 지시된 개념이 텍스트에 두 번 나올 경
　우 동일한 방식으로 표현되지 않는다는 것이다. 따라서 'le dollar
　américain(미국 달러)'은 이어지는 구절에서는 'le billet vert(녹색 지폐)'
　로 어휘화되고, 'le Président de la République(프랑스 공화국 대통령)'는
　지시조응적인 'il(그)'뿐만 아니라 어쩌면 'le chef de l'Etat(국가의 수
　반)'이나 심지어 'l'Elysée(엘리제 궁)'으로도 표현될 것이다.

6.2 대용과 생략

지시와 달리 대용과 생략은 의미적 관계라기보다는 문법적 관계이다. **대용**(substitution)에서는 어떤 항목(들)을 다른 항목(들)으로 대체한다.

I like movies. (나는 영화를 좋아해.)
And I do. (나도 그래.)

위의 예에서 'do'는 'like movies'의 대용어이다. 영어에서 흔히 대용어로 사용하는 항목은 Halliday와 Hasan(1976: 89; 105)의 다음 예에서 볼 수 있듯이 'do, one, the same' 등이 있다.

You think Joan already knows? ― I think everybody does. ('does'가 'knows' 대체)
(넌 조안이 이미 안다고 생각하니? ― 모든 사람이 알거야.)

My axe is too blunt. I must get a sharper one. ('one'이 'axe' 대체)
(내 도끼는 너무 무디다. 더 날카로운 걸 구해야한다.)

A: I'll have two poached eggs on toast, please.
B: I'll have the same. ('the same'이 'two poached eggs on toast' 대체)
(A: 난 토스트에 수란 두 개 얹어서 먹을 거야.
B: 나도 같은 걸로 먹을래.)

생략(ellipsis)은 어떤 항목을 삭제하는 것, 즉 무(無)로 대체하는 것으로써 굳이 말하지 않아도 이해할 수 있는 것은 말하지 않고 그냥 놔두는 경우이다. 그러나 빠진 정보를 청자나 독자가 보충해야 하는 모든 경우가 다 여기에 속하는 것은 아니고, 문법적 구조 자체가 해당 공백을 채울 수 있는 항목(들)을 알려주는 경우만 생략에 속한다. 예는 다음과 같다.

John brought some carnations, and Catherine some sweet peas.
(생략한 항목: 두 번째 절에서 'brought')
존은 카네이션을 몇 송이 가져왔고 캐서린은 스위트피를 조금 가져왔다.

Here are thirteen cards. Take any. Now give me any three.
(생략한 항목: 두 번째 절에서 'any' 다음의 'card'와 세 번째 절에서 'any three' 다음의 'cards')
여기 카드가 열세 장 있습니다. 아무거나 한 장 고르세요. 이번에는 저한테 아무거나 세 장을 골라 주세요.

Have you been swimming? — Yes, I have.
(생략한 항목: 두 번째 절에서 'been swimming')
수영하고 있었니? — 응, 맞아.

(Halliday & Hasan, 1976: 143; 158; 167)

Halliday와 Hasan은 영어에서 나타나는 여러 종류의 대용과 생략을 자세히 기술한다. 그러나 대용과 생략은 언어적 형태와 의미 간의 관계라기보다는 순전히 언어적 형태 간의 문법적 관계이므로 그 세부 사항은 언어에 따라 크게 다르다. 따라서 여기에서 세부 사항까지 다룰 필요는 없을 것이다.

지시, 대용, 생략 세 종류의 표층결속적 기제 간에 경계선을 명확하게 그을 수 없다는 점에 주목하자. Hoey(1991)는 다음과 같은 예를 들고 있다. 'Does Agatha sing in the bath?(아가사가 욕실에서 노래하니?)'같은 질문은 다음과 같은 세 가지 대답을 이끌어내는데, 그 중 (a)는 대용, (b)는 생략, (c)는 지시의 예이다.

(a) No, but I do. (아니, 내가 해)

(b) Yes, she does. (응, 맞아)

(c) Yes, she does it to annoy us, I think.

　　(응, 내 생각엔 우리를 방해하려고 그러는 것 같아.)

대답 (b)가 생략의 예인 이유는 위 질문에서 'does'는 'sing'의 대용이라고 할 수 없기 때문이다. 'Yes, she does'에서 생략된 항목은 'sing in the bath'이다. 여기에서 세 종류의 표층결속적 기제 간에 경계의 모호함과 세부적인 차이는 우리의 관심사가 아니다. 결국 다른 언어에서는 똑같은 방식으로 작용하지 않기 때문이다. 이 단계에서 번역가가 알아야 하는 것은 '텍스트 조직(texture)'을 만들어내기 위한 기제는 언어마다 다르다는 점과, 텍스트는 요소들 간의 의미적 및 구조적 관계 덕분에 하나로 밀착된다는 점이다. 이러한 점이 실제 번역에서 암시하는 바는 각각의 언어에는 텍스트 요소들을 연결하기 위한 고유한 기제가 있다는 것이다. 따라서 번역가는 예컨대 연구 목적으로 언어 연습을 하는 경우 외에는, 원천텍스트에서 사용하는 기제를 목표텍스트에 그대로 옮기지 않는다. 일반적인 상황에서는 텍스트 요소의 연결 방식을 목표언어의 텍스트 규범에 맞춰 바꿔야 한다. 우선 각 언어의 문법 체계 자체가 특정 기제를 다른 기제보다 더 선호한다. 또한 각 장르의 텍스트 규범 역시 특정 기제를 선택하도록 하며, 문법적으로는 얼마든지 가능하고 심지어 다른 장르에서는 텍스트적으로도 수용 가능한 여타 기제들을 배제한다.

　이제 전문 번역가가 대체로 이런 텍스트 차원의 변화를 의식적 혹은 무의식적으로 어떻게 다루는지 예를 통해 살펴보기로 하자. 다음 예문은 카이로의 중재 국제 센터에서 발행한 중재 절차에 대한 문서의 일부로써, 원천텍스트는 아랍어이고 목표텍스트는 영어이다.

원천텍스트(아랍어) ― 역번역

If thirty days elapse from the date on which one of the parties received a proposal submitted according to the first item without the parties agreeing to appoint the one arbitrator, his appointment is done by the appointing authority which the parties agreed to name. If the parties had not agreed on the naming of the appointing authority, or if the authority which <they> agreed on nominating declines to appoint the arbitrator or is unable to nominate him within sixty days of the date of receiving the request which one of the parties presented to it in this regard, each of the parties may ask the Secretary-General of the Permanent Arbitration Court to nominate an appointing authority.

목표텍스트(영어)

If thirty days elapse from the date on which either party received a proposal ― submitted according to the first item [(a)] ― without the two parties agreeing on appointing one arbitrator, the authority nominated by the two parties undertakes to appoint the arbitrator. If the parties had not agreed on nominating such authority, or if the nominated authority declines to appoint an arbitrator or is unable to nominate one within sixty days of its receipt of either party's request to that effect, both parties may ask the Secretary-General of the Permanent Arbitration Court to nominate an appointing authority.

위 발췌문은 문장이 길고 복잡하여 참여자를 밝히는데 어려움이 따를 수 있으므로 두 텍스트 모두 표층결속적 연결 관계를 형성하려면 다양한 기제를 사용해야 한다. 두 발췌문 모두 연결 정도가 꽤 강하지만, 선택한 기제에 있어서는 현저한 차이를 보인다. 아랍어 텍스트는 역번역에서 쉽게 재현할 수 없는 여러 기제를 사용한다. 예를 들어 모든 동사는 주어의 성별과 수에 일치한다. 따라서 동사와 주어 사이에 또 다른 주어와 동사를 포함한 내포절이 많이 끼어들어 두 요소가 서로 분리된다 하더라도 둘 사이의 연결은 뚜렷하다. 'receiving the request which one of the parties presented to it'에서처럼 연결 관계를 형성하기 위해 'which'의 등가어를 사용했을 뿐만 아니라 이어지는 동사도 대명사적 지시 때문에 굴절되었다(축어적으로 'which one of the parties presented-it-남성 to it-여성'). 아랍어에서는 남성 명사인 'request'와 여성 명사인 'authority' 덕분에 지시 연쇄가 흐트러지지 않는다. 이처럼 아랍어의 문법 구조는 대개 표층결속적 연결 관계를 형성하고 참여자를 밝히기 위한 보편적 기제로써 대명사적 지시를 선호한다.[4] 그러나 동시에 이런 종류의 텍스트는 어휘 반복을 매우 선호하는 경향이 있다. 따라서 대명사나 대명사적 접미사를 사용해도 모호하지 않을 경우조차도 'parties'에 해당하는 아랍어 명사에 양수를 표시하여 계속 반복한다.

대부분의 언어가 그렇듯이 보통은 영어도 참여자를 찾는데 따르는 모호함을 줄이기 위해 필요한 모든 수단을 사용한다. 아랍어 문법 체계와는 달리 영어 체계는 수, 성별, 동사 일치 면에서 구분이 거의 없다. 따라서 지시가 모호해질 수 있는 경우와 대체로 모호함, 특히 지시의 모호함을 허용하지 않는 문맥에서는 어휘를 반복하는 편이 훨씬 더 안전하다. 법률 텍스트와 준법률 텍스트에서는 대명사적 지시를 사용해도 전혀 모호하지 않을 경우에도 어휘를 반복하는 것이 규범이 되었다. 따라서 아랍어 텍스트는 대명사적 지시가 꽤 많이 나오는데도 불구하고 영어 텍스트는 대명사적 지시를 전혀 사용하지 않았다. 영어 텍스트에서 반복된 어휘는 적절한 대명사로 대치할 수 있긴 하지만 그렇게 하면 텍스트적으로 어색해진다.

영어 번역문은 표층결속적 연결 관계를 형성하기 위해 어휘 반복과 더불어 대용을 사용한다('if the nominated authority declines to appoint **an arbitrator** or is unable to nominate **one**'에서 'one'이 'an arbitrator' 대체). 또한 생략도 여러 차례 나타난다. 방금 대용을 설명하기 위해 인용한 예문에서 두 번째 절의 주어('the nominated authority/it')가 생략되어 있다.

반복하자면, 모든 언어에는 표층결속적 연계를 위한 고유 기제가 있다. 번역 과정에서는 언어에 따른 선호도와 텍스트 종류에 따른 선호도를 둘 다 반드시 고려해야 한다. 이 점을 염두에 두고, 이제 번역할 때 조심해서 다뤄야하는 또 다른 표층결속적 기제를 살펴보도록 하자.

6.3 접속

접속(conjunction)은 문장과 절과 단락을 서로 관련시켜주는 외형적 표지를 사용하는 것이다. 지시, 대용, 생략과 달리 접속을 사용하면 독자는 빠진 정보를 텍스트 어딘가에서 찾거나 구조상의 공백을 채울 필요가 없다. 대신에 접속은 저자가 지금 얘기하려는 것과 전에 얘기한 것을 독자가 어떤 식으로 연관짓기를 바라는가를 표시한다. 접속은 몇몇 보편적 관계중의 하나를 표현한다. 주요 관계는 아래와 같이 요약되며, 각 관계를 실현할 수 있는 또는 전형적으로 실현하는 접속의 예도 함께 제시한다.

a. 부가: and, or, also, in addition, furthermore, besides, similarly, likewise, by contrast, for instance

b. 역접: but, yet, however, instead, on the other hand, nevertheless, at any rate, as a matter of fact

c. 인과: so, consequently, it follows, for, because, under the circumstances, for this reason

d. 시간: then, next, after that, on another occasion, in conclusion, an hour later, finally, at last

e. 연속(기타): now, of course, well, anyway, surely, after all

이 문제에 대해서는 염두에 두어야 할 점이 많다. 첫째, 같은 접속사라도 문맥에 따라 서로 다른 관계를 표시하는데 사용할 수 있다. 둘째, 이러한 관계들은 다양한 방법으로 표현할 수 있다. 즉 접속사가 시간이나 인과 관계를 표현하기 위해 사용하는 유일한 기제는 아니다. 영어에서 시간 관계는 'follow(~의 다음에 오다)'나 'precede(먼저 일어나다)' 같은 동사를 통해 표현할 수도 있으며, 인과 관계는 'cause(초래하다)'와 'lead to(~이 되다)'같은 동사의 의미에 내재되어 있다. 사실 언어사용자는 어떤 관계를 알려주는 명확한 표시가 텍스트에 존재하지 않는 경우에도 종종 시간 순서 같은 의미 관계를 깨닫는다. 셋째, 접속 관계는 외부 현상간의 관계뿐만 아니라 텍스트 내부 관계나 의사소통 상황의 관계를 반영하는데도 사용된다. 예를 들어 시간 관계는 실제 연속된 시간에만 한정되지 않고 텍스트의 전개 단계를 반영하기도 한다. 이 단락의 '첫째, 둘째, 셋째'가 좋은 예이다.

　문헌상으로는 문장 내에 오는 접속을 표층결속적인 것으로 볼 수 있을지 다소 불확실하다. 일부 언어학자들은 표층결속성을 문장 내가 아니라 문장 간의 관계로 보기 때문이다(Halliday & Hasan 참조, 1976:

232. 본 장의 참고 2 참조). 이는 엄밀히 말해 종속접속사는 일종의 접속사로 인정하지 않는다는 의미이다. 예를 들어 Halliday와 Hasan(같은 책: 228)은 다음 문장에서 'after'를 접속사로 보지 않는다.

After they had fought the battle, it snowed.
(그들이 한 바탕 싸우고 나니까 눈이 내렸다.)

'after'가 문장의 일부를 다른 부분에 종속시키고 있을 뿐 다른 문장에 직접 연결하지는 않기 때문이다. 이와 대조적으로 다음 예문의 'afterwards'는 두 문장을 연결하고 있기 때문에 접속사로 인정한다.

They fought a battle. Afterwards, it snowed.
(그들이 한 바탕 싸웠다. 그 후에 눈이 내렸다.)

이 책은 번역을 목적으로 하므로 표층결속성을 넓은 의미로 이해하여 문장, 절, 단락 등의 텍스트 부분들 간의 접속 관계를 표시하는 어떤 요소라도 표층결속적인 것으로 인정하는 편이 더 적절하다. 반복하자면 기술적인 정의를 세밀하게 구분하는 일은 여기에서 논의할만한 주요 문제가 아니며 번역과 직접적인 관련이 없는 측면도 있다.

다음은 *A Study of Shamanistic Practices in Japan*(부록 5)에서 발췌한 것으로써 텍스트에 접속을 사용한 예를 보여준다.

The shamanic practices we have investigated are rightly seen as an archaic mysticism. On the basis of the world view uncovered by the shaman's faculties, with its vision of another and miraculous plane which could interact causally with our own, the more advanced mystical intuitions of esoteric Buddhism were able to develop.

Today, however, this world view is fast disappearing. The vision of another plane utterly different from our own, ambivalent, perilous and beyond our control, has faded. Instead the universe has become one-dimensional; there is no barrier to be crossed, no mysteriously other kind of being to be met and placated.

언어마다 이러한 접속 항목의 사용 빈도는 물론이고 선호하는 종류도 크게 다르다. 또한 접속은 정보 뭉치간의 관계를 표시하는 기제이므로 자연히 정보 뭉치와 두 가지 면에서 밀접한 관련이 있다. 즉 하나의 정보 뭉치 안에서 얼마나 많은 이야기가 진행되느냐와 이러한 정보 뭉치들 간의 관계가 어떤 식으로 인식되고 표시되는가 하는 문제이다. 사실상 접속을 사용하는 것은 전체 담화 논리에 대한 통찰력을 제공한다(Smith & Frawley, 1983).

독일어 같은 일부 언어는 종속관계와 복문을 통해 관계를 표현하는 경향이 있다. 중국어나 일본어 같은 언어는 더 단순하고 짧은 구조를 선호하며, 필요한 곳에서는 이러한 구조간의 관계를 명확하게 표시한다. 접속에 관한 문헌의 기록을 보면 영어와 아랍어 간에 큰 차이가 있음을 알 수 있다. 아랍어에 비해 영어는 대체로 비교적 작은 뭉치로 정보를 제시하고 이러한 뭉치 간의 관계를 모호하지 않은 방식, 즉 절과 문장과 단락 사이의 의미 관계를 다양한 접속사로 표시하는 경향이 있다. 영어는 정보 뭉치간의 관계와 뭉치 구분을 표시하기 위해 Halliday와 Hasan이 논의한 종류의 접속 외에 고도로 발달한 문장부호 체계에도 의존한다. 영어와 달리 아랍어는 정보를 매우 큰 문법적 뭉치로 분류하기를 선호한다. 아랍어에서는 한 단락이 한 문장으로 구성되는 경우도 드물지 않다. 이는 아랍어에서 구두점과 단락나누기가 비교적 최 근에 발달했기 때문이기도 하다. 게다가 아랍어는 비교적 적은 수의 접속사를 사용하는 경향이 있으며 각각의 접속사는 폭넓은 의미를 가 지고 있어 그 의미를 이해하려면 문맥에 의존해야 한다. 따라서 저자 가 막연히 암시만 해놓은 관계를 독자가 추론할 수 있는가가 이해의 관건이다. 아랍어에서 가장 빈번히 사용하는 접속사는 'wa'와 'fa'이다 (Al-Jubouri & Knowles, 1988). Holes(1984: 234)에 따르면 '/wa/는 다 른 것 중에서도 특히 시간의 연속, 동시 동작, 의미 대조, 의미 등가를 표시할 수 있고, /fa/는 시간의 연속, 논리적 귀결, 목적, 결과 또는 양 보의 표지가 될 수 있다'. 단문, 다양한 접속사들의 나열, 전형적인 접 속사들(주로 'wa', 'fa' 및 그 외 소수의 불변화사)의 부재는 아랍어 번 역텍스트와 관련된 특징이다. 아랍어 원문텍스트에는 대개 이런 특징 이 나타나지 않는다.

다음은 아랍어로 상당히 자유롭게 번역한 예이다. 원천텍스트는 접 속사를 사용하지 않고 대신 문장부호 기제에 의존하고 있다. 번역본은 표층결속성에 대해 영어 규범보다는 아랍어 규범을 따르고 있다. 특히 전형적인 아랍어 접속사인 'wa'(개략적으로 'and'의 의미),[5] 'hatha-wa' (축어적으로 'this and'의 의미), 'kama(개략적으로 'also'/'in addition'의 의미)'의 사용에 주목하고, 또한 아랍어 번역본에 뭉치의 수가 더 적게 나타난다는 점도 주목하자. 뭉치의 구분은 두 텍스트 모두 사선으로 표시한다.

원천텍스트(영어: _Brintons_ – 보도자료, 부록 9 참조)

Brintons have been manufacturing fine quality woven carpet over 200 years /./ They are a privately owned company specializing in Axminster and Wilton carpets, using wool-rich blends /./ They have a totally integrated operation from the preparation of the yarn through to the weaving process /./ All their products are made on looms designed and built by their own engineers, and recognized as the most technically superior weaving plant in the World /./ Brintons are one of the largest weavers with a production capacity in excess of 100,000 square metres per week /./

목표텍스트(아랍어) – 역번역

Brintons company has been manufacturing the finest quality of woven carpets for over 200 years, and it is a private company which specializes in producing Axminster and Wilton carpets in which enters a high percentage of wool /./ This and the company carries out all steps of production in its factories, from preparing the yarn to weaving it on looms designed and manufactured by company engineers, and Brintons factories are considered the most advanced weaving factories from the technical aspect in the whole world, also Brintons company is considered among the largest weaving companies with a production capacity exceeding 100,000 square metres per week /./

위 예는 원천텍스트에서 접속사를 사용하지 않은 경우에도 번역문을 보다 매끄럽게 하기 위해 아랍어 담화에서 전형적으로 사용하는 접속사들을 추가하는 방식을 보여준다. 그러나 전형적인 아랍어 접속사의 의미가 훨씬 더 광범위하다면, 원천텍스트에 뜻이 명료한 접속사들이 계속 나열된 경우 아랍어 번역가는 이를 어떻게 처리해야 하는가? 매끄러운 텍스트를 만들기 위해 의미는 덜 정확하지만 전형적인 접속사를 선호해야 하는가, 아니면 정확한 의미를 지닌 접속사들을 똑같이 나열하여 '의미'에 우위를 두어야 하는가? 실제로 번역을 할 때는 여기에 약술한 두 극단 사이에서 선택하는 경우가 많다. 번역가들은 대부분 두 가지를 모두 조금씩 반영하려고 노력한다. Kishtainy(1985)의 *Arab Political Humour* 서문에 실린 다음 예를 보자. 두 텍스트 모두 접속사에 밑줄을 그어 표시하였다. 아랍어 접속사는 다양한 항목을 사용했다는 것을 보여주기 위해 해당 영어 역번역 뒤에 이탤릭체로 함께 제시하였다.

원천텍스트(영어)

Writing on the political humour of the Arab World, past and present, is a hazardous undertaking which I was resolved to risk, much against the advice of many friends. Some felt a shudder at the thought of tackling the sense of humour of the Prophet Muhammad and the holy imams of Islam, and counselled that the subject matter should be confined to modern times. Others, however, felt a similar shudder at the thought of telling and discussing the political jokes about contemporary leaders of the modern Arab World and advised me to confine myself to the days of the Prophet and the early imams. After all, these are men of God and are guided by his spirit of indulgence and forgiveness. They are, furthermore, dead and buried and have no recourse to the revenge squads despatched from the Middle East to the four corners of the world. Yet, a full picture of Arab political humour truly reflecting the psychology, thought and politics of the Arab peoples cannot be adequately drawn without covering the entire span of Arab history, at least from the rise of Islam.

목표텍스트(아랍어) ─ 역번역

Writing on the topic of political humour in the Arab World, past and present, is a task full of danger. But [*laakin*] I made the decision of taking the risk, against the advice of a large number of friends to avoid the dangers involved. For [*fa*] some of them felt a strong shock just at my thinking of tackling the subject of the sense of humour of the Prophet Muhammad and the holy imams of Islam and advised me to confine my research to modern times. And [*wa*] others felt a similar shock at my intention to talk about political jokes relating to contemporary leaders of the modern Arab World and suggested that I should confine myself to the days of the Prophet and the early imams. For [*fa*] these, after all considerations, are men of God and they follow in their indulgence and forgiveness the spirit of God. Furthermore [*thumma anna*] they are dead and cannot come back to join the revenge squads in the Middle East and the four corners of the world. And yet [*wa ma'a thaalik*], it is impossible to draw a full picture of Arab political humour, reflecting the psychology of the Arab peoples, their way of thinking, and their politics without casting an overall glance on Arab history, beginning at least with the rise of Islam.

대부분의 번역가들이 실제로 번역할 때 그렇듯이 위 텍스트의 번역가도 정확성과 자연스러움 간의 균형을 맞추려고 노력한다. 표층결속성의 차원에서 자연스러움은 때로 정확성을 희생하고 'wa'와 'fa' 같은 전형적인 아랍어 접속사를 사용하면서 높아진다. 예를 들어 영어의 'however'(영어 텍스트 세 번째 문장)에 좀 더 근접한 다른 접속사 대신 'wa'를 사용하면 아랍어로 매끄럽게 읽히긴 하지만 영어 접속사의 정밀함은 다소 떨어진다. 반면에 'After all'(영어 텍스트 네 번째 문장)

을 직접 번역한 'after all considerations'라는 표현은 기존의 아랍어 접속사가 아니라 'after all'의 의미를 풀어 설명한 것으로써 정확성을 위해 자연스러움을 희생시킨 경우이다.

278쪽의 *Brintons* 발췌문을 통해 일부 영어 텍스트는 접속사를 거의 혹은 전혀 사용하지 않는다는 점을 알아차렸을 것이다. 특정 종류의 접속사를 선호하는 경향과 전체적으로 접속사를 사용하는 빈도는 화용론적인 이유가 있는 경우가 많다. 장르별 영어 접속사 사용에 관한 Smith와 Frawley(1983)의 연구는 일부 장르가 대체로 다른 장르보다 '더 표층결속적'이며, 각 장르는 저마다 특정 종류의 접속사를 선호한다고 주장한다. 종교텍스트와 소설은 학술텍스트와 언론 보도보다 더 표층결속적이다. 종교텍스트는 'nor'과 같은 부정 부가 접속사를 특히 선호하는 것으로 나타난다. Smith와 Frawley(1983: 358)는 이런 특징을 '부정 부가 접속사가 높은 비율을 보이는 것은 … 가장 견고한 입증 방식인 '반증(反證)' 경향을 보여주는 것'이라고 설명한다. 종교텍스트는 또한 'because'나 'since', 'for' 등의 인과 접속사를 매우 즐겨 사용한다. 이와 대조적으로 학술텍스트와 언론 보도에서는 전체적으로 접속사가 비교적 드물게 나타나며 특히 인과 접속사는 더욱 기피하는 경향이 있다. 학술텍스트의 경우 독자가 이미 알고 있다고 가정하는 공유지식의 수준이 높기 때문이고, 학술텍스트와 언론 보도 둘 다 객관적인 인상을 줄 필요가 있기 때문인 것으로 어느 정도 설명할 수 있다. 언론 보도에서는 공간 제약이 있고, 법적 소송과 책임의 위험 때문에 보도 사건에 대해 공공연히 설명하는 것을 피해야 할 필요가 있으므로 접속사 사용에, 특히 인과 접속사 사용에 대한 제약이 더욱 심하다.

접속사에 대한 목표언어의 일반적인 선호 경향과 구체적인 텍스트 종류별 선호 경향에 맞춰 접속사 유형을 조정하는 것은 지시 유형을 조정하는 것만큼 그렇게 수월하지 않다. 접속사와 관련된 문제는 접속사가 텍스트의 수사법을 반영하며 그 텍스트의 해석을 조절한다는 점에 있다. 이는 번역에서 조정하는 내용과 논쟁 방향 모두에 영향을 끼치는 경우가 많다는 점을 암시한다. 그 예로 *Morgan Matroc*의 기업 소책자인 *Technical Ceramics* 「전문 도입」의 첫 장에 실린 영어 텍스트와 해당 독일어 번역문을 살펴보자. 독일어 번역문은 대체로 독일어 화자가 볼 때 매우 잘 쓴 '원문'으로 생각할 정도로 독일어 양식에 철저히 따르고 있다. 두 텍스트 모두 접속사에 밑줄을 그어 표시한다.

원천텍스트(영어)

<u>Today</u> people are aware that modern ceramic materials offer unrivalled properties for many of our most demanding industrial applications. <u>So</u> is this brochure necessary; isn't the ceramic market already over-bombarded with technical literature; why should Matroc add more?

<u>Because</u> someone mumbles, 'our competitors do it.' <u>But</u> why should we imitate our competitors when Matroc probably supplies a greater range of ceramic materials for more applications than any other manufacturer.

<u>And yet</u> there are some customers who in their search for a suitable material prefer to study complex tables of technical data. It is for such customers that we have listed the properties of Matroc's more widely used materials. Frankly <u>however</u> without cost guides which depend so much on shape such an exercise is of limited value.

There are others in the market place who simply want to know more about us and what we are doing. For them we offer illustrated commentaries on Matroc applications in many market sectors — from gas heaters to medical implants.

And finally there is a third class of customer who knows that a brief telephone conversation with a skilled Matroc engineer and the subsequent follow-up are more effective than 50 pages of technical data — such customers are our life blood — as we are theirs. For them this brochure is unnecessary.

Matroc like other Morgan subsidiaries acknowledges that customers and engineers will have a variety of approaches to problem solving. We hope that this publication will aid that process. We have no doubt about the most effective route however and suggest that the starting point should be the list of telephone numbers and addresses on the final page of this brochure.

목표텍스트(독일어) — 역번역

Today experts are fully agreed that modern ceramic materials offer unsurpassed qualities for many of the most demanding industrial applications.

So we asked ourselves whether this catalogue would still find a corresponding resonance, given the flood of technical literature which is currently circulating in the ceramics market. Should Matroc also add its contribution to this?

On the one hand, some would say: 'that is quite usual for business' but on the other hand will we reach our customers just by eagerly imitating others?

Finally, Matroc offers a greater range of ceramics for more applications than most other firms.

Now, there are customers who in their search for suitable materials prefer to study copious technical data sheets. For such customers we have listed the properties of the most popular Matroc materials.

Yet one must consider that such an undertaking without cost information can only be expected to give a limited explanation because the production yield depends considerably on the geometry of the articles.

And then there are others in the market who simply want to know what we make. For this purpose we have chosen illustrated commentaries from the most wide-ranging market sectors of Matroc — from gas heaters to medical implants.

Lastly we have a third group of customers who know that a brief telephone call with an experienced Matroc technician and the subsequent systematic processing would bring them significantly more than 50 pages of technical details. Our existence rests on such customers — and vice versa!

What does yet another brochure offer these people?

Now, Matroc like other firms in the Morgan Group acknowledge that customers and technicians as a rule follow more than one path in solving a problem.

We hope that this publication serves its purpose. Yet/in any event we have a firm idea about the most effective path and unreservedly recommend that at the beginning of the project one looks at the list of telephone numbers and addresses on the last page of this brochure.

영어 원천텍스트는 여섯 개 단락으로 구성되어 있으나 독일어 번역은 열한 개 단락으로 구성된다. 일반적으로 독일어가 영어보다 정보 뭉치를 더 많이 구분하는 편은 아니다. 따라서 이렇게 텍스트를 여러 뭉치로 다시 묶은 것은 독일어 번역가 특유의 조정 결과로 보인다. 대개 텍스트를 다시 묶는 것은 다음과 같은 두 가지 주요 원인 때문이다. 즉 (a) 분할된 원천텍스트의 뭉치가 항, 단락, 문장, 절 중 무엇이든 간에 목표언어에서 비슷한 요소의 평균 뭉치 묶음에 비해 너무 길거나 너무 짧은 경우, 또는 (b) 목표 독자층의 성격이 전문성, 연령 등의 차원 면에서 달라지는 경우이다. 예컨대 독자층이 전문가인 텍스트는 문외한이나 아동이 독자층인 텍스트보다 더 큰 뭉치로 정보를 분류하는 경향이 있다. 따라서 이 예문의 경우는 독일어 번역문의 목표 독자가 영어 텍스트의 예상 독자만큼 도자기 산업에 관심이 있거나 익숙하지는 않다고 파악했기 때문일 수 있다.

계속해서 접속사 사용에 대해 논의하자면 우선 각 텍스트에서 사용한 접속사는 다음과 같이 분석된다.

영어: today (시간)

so (인과)

because (인과), but (역접)

and yet (부가 + 역접), however (역접)

and finally (부가 + 시간)

however (역접)

독일어: today (시간)

so (인과)

on the one hand (부가, 비교), but on the other hand (역접 + 부가, 비교)

finally (시간)

now (연속, 부가적으로 역접의 효과도 있음)

yet (역접), because (인과)

and then (역접), for this purpose (인과)

lastly (시간)

now[6] (연속 또는 양보 ― 아래 참조)

however/in any event (역접)

접속사의 수는 독일어 텍스트(12개)보다 영어 텍스트(8개)에서 현저히 적다. 독일어는 대체로 영어보다 더 표층결속적인 편이다.[7] 뜻이 명료한 접속사를 사용하면 텍스트 구조가 더욱 투명해진다. 예컨대 소책자의 유용성이 적은 것과 비용 정보 간의 '이유' 관계(영어 텍스트의 셋째 단락, 독어 텍스트의 여섯째 단락)는 독일어 텍스트에서 'denn', 즉 'because(왜냐하면)'가 더해져야 더욱 명확해진다.

두 텍스트 모두, 기업 소책자가 필요하냐는 질문을 먼저 제기한다. 그 질문에 대한 답을 찾기 위한 시도로써 우선 Matroc사의 경쟁사들이 무엇을 하는지 살펴보고 다음 두 가지 가능성, 즉 (a) Matroc사의 경쟁사들은 기업 소책자가 있으며 따라서 Matroc사도 똑같이 해야 한다는 것과 (b) Matroc사가 경쟁사들을 모방할 필요는 없다는 것을 고려한다. 이 구조를 표시하기 위해 사용된 독일어 접속사 'Einerseits'('on the one hand' 한편으로는)와 'aber ... andererseits'('but on the other hand' 그러나 다른 한편으로는)가 영어 텍스트에서 인과 접속사 'Because'와 역접 접속사 'But'을 병행한 것보다 더 투명하다. 그 다음에는 두 텍스트 모두 Matroc사의 경쟁사가 무엇을 하느냐는 질문에서 벗어나 시장 고객의 유형과 소책자가 그 고객들에게 유용한지의 여부를 고려한다. 이러한 전개는 'Schließlich'('finally' 마지막으로)를 사용하고 단락도 나눔으로써 독일어 텍스트에서 좀 더 확고하게 표시된다. 그렇다고 독일어 텍스트가 영어의 해당 부분보다 '더 낫거나 더 나쁘다'는 의미는 전혀 아니다. 두 텍스트는 단순히 서로 다른 독자층을 대상으로 하고 있으며, 그런 과정 중에 반영하는 텍스트적 선호 양식도 서로 달라진다. 영어 텍스트가 독일어 텍스트보다 덜 수월해 보였다면 그럴 만한 이유가 있다. 영어 텍스트는 마치 저자가 생각나는 대로 단순하게 논점을 처리하고 있는 것처럼 느긋하고 가볍게 문제를 다양한 각도에서 고려한다는 인상을 주어 매우 높은 차원의 비격식성을 성취한다. 예를 들어 셋째 단락에서 'And yet'을 사용한 것은 저자가 머릿속의 생각을 그대로 말하고 있다는 인상을 주거나, 친구와 잡담할 때 하듯이 동일선상에서 두서없이 진행하고 있다는 인상을 준다. 반면에 독일어 텍스트는 논쟁의 한 단계를 확실히 마친 뒤에 다음 단계로 진행하고 있다. 이러한 영어의 격식 없는 문체와 독일어의 격식 차린 문체는 둘 다 각각의 문맥에 적합해 보인다.

두 텍스트 간에는 흥미로운 차이점이 또 하나 있다. 독일어 텍스트는 영어의 'For them(그들에게는, 넷째 단락) 대신에 'Zu diesem Zweck'('for this purpose' 이 목적을 위해, 일곱 번째 단락)를 사용함으로써 텍스트 두 부분간의 내적 관계를 훨씬 명료하게 만든다. 그러나 독일어 텍스트는 영어의 넷째 단락과 다섯째 단락에 전개되는 대조를 살리지 못했다. 즉 'There are others … For them we offer … (다른 고객이 있다… 그들에게는 우리가 …를 제공한다)'와 'And finally there is a third class of customer … For them this brochure is unnecessary(그리고 마지막으로 세 번째 부류의 고객이 있다… 그들에게는 이 소책자가 필요 없다)'간의 대조가 사라진 것이다. 사실상 마지막 문장 'For them this brochure is unnecessary'는 독일어 텍스트에 전혀 나타나지 않고, 대신에 'What does another brochure offer these people?(또 다른 소책자가 이 사람들에게 무엇을 제공하는가?)'로 대치되었다. 이는 독일어 텍스트 마지막 단락의 접속사 'Allerdings'가 다음 맥락에서 두 가지로 해석이 가능하기에 특히 흥미롭다.[1]

We hope that this publication serves its purpose.

(i) **However** (역접) we know the most effective path . . .

(ii) **In any event** (양보: 그렇든 아니든 간에 −그렇다는 의미를 암시함)
we know the most effective path . . .

이 접속사는 'For them this brochure is unnecessary(그들에게는 이 소책자가 필요없다)'를 삭제하면 두 번째 경우로 해석된다. 독일인은 사물에 대해 매우 논리적이고 체계적으로 접근한다고 알려져 있다. 그런데 어떻게 보면 모든 종류의 고객들에게 소책자의 유용성을 완전히 부인하는 동시에, 지금 부인한 바로 그 소책자에 실린 전화번호 목록을 사용하는 것이야말로 고객이 필요한 정보를 얻는 최상의 방법이라고 제안하는 것은 다소 비논리적으로 보인다.

번역물이 원천텍스트의 표층결속성 유형을 따를지 아니면 목표언어의 유형에 가까워지려고 노력할지는 최종분석에서 번역의 목적이 무엇인지, 그리고 정보 뭉치를 다시 묶고 이 뭉치들 간의 관계를 다시 표시하는 일에 번역가가 얼마만큼의 재량권을 갖는지에 달려있다. 번역가가 어떤 결정을 내리든 간에 각각의 선택에는 장점과 단점이 있을 것이다. 원천언어의 규범을 따르면 다른 요소는 차치하고라도 전체 의미 면에서는 최소의 변화만 일어날 것이다. 반면에 정보를 묶고 관계를 표시하는 면에서는 전형적인 목표언어 유형에서 크게 벗어나기 때문

---

1) 이후의 논의를 위해 독일어 텍스트의 마지막 단락에 대한 한국어 번역을 다음과 같이 제시한다. (역자 주)

우리는 이 출판물이 목적을 다하기를 희망한다. 그러나/그렇든 아니든 간에 우리는 가장 효과적인 경로를 분명히 알고 있으며, 일을 시작할 때 먼저 이 소책자 마지막 장에 실린 전화번호와 주소 목록을 보라고 적극 추천한다.

에 그 텍스트는 '이질적'으로 들리게 되고 결국 번역물임을 쉽게 알
수 있게 된다.

  자연스러움과 정확성과 텍스트의 '논리'에 대한 문제와는 별개로,
문체적 고려사항 때문에 접속사를 번역하기가 특히 어려운 경우도 가
끔 있다. 예컨대 Milic(1970)은 조나단 스위프트의 문체에서 가장 두드
러진 특징의 하나가 접속사 사용 방식과 관련이 있다고 주장한다.
Milic에 따르면 스위프트는 'and', 'but', 'for'같은 접속사를 가장 즐겨
쓰는데, 아주 '현저히 많이 사용한다'(Milic, 1970: 246). 게다가 정확하
고 논리적인 접속사로 사용하는 게 아니라 '접속의 성격은 지시하지
않은 채' 그저 '한 문장이 다른 문장에 연결되어 있다'는 점을 가리키
기 위해서만 사용한다(같은 책: 247). 다시 말하면 스위프트가 접속사
를 사용하는 방식은 아랍어의 방식과 매우 유사하다(278쪽 참조). 스
위프트와 아랍어 모두 '선호'하는 항목 두셋을 의미상 '불명확한' 방식
으로 매우 빈번히 사용한다. 이처럼 스위프트 문체의 특징은 아랍어
산문의 보편적인 특징과 동일한데. 이런 경우에 스위프트 작품을 아랍
어로 번역하려면 어떤 방식을 사용할 수 있을지에 관한 문제가 발생한다.

6.4 어휘적 표층결속성

  어휘적 표층결속성(lexical cohesion)은 어휘 선정이 텍스트 내의 관
계를 구성하는데 기여하는 역할을 의미한다. 어휘 항목 자체에 표층결
속적 기능이 있다고 말할 수는 없지만(참고. 지시, 접속) 어떤 어휘 항
목이든 텍스트내의 다른 항목과 표층결속적인 관계를 맺을 수는 있다.
가령 독자가 'he' 혹은 'they'와 같은 대명사를 보게 되면 자동적으로
텍스트 주변을 살펴 지시대상을 찾으려고 하는 반면, 아래의 예(*Arab*

Political Humor; Kishtainy, 1985; 책표지에서 발췌)에 나온 'socialism (사회주의)'과 같은 항목과 다른 항목간의 연결관계를 자동적으로 찾지는 않는다.

Ready supplies of fun throughout the thirties and forties were the decadent pseudo-sovereign regimes of the West. More recently people have turned East for their targets, reflecting the new contact with communist countries and also the growing disenchantment with socialism.

하지만 직관적으로 'socialism'과, 'communist(공산주의자)'와 'East(동유럽)'를 연결하는 일종의 어휘적 연계성이 있음을 알아차린다. 더욱이 이 연계성은 'the West(서구)'와는 대칭적인 관계에 있으며, 어떤 사람들에게 있어서는 'decadent(퇴폐적인)'와도 반대가 된다. 그러므로 어휘적 표층결속성은 한 어휘 항목이 이전 항목의 의미를 상기시키는데 사용하는 모든 경우를 포함한다고 말할 수 있다.

Halliday와 Hasan은 어휘적 표층결속성을 두 개의 주요 범주, 즉 **반복**(reiteration)과 **연어**(collocation)로 분류한다. **반복**은 그 이름에서 알 수 있듯이 어휘 항목을 되풀이하는 것이다. 반복한 항목은 이전 항목을 반복하는 것일 수도 있고, 동의어(synonym), 유사동의어(near-synonym), 상위어(superordinate) 혹은 일반어(general word)가 될 수도 있다. 이러한 면에서 반복한 항목은 263쪽에서 제시한 것과 같은 연속체를 나타낸다(대명사적 지시는 예외임). 편의상 아래에 다시 제시하였다.

There's a boy climbing that tree.
(저 나무를 오르는 한 소년이 있다)
a. The boy is going to fall if he doesn't take care.　　**(반복)**

b. The lad's going to fall if he doesn't take care.　　**(동의어)**

c. The child's going to fall if he doesn't take care.　　**(상위어)**

d. The idiot's going to fall if he doesn't take care.　　**(일반어)**

그러나 반복은 반드시 동일한 실체를 포함하지 않아도 된다는 점에서 지시와 다르다. 가령 위의 문장 다음에 'Boys can be so silly'와 같은 서술문이 나온다고 가정할 때 'boy'는 'boys'로 반복되어 이 두 항목이 같은 사람을 의미하지는 않을지라도 여전히 반복의 예가 된다.

　연어는 Halliday와 Hasan 모델의 어휘적 표층결속성의 하위 범주로, 언어에서 어떤 방식으로든 서로 관계를 맺고 있는 어휘 항목의 쌍을 포함하는 경우를 말한다. Halliday와 Hasan은 그 예로써 아래와 같은 종류의 연관성을 제시하고 있다. 하지만 이들은 어휘 항목간의 연관성에 즉각 이름을 붙일 수 없지만 그럼에도 불구하고 무엇인가 존재한다고 느끼는 예문들도 있다는 점을 시인하고 있다. Halliday와 Hasan은 아래에 제시한 관계 중 마지막 분석에서 표층결속적 기제로 인정되기만 한다면 그 관계가 무엇인지는 문제가 되지 않는다고 주장한다.

반대의미를 지닌 여러 종류의 단어: 소년/소녀; 사랑/미움; 명령/복종.

일련의 순서가 같은 단어 쌍의 관계: 화요일/목요일; 8월/12월; 달러/센트.

비순서화된 어휘 집합에서 나온 단어 쌍의 관계:

　전체-부분의 관계: 차/브레이크; 신체/팔; 자전거/바퀴;

　부분-부분의 관계: 입/볼; 독창/합창;

　공-하위어 관계: 빨강/초록(색깔); 의자/탁자(가구).

공기(co-occurrence)되는 말을 토대로 한 연관성(적절한 연어 —3장 참조: 비, 쏟아지다, 폭우, 젖은; 머리카락, 빗, 구불거리는, 물결치는 등)

어휘적 표층결속성은 위의 논의에서 제시한 것과 같은 단어 쌍 간의 관계가 아니다. 오히려 어휘적 표층결속성은 텍스트를 통해 여러 가지 방식으로 서로 연결된, 즉 사회주의, 공산주의, 동유럽과 같은 어휘적 연계성를 통해 전형적으로 형성된다. 다음 예문은 비교적 수월한 텍스트에서 어휘적 표층결속성의 유형이 어떻게 추적되는지를 보여주고 있다. 이어지는 논의의 편의상 문장에 번호를 매겨 놓았다.

(1) I first met Hugh Fraser in 1977. (2) Charming, rather hesitant, a heavy smoker and heavy gambler, he had made such headway through his fortune that he had decided to sell his last major asset, the controlling shares in the business which his father had built up and named Scottish and Universal Investments. (3) Scottish and Universal had, among its assets, 10% of the British stores group, House of Fraser. (4) Lonrho bought 26% of Scottish and Universal.

(5) It was part of Lonrho's understanding with Hugh that he would stay on as Chairman of House of Fraser, but it gradually became clear that Sir Hugh was not on terms of mutual respect with most of his Board, and that the loyalty of his colleagues had been to his formidable father rather than to him. (6) They did not welcome the sale of Hugh's shares to Lonrho — and it was only natural, as a change was obviously in the air. (7) Lonrho was an expanding and acquisitive company, and House of Fraser was a quiet and pedestrian one.

(*A Hero from Zero*, i쪽)

위 텍스트의 어휘적 표층결속성은 (2), (3), (4)번 문장의 'Scottish and Universal', (4), (5), (6), (7)번 문장의 'Lonrho'와 (2), (3)번 문장의

'assets' 같은 항목의 반복을 포함하고 있으며, 'assets(자산)/shares(주식)' 사이에는 상위어-하위어 관계가, 'sell(팔다)/buy(사다)'에는 반대 의미가, 'Lonrho(론호사)/company(회사)'에는 일반어로서의 반복, 'expanding(넓혀 가는)/acquisitive(획득한)'에는 동의어 관계가 있다. 또한 'smoker(흡연자)/gambler(노름꾼)'는 '악습'이라는 면에서 공-하위어 관계이며, 'respect (존경)/loyalty(충실)'는 '조직의 덕목'에 대한 공-하위어 관계이다. 물론 가장 중요한 것은 텍스트의 주제를 성립하고 유지하도록 도와주는 주요 연어적 고리들이다. 예컨대 'fortune(재산), shares(주식), assets(자산), business(사업), Chairman(회장), Board(이사회), sale(판매), expanding(확장하는), acquisitive(취득한), company(회사)' 등을 들 수 있다. 위의 텍스트에서 더 많은 표층결속적 관계를 찾아 볼 수 있는데, 이는 글에서 어휘적 표층결속성 망의 전형적인 응집성을 보여 주는 것이다.

다른 장르에서 발췌한 또 다른 예문은 화자와 저자에게 유용한 어휘의 연관성을 조정하는 방식을 보여준다. 다음 발췌문은 John Le Carré (1989: 40)의 *The Russian House*에서 나온 것이다.

The whole of Whitehall was agreed that no story should ever begin that way again. Indoctrinated ministers were furious about it. They set up a frightfully secret committee of enquiry to find out what went wrong, hear witnesses, name names, spare no blushes, point fingers, close gaps, prevent a recurrence, appoint me chairman and draft a report. What conclusions our committee reached, if any, remains the loftiest secret of them all, particularly from those of us who sat on it. For the function of such committees, as we all well knew, is to talk earnestly until the dust has settled, and then ourselves return to dust. Which, like a disgruntled Cheshire cat, our committee duly did, leaving nothing behind us but our frightfully secret frown, a meaningless interim working paper, and a bunch of secret annexes in the Treasury archives.

위의 문장은 두 가지 중요한 연어적 연계성을 교묘하게 연결해 놓았다. 하나는 상당히 권위있는 공식 제도와 관행에 관련된 것으로, 'committee, enquiry, chairman, witness, Whitehall, minister, Treasury, report, interim working paper' 등이 연어적 고리를 이루고 있으며, 또 하나는 몇 번에 걸쳐 'secret'란 단어를 반복한다거나, 'name names'와 'point fingers'라는 표현을 사용하여 음모라는 주제를 환기시키고 있다. 그러나 해당 제도와 관행을 조롱하고 '허위적 긴장감'이라는 인상을 주는 반어적 서술 표현이 위의 두 연어적 연계성을 압도하고 있으므로 진정한 음모라고 볼 수 없다. 즉, 'frightfully secret committee, indoctrinated ministers, the loftiest secret of them all, like a disgruntled Cheshire cat, frightfully secret frown, meaningless interim working paper, a bunch of secret annexes' 등이 그것이다.

어휘적 표층결속성이란 개념은 어떤 특정 종류 항목의 실재보다는 어휘 항목 망이 존재하느냐라는 점에서 중요하다. 이 개념은 Halliday 와 Hasan(1976: 289)의 **개별적 의미**(instantial meaning) 혹은 텍스트 의미를 위한 토대를 제공한다.

우리가 모르고 있다 해도 각 어휘 항목은 텍스트 생성 과정에서 만들어지고 개별 상황에서 항목이 구체화될 수 있는 맥락을 제공하는 연어 환경, 즉 텍스트 자체의 역사를 안고 있다. 이러한 환경은 각각의 개별적인 상황에 고유한 의미인 '개별적 의미', 혹은 텍스트 의미를 결정한다.

개별적 의미의 개념은 번역가에게 분명히 중요한 영향을 끼친다. 어휘
망은 표층결속성을 제공할 뿐만 아니라 각각의 개별 항목이 주어진 맥
락에서 사용된 의미를 총체적으로 결정한다. Hoey(1991: 8)는 '어휘
관계가 텍스트 조직의 생성을 돕는 것과 마찬가지로 텍스트도 어휘 관
계의 생성과 해석을 위한 맥락을 제공한다'라고 말한다.

개별 어휘 항목의 의미가 텍스트 내의 다른 항목과 맺는 관계 망에
의해 좌우된다는 생각은 이제 언어학 특히 번역학에서 사실로 받아들
여지고 있다. Snell-Hornby(1988: 69)는 이러한 번역 접근법의 중요성
을 강조하면서 번역가가 텍스트를 분석할 때 '개별적인 현상이나 항목
을 깊이 있게 연구하기보다 '관계 망'을 추적하는 데 관심을 두며, 이
때 개별 항목의 중요성은 텍스트의 관련성과 기능에 따라 결정한다'고
말한다.

텍스트를 벗어난 개별 어휘 항목은 잠재적 의미 정도 밖에 갖지 못하
며, 이 항목들의 의미가 개별 텍스트 환경의 다른 어휘 항목과의 연관
성을 통해 실현되고 상당히 많은 부분이 수정된다는 것은 분명한 사실
이다. 그러나 해당 어휘 항목이 지닌 잠재적 의미가 완전히 제약이 없
는 건 아니다. 어떤 단어의 의미를 임의대로 사용할 수는 없다는 말이
다. 사실 이 말은 부단히 노력한다 해도 원천텍스트에 나타난 어휘적
표층결속성의 망을 목표텍스트에서 재생산하기란 불가능하다는 점을
암시한다. 어떤 단어의 의미를 원하는 대로 사용할 수 없다면 의미나
연관성이 약간 다른 단어로 만족해야 할지도 모른다. 이러한 일이 발생
할 때마다 원천텍스트의 어휘적 연계성이나 연관성과는 거리가 있는
미묘하거나 혹은 중대한 텍스트적 변환이 생긴다. 중대한 변환은 심지
어 비문학 텍스트에서도 나타난다. 가령 관용구(idiom)의 축어적 혹은
비축어적 해석으로 인해 서로 연결되는 어휘적 연계성 혹은 많은 개별
적 연계성을 창조하기 위해 원천 텍스트가 관용구에 언어적 유희를 가

하는 경우를 들 수 있다. 이와 같은 예문은 3장(101쪽)에 제시한 바 있다. 이와 비슷한 예문이 커다란 모자를 쓴 여성을 보여주면서 'if you think Woman's Realm is old hat ... think again'(Cosmopolitan, 1989년 10월)이라는 설명을 써 놓은 여성 잡지광고에 나온다. 'old hat'는 '진부한' 혹은 '지리한'을 의미하지만 여기에서는 'hat(모자)'의 축어적 의미를 사용하여 사진 속의 실제 모자와 연결함으로써 어휘적이고 시각적인 연계성을 만들고 있다. 번역에서는 이러한 종류의 연계성을 포기해야 하는 경우가 많다. 원천 관용구의 형태와 의미 모두 목표언어 관용구와 동일해야만 이 관용구와 다른 요소간의 연계성을 재생산할 수 있기 때문이다.

관용구를 조정하는 것과는 별도로, 이 관용구에 해당하는 등가어가 없는 경우 번역가는 간혹 상위어, 풀어쓰기, 혹은 차용어 등의 전략에 의존해야 한다(2장 참조). 물론 이 전략들을 사용하게 되면 목표텍스트에 다른 어휘적 연계성을 생산하게 된다. 마찬가지로 목표언어의 문법구조상 번역가는 정보를 부가하거나 누락시키고, 혹은 원천텍스트의 일부를 다른 식으로 다양하게 표현할 수 있다. 비문학 텍스트를 번역하는 과정에서 생성되는 목표텍스트의 새로운 어휘 관계망은 대체적으로 원천텍스트의 어휘망과 매우 유사하다. 그러나 이 두 망은 여전히 차이가 있으며 그 차이점이 미묘하다 해도 번역가의 기술과 경험에 따라 표층결속성과 심층결속성에 영향을 끼칠 수 있다(7장 참조). 능숙한 번역가라면 텍스트를 번역할 때 어떤 어휘적, 문법적 문제에 부딪치고 이를 해결하고자 어떤 전략을 사용하더라도 결국 목표 텍스트 그 자체로 충분히 어휘적 표층결속성을 가질 수 있도록 할 것이다. 미묘한 변화나 혹은 중대한 변화들은 피하기 힘든 경우가 많다. 하지만 번역가가 주어진 맥락에서 의미가 통하는 어휘적 연계성을 형성하는데 전혀 도움이 되지 않게 어휘항목을 그저 무작위로 모아 놓는 것처럼 보이는 극단적인 경우는 반드시 피해야 한다.

Brintons사의 보도 자료는 비문학 텍스트의 어휘적 표층결속성의 차
원에서 전형적으로 발생하는 미묘한 변화를 보여주는 사례이다.

원천텍스트(영어: *Brintons* — 보도자료, 부록 9 참조)

Brintons have been manufacturing fine quality woven carpet for over
200 years. They are a privately owned company specializing in
Axminster and Wilton carpets, using wool-rich blends. They have a
totally integrated operation from the preparation of the yarn through to
the weaving process. All their products are made on looms designed and
built by their own engineers, and recognized as the most technically
superior weaving plant in the World. Brintons are one of the largest
weavers with a production capacity in excess of 100,000 square metres
per week.

The recently introduced New Tradition Axminster range is already
creating great interest and will be on display at the Exhibition. New
Tradition offers a fascinating series of traditional patterns in miniature
using rich jewel-like colours that glow against dark backgrounds,
suitable for a wide variety of heavy wear locations from hotels,
restaurants and leisure areas to high quality residential situations.

The successful Finesse and Palace Design qualities will also be
displayed. Both carpets have geometrically styled designs suitable for
both residential and contract use. Palace Design also incorporates a
border and plain range in complementary colours.

Other Brintons products suitable for the commercial world, such as
Bell Twist, Heather Berber, Broadloop, Bell Trinity and Trident Tile will
also be on display.

Brintons will be delighted to solve any carpeting problems as special designs and qualities can be produced for minimum quantities. Their standard range of colours offers over 200 possibilities for the discerning designer to select from.

목표텍스트(아랍어) — 역번역

Brintons company has been manufacturing the finest quality of woven carpets for over 200 years, and it is a private company, specializing in the production of Axminster and Wilton carpets in which enters a high percentage of wool. This and the company carries out all steps of production in its factories, from preparing the yarn to weaving it on looms designed and manufactured by the company engineers, and Brintons factories are considered the most advanced weaving factories from the technical aspect in the whole world, also Brintons company is considered among the largest weaving companies with a production capacity which exceeds 100,000 square metres per week.

The 'New Tradition Axminster' collection has aroused a high degree of interest since the company undertook its introduction recently, and it is among the types of carpets which will be displayed at the exhibition. The 'New Tradition' collection presents a number of fascinating traditional designs in a reduced size, in dazzling colours like the colours of gems, the glowing of which is increased by the dark backgrounds. And it is suitable for fitting in many commercial locations with heavy use, such as hotels and restaurants and leisure places and some residential locations of fine standard.

Also the exhibition includes samples of 'Finesse' and 'Palace Design' carpets which have been marketed with great success. And these two types of carpet are characterized by their geometrical designs and are suitable for use in both residential and commercial locations. This and the 'Palace Design' collection comprises several plain colours and designs in the shape of a border, the colours of which match the rest of the colours of the collection.

This and Brintons company will undertake to display several other types of carpet suitable for commercial use, such as 'Bell Twist' and 'Heather Berber' and 'Broadloop' and 'Bell Trinity' and 'Trident Tile'.

Brintons company is pleased to assist you in solving any problems concerning carpets, as it can produce designs and special types in limited quantities, also the collection of colours available at the company exceeds 200 colours which allows any designer a big opportunity for choice.

위에 제시한 두 자료를 훑어보면 반복과 연어 유형에서 상당한 차이점이 드러난다. 자세히 분석하지 않더라도 영어텍스트에 비해 아랍어 번역문에서 반복이 훨씬 더 많이 사용되고 있다는 사실을 알 수 있다. 가령 영어텍스트에는 'company(회사)'가 한번만 사용된 반면, 아랍어 텍스트에서는 이 단어의 등가어인 'sharika'가 8번 반복되고 있다. 마찬가지로 영어텍스트에는 'colour(s)(색깔)'가 3번 나오지만 아랍어 등가어는 7번 나온다. 영어텍스트에서는 신중하게 선택한 어휘 항목들이 미묘한 연관성을 맺고 있지만 아랍어 번역문에서는 이런 특징이 불가피하게 사라져 있다. 예를 들면 'factory(공장)' 보다는 'plant(공장설비)', 'kinds (종류)/types(유형)' 보다는 'qualities(질)', 'matching colours(조화로운 색)' 보다는 'complementary(보색)', 'choose(선택하다)' 보다는 'select(엄선하다)' 등의 항목을 선택한 것은 독자의 인식 속에 Brintons사와 이 회사의 상품에 대한 어떤 이미지를 만드는 역할을 하기 위해서이다. 이 항목들은 다른 항목, 즉 마지막 문장의 'discerning(식별하는)'과 더불어 엄선한 상품을 생산하는 정밀한 회사로써 Brintons사의 이미지를 총괄적으로 고양시키고 있다. 아랍어 번역문에서는 아랍어의 어휘 구조로 인하여 위 항목과 같은 선택적 영역이 없기 때문에 이러한 미묘한 연관성이 사라졌다. 즉 아랍어에는 'plant/factory' 나 'choose/select' 간의 차이가 없다. 더욱이 아랍어에는 'complementary'와 'discerning'에 해당하는 등가어도 없다. 첫 번째 항목 'complementary'는 아랍어 번역문에 'the colours of which match the rest of the colours of the collection'으로 풀어서 썼다. 물론 풀어쓰기는 하나의 어휘 항목이 전달하는 방식의 연관성은 만들지 못한다. 두 번째 항목 'discerning'은 완전히 생략되었다.

반복과 연어 유형에 이러한 차이점이 있다고 해서 아랍어 텍스트에 어휘적 표층결속성이 없다는 뜻은 아니다. 가령 아랍어 텍스트에서 'company'와 'colours' 등의 항목이 많이 반복된 점을 볼 때 아랍어 텍스트 자체에도 어휘적 표층결속성 망이 있긴 하지만 영어텍스트에 생성된 표층결속성 망과는 일치하지 않는다. 그래서 목표 독자의 마음속에 이와 동일한 종류의 연관성을 유발하지 못한다. 어떤 텍스트라도 역번역을 하게 되면 어휘적 표층결속성의 일부가 흐려지기 마련인데 이는 그 언어의 형태론적 구조 때문이다. 예를 들면 위 텍스트의 아랍어 번역문에서 'display'와 'exhibition'의 표층결속적 연결관계는 이 두 단어의 어근이 같기 때문에 이루어진다. 불행히도 역번역에서는 이런 종류의 연결관계를 쉽게 볼 수 없다.

대개 언어마다 수용할 수 있는 어휘 반복의 차원이 다르다는 점을 명심해야 한다. 위 예문은 아랍어가 영어에 비해 훨씬 더 어휘를 반복하는 정도가 높다는 점을 제시한다. 이런 측면에서 볼 때 그리스어는 영어에 비해 아랍어에 더 가까운 편이다. 가령 Hawking의 *A Brief History of Time* (1988: 1-2)에서 발췌한 예문을 생각해 보도록 하자.

> Most people would find the picture of our universe as an infinite tower of tortoises rather ridiculous, but why do we think we know better? What do we know about the universe, and how do we know it? Where did the universe come from, and where is it going? Did the universe have a beginning, and if so, what happened *before* then? What is the nature of time? Will it ever come to an end? Recent breakthroughs in physics, made possible in part by fantastic new technologies, suggest answers to some of these longstanding questions. Someday these answers may seem as obvious to us as the earth orbiting the sun — or perhaps as ridiculous as a tower of tortoises. Only time (whatever that may be) will tell.

위의 발췌문을 조사해보면 여섯 개의 어휘 항목이 다음과 같이 반복된 다는 것을 알게 된다('the'와 'where'같은 기능어는 포함하지 않음).

know	(3번)	universe	(4번)	time	(2번)
answers	(2번)	ridiculous	(2번)	tower of tortoises	(2번)

스페인어 번역문(부록1)은 이와 아주 흡사한 유형을 보인다:

saber 'know'	(2번)	universo 'universe'	(4번)
tiempo 'time'	(3번)	respuestas 'answers'	(2번)
ridiculo 'ridiculous'	(2번)	torre de tortugas 'tower of tortoises'	(2번)

이 어휘항목을 그리스어 번역문(부록1)과 비교해보면 열세 개의 어휘항목이 반복되고 있고 'universe'와 같은 일부 항목은 영어와 스페인어 텍스트에 비해 훨씬 많이 반복하고 있다.

anthropi 'people'	(2번)	ikona 'picture'	(2번)
simpan 'universe'	(6번)	gnorizo 'know'	(3번)
iparkho 'exist'	(6번)	khronos 'time'	(5번)
arkhi 'beginning'	(2번)	apandisi 'answers'	(2번)
yi 'earth'	(3번)	evnoitos 'obvious'	(2번)
anoitos 'silly'	(2번)	stirizo 'supported'	(2번)
apiri sira apo trapulo kharta 'infinite series of cards' (2번)			

필자가 그리스 원어민 화자에게 알아본 바에 의하면 Hawking 책의 그리스어 번역문은 상당히 잘 읽힌다. 이 번역문이 원문처럼 잘 읽히는 이유 가운데는 원천언어텍스트 유형을 그대로 옮겨놓지 않고 그리스어 대화의 전형적인 반복 유형을 사용한 점도 포함된다.

　Halliday와 Hasan은 영어의 표층결속성을 만드는 기제로써 지시, 대용, 생략, 접속과 어휘적 표층결속성을 찾아냈다. 이는 아마 많은 언어에서 보편적으로 쓰이는 기제일 것이다. 그러나 각각의 언어는 다른 기제에 비해 특정 기제를 훨씬 빈번하게 사용한다거나 영어의 표층결속성 유형에는 대응될 수 없는 특정한 연결 관계를 선호하는 경향이 있다. 예컨대 영어의 경우 대명사화를 상당히 빈번하게 사용하지만 일본어와 중국어에서는 거의 사용하지 않는다. 어휘적 반복은 영어에 비해 히브리어에서 훨씬 더 빈번하다(Berman, 1978; Blum-Kulka(1986: 19)에서 인용).

　표층결속성은 또한 Halliday와 Hasan이 언급하고 위에서 논의한 기제 외에도 다양한 기제에 의해 성립할 수 있다. 예를 들면 시제 연속성, 문제의 일관성, 콜론과 세미콜론 같은 구두점 기제들인데, 이들은 접속사처럼 텍스트의 다른 부분이 서로 어떻게 관련을 맺고 있는지를 나타낸다. 번역을 하다 보면 이유 없이 문체를 바꾸는 실수를 하기 쉬운데 이는 텍스트의 표층결속성과 심층결속성(7장 참조)을 심각하게 훼손할 수가 있다는 점을 명심해야 한다.

지금까지 논의한 기제 외에 다른 기제가 있는 언어도 있다. 가령 아구아루나어와 같은 언어는 선행 정보의 일부, 말하자면 선행 문장의 술부를 이어지는 다음 문장에서 반복을 하는 '연계성'을 이용한다(Larson, 1984).

대체로 표층결속성의 차원 역시 언어마다 다르다. 같은 언어에서조차도 텍스트마다 표층결속적 결합관계의 정도가 다르다. Vieira(1984, Blum-Kulka(1986)에서 인용)는 포르투갈어는 영어에 비해 더 높은 명백한 표층결속성을 선호한다고 말한 바 있다. 표층결속성은 중복 유형을 만드는 원인이 되며 언어간 그리고 텍스트 유형간 모두에서 차이가 난다. 명백한 표층결속성 표지는 텍스트의 중복 수준을 올리게 되며 이 표지가 없다면 중복 수준은 낮아진다. Blum-Kulka는 명백함의 수준을 올리는 것, 말하자면 목표텍스트의 중복 수준을 증가시키는 게 번역의 보편적인 경향이라고 언급한 바 있다. 또한 그는 '명백함은 언어 학습자, 비전문적 번역가 및 전문 번역가 모두가 사용하기 때문에 언어 매개 과정에 내재된 보편적인 전략이라고 할 수 있다'(1986: 21)고 밝혔다.

연습문제

1. 표층결속 기제를 하나 선택한 다음, 그 기제가 특정 장르의 원천 언어와 목표 언어에서 하는 기능을 살펴보아라. 이를 위해서 먼저 각 언어의 많은 원천텍스트를 살펴 보고 그들의 특정 표층결속 기제의 사용법을 비교해 보아야 한다. 예컨대 지시를 선택할 경우 각 텍스트에서 참여자와 실체가 어떻게 추적되는지, 즉 대명사적 지시, 반복, 공지시 등을 주목하라. 두 번째로 동일한 장르의 많은 번역텍스트를 살펴보아라. 번역된 목표텍스트의 표층결속성의 유형과 원천텍스트의 유형을 비교해 보아라. 각 텍스트 유형간의 차이점을 설명하고, 목표언어에서 선호하는 유형을 반영하기 위해 번역된 텍스트에서 조정 가능한 표층결속성의 유형을 제시하라.

   이는 시간이 소비되는 일이기는 하지만 유용한 연습이며 연구과제로써도 최고의 방법이다. 이는 또한 자신의 언어와 전문적으로 다루고자 하는 특정 종류의 텍스트에서 전형적으로 사용하는 표층결속적 기제를 잘 알도록 도와주는 데 그 목적이 있다.

2. 당신이 *Macmillan Encyclopedia*를 목표언어로 생산하는 번역가팀에 합류해 달라는 제의를 받았다고 생각해 보자. 당신의 임무는 국가나 정치적 용어 같은 표제어가 아니라 사람에 대한 표제어를 번역하는 일이다. 그러므로 당신은 목표텍스트의 지시적 연계성을 다루는데 특히 조심할 필요가 있다. 아래는 *Macmillan Encyclopedia*(1986)에서 발췌한 전형적인 두 표제어이다:

   Elizabeth I(1533-1603) Queen of England and Ireland(1558-1603), daughter of Henry VIII and Anne Boleyn. Her mother's execution and Elizabeth's imprisonment by Mary I made her cautious and suspicious

but her devotion to England made her one of its greatest monarchs.
Her religious compromise(1559-63) established Protestantism in England
(*see* Reformation). Several plots to place her Roman Catholic cousin,
Mary, Queen of Scots, on the throne led to Mary's execution (1587).
England won a great naval victory in 1588 by destroying the Spanish
Armada. Elizabeth never married and was called the Virgin Queen,
although her relationships with, among others, the Earl of Leicester
and the 2nd Earl of Essex caused considerable speculation.

Van Gogh, Vincent(1853-90) Dutch postimpressionist painter, born
at Zundert, the son of a pastor. He worked as an art dealer, a teacher
in England, and a missionary among coalminers before taking up
painting in about 1880. His early works were chiefly drawings of
peasants. After a limited training in The Hague and in Antwerp,
where he studied the works of Rubens and Japanese prints, he moved
to Paris(1886). Here he briefly adopted the style of impressionism and
later of pointillism. In Arles in 1888 he painted his best-known works
— orchards, sunflowers, and the local postman and his family — but
only one painting was sold during his lifetime. The visit of his friend
Gauguin ended in a quarrel during which Van Gogh cut off part of his
own left ear. In 1889 he entered a mental asylum at Saint Rémy. The
ominous *Wheatfield with Crows* (Stedelijk Museum, Amsterdam) was
painted shortly before his suicide. His letters to his brother(Theo)
contain the best account of his life and work. *See* expressionism.

위의 표제어를 목표언어로 번역하되, 각 표제어에서 개개의 참여자
를 추적하는 방식에 특별히 주의를 기울여라. 각 표제어의 원천텍
스트와 목표텍스트의 지시 유형의 차이점을 설명하라.

3. 다음은 레바논의 'Minority Rights Group Report'의 발췌문이다.

It might initially seem puzzling for a Minority Rights Group Report to examine a whole country as a minority problem. Yet there can be few countries which can claim to be so deeply and intrinsically composed of minorities as Lebanon — especially one so small that it could fit into one quarter of Switzerland. There is not a single resident in Lebanon who cannot, in one sense or another, truthfully claim to belong to a minority. It is the conflicting aspirations and fears of these different components of Lebanese society confined in a small and rapidly urbanizing area which lie at the heart of the continuing crisis in Lebanon today.

Outside the Lebanon the international media have frequently portrayed the conflicts within this unhappy country as the product of Christian-Muslim hatred, or in the political arena as a contest between the Left and Right, or as the product of outside (normally Palestinian or Syrian) subversion. These interpretations can be crude and dangerously misleading, but they tend to be repeated time and again, doing little to assist international understanding of Lebanon's ills. The non-Lebanese ingredients to the conflict, the Syrian, Israeli and Palestinian armed presence and the interference of the two super-powers have certainly exacerbated the conflict, but none of them started it. Civil conflict feeds on internal divisions, and had these not existed the Lebanese people would undoubtedly have closed ranks against the behaviour of their neighbours. Despite the departure of the PLO from Beirut and south Lebanon, which some wishful thinkers believed would presage an end to the conflict in Lebanon, no such thing has happened and the main Lebanese contestants during the

Civil War period 1975-77 seem as much at loggerheads as ever.

It is not the primary cause of this paper to explain the Civil War, or indeed the two Israeli invasions of Lebanon in 1978 and 1982. Rather, its purpose is to provide a background to the hopes, fears and aspirations of these communities which have, all of them, already suffered too much. People in Lebanon have very long memories indeed, and their outlook can be considerably influenced by community experience — even centuries ago. For this reason I have given what may, to some, seem like undue attention to the past.

(McDowall, 1983: 7)

위의 발췌문을 신중히 연구해 보라. 특히 (a) 접속사의 사용과 이 접속사가 어떻게 내용을 조직하고 있는지, (b) 어휘적 표층결속성의 망과 이 망이 독자에게 일으키는 이미지와의 연관성에 관심을 기울여라.

MRG 기사의 논평에 싣기 위해 위의 발췌문을 번역해 달라는 요청을 받았다고 생각해보자. 이 번역문은 당신 나라의 유력한 신문 중 한 곳에 발행하기로 했다. 위의 텍스트를 목표 언어로 번역한 다음, 표층결속 기제 사용법의 차이점을 설명해 보라. 내용이나 구조를 현저히 조정하고자 한다면, 그렇게 결정한 이유를 번역 목적과 관련하여 증명해 보라.

보충자료

Brown, G. and Yule, G. (1983) *Discourse Analysis* (Cambridge: Cambridge University Press), Chapter 6: 'The nature of reference in text and discourse'.

Callow, K. (1974) *Discourse Considerations in Translating the Word of God* (Michigan: Zondervan), Chapter 3: 'Cohesion'.

De Beaugrande, R. and Dressler, W. (1981) *Introduction to Text Linguistics* (London and New York: Longman), Chapter 6: 'Cohesion'.

Halliday, M. A. K. and Hasan, R. (1976) *Cohesion in English* (London and New York: Longman).

참고

1   이 장 전체에서 필자는 '망(network)'을 어떤 체계를 기반으로 하는 용어가 아니라 비전문적인 의미에서 사용한다.

2   Halliday와 Hasan(1976: 9)은 표층결속적 연관이 한 문장 내에 존재하는 반면에, '중요한 것은 문장 간의 표층결속성인데, 바로 그것이 하나의 텍스트를 다른 텍스트와 구분해주고 변동이 심한 표층결속성의 측면을 보여 주기 때문이다. 그렇다 해도 표층결속성이 엄격히 말해 "문장 이상의" 관계는 아니라는 사실을 모호하게 해서는 안 된다. 그것은 문장과는, 혹은 문법 구조의 다른 형태와는 전혀 무관한 관계이다'라고 주장한다.

'문장'의 정의를 내리는 일은 구두점 체계가 매우 발달한 영어에서조차도 어려운 문제이다. 일부 언어에서는 문장의 개념이 훨씬 더 모호하다. 예를 들어 아랍어에서는 마침표가 단락의 맨 끝에만 나오는 경우가 많기 때문에 전체 단락이 하나의 매우 긴 '문장'으로 이루어지는 경우가 많다. Halliday와 Hasan(1976: 232)은 문장 개념이 본질적으로 타당하다고 주장하면서도, 구두점 체계는 대체로 융통성이 크고, '문장 자체는 매우 막연한 범주'라는 점을 인정한다. 따라서 이 장에서 표층결속성에 대한 논의는 문장 간의 결속에만 한정되지 않는다.

3   포르투갈어 텍스트가 영어 텍스트보다 훨씬 짧은 이유는 공간 제약 때문으로 보인다.

4   아랍어는 대명사적 접미사를 매우 많이 사용하지만 독립적인 대명사

에 대해서는 그렇지 않다. 이 텍스트의 모든 대명사는 동사, 명사, 또는 전치사의 끝에 접미사로써 붙어 있으며, 역번역에 나와 있는 것처럼 따로 존재하지 않는다.

　대체로 독립적인 대명사는 아랍어 담화에서 참여자를 밝히는데 사용되지 않는다. 그보다는 주로 강조나 대조를 표시하는데 사용된다. 때로는 지시를 명확하게 하기 위해 사용되기도 하는데, 영어에서는 주로 어휘 반복에 의해 실현되는 기능이다.

5　접속사 'and'와 등격 어구를 묶는 'and'간의 경계는 대체로 모호하지만 아랍어에서는 그 정도가 더욱 심하기 때문에 이 둘을 구분하기가 매우 어려운 경우가 많다.

6　첫 번째 'Nun'과 달리(독일어 텍스트 넷째 단락), 두 번째 'Nun'은 역접이 아니다. 두 번째 'Nun' 뒤에 쉼표를 사용함으로써 의미의 차이를 강조하고 있다. 독일어에서는 대개 쉼표가 절을 나타내며, 합당한 이유가 없는 한 구 차원에서는 거의 사용하지 않는다.

7　이는 독일어 통사 구조가 복잡한 것과 관련이 있을 수도 있다. 길고 복잡한 구조 속에 끼워진 텍스트 덩어리들 간의 관계를 풀어내기 위해 접속사가 필요한 것일지도 모른다.

화용론적 차원의 등가

번역가 훈련의 근간이 되는 연구는 어떤 종류인가라는 질문에 대해 나는 지금까지 제시된 언어적 대조 체계로는 안 된다고 대답한다. 우리는 언어 조직에서 벗어나 현실을 바라볼 필요가 있다. 번역가에게 현실은 언어 안에 기호화 된 것이 아니라 바로 상황과 텍스트 안에 기호화되어 있기 때문이다. 번역가는 언어 기호화와 관련이 없으며 관련이 있어서도 안 된다. 관련이 있다고 생각해서 실수를 저지른다는 사실은 별개 문제이다.

(Denison; Grähs 외 에서 인용, 1978: 348)

아직도 실제 번역 수업에서는 이런 생각이 지배적이긴 하지만, 텍스트를 하나의 고정된 언어 표본으로 간주할 수는 없다. 텍스트는 본질상 저자의 의도를 말로 표현한 것이다. 번역가는 독자의 입장에서 저자의 의도를 이해한 후에 또 다른 문화에서 또 다른 독자층을 위해 텍스트 전체를 재창조한다.

(Snell-Hornby, 1988: 2)

이번 장에서는 해당 독자층이 주어진 텍스트의 '의미'를 어떻게 '이해'하게 되는지를 간단히 살펴보면서 언어와 번역에 대한 논의를 마무리 짓고자 한다. 지금까지는 문장과 단락을 함께 연결하고 다양한 텍스

트적 특징을 발견하는 텍스트 차원에서 논의하였으나 이 장에서는 과
감히 한 걸음 더 나아가려 한다. 여기에서 우리는 의사소통 상황에서
발화를 사용하는 방식과 그 발화를 맥락 내에서 해석하는 방식을 살펴
볼 것이다. 이는 매우 복잡하지만 아주 재미있는 언어 연구 영역으로써
화용론(pragmatics)으로 알려져 있다. 화용론은 실제로 사용하고 있는
언어에 대한 연구이다. 의미에 대한 연구지만 언어 체계에 의해 생성되
는 의미가 아니라 의사소통 상황에서 참여자들이 전달하고 조작하는
의미이다. 여기에서는 이 특정 언어 연구 영역에서 중심이 되는 여러
개념 중에서, '의미를 이해'하는 문제를 탐색하며 이(異)문화 간의 의사
소통에서 빚어지는 어려움의 영역을 강조하는데 특히 유용한 개념을
두 가지 선정하였다. 바로 **심층결속성**(coherence)과 **함축**(implicature)이
다. 이 영역을 보다 깊이 연구하고 싶으면 이번 장 마지막의 참고란에
실린 다른 관련 개념들을 참조하기 바란다.

7.1 심층결속성

7.1.1 심층결속성과 표층결속성

심층결속성은 표층결속성과 마찬가지로 텍스트를 조직하고 창조하
는 관계들의 망이다. 표층결속성은 텍스트의 어떤 단어와 표현을 다른
단어와 표현들에 연결하는 표층 관계들의 망이며, 심층결속성은 표층
텍스트 기저에 있는 관념적 관계들의 망이다. 두 가지 모두 언어 범주
들이 서로 결합하는 방식과 관련이 있다. 표층결속성의 경우에는 언어
범주들을 어휘 및 문법적 의존을 통해 서로 결합하며, 심층결속성의
경우에는 언어 사용자가 인식한 관념 및 의미적 의존을 통해 서로 결

합한다. Hoey(1991: 12)는 표층결속성과 심층결속성 간의 차이를 다음과 같이 요약한다.

> 표층결속성은 텍스트의 특성이고 심층결속성은 독자가 텍스트를 평가하는 부분의 하나라고 가정할 수 있다. 다시 말하면, 표층결속성은 객관적이고 원칙상 기계적으로 인식할 수 있는데 반해, 심층결속성은 주관적이고 그에 대한 판단은 독자에 따라 다양할 수 있다.

표층결속성은 심층결속성 관계의 표층 표현이며 개념관계를 명료하게 해주는 기제라고 할 수 있다. 예컨대 'therefore(그러므로)'같은 접속사는 이유나 결과라는 관념적 개념을 표현한다. 그러나 'therefore'가 연결하고 있는 명제들 간에 이유나 결과의 의미 관계가 있다는 점을 독자가 인식하지 못하면 그 독자는 해당 텍스트를 '이해'할 수 없다. 즉 그 텍스트는 이 특정 독자에게 '심층결속적'이지 않을 것이다. 일반적으로 표층결속적 표지가 존재한다고 해서 무조건 심층결속적인 텍스트가 되는 것은 아니다. 표층결속적 표지는 의미가 연결되는 관념적 관계를 반영해야 하기 때문이다. Enkvist(1978b: 110-11)는 심층결속적이지는 않지만 매우 표층결속적인 텍스트를 예로 들고 있다.

> 나는 포드 자동차를 샀다. 윌슨 대통령이 샹젤리제 거리를 타고 내려온 자동차는 흑색이다. 흑인 영어는 광범위하게 논의되어 왔다. 대통령들 간의 논의는 지난주에 끝났다. 일주일은 7일이다. 매일 나는 고양이에게 먹이를 준다. 고양이 다리는 네 개다. 그 고양이는 돗자리 위에 있다. 돗자리는 세 글자이다.

기저에 의미 관계가 뒷받침되지 않은 경우에도 표층결속성 모양을 만

들어 낼 수 있다는 가능성은 가끔씩 희극 같은 일부 제한된 장르에서
활용되기도 한다. 그러나 대체로 위에 인용한 예문과 같은 언어 범주
는 표층결속적 표지를 많이 사용하는데도 불구하고 그 의미가 통하지
않는다. 이는 사실상 어떤 언어 범주에 텍스트 조직을 부여하는 것은
표층결속적 표지가 아니라 우리의 능력, 즉 의미의 연속체를 형성하는
의미적 관계가 기저에 있음을 인식하는 능력이라는 점을 암시한다. 표
층결속적 표지는 기저의 의미 관계에 대한 해석을 촉진하고 조절하는
기능도 있다는 면이 중요하다.

7.1.2 심층결속성: 텍스트적 특성과 상황적 특성

본래부터 심층결속적이거나 비심층결속적인 텍스트는 없다. 결국 그건
모두 수용자에게 달려있으며 또한 담화에 나온 표시를 해석하는 수용자
의 능력에 달려있다. 이런 해석 능력 덕분에 수용자는 본인이 심층결속
적이라고 느끼는 방식, 즉 무엇이 일련의 행동들을 하나의 통합된 전체
로 만드는가에 대해 본인이 생각하는 방식으로 그 담화를 이해할 수 있
게 된다.

(Charolles, 1983: 95)

언어 범주를 이해하는 능력은 청자나 독자의 세상 경험과 기대에 달
려있다. 서로 다른 사회는, 그리고 사실상 동일 사회 내에서도 각각의
개인과 단체는 세상에 대한 경험이 다르며 사건과 상황이 구성되는 방
식이나 서로 연관되는 방식을 바라보는 관점도 다르다. 어떤 사회에서
의미가 통하고 유효한 관계망이 다른 사회에서는 유효하지 않을 수도
있다. 이는 단지 어떤 특정 세계관에 동의하느냐 동의하지 않느냐의
문제가 아니라 우선 그 의미를 이해할 수 있느냐의 문제이다. 어떤 텍

스트의 수용 여부는 그것이 세계 정세에 얼마나 부합하느냐에 달려있
는 게 아니라 독자가 볼 때 그 텍스트가 현실에 대해 제안한 견해가
믿을만한지 혹은 동일하거나 적절한지의 여부에 달려있다.

텍스트의 심층결속성은 그 텍스트가 제시한 지식이 독자 본인의 세
상 지식 및 경험과 상호작용한 결과이다. 독자의 지식과 경험은 연령,
성별, 인종, 국적, 교육정도, 직업, 정치 및 종교 관계 등 다양한 요인
의 영향을 받는다. 공지시(co-reference)의 간단한 표층결속적 관계조차
도 그것이 세상에 대한 독자의 기존 지식과 일치하지 않으면 인식할
수 없으며, 따라서 텍스트의 심층결속성에 기여한다고 말할 수 없다.
A Hero from Zero (i쪽)에서 발췌한 다음 예문을 살펴보자. 티니 로우
랜드가 하우스 오브 프레이저사를 관리할 수 없게 된 경위를 설명하는
장면이다.

통합된 천오백 개 판매점의 구매력은 영국과 미국 전역의 고객에게 큰
폭으로 가격이 인하 되었다는 것을 의미할 수도 있다. 가장 중심격인 헤
로즈는 나머지 판매점과 통합된 적이 한 번도 없으며, 설령 그런 일이
있다 하더라도 특유의 평판과 선택권을 유지하기 위해 합병을 파기할
것이다.
    내가 그 화려한 나잇브릿지 상점을 관리하고 싶은 집착에 시달리고
있다는 기사가 솜씨 좋은 기자의 꼬리표인양 자주 등장한다. 내 생각에
그건 매우 정적이고 제한적인 목표이다. 론호사의 목적을 위해서는 널
리 분포된 상점군이 목표가 될 수도 있었다. 1977년에 판매사 휴 프레
이저와 구매사 론호가 통합한 것은 기회이자 도박이었다.

위 발췌문에는 '헤로즈'와 '그 화려한 나잇브릿지 상점'이 같은 대상을
지시한다고 말해주는 뚜렷한 표층결속적 관계가 존재하지 않는다. 다

만 '그 화려한 나잇브릿지 상점'에서 정관사 'the(그)'를 사용한 점과, '판매점'과 '상점'이 서로 동의어라는 점뿐이다. 하지만 사실상 일단 '헤로즈'가 일종의 판매점이나 상점임을 인식할 수 있어야 그 점도 제대로 이해할 수 있게 된다. 그 외에는 예컨대 대명사적 지시나 직접적인 반복 등은 없다. 물론 '헤로즈'와 '그 화려한 나잇브릿지 상점' 간의 관계와 그에 따른 두 단락간의 의미 연속체는, 명성 높은 헤로즈 상점에 대해 잘 알고 헤로즈가 나잇브릿지에 위치한다는 사실을 아는 사람들과 영국 독자라면 누구나 다 충분히 알 수 있다. 그러나 이런 문서를 번역하면서 공지시의 성공적인 해석을 위해 필요한 배경 지식이 당연히 목표독자에게 있을 것이라고 볼 수는 없다. 물론 영국의 이주 집단이나 이민 집단을 대상으로 번역하는 경우는 예외에 속한다. 따라서 아랍어 번역문은 '상점'을 반복함으로써 뚜렷한 연결고리를 제공하고 있다. 이는 헤로즈가 상점이라는 사실을 명백히 보여주며, 또한 첫 단락의 '헤로즈'와 둘째 단락의 '그 화려한 나잇브릿지 상점'을 연결함으로써 목표독자의 머릿속에 의미의 연속체를 구축한다.

목표텍스트(아랍어) - 역번역

1500개 상점의 결합된 구매력은 영국과 미국 모든 지역에서 구매자들에게 가격 면에서 큰 폭의 인하를 의미했다. <u>주요 상점인 헤로즈</u>는 나머지 상점들과 통합되지 않고 특유의 평판과 유효한 선택 영역을 유지하기 위해 나머지와 분리되어 있었다.

신문잡지 쪽에서는 내가 <u>그 화려한 나잇브릿지 상점</u>을 관리하고자하는 병적인 집착에 시달린다는 기사가 자주 등장해왔다...

텍스트 자체만으로는 그것이 심층결속적인지 아닌지 말할 수 없을 것이다. 텍스트의 심층결속성 여부는 자신이 이미 알고 있는 것 또는 현실 세계든 허구 세계든 어떤 익숙한 세계와 텍스트를 연관시킴으로써 그 텍스트를 이해하는 독자의 능력에 달려있다. 따라서 어떤 독자에게 는 심층결속적인 텍스트가 다른 독자에게는 심층결속적이지 않을 수 도 있다. 이러한 현상이 암시하는 바는, 즉 의미가 텍스트적 특성인지 아니면 텍스트 외에도 참여자와 배경을 수반한 의사소통 상황적 특성 인지에 대해서는 언어학자마다 견해가 다르다. Blum-Kulka(1986: 17) 는 심층결속성이 '텍스트 부분들 사이의 은밀하고 잠재적인 의미로써 독자나 청자의 해석 과정을 통해 명백해진다'고 정의한다. 이러한 정 의는 의미나 심층결속성이 비록 해석 과정을 통해 얻을 수 있긴 하지 만 여전히 텍스트적 특성이라는 점을 암시한다. 마찬가지로 Sinclair(개 인 접촉)는 '과거의 세상 경험과 지식을 회상'하는 등의 과정이 텍스트 의미의 일부가 아니라 텍스트 의미를 이해하기 위해 애쓰는 인간 능력 의 일부'라고 말한다. 의미가 텍스트 안에 존재하기는 하지만 독자측 의 다양한 해석 과정을 통해서만 얻을 수 있다는 뜻이다. 이와 대조적 으로 Firth(1964: 111)는 '"의미"는 상황 내에서 서로 관련된 인물과 사 물과 사건들의 특성'이라고 단언한다. 또한 Kirsten Malmkjaer(개인 접 촉)는 의미가 텍스트 '내에' 존재한다는 견해를 인정하지 않으며, 대신 에 '의미는 언어를 포함하는 상황 내에서 발생한다'고 주장한다.

의미가 텍스트 내에 존재한다고 보든지 아니면 참여자와 배경 등의 다른 변수와 텍스트를 수반한 상황 내에 존재한다고 보든지 간에, 독 자의 문화적 배경과 지적인 배경이 그 독자가 텍스트에서 어느 정도의 의미를 얻느냐를 결정한다는 점은 부정할 수 없다. 최종분석에서 어떤 텍스트를 이해하는 것은 텍스트를 구성하는 언어적 요소를 독자의 지 식과 경험적 배경에 근거하여 분석할 때만 가능하다. 따라서 의미가 텍스트적 특성인지 상황적 특성인지에 관계없이, 심층결속성은 텍스트 자체의 특징이 아니라 독자가 텍스트에 대해 내리는 판단의 특징이다.

번역에 관한한 이 말이 뜻하는 바는, 직면하게 되는 어려움의 종류와 범주가 원천텍스트 그 자체에 달려있다기보다는 '어떤 특정 문화의, 혹은 문화 하위집단의 구성원이며 그 문화에서 발전시킨 지식과 판단과 인식의 집합체를 갖춘 독자에게 해당 번역텍스트가 얼마나 중요한지'에 달려있다는 점이다(Snell-Hornby, 1988: 42). 작가는 자신이 속한 언어공동체의 구성원을 대상으로 할 때조차도 염두에 둔 청중의 성격에 따라, 즉 성인인지 아동인지, 전문가인지 비전문가인지 등에 따라 메시지를 달리 표현할 것이다. 작가와 마찬가지로 번역가는 목표독자가 알 수 있는 지식의 범주와 그들이 품고 있을 것 같은 기대, 즉 다른 것 중에서도 세계의 구성 조직, 일반적인 언어 조직, 특정 텍스트 유형의 조직과 관습, 사회적 관계의 구조, 특정 종류의 언어적 및 비언어적 행위의 적합함 또는 부적합함 같은 것들에 대한 목표독자의 기대를 고려해야만 한다. 이러한 요소들은 모두 텍스트의 심층결속성에 다양하게 영향을 끼친다. 우리 인간은 언어적 사건과 비언어적 사건에 대한 우리 자신의 지식과 믿음과 이전 경험의 관점에서만 신정보의 의미를 이해할 수 있기 때문이다.

7.2 심층결속성과 해석 과정: 함축

Charolles(1983)는 독자가 발화의 부분들 간에 존재하는 어떤 특정 의미의 연속체를 발견한다 하더라도, 또 어떤 글을 '완전히' 이해하는 게 가능하다고 전제하더라도 발화를 완전히 이해하는 데는 여전히 실패할 수도 있다고 주장한다. 예를 들어 다음 글을 살펴 보자.

나는 극장에 갔다. 맥주 맛이 좋았다.

앞뒤 맥락 없이 표현 그 자체만으로 볼 때, 위 표현은 완벽히 심층결속적이다. Charolles는 이 말을 듣거나 읽는 사람은 다음과 같은 해석에 이를 것이라고 설명한다. 즉 화자가 말하기를, 극장에 갔고 그 극장에서 맥주를 마셨는데 바로 그 맥주 맛이 좋았다는 것이다. 이 담화를 심층결속적인 것으로 바꾸기 위해 필요한 연결 관계가 자연스럽게 제공되고 있다는 점에 주목해보자. 위 발화에서 화자가 맥주를 마셨다고 또는 극장에서 그렇게 했다고 명확히 알려주는 부분은 하나도 없다. Charolles는 이런 종류의 최소 심층결속성을 **보충적 심층결속성**(supplemental coherence)이라고 부른다. 그의 주장에 따르면 **설명적 심층결속성**(explanatory coherence)이라고 부를 수 있는 또 다른 종류의 심층결속성이 있는데, 이는 보충적 심층결속성과는 달리 의미의 연속체를 구축할 뿐만 아니라 그것을 증명하기까지 한다. Charolles (1983: 93)는 보충적 심층결속성과 설명적 심층결속성간의 차이점을 다음과 같이 설명한다.

전자는 결코 주제적 연속체를 설명하는 법이 없다. 다만 한 부분에 나왔던 어떤 요소를 다른 부분에서도 반복하는 것을 보여준다. 반면에 후자는 이 연속체를 정당화한다. 즉 어떤 요소에 대해 뭔가를 보충해서 말하는 이유를 명시한다.

배경과 참여자에 대해 필요한 지식과 올바른 맥락이 주어진 경우, 다음과 같은 해석에 도달할 수 있을 때 설명적 심층결속성이 성취된다. 즉 화자가 말하기를, 극장에 갔는데 관람한 영화가 너무 형편없었기 때문에 얘기할 만한 것은 거기서 마신 맥주 맛이 좋았다는 점뿐이라는 것이다. 그러나 화자는 이런 암시적 의미를 어떤 식으로 표시하는 것일까? 또한 청자는 이를 어떻게 해석하는 것일까? 우리는 설명적 심층결속성을 어떻게 성취하는가?

최근 몇 년 사이에 텍스트 연구에 등장한 가장 중요한 개념의 하나
는 **함축**이다. 함축이란 실제로 말한 것 이상을 어떻게 이해할 수 있는
가에 관한 문제이다. Grice(1975)는 화자가 말한 것을 글자 그대로 지
시하기보다는 화자가 의미하는 것 또는 암시하는 것을 지시하기 위해
'함축'이라는 용어를 사용한다. 함축은 예컨대 관용적 의미처럼 글자
그대로의 의미가 아닌 것과 혼동해서는 안 된다. 관용적 의미는 관습
적이며 그 해석은 해당 언어 체계에 정통한지에 달려있는 것이지, 주
어진 맥락에서 특정 화자가 의도하거나 암시하는 의미를 성공적으로
해석하는데 달려있는 게 아니다. 예를 들어 다음 대화에서

> A: Shall we go for a walk? (우리 산책할래?)
> B: Could I take a rain check on that? (다음으로 미뤄도 될까?)

B의 답변에 대한 성공적인 해석은 미국 영어에서 'take a rain check'
의 관습적인 의미, 즉 '제안이나 초대를 지금은 거절하지만 후일에 응
할 의향이 있음'을 알고 있는지에 달려있다. 여기에는 대화상의 함축
이 포함되어 있지 않다. 이와 유사하지만 관용구를 사용하지 않은 다
음 대화와 한번 비교해보자.

> A: Shall we go for a walk? (우리 산책할래?)
> B: It's raining. (비가 오네)

A는, 또는 이 장면을 목격한 누구라도 어떻게 날씨에 대한 단순한 언
급인 'It's raining'이라는 발화를 산책하겠냐는 질문에 관련시키는 걸

까? 왜 우리는 'It's raining'이 위 질문에 대한 답변일 것이라고 가정하는가? 이미 제시한 대로 심층결속성의 가정을 유지하기 위해서 그렇게 한다고 볼 수 있다. 또한 만약 그 발화를 위 질문의 답변으로 인정한다면 그것을 해석하는 법은 어떻게 아는 걸까? '아니요, 비가 오니까 그러지 않는 편이 낫겠어요', 아니면 '좋아요, 하지만 우산을 가져가는 게 좋겠어요', 혹은 '좋아요, 우린 둘 다 빗속에서 걷는 걸 좋아하지요'라는 의미일까? 동일 발화 'It's raining'이 다른 맥락에서는 완전히 다른 의미가 될 수도 있다는 점을 주목해야 한다.

> A: What is Jane up to these days? (제인은 요즘 뭘 하니?)
> B: It's raining! (비가 오네!)

여기에서 화자 A는 아마 날씨에 대한 B의 언급을 '이 얘기는 하고 싶지 않아'라든가 어쩌면 B의 음색과 표정을 통해 '얘기가 빗나가고 있어. 나한테 이런 질문을 하고 있으면 안 되지' 등의 의미로 해석할 수도 있을 것이다.

Grice는 화자가 암시하고자 하는 의미를 관습적 혹은 비관습적으로 표시한다고 주장한다. 암시하고자 하는 의미를 관습적으로 표시하기 위해서 화자는 관습적으로 명제들 간의 특정 관계를 표시한다고 여겨지는 텍스트적 수단을 사용한다. 'therefore, because, in spite of'와 같은 접속사가 이러한 텍스트적 수단에 해당하며, 문법 구조도 여기에 속한다. 예컨대 'It's money that they want(그들이 원하는 것은 바로 돈이다)'에서는 문법 구조 자체가 종속절에 표현된 내용, 즉 이 경우에는 'they want something(그들은 뭔가를 원한다)'을 관습적으로 전제한다(정보 구조에 대한 논의는 5장, 5.1.2 참조).[1]

그러나 언어에 관습적으로 기호화되지 않은 의미는 화자가 어떤 식으로 표시하는 것일까? 또한 청자는 이를 어떻게 해석하는 것일까? 이 질문에 대한 Grice의 답변을 설명하기 전에 먼저 Grice가 주로 문어 텍스트는 논의 범주에 포함하지 않았다는 점을 지적하고자 한다. 사실 Grice는 그의 설명을 구어 대화에 한정했을 뿐만 아니라 아주 작은 하위집합, 즉 질문과 대답 순서에만 한정하였다. Grice가 말에 집중했다는 사실은 당연히 글을 통한 의사소통에 그의 견해를 결부시키기가 어려울 때도 있다는 점을 의미한다. 말과 글은 많은 특징을 공유하긴 하지만 서로 똑같지는 않기 때문이다. 그럼에도 불구하고 필자는 Grice의 견해가 번역에도 중요하게 적용된다고 믿는다. 따라서 Grice의 함축 이론이 문어 담화에 적용하기에 부적절한 면이 있다 해도, Grice 이론과 번역의 전반적인 관련성을 탐색하기 위해 이를 감안하기 바란다.

Grice는 담화에 중요한 특징이 있다고 주장한다. 첫째, 담화는 결합되어 있다. 다시 말하면 무관한 순서들로 구성되어 있지 않다. 둘째, 목적이 있고, 셋째, 서로 협력한 노력의 성과이다. 이러한 특징 때문에 의사소통에서 참여자들이 준수하리라고 예상되는 일반 원칙인 **협조의 원리**(Co-operative Principle)가 발생한다.

> 참여하고 있는 대화의 목적과 방향에 따라 대화가 진행되는 단계에서 필요한 만큼만 기여하라.
>
> (Grice, 1975: 45)

암시하는 의미가 관습적으로 표시되지 않는 경우는 협조의 원리와 이에 관련된 여러 격률에서 비롯한다. 이런 격률에는 양(quantity)의 격률, 질(quality)의 격률, 관련성(relevance)의 격률(관계의 격률), 방법(manner)의 격률이 있다.

1 양의 격률
   (a) 대화의 현재 목적에 필요한 만큼만 정보를 제공하라
   (b) 필요 이상의 정보를 제공하지 말라

2 질의 격률
   '참인 것을 제공하려고 노력하라', 특히
   (a) 거짓이라고 믿는 것은 말하지 말라
   (b) 적절한 증거가 없는 것은 말하지 말라

3 관련성의 격률
   현재 대화와 관련 있게 말하라

4 방법의 격률
   명료히 하라, 특히
   (a) 불분명한 표현을 피하라
   (b) 중의성을 피하라
   (c) 간결하게 말하라(불필요한 장황함을 피하라)
   (d) 순서에 맞게 말하라

위에 약술한 원리는 언어 사용자들이 따라야할 엄격한 규칙이라기보다는 방향점을 제공한다. 일부 상황에서는 위 격률에 따르기를 거부할 수 있고 실제로 그렇게 한다. 예를 들어 어떤 화제나 질문을 회피하기 위해 참여자가 하나 혹은 그 이상의 격률을 어기려고 할 수도 있는데, 정치 회견에서 이런 일이 자주 발생한다. 구어 담화에서는 항상 상대편 참여자가 격률을 준수하라고 요구할 수 있다. Blum-Kulka(1983: 138)는 이스라엘의 텔레비전에 방영된 정치 회견에서 이런 예를 몇 개 들고 있다. 회견자가 페레스에게 '페레스 씨, 우리가 구체적인 사실을

다룰 수 있다면...'이라고 말할 때 사실상 그는 자신이 제기하고 있는 점을 다루라고 페레스에게 요구하여 방법과 관계의 격률에 호소하고 있다. 이처럼 논점을 회피하려는 경우는 제외하더라도 Grice의 격률은 위반될 때조차 참여자들에게 하나의 방향점을 제공한다. 그 결과 격률 위반은 의도하는 의미를 전달하기 위해 관습을 이용하는 수단으로 인정된다. 여기에 대해서는 아래에서 더 자세히 설명하기로 한다. 우선은 대화 격률과 그 격률을 준수하거나 위반하여 생기는 함축이, 진행 중인 의사소통의 목적을 성취하는데 적절하다는 점에 주목하는 것만으로 충분하다. 의사소통의 목적은 상황과 참여자에 따라 다양할 것이다. 정보 전달이 될 수도 있고, 청자의 의견이나 감정에 영향을 미치거나 혹은 행동에 방향을 제시하는 것일 수도 있다.

만약 우리가 언어 사용자로서 Grice의 협조 원리 같은 것을 인정하고 대체로 준수한다면, 질문 다음에 나오는 발화가 그 질문에 대한 대답이라고 추정하는 이유는 바로 화자와 청자 모두가 협조의 원리를, 특히 관련성의 격률을 적용하고 있다고 추정하기 때문이다. 따라서 이후 발화를 이전 발화에 연결시켜 해석하기 위해 열심히 노력하게 된다. 설령 이전 담화와 무관해 보이는 경우에도, 또한 어떤 관계가 명확히 표시되어 있지 않은 경우조차도 우리가 듣고 읽은 것에 관련성을 부여한다. 다음 예를 생각해보자.

엘리자베스는 체중이 많이 늘고 있다. 그녀는 담배를 아주 심하게 피운다.

이 진술을 듣거나 보는 사람은 당연히 두 명제를 어떻게든 연관 지으려고 애쓴다. 엘리자베스가 담배를 아주 심하게 피우기 '때문에' 체중이 많이 늘고 있다거나 반대로 엘리자베스가 체중이 많이 늘고 있기 때문에 아마 식욕을 조절하는 수단으로 담배를 아주 심하게 피운다는 것을 화자가 의미한다고 추론할 수 있다. 그럴 가능성은 별로 없지만, 엘리자베스가 담배를 심하게 피우는데도 '불구하고' 체중이 많이 늘고 있다는 추론도 가능하다. 또는 엘리자베스가 자제력을 잃고, 건강이 악화되고 있으며, 자신을 제대로 돌보지 않고 있다고 추론할 수도 있다. 이런 종류의 화용론적 추론은 담화의 심층결속성을 유지하기 위해 반드시 필요하다. Levinson(1983)은 이러한 추론 덕분에 협조의 가정이 유지되며 이런 추론이 없으면 인접한 발화들이 서로 간에 혹은 진행 중인 담화와 무관하게 보일 것이라고 주장하는데, 사실 이는 약간 과장된 면이 있다. 그럼에도 불구하고 그의 주장은 상당 부분 사실이다. 우리가 내리는 추론은 당연히 흡연과 식욕과 체중간의 관계 같은 세상 지식, 담화 참여자들과 화자와 엘리자베스에 대한 지식, 사용하고 있는 특정 언어에 대한 지식과 유창성 등, 다양한 요인들에 의존한다.

그렇다면 함축은 Charolles의 설명적 심층결속성 같은 것을 성취하도록 하는 화용론적 추론이다. 함축은 어떤 발화의 글자 그대로의 의미와 관습적 의미 위에 존재하는 상위 차원의 의미이며, 그 해석은 협조의 원리와 격률을 인식하는데 달려있다. 격률 준수와는 별개로, 언어 사용자는 일부러 격률을 위반할 수 있으며 그렇게 함으로써 Grice가 **대화적 함축**(conversational implicature)이라고 부르는 것을 야기할 수 있다. 예컨대 '지금 몇 시인지 아니?'라는 발화를 진짜 질문으로 사용하면 '나는 시간을 모른다, 시간을 알고 싶다'는 의미가 전달된다. Levinson(1983)은 이런 종류의 의미를 **표준 함축**(standard implicature)이라고 부른다. 만약 동일 발화를 적절한 맥락에서 알맞은 억양과 함께 수사적 질문으로 사용하면 '너는 몹시 늦었다'와 같은 의미를 전달할 수 있다. 이는 Grice가 대화적 함축이라고 부를 만한 것인데 성실해야 한다는 질의 격률을 위반함으로써 성취된다. 대화적 함축은 하나 혹은 여러 개의 격률을 위반함으로써 전달할 수 있다. Grice는 다음과 같은 예를 든다. 철학 관련 직업을 구하려는 어떤 지원자가 철학 교수에게 추천서를 써 달라고 부탁했다고 상상해 보자. 교수는 그 지원자의 예의범절이 매우 바르고 필체도 알아보기 쉽다고 답변한다. 그 추천서를 받아본 사람은 그것을 어떻게 해석하겠는가? 교수가 철학 분야에 관한 지원자의 강점과 약점에 대해 직접적으로 논평할 수 있지만 일부러 그런 언급을 피하고 있음을 안다면 여전히 그 교수가 격률을, 특히 관련성의 격률을 준수하고 있다고 가정해야 한다. Grice(1981: 185)에 따르면, 화자가 암시하는 내용은 '결국 격률을 위반하지 않고 있다는 믿음을 유지하기 위해, 화자의 생각에 대해 청자가 추측할 것 같은 내용이다'. 따라서 추천서를 받은 사람은 교수가 그 답변을 통해 그 지원자의 철학 실력이 좋지 못하다는 것을 암시한다고 추론한다.

협조의 원리와 격률은 위에 기술한 담화를 무관한 것으로 치부하지 않는 이유를 설명할 수 있다. 그러나 특정 추론, 즉 Grice의 용어로 하자면 대화적 함축에 도달하는 방법을 협조의 원리와 격률로 직접 설명할 수는 없다.[2] 이는 대부분 미해결 상태로 남아있는 어려운 주제이다. 우선, 대화적 함축은 비확정적인 경우가 많다. 또한, 발화는 여러 가지로 해석될 수 있으며, 이는 화자 편에서 일부러 의도할 수도 있고 그렇지 않을 수도 있다. 바로 이러한 대화적 함축과 발화의 특징 때문에 번역 문제가 더욱 복잡해진다. 번역가는 원문에 대한 특정 해석을 목표텍스트에서 고의로 혹은 모르고 삭제할 수도 있으며, 심지어 원천텍스트의 의미와 전혀 다르게 해석하는 실수를 저지르기도 한다. 두 경우 모두, 목표언어의 구조와 목표 독자의 성격과 목표문화의 관습으로 인해 번역가에게 부과되는 제약 때문에 발생한다.

Grice는 함축의 비확정성 문제와는 별도로 함축에 대한 이해의 성공과 실패에 기여할 수 있는 여러 가지 요소를 다음과 같이 상술한다.

1 사용한 단어와 구조의 관습적 의미, 즉 언어 체계에 대한 숙달과 지시의 식별
2 협조의 원리와 격률
3 발화의 언어적 맥락 및 기타 맥락
4 배경 지식의 기타 항목들
5 양쪽 참여자가 위의 모든 관련 사항들을 알고 있으며, 둘 다 그 점을 알 거나 추정한다는 사실

7.3 심층결속성과 함축과 번역 전략

이제 위의 요소들을 자세히 살펴보도록 하자. Grice(1975: 50)는 이러한 요소들을, '청자가' 특별한 대화적 함축의 존재 여부를 확인하면서 '대답할' 근거로 삼는 '자료'라고 제안한다. 필자는 이 요소들이 심층결속성의 전체 문제를 탐색하는데도 훌륭한 기반을 제공한다고 믿는다. 따라서 이후의 논의는 이 요소들이 함축을 이해하는데 관련되는 방식뿐만 아니라 전체적인 심층결속성의 문제와 번역에서의 보편적인 문제와 전략에 관련되는 방식도 고찰할 것이다.

의사소통의 추론 과정에 대한 다른 견해는 Sperber와 Wilson(1986)을 참조하기 바란다.

7.3.1 단어 및 구조의 관습적 의미와 지시의 식별

7.3.1.1 단어 및 구조의 관습적 의미

텍스트에 사용된 단어와 구조의 의미를 이해하지 못하면 당연히 그 텍스트가 암시하는 의미도 알아낼 수 없다. 언어 체계에 대한 지식만

으로는 충분하지 않을 수도 있지만, 말로 하는 모든 의사소통에서 무슨 일이 진행 중인지를 이해하려면 언어적 지식이 반드시 필요하다. 이는 원천텍스트의 단어와 구조를 잘못 번역하면 당연히 목표텍스트의 함축을 예측하는데 방해가 된다는 뜻이다. 3장에서 이런 예가 나온 적이 있는데 편의상 여기에서 *A Hero from Zero*(59쪽)에서 발췌한 예를 다시 제시하겠다.

> 이 모든 것은 앞에서 언급한 「포브스」 3월호에 실린 파예드 관련 기사 내용 중 일부에 지나지 않는다. 1983년, 파예드는 중매(仲買)인이라는 핑계를 대고 실업가 로버트 O. 앤더슨에게 접근했다. 그는 파예드의 외양을 보고 <u>돈이 별로 없는</u>(modest means) 사람 같다고 느꼈다. 그래서 파예드가 갑자기 엄청난 부를 획득하자 깜짝 놀랐다.

아랍어 텍스트에서는 모하메드 파예드의 외양을 묘사하는 'modest means(돈이 별로 없는)'를 '그는 겸손하고 소박해 보인다'로 잘못 번역함으로써 원문의 함축을 예측하기가 몹시 어려워졌다. 원천텍스트와 목표텍스트의 독자는 파예드의 외양에 대한 저자의 묘사가 어떤 관련성을 지니며 의사소통 목적을 위해 필요한 만큼의 정보를 전달할 것이라고 가정해야 한다. 저자는 협조의 원리가 지켜지는 한 관련성과 양의 격률을 무시할 수 없는데, 위 텍스트에서 협조의 원리가 지켜지지 않고 있다고 생각할 만한 이유는 없다. 따라서 저자는 파예드의 외양을 묘사함으로써 뭔가를 암시하고 있다. 위 발췌문의 텍스트와 문맥 및 관련 배경지식이 주어지면 원천텍스트의 독자들은 대부분 파예드가 부정한 수단을 통해 갑자기 부유해졌을 가능성이 크다고 추론할 것이다. 그러나 아랍어 텍스트에서는 '돈이 별로 없는'을 잘못 번역했기 때문에 이러한 함축을 예측하기가 어렵다. 아랍어 독자는 파예드에 대해 겸손하고 소박하다고 표현된, 달리 말하면 결국 '훌륭한 사람'일뿐이라는 호의적인 묘사를 문맥에서 어떻게 해석해야 할지 모호한 느낌에서 헤어날 수 없다.

각 언어는 단어의 관습적인 의미뿐만 아니라 함축을 전달하는 유형 및 관습화된 표현도 사용한다. 즉 모든 언어는 특정 언어 유형과 특정 추론 의미가 관습적으로 서로 연관되어 있다. 이러한 유형은 식별이 가능하며 때로는 문법 형태로 표시되는데, 반드시 다른 언어의 동일 의미 범주와 연관되어야 할 필요는 없다. 예컨대 영어에서는 분개, 충격, 즐거움 같은 감정의 의미 범주를 표현하기 위해 'This is an ugly building(이 건물은 보기 흉하다)' 대신에 'Isn't that an ugly building?(저 건물 보기 흉하지 않니?)', 또는 'You are very cruel(넌 참 잔인하다)' 대신에 'How can you be so cruel?(넌 어쩜 그렇게 잔인할 수 있니?)' 같은 수사 의문문이 일반적으로 사용된다(*COBUILD English Grammar*; Sinclair, 1990: 205-6). 'Haven't you done well?(넌 잘 해내지 않았니?)'이나 'Don't I know it?(내가 그걸 모를까봐?)'처럼 수사 의문문 형태를 사용한 고정표현들은 종종 반어적이다.[3] 마찬가지로 'Correct me if I'm wrong(내 말이 틀리면 말하세요)'은, 말 그대로 상대방의 의견을 부탁하는 경우 외에는, 'I know I'm right(내 말이 맞아요)'를 암시하며 따라서 상당히 신경에 거슬릴 수 있다(Duff, 1990). 인쇄상의 특징도 특정 함축을 전달하는 역할을 한다. 영어는 텍스트 본문에서 어떤 단어나 표현에 따옴표를 표시하면 어느 정도의 함축된 의미를 암시할 수 있다. 즉 해당 단어나 표현이 사용한 방식과 일치하지 않거나, 어떤 표현의 적합함이나 적용가능성을 강조, 풍자 및 시도한다는 의미를 암시할 수 있다. 다른 언어는 이와 유사한 의미를 어휘적 또는 문법적으로 전달하기도 한다. 번역시 이런 유형의 기능을 인식하지 못하면 문제가 발생하며, 형태를 거의 축어적으로 번역하면 원문의 함

축을 왜곡하거나 의미가 다른 함축을 전달하게 된다. 예컨대 Loveday
(1982b: 364)의 설명에 따르면 일본어에서는 '대체로 발화의 종결을
선명히 표시하게 되면 세련되지 못하다고 생각하기 때문에 종결부분
을 "그렇지만" 등의 말로 꾸며놓는 경우가 빈번하다'. 이런 유형을 영
어로 축어 번역하면 독자는 틀림없이 혼란스러워하며 그 발화에서 의
도된 것 이상을 읽어내려고 애쓸 수도 있다.

7.3.1.2 지시의 식별

지시 표현이 가리키는 참여자와 실체를 식별하는 능력은 추론을 이
끌어내고 텍스트의 심층결속성을 유지하는데 반드시 필요하다. 고유명
사나 심지어 독자에게 알려지지 않은 음식이나 가재도구를 지시하는
표현은 텍스트 연속체를 손상하고 연결된 문장과의 관련성을 모호하
게 한다. 2장의 **문화대체어로의 번역** 부분에서 논의한 많은 예들이 이
런 문제에 대한 번역가의 인식을 보여주고 그 문제를 극복하는 일종의
전략을 제안하였다. 여기에 *A Hero from Zero*에서 발췌한 예를 하나
더 제시한다. 이 독특한 발췌문은 원천언어가 프랑스어이며 아이티의
유력 일간지 *Le Matin*에 실린 모하메드 파예드에 관한 기사 도입부이
다. 이 기사는 영어로 번역되어 영어 원천텍스트에 포함되었다. 기사
의 아랍어 번역문은 프랑스어 원문에서 번역한 것일 수도 있고 영어
번역문에서 번역한 것일 수도 있다.

원천텍스트(프랑스어)

En vérité, il ferait pâlir <u>Arsène Lupin</u>. (51쪽)

목표텍스트(영어)

사실, 그는 <u>아르센 뤼팽(프랑스판 보리스 칼로프)</u> 조차 두렵게 만들 것이다. (57쪽)

목표텍스트(아랍어) – **역번역**

사실 그는 <u>아르센 뤼팽</u> 조차 두렵게 만들 수 있는 인물이다. (67쪽)

위 발췌문에서 아르센 뤼팽에 대한 지시는 일반 아랍어 독자에게는 큰 문제가 되지 않는다. 적어도 아랍어 번역가는 그렇게 판단한 것 같다. 아르센 뤼팽의 이야기는 대부분 아랍어로 번역되어 있기 때문에 그의 이름은 아마 계략에 능하고 교활한 도적이라는 낯익은 이미지를 떠올리게 할 것이다. 따라서 아랍어 번역은 이 지시 표현에 대해 자세히 설명하지 않는다. 이와 대조적으로 사실상 일반 영어 독자에게는 아르센 뤼팽이 알려져 있지 않다. 따라서 영어 번역가는 낯선 요소를 낯익은 요소의 관점에서, 즉 아르센 뤼팽을 보리스 칼로프로 설명함으로써 텍스트적 세계와 목표독자의 세계 사이의 틈을 메우려고 시도한다. 이런 전략은 전략 자체로서는 훌륭하다. 그러나 아르센 뤼팽은 보리스 칼로프와 공통점이 거의 없다. 아르센 뤼팽은 프랑스 탐정소설 시리즈물의 주인공으로서 화려하고 계략에 능하며 신출귀몰한 '도적'인 반면에 보리스 칼로프는 주로 공포 영화에 출연하는 영국 배우이다.

지시를 식별하는 것은 단순히 지시가 가리키는 대상이 누구인지 또는 무엇인지를 대충 알아내는 문제가 아니다. 어떤 지시 표현을 접하면 특정 연상 내용이 떠오르게 되는데, 이런 연상 내용을 해당 맥락에서 제대로 해석하기 위해서는 그 지시 표현에 대해 충분히 아는 것이 중요하다. 지시는 아무 특징 없는 존재나 실체가 아니다. 독특한 역사가 있고 물리적, 사회적 특징이 있으며 특정 맥락과 관련된다. 이는 주어진 지시의 중요성을 이해하는 능력과, 텍스트의 심층결속성 및 의미의 연속체에 기여하고 어떤 의도된 함축을 이끌어내는 맥락과 텍스트의 다른 특징들이 지시에 연결되는 방식을 해석하기 위한 능력이다. 지시의 식별과 배경 지식에 대한 다른 항목들을(아래 7.3.4) 구분하는 것은 아마 불필요한 일일 것이다.

지시를 식별하는 능력은 관점의 영향을 받을 수도 있다. *China's Panda Reserves*(부록 3)에서 발췌한 다음 예문을 보면 중국어 번역에서 '우리'가 누구인지 모호하다.

원천텍스트(영어)

이곳 야생에서 자라는 많은 종들은 이 이국적인 백합꽃같이 유럽의 정원에서 키우는 식물처럼 <u>우리에게</u> 친숙하다.

목표텍스트(중국어) － 역번역

<u>우리는</u> 이곳의 많은 야생종에 대해 친숙한데, 그것은 이 낯설고 독특한 백합꽃 같은 종으로 유럽의 정원에서 키우는 종류이다.

중국어 독자는 '우리'에 대한 지시를 식별하기가 어렵다고 생각할지도 모른다. 특히 '우리'가 '유럽식 정원'과 대조를 이루고 있기 때문이다. 따라서 이 텍스트가 유럽인의 관점에서 쓰인 것인지 아니면 중국인의 관점에서 쓰인 것인지 명확하지 않을 수도 있다.

7.3.2 협조의 원리와 격률

Grice는 협조의 원리와 격률은 임의적인 요소가 아니라, 언어적이든 비언어적이든 이성적 행위의 특징이라고 설명한다. 그는 대화에 적용되는 모든 격률의 비언어적 사건에 대해 다음과 같은 예를 든다. 당신이 차를 수리할 때 옆에서 도와주는 사람에게 나사 4개를 요청했다면 당신은 2개 혹은 6개의 나사를 건네받을 거라고 생각하지 않는다(양의 격률). 또한 케이크를 만들기 위해서 재료를 섞고 있다면 좋은 책을 건네받을 것이라고 생각지 않는다(관련성의 격률). 이 말은 언어적 행위란 일종의 이성적 행위일 뿐이므로 모든 인간이 이성적이라고 가정해 본다면 협조의 원리와 격률은 모든 사람에게 적용된다는 점을 시사한다. Levinson(1983)은 이점에 동의한다. 하지만 모든 언어학자들이 그렇게 선뜻 동의하지는 않을 것이며 사실 반대하는 증거도 있다. 성경 번역가들은 그들이 연구하는 언어와 문화가 언어 연구 및 학문 연구에서 중점을 두는 언어와 문화와 다르기 때문에 이에 의구심을 가지며 과연 협조의 원리와 격률이 보편적인지에 대해서도 의구심을 표명한다. Thomson(1982: 11)은 다음과 같은 가능성을 제기한다.

특정 언어 화자들은 질의 함축과 같은 특정 종류의 함축을 결코 사용하는 법이 없으며 일종의 함축을 사용하는 맥락은 언어 사회마다 다르다.

동일한 문화와 언어권 사회에서 조차 간혹 하나 또는 그 이상의 격률을 적용할 수 없는 특정 맥락이 존재한다. 양의 격률은 적대관계에 있는 법 심문에는 대부분 적용되지 않는다(Levinson, 1983). 법정에서는 피고에게서 불리한 진술을 끌어내는 게 변호인의 임무이고 이를 부정

하는 게 피고의 임무라는 것을 서로가 다 알고 있다. 그러므로 이러한 상황은 비협조적 맥락, 즉 한쪽의 참여자인 피고인이 가능한 비협조적 태도를 취해야 하는 예가 된다. 또한 Grice가 제안한 격률들이 모든 상황을 다 통제하느냐, 또한 다른 문화에서도 동일한 가치를 지닐 수 있느냐가 문제점으로 제기된다. Grice 자신도 이 네 가지 격률이 모든 상황을 전부 포함하는 것이 아니라 '공손하라'와 같은 다른 격률도 포함시킬 수 있다고 제안하였다. 실제로 일부 문화권에서는 '공손하라'가 다른 어떤 격률보다 더 중요할 수 있다. Loveday(1982b: 364)는 '일본어에서는 "no(안돼)"라는 대답은 폭언에 해당하므로 애매한 얘기나 거짓말조차도 쉽게 받아들여진다.' 이러한 점이 사실이라면 일부 문화에서는 분명히 공손함의 사고가 질의 격률과 방법의 격률보다 우선한다는 점을 시사한다. 따라서 이는 문화간 어려움을 유발시켜 어떤 경우에는 심각한 결과를 초래할 수도 있다. 닉슨 대통령이 1970년 사토 수상에게 일본의 과도한 섬유수출에 대해 우려를 표명했을 때 '사토 수상은 'ぜんしょします', 즉 축어적으로 "가능한 잘 해결하도록 하겠다"라고 대답했다. 이 대답은 닉슨 대통령에게 "해결하겠다", 즉 문제를 해결하고자 섬유 수출을 줄이는 어떤 방법을 찾겠다는 것을 의미했다. 그러나 사토 수상에게는 대화를 끝내기 위한 예의의 한 방식이었을 뿐이다'(Gibney, Loveday에서 인용, 1982a: 14).

공손함은 상대적인 개념이므로 문화마다 '공손' 행위에 대한 규범이 다르다. 또한 문화마다 '금기'시하는 부분의 유무도 다르다. 많은 사회에서 성, 종교, 더러움은 금기시하는 주제이지만 유사한 상황일지라도 금하는 정도가 반드시 일치하지는 않는다. 어떤 번역 맥락에서는 정확성보다도 공손함을 더 중시하기도 한다. 번역가는 금기시하는 주제를 다룰 때 독자의 기대를 벗어난 텍스트의 일정 범위를 생략하거나 대체하여 독자의 감정을 상하지 않게 하려고 노력한다. 가령 아래에 제시한 Kishtainy의 *Arab Political Humour* (1985, 12-13쪽)의 발췌문을 아랍어로 '정확하게' 옮긴다면 평범한 아랍 독자들, 즉 신이 조롱의 대상이 될 수 없고 생식기관도 엄격히 금하는 독자들에게는 모욕이 될 수 있다.

관습적으로 모음을 생략하는 경향이 있는 아랍 알파벳 문자의 복잡하고 정교한 형상은 아랍 독자에게만 한정되는 무수한 비웃음과 조롱을 만들어내도록 하였다. 가령 아랍 알파벳 문자는 작은 점만을 가지고도 R을 Z로 바꿀 수 있다. 농담으로든 우연이든 이렇게 점을 덧붙이면 'rabbi(나의 하느님)'라는 단어를 'zubbi(나의 생식기)'로 바꿀 수 있다. 따라서 의무적인 말이 풍자적인 재치가 될 수 있는 가능성을 열어주며 보통은 부적절한 표현으로 여겨지는 말로 고칠 수 있게 한다. 가난한 사람이 부유한 미망인과 결혼을 했고 그녀의 돈으로 대저택을 지었는데 그 저택의 문에 '하느님의 축복이로소이다(Hada min fadl rabbi)'란 제명을 정성들여 새겨 놓았다. 그러나 이웃 사람이 어둠을 틈타 빠진 점을 넣음으로써 이 공허한 표현을 '나의 생식기의 축복이로소이다'라고 재치있게 바꿨다.

아랍어 번역문은[4] 'rabbi'와 'zubbi'에 대한 지시를 모두 생략하였다. 위의 예문은 보다 '순화된' 예문으로 대체되었는데, 이 예문에서는 여러 글자 위에 점을 찍거나 없앰으로써 원래 아랍인을 찬양하는 시였지만 그들을 조롱하는 시로 재치있게 바꾸어 놓았다. 다음과 같은 모욕적인 발췌문도 아랍어 번역문에는 실리지 않았다(같은 책 14쪽).

풍자적 이름의 남용은 항상 공손한 것은 아니며 영어의 욕에 해당하는 것도 있다. 바스당, 나세르주의자, 공산주의자간에 흔히 벌어지는 격렬한 혈투에서 바스당의 정적들은 이 당의 창시자이며 지도자인 미쉘 아플라크의 이상한 이름에 장난을 치곤했다. 가장 최근의 사례는 아플라크가 고대 아랍어로 '여성 생식기가 넓고 헐렁하며 우둔하고 몸가짐이 헤픈 여자'라는 뜻을 지닌 단어임을 알뮤트 어휘에서 찾은 경우이다.

부가적인 격률인 '공손하라'가 존재한다는 사실과 많은 문화에서 이 격률을 최우선으로 중요하게 여긴다는 점은 번역 과정에서 생각 없이 그리고 무책임하게 옮길 수도 있을 표현을 재치 있게 처리하는 것에 대한 설명이 될 수 있다.

Grice가 제안한 격률이 다른 문화권에서도 동일한 가치를 지닐 수 있는가에 대해, Headland(1981)는 두마겟 사람들이 소위 '정보 과다'로 인해 성경을 이해하는 데 어려움을 겪고 있다고 말한다. 두마겟 사람들의 기준으로 볼 때 성경은 분명 너무나 많은 정보를 제공하고 있다. 그는 이 같은 사례의 과장된 진술에 대해 다음과 같이 설명한다(같은 책: 20).

코이네 그리스 사람과 두마겟 사람은 오리의 죽음을 다르게 설명한다. 그리스 사람은 오리의 죽음에 대해 '새벽이 막 지났을 무렵 커다랗고 예쁜 하얀 깃털을 단 오리가, 내가 숨어 있는 곳의 남쪽을 향해 머리 위로 날아가더군. 내가 재빨리 M-16소총으로 두 발을 쐈지. 그랬더니 5야드쯤 떨어진 호수 가장자리에 그 오리가 제대로 떨어지는 게 아니겠어.'라고 설명을 할 것이다. 두마겟 사람은 이와 동일한 경험에 대해 '어제 내가 오리를 쐈지'라고 말을 하게 된다.

Headland의 설명이 정확하다면 '정보 과다' 현상과 Grice의 양의 격률이 어떤 관련이 있는가? 먼저 '필요 이상의 정보를 제공하지 말라'에 대한 지침은 문화마다 상당히 다르게 설명할 수 있다. Hatim과 Mason

(1990: 94)은 이러한 특정 격률에 대해 '목표언어 문화 환경 내에서 주어진 의사소통 목적을 위해 무엇이 요구되는가 하는 것은 ... 번역가가 판단해야 할 문제'라고 설명한다.

Grice의 격률보다 더 우선시되며, 이 격률이 언어와 문화적으로 특수할 수도 있다는 점을 지지하는 중요한 요소는 언어마다 담화구성 규범과 수사적 기능이 다르다는 사실과 관련이 있다. Clyne(1981)은 독일어 담화는 영어와 달리 비선형적이며 담화를 벗어나는 경향이 많다고 주장한다. 극단적인 경우라 할 수 있는 Fritz Schutze의 *Sprache soziologisch gesehen*을 보면, '담화에서 벗어날(Exkurse)뿐만 아니라 거기서 또 다시 벗어나기도 한다. 이러한 현상은 결론에서도 나타난다(같은 책: 63)'. 이 같은 설명의 관점에서 재정의해 볼 필요가 있으며 독일어 담화의 비선형적 조직 또한 또 다른 격률 즉, '간결하게 말하라'에 대한 재평가를 요구할 수 있다. Clyne(같은 책: 63)는 '작자가 중요한 논쟁의 선상으로 되돌아 갈 때마다 마지막 논쟁에서 벗어났던 부분의 요점을 되풀이 해야만 한다. 따라서 반복이 많이 생긴다'고 설명한다. 이러한 구성상의 특징이 관련성의 격률과 방법의 격률에 어떻게 연관되는지 의아해할 수 있다. 만약 이렇게 명백한 격률 위반을 조정하지 않고 그대로 번역한다면 독일어텍스트는 부분적으로 심층결속적이지 않게 번역될 것인가? 독일어 책 Norbert Dittmar의 *Soziolinguistik*는 이 분야에 획을 그은 책이라고 할 수 있지만, 영어 번역문은 분명 혼란스럽고 초점과 표층결속을 잃은 면이 있다(Clyne, 1981).

아랍어는 반복을 중요한 수사적 기제로 사용하기로 유명하다. 형태와 내용을 모두 반복하므로 같은 정보라도 주장을 확신시키고자 여러 방법으로 다시 반복한다. 이렇게 반복을 사용한 논쟁적인 산문체가 비아랍권 사람들에게는 간결하지 않고 지극히 장황해 보인다는 점은 분명하다. 일본사람들이 가장 즐기는 '점-유형' 즉 명백한 연관성이나 결론 없이 계속해서 이야기를 해나가는 유형은 관련성 격률에 익숙해 있는 서구 사람들을 격분시킬 수 있다. Loveday(1982b: 364)는 '서구 사람들은 이러한 유형에 "그래서 어쨌다고!!"로 응수하며, 이러한 말하기 방식을 피상적인 것으로 간주한다'고 말한 바 있다. 그러므로 저마다 다른 수사적 관습은 문화마다 다르게 적용되며 '간결하게 말하라'나 '현재 대화와 관련 있게 말하라'와 같은 격률보다 우선시될 수 있다. 사실상 이러한 관습은 격률을 해석하기 위한 맥락을 제공한다.

Grice의 함축 개념은 문화간 의사소통을 연구하는 사람에게 상당히 유용하지만 있는 그대로 적용할 수는 없다. 여러 언어학자들이 협조의 원리를 토대로 한 격률을 애매하고 불분명하다고 비판하고 있다. 가령 Sperber와 Wilson(1986: 36)은 '협조의 원리는 관계의 격률에 호소하기 위해 그럴싸하게 포장한 것에 불과하다'고 제시한다. 그렇다면 어떤 참여자의 특정 화제에 대한 관심도의 문제가 Grice의 관련성의 개념과 어떤 관련을 맺고 있는지, 또 양의 격률과는 어떤 관련을 맺고 있는지에 관해 의문이 제기될 수 있다. '관련성'이 개인적 관심을 의미하는가? 또한 이 관련성이 '필요한 만큼만 정보를 제공하라'의 해석에 영향을 미치는가? 이는 편집이나 요약과 같은 다시쓰기 형태를 포함한 번역 활동에서 특히 중요한 문제이다. 또한 이 문제는 대답이 쉽지 않은 질문도 제기하는데 그 이유는 이 격률이 말에서 글로 곧, 단일 수용자를 포함한 맥락에서 불특정 수용자들을 포함한 맥락에 이르기까지 얼마나 잘 옮겨지는가와 관련 있기 때문이다. 아래와 같이 다시쓰기 정도가 심한 번역문의 예는 이러한 문제점을 설명하는 데 유용할 수 있다.

유명한 이집트의 저널리스트인 모하메드 헤이칼은 1983년에 앤워 사다트 전 이집트 대통령의 암살에 관한 책을 출판했다. *Autumn of Fury*는 본래 영어로 집필되었는데 후에 저자 자신이 아랍어로 번역하였다. 헤이칼은 저자이자 번역가라는 다소 특별한 위치에 있었기 때문에 번역문이 아랍어 독자에게 흥미를 끌려면 어떤 변화를 필수적으로 가해야 하는지 명확하게 잘 알고 있었다. 아랍어 번역문은 분명히 영어 원문에 비해 더 길고 자세하게 표현되어 있다. 예를 들면 영어 원문에는 사다트 대통령의 부상과 병원에 후송된 후의 상태를 한 단락으로 설명한 반면, 아랍어 번역문에는 네 쪽에 걸쳐 설명하고 있다. '조직적 부정 취득(organized loot)'이라는 표제를 단 영어 원문은 사다트의 친척과 측근들이 자행한 이집트 국유재산의 조직적 부정취득 술수를 설명하고 있다. 영어 원문에서는 이 사항이 17쪽에 걸쳐 설명이 되어있는 반면 아랍어 번역문에는 29쪽에 걸쳐 보다 상세하게 설명하고 있다. 헤이칼과 같은 저자이자 번역가는 다른 독자층을 확보하기 위해 텍스트를 구성하면서 관련성과 양의 격률을 어떻게 조율하였을까?

　Grice의 격률에 대한 정의는 설득력이 부족할 수는 있겠지만 이와는 별도로 영어권 세계에서 중요하게 여기는 개념들, 즉 성실성, 간결성, 관련성을 직접적으로 반영하고 있다는 점이 흥미롭다. 이 격률들이 다른 문화에서도 반드시 동일한 가치를 지니지는 않으며, 또한 의사소통을 위한 이상적인 토대를 설명하리라고 기대해서도 안 된다. Loveday(1982b: 363)는 '서구 문화에서 가장 중요시하는 규범인 언어적 정확성이 모든 사회에서 당연하게 받아들일 수 있는 것은 아니며 또한 보편적으로 설정되어 있는 것도 아니다'라고 주장한다. Clyne(1981: 65) 역시 관련성을 강조하게 되면 '담화상의 가장 중요한 측면 가운데 하나인 상호참조를 방해할 수도 있다'고 주장하였으며 이는 또한 연관성을 저해할 수도 있다고 보고 있다. 그는 또 다른 논문에서 '앵글로 색슨 독자들이 일부 독일어 학술논문을 "무질서한" 것으로 치부해버리는 반면 독일 독자들은 영어 출판물에 대해 상당히 "편협한" 것으로 생각하거나, 혹은 전달하는 내용이 너무 적다는 결론을 내린다'고 말한다(1983: 43).

우리는 지금까지 Grice의 격률이 보편적이라는 제안이 옳다고 주장하기에는 무리가 있다는 점을 알았다. 어떤 언어에서든 모든 담화는 본래 협조적이며 Grice가 제시한 특정 격률보다 함축 현상이 더 보편적이라는 제안이 더욱 합리적이다. 말하자면 어떤 격률 혹은 격률 그자체의 해석은 언어 사회마다 다를 수 있지만 그 사회에서 작용하는 어떤 격률이든 그것을 이용하여 화자가 의도한 의미를 전달하는 과정은 동일하다. 특수 효과를 내기 위해 제약사항을 준수하거나 조정하는게 일반적인 언어사용의 특징이므로 이 입장은 지지될 수 있다.

7.3.3 발화의 언어적/언어외적 맥락

발화가 이루어지는 맥락은 발화에서 적절히 도출할 수 있는 함축의 범위를 결정한다. Sperber와 Wilson(1986: 37)은 '맥락은 부적절한 해석을 제거하는 것 이상의 역할을 한다. 즉 맥락은 함축을 추론하는데 반드시 필요한 전제를 제공한다'고 제시한다. 맥락은 실제 배경이나 교류에 관계된 참여자와는 별개로 텍스트와 한 사회의 언어적 관습도 대부분 포함한다.

Tse(1988)는 마이크로 칩 진료기록카드에 환자의 병력을 기록했던 실험을 기술하는 텍스트를 번역할 때 원천 맥락과 목표 맥락에서 발생하는 차이로 인해 주로 어려움이 생긴다고 설명한다. 다음은 *The Independent*지에서 발췌한 기사 내용이다.

웨일즈 대학의 로버트 스티븐 박사는 일군의 환자와 일군의 약사를 포함한 연구를 통해 환자들이 진료기록카드에 대해 우호적인 반응을 보인다는 결과를 얻었다.

('환자가 마이크로 칩 진단서를 검사한다', 1988. 4. 28)

영국의 약국은 의사의 처방전을 토대로 약을 조제하는 시설이다. 따라서 영국 독자에게는 의사와 약사측 모두가 환자의 병력을 기록하는 데 관련될 수 있다고 제시하는 게 타당하다. Tse(1988: 38)는 '중국과 홍콩 두 나라에서는 환자가 의사의 진찰을 통해 치료를 받고 약도 받을 수 있으며, 약국은 처방전 없이 정제약을 살 수 있는 곳'이라고 설명한다. 그러므로 중국 독자에게 약사가 이러한 의료관행에 관련될 수도 혹은 그래야만 된다고 제시하는 것은 옳지 않다. 약사가 처방전을 토대로 약을 조제하지 않으면 어떻게 약사가 환자의 병력을 조사할 수 있겠는가?

어떤 정보를 독자 자신의 맥락에 연결시키지 못한다면 그 독자는 텍스트에서 잘못된 추론을 할 수도 있다. Rommel(1987)에 따르면 집이나 아파트의 크기를 말할 때 영국에서는 침실의 수로 설명하지만 스위스에서는 대체로 방의 전체 개수를 통해 지시한다. 얼마전에 취리히에서 독일어로 상연된 오스카 와일드의 *The Importance of Being Earnest*는 Rommel이 지적한 바를 보여주고 있다. 극중에서 브랙넬 부인이 침실이 몇 개냐고 묻는 장면을 스위스 맥락 실정에 맞게 조정하지 않고 그대로 직역하여 상연했을 때 관람석에서 숨죽인 저속한 웃음소리가 흘러나왔다. 스위스 관객이 추론한 성적인 의미는 본래 오스카 와일드가 의도한 바가 아니었다.

맥락은 상황의 현실적인 '실재' 뿐만 아니라 사람들이 어떤 구조를 주변 세계에 적용하기 위해 일정하게 사용하는 특정 전략도 포함한다. 누군가 무엇인가를 묘사하거나 사건을 자세히 이야기하거나 혹은 많은 항목을 열거할 때 임의대로 하기보다는 선호하는 순서에 따라 말한다. 가령 일련의 사건을 기술할 때는 사건이 발생한 순서대로 나열하는 시간적 순서를 대부분 따른다. 물론 시제 표지나 시간 부사와 같은 적절한 수단을 사용하여 대안적인 순서를 명백하게 나타낼 수가 있다면 시간 순서는 수정하거나 바꾸어 놓을 수 있다. 그럼에도 불구하고 시간적 순서는 일반적으로 대다수의 사람들이 '선호하는' 방법이고 또 '보편적인' 순서로 배열하는 전략이다.

Levinson(1983: 108)은 실세계에서 발생하는 사건들의 보편적인 순서를 방법의 하부 격률인 '순서에 맞게 말하라'와 연관짓는다. 그에 따르면 사람들은 담화상의 참여자가 '순서에 맞게 말하라'의 격률을 지킬 것이라고 기대하기 때문에 사건이 일어난 순서대로 기술할 것으로 예상한다. 그로 인해 '외로운 방랑자가 일몰을 향해 말을 몰았고 말에 올라탔다'와 같은 발화가 이상하다는 것을 알게 된다. 시간적 순서는 널리 퍼져있는 보편적인 순서 전략이지만 언어와 문화상 특수한 경우에는 선호하는 순서 전략 종류가 다르다. '순서에 맞게 말하라'는 격률은 사건의 보편적인 기술 순서를 따르는 것과 밀접한 관련이 있다. 이러한 보편적 기술 순서는 실체 및 언어 항목을 나열할 때 보편적이라고 여기는 순서배열전략을 의미한다.

Brown과 Yule(1983: 146)은 언어사용자들이 대체로 사건과 실체의 순서에 제약을 두며, 보편적인 순서를 거스르면 '화자나 저자는 함축이나 배경과 같은 "특수 효과"를 생성할 수 있다'고 주장한다. 어떤 텍스트의 기술 순서가 보편적인 순서에서 벗어나고 있다면 독자는 이를 직관적으로 알 수 있긴 하지만 각각 다른 유형의 담화와 언어들에서 '자연스런 순서'가 무엇인지를 정확히 결정할 수는 없다고 대체로 인정하고 있다. 예컨대 사건과 실체의 순서는 관점 혹은 주제 전개방식을 유지하기 위해서 조절할 수 있다. 그럼에도 불구하고 선호하는 순서 전략에서 가끔씩 벗어나는 경우에는 텍스트의 심층결속성에 그다지 손상을 입히지는 않겠지만 사소한 경우라도 선호하는 순서를 여러 번 계속 벗어나게 되면 독자가 텍스트를 이해하는 데 점증적으로 방해할 수도 있다는데 주목해야 한다. 다음은 보편적인 순서에 대한 목표

독자의 기대를 충족시키기 위해 번역 과정에서 조정하고 있는 예를 보여준다.

원천텍스트(영어: *The Independent*, 1988. 4. 28)

In the Devon study, 8,500 patients will carry the cards, which can be both read and updated by GPs, a pharmacist, a local dentist, and by hospital clinics at Exmouth and the Royal Devon and Exeter Hospital.

목표텍스트(중국어) — 역번역

8,500 patients will take part in the Devon experiment, using the medical cards. Royal Devon and Exeter Hospital, Exmouth Hospital clinic<s>, and doctor<s>, pharmacist, and local dentist, may use a machine reader to read the medical card's content and store new information.

원천텍스트('환자가 마이크로 칩 진단서를 검사한다')와 중국어 번역문은 Tse(1988)에서 인용하였다. Tse는 영어원천텍스트에서 밑줄 친 명사군의 순서를 중국어 번역문에서 조정하였는데 이는 '큰 것'에서 '작은 것'으로 크기의 순서에 따라 실체를 나열하는데 익숙한 중국 독자의 기대치에 맞추기 위해서라고 설명한다. 이러한 경우 중국에서 일반적인 순서화 전략은 더 큰 실체인 병원에서 시작한다. 주소를 나열할 때도 같은 전략을 사용한다. 러시아와 마찬가지로 중국에서 주소를 쓸 때는 보다 큰 실체인 나라 명으로 시작하여 나라, 도시, 구역, 거리, 아파트 이름 등으로 기재한다. 이와는 반대로 영어로 주소를 쓸 때는 이름에서 시작해서 나라 명으로 끝을 맺는다. 보편적인 순서를 벗어나게 되면 독자는 어떤 함축을 찾거나 텍스트의 맥락을 재평가하려고 할 것이다.

순서 전략은 또한 물리적 혹은 감정적 요소의 영향을 받을 수 있다. 우리는 일반적으로 자신의 환경과 가까운 실체부터 언급할 것이라고 예상한다. Euralex Circular(부록 8)에서 발췌한 아래 예문에서 언어마다 순서가 다르게 사용된 점에 주목하자.

원천텍스트(영어)

Abstracts (approximately 1,000 words) in any of the Congress languages, English, French, German, or Russian, should be sent to the Lecture Programme Organizer, . . .

목표텍스트(독일어) — 역번역

We request abstracts (about 1,000 words or 80-100 lines) in any conference language (German, English, French, Russian) . . .

목표텍스트(러시아어) — 역번역(부록 8 참조)

We ask for a short abstract of papers (up to 1000 words or up 100 lines) by 15 November 1987, in any of the official languages of the conference, i. e. in Russian, English, French, or German, . . .

'맥락'을 넓은 의미에서 보면 사회적, 텍스트적으로 적절한가 혹은 보편적인가에 대한 언어 사용자의 감각도 포함할 수 있다. 이는 독자가 세상을 바라보는 시각과는 상관 없이 해당 상황에서 언어적으로나 비언어적으로 적절한 행위라고 인정할 만한 것과 관련 있다. 이러한 '적절성'은 앞선 논의에서 가정한 부가적 격률인 '공손하라'를 해석하는 맥락을 제공할 수 있다. 문화마다 달리 사용되는 호칭 대명사도 좋은 예가 된다(4장, 4.2.3 참조). 하지만 적절성은 많은 다른 것들을 포함해야 하기 때문에 공손함의 개념에만 한정되지 않는다. 특정 역법을 사용하는 간단한 일들에서 조차도 하나 이상의 역법이 존재하기 때문에 해당 맥락에서 어느 정도 독자의 기대치에 맞출 수 있어야 한다. 그 예로 아래에 사용된 일본 역법을 보도록 하자.

원천텍스트(영어: *Palace and Politics in Prewar Japan*, 부록 6 참조)

<u>1869년</u>에 창설된 각 부처의 대표들은 황제에게 '조언하고 보좌할' 직접적인 책임이 없었으나, <u>1889년</u>에 이르러서는 그런 책임을 지게 되었다. 가령 <u>1871년</u> 개편된 부처에 따르면 직접 황제를 보좌할 수 있는 특권은 이론상으로 태정대신, 좌대신, 우대신, 참의에게만 부여되었다.

목표텍스트(일본어) ― 역번역(부록 6)

메이지 2년에 창설된 여러 부처의 대표들은 황제를 보좌할 직접적인 책임은 없다. 이러한 책임을 갖게 된 것은 바로 메이지 22년부터였다. 가령 메이지 4년에 개편된 정부에 따르면 직접 황제를 보좌할 수 있는 특권은 이론상으로 태정대신, 좌대신, 우대신, 참의에게만 부여되었다.

위 텍스트는 일본 문화와 직결되기 때문에 일본 독자는 서구인들이 사용하는 양력보다는 일본력을 토대로 하여 날짜를 언급할 것으로 기대한다. 이러한 기대를 번역이 잘 반영을 하였기 때문에 불필요한 함축을 전달하지 않았다. 위의 텍스트를 보다 현대적인 번역 텍스트와 비교해 보도록 하자.

원천텍스트(영어: *The Patrick Collection*)

만셀 홀에서 ― <u>1986년</u> 만셀 홀을 연 영국 자동차 경주의 최정상 선수인 나이젤 만셀의 이름을 딴―진귀한 <u>80년대</u>의 슈퍼카를 전시한다.

목표텍스트(일본어) ― 역번역(부록 4)

만셀 홀에서 (영국 자동차 경주의 최정상 선수인 나이젤 만셀의 이름을 따, <u>1986년</u>에 홀을 열었다) <u>1980년대</u>의 진귀한 슈퍼카를 전시할 것이다.

일본 독자는 서구 세계와 직접 관련 있는 텍스트에 양력을 사용하는 것은 용납한다. 하지만 일본의 유산이나 역사 등 자국과 밀접한 화제를 다룬 텍스트라면 일본력을 사용할 거라고 기대한다.

번역가가 주어진 맥락에서 독자의 기대에 맞게 특별히 주의해야 할 부분은 호칭 방식(mode of address)이다. 호칭 방식은 4장에서 논의한 대명사의 사용법보다 훨씬 큰 범주이다. 적절한 개인적, 직업적 직함을 사용하거나, 이름과 성, 직함과 성, 직함과 이름을 붙여 사용하거나 별명을 부르거나 심지어 '얘야' 혹은 '자기'와 같은 애정 어린 말의 사용도 포함한다. 특정 언어 항목을 사용하여 특정 참여자를 호칭하기도 하는데 이는 언어나 문화적으로 매우 특수한 함축을 전달하기 위해서이다. 다음은 현재까지 널리 인용되고 있는 예문으로 1972년 Ervin-Tripp에서 처음으로 나타났다. Blum-Kulka(1981: 94)가 간접 화행의 번역과 연관된 어려움을 논의하고자 사용했다.[5]

이 장면은 현 미국의 공공거리에서 발생한 것이다.
'녀석, 이름이 뭐지?' 경찰관이 물었다.
'푸셍박사요. 의사입니다.'
'성 말고 이름말이야, 이 녀석아?'
'엘빈이요.'

Blum-Kulka가 제시한 것처럼 미국 영어의 호칭 규칙을 잘 아는 사람이라면 푸셍박사가 흑인이라는 것을 알 것이다. 또한 직함과 성을 붙인 보편적인 호칭을 허용하지 않고 '녀석(boy)'이라는 말을 사용하여 푸셍박사의 성이 아닌 이름만을 요구하여 경찰관이 의사를 모욕하고 있다는 점도 분명히 파악할 수 있다. Blum-Kulka는 사회-문화적인 규칙을 의도적으로 오용하여 전달하는 의미는 다른 언어로 옮기는 데 어려움을 초래할 수 있다고 지적한다.

그러나 호칭 방식을 사용한 모든 맥락이 항상 함축을 전달하고자 의도적으로 사회-문화적 규범을 위반하는 것은 아니다. 번역가가 목표언어의 규범이 원천언어의 규범과 반드시 일치하지는 않는다는 점을 알고 있다면 목표텍스트를 적절히 조정하여 문제점을 해결하고 의도하지 않은 함축은 전달하지 않아야 한다. 예컨대 영어의 경우 상용편지와 같은 격식적인 맥락에서 보편적이면서도 용인되는 호칭 규범은 'Mr Brown, Mrs Kieth, Dr Kelly'와 같이 직함과 성을 붙여 쓴다. 이러한 영어의 호칭 규범은 아랍어에서는 직함과 성, 혹은 직함과 성과 이름을 붙여서 옮긴다. 번역가는 독자의 기대치에 부응하기 위해 이런 식으로 조정을 해야 하는 경우가 많다. 다음 두 텍스트를 비교하면서 러시아 번역가가 어떻게 조정했는지 보도록 하자.

원천텍스트(영어: *Euralex Conference Circular*)

Ms. Judit Zigany
Akademiai Kiado
1363 Budapest
P. O. Box 24
Hungary.

목표텍스트(러시아어) ― 역번역(부록 8)

Ch. editor

<u>Judit Zigany</u>

Hungarian Academy of Sciences Press

1363 Budapest

P. O. Box 24

Hungary.

러시아어에서 'Mr' 혹은 'Mrs' 같은 칭호에 해당하는 등가어는 러시아 인들과 사회주의 국가 출신의 사람들을 격식을 갖춰 부를 때 이름과 아 버지의 이름을 딴 중간 이름을 함께 사용하는 것이다. 격식을 갖춘 또 다른 호칭 표현은 'tovarishch(남, 여 모두에게 사용되는 '동지')'이지만 오늘날 일부 지식인들은 이 표현이 마르크스주의 시대를 연상시킨다는 이유로 거북해 한다. 러시아인들은 외국인을 부를 때 'gospodin(Mr), gospozha(Mrs)', 혹은 차용어인 'Mister, Missis, Miss'를 사용한다. 그러 나 이 모든 호칭은 '외국인임'을 암시한다. 이러한 호칭 형태는 러시아 인이나 쿠바와 헝가리 등의 사회주의 국가 출신의 사람들에게 부적절 할 수 있으며 심지어 모욕을 주기도 한다.[6] 이러한 호칭은 대체로 자본 주의 국가 출신의 외국인들에게만 사용한다. 그럴 경우에는 중립적인 용어로써 공손한 호칭 표현이라는 의미만 전달하게 된다. 위 텍스트를 보면 쥬디트 지게니가 사회주의 국가인 헝가리 사람이므로 러시아어 텍스트에서의 호칭 방식은 직함과 이름과 성을 연이어 붙여 적절하게 구성하였지만, 'Ms'라는 개인적 칭호는 생략하였다.

7.3.4 배경지식이 다른 항목

독자나 청자는 텍스트에서 제시한 정보를 이해하기 위해 실제이든 허구이든 세계와 관련된 모델에 정보를 통합할 수 있어야 한다. 제시된 텍스트 정보는 우리가 이미 알고 있는 다른 정보와 연결할 수 있어야만 이해할 수 있다. 텍스트는 우리가 세상에 대해 알고 있는 사실을 확인시키거나 반박하거나, 수정하거나 혹은 넓혀주기도 한다.

위의 7.3.1에서 설명했던 것처럼 지시를 식별하는 것과 적절한 배경 정보를 이용하는 것에는 중복되는 점이 많다. 번역가가 어떤 지시 표현을 설명하느냐의 여부는 목표 독자가 그 표현에 얼마나 익숙한지와 번역가가 얼마만큼 개입할 것인가의 여부에 달려있다. *A Hero from Zero*에서 발췌한 다음 예문에서 영어 원천문서를 번역한 프랑스어 번역가와 아랍어 번역가는 일반 프랑스 독자와 아랍 독자들이 *Clive of India*(인도의 클라이브)에 대해 잘 알고 있다고 추정했거나 번역가 입장에서 원천텍스트에 대해 직접 설명하는 것은 부적절하다고 판단한 게 분명하다. 아래 발췌문에 언급한 술탄은 부르네이의 술탄으로 이 문서에 따르면 그는 모하메드 파예드에게 대리위임장을 주어 자신의 기금 중 상당 부분을 파예드의 통제 하에 두었다.

원천텍스트(영어, 27쪽)

... 인도의 클라이브처럼 파예드도 틀림없이 자신의 자제력에 놀랐다. 바리칸에 따르면 스위스 은행에 있는 술탄의 기금은 그 당시 5조에 이르렀으며, 대리위임장은 그들 모두에게 스위스 은행문을 열어준거나 다름없었다고 한다.

목표텍스트(프랑스어) — 역번역(27쪽)

... 인도의 클라이브처럼 파예드도 틀림없이 자신의 자제력에 놀랐다.

목표텍스트(아랍어) — 역번역(40쪽)

파예드 — 인도의 클라이브처럼 — 는 자신을 자제할 능력이 있다는 것에
놀랐음이 의심할 바 없다.

인도의 총독 클라이브는 영국 군인이었으며 정치가였다. 그는 벵골의
귀족들을 물리치고 영국의 인도 통치를 개혁한 인물로 기억되고 있다.
클라이브 총독은 1769-70년에 벵골지방에 기근이 발생했을 때 폭리를
취하고 면과 다이아몬드를 독점하였으며 1757년 플라시 전투가 끝난
뒤 인도 부장(部將)에게서 받은 뇌물수수 때문에 기소되었다. 위 발췌
문은 클라이브가 뇌물수수에 대해 심문 받았을 때 다음과 같이 진술한
바를 인용한 것이다.

　재판장님, 이 순간 저는 <u>제 자신의 자제력에 놀라고 있습니다.</u>
　　　　　　　　　　　　　　(Lawford, 1976: 393 — 필자 강조)

필자는 아직까지 클라이브가 인도에서 영국의 승리를 이끈 군지휘관
이었다는 사실 외에는 그에 대해 더 상세하게 기억하는 영국 화자를
만난 적이 없다. 영국 일반 독자들은 그가 한 이 유명한 말과 맥락을
기억할 확률이 거의 없으며 심지어 모르는 경우도 많다. 그러므로 영
국 일반 독자들은 앞의 문장에서 인도의 클라이브라는 지시표현이 어
떤 관련성을 지니는가를 해석할 수 없다. 저자는 해당 지시표현을 진
행중인 담화와 관련짓기 위해 필요한 세부사항을 독자가 알고 있다고

잘못 판단한 것으로 보인다. 저자와 번역가가 임의대로 일반 독자가 배경 정보를 가지고 있을지 여부를 판단하는 것은 정말 어려운 일이다. 더욱이 번역가는 저자만큼의 지식이 없는 경우가 많고 일반 독자만큼 무지할 수도 있다. 그러므로 번역가의 판단은 번역가 자신의 무지로 인해 훨씬 더 많은 제약을 받는다. 이론상으로는 번역가가 적합한 배경 지식을 얻기 위해 필자가 시도한 식의 조사를 할 수 있어야 하지만 이것이 항상 가능한 것은 아니다. 가령 국가나 기관 등 환경에 따라 조사하는 데 필요한 제반 시설이 현저히 다르기 때문이다.

배경 정보에 대한 독자의 지식 정도를 각각 다르게 판단한 다음 예문은 Mohamed Heikal(1983)이 쓴 *Autumn of Fury: the Assassination of Sadat*에서 발췌한 것이다. Heikal은 사다트에 대해 다음과 같이 말한다:

원천텍스트(영어, 3쪽)

트루먼의 전례가 항상 내 마음에 존재했다

목표텍스트(아랍어) ― 역번역(6쪽)

... 내 마음속에 2차대전 말경 프랭클린 루즈벨트 뒤를 이은 헨리 트루먼 미국 대통령의 전례가 항상 존재한다. 그 당시 루즈벨트의 뒤를 이은 트루먼 대통령은 2차 대전의 엄청난 투쟁을 바람직하고 불가피한 종식으로 이끌 수 없는, 별다른 특징이나 개성이 없고, 사람들에게 잘 알려지지도 않은 그런 인물이었다. 그러나 투르먼 대통령은 실질적 경험에 도전하면서 점차 성장해 갔으며 원숙해졌고 가장 뛰어난 미 대통령 중 하나가 되었다. 나는 이 점이 사다트 대통령과 마찬가지라고 생각했다...

아랍어 번역문에서 제시한 트루먼에 관한 부가적인 배경 지식은 트루먼이 전 미국 대통령이라는 점은 알지만 독자에게 트루먼과 사다트 사이에서 특정한 유추를 이끌어 낼 정도로 세세하게는 알지 못한다고 예상되는 아랍어 독자를 위한 것이다. 영어 원문이 전반적으로 함축하는 바를 아랍어 번역문에서는 상세히 기술하고 있다. 물론 Heikal은 이러한 정보를 텍스트의 본문보다 주석에 포함시킬 수도 있었을 것이다. 이러한 측면에 대해 번역시에 주석으로 분류해야 하는 것과 하지 말아야 할 것에 대한 Thomson(1982: 30)의 권고는 주목할 만하다.

함축에 관한 연구는 번역시 원문이 공유한 맥락 중 어떤 부분을 본문에 포함시키고 또 어떤 부분을 주석처럼 개별적으로 처리할 것인가를 결정하는 문제에 대한 실질적인 해결책을 제시할 수 있다. <u>만약 심층결속적이고 의미가 통하는 번역물을 생산하고자 한다면 의사소통상의 함축을 성공적으로 도출하는데 필수적인 정보는 텍스트에 포함시켜야만 한다.</u> 이러한 필수적인 정보를 주석에 포함시키는 것은 언어의 화용론적인 본질에 반하는 것으로써 비현실적이다.

Heikal은 Grice나 함축에 대해 알지 못했다 하더라도 텍스트의 본문에 트루먼에 대한 부가적 정보를 포함하기로 결정하면서 이와 비슷한 추론 과정을 따른 게 틀림없다.

번역가는 필수적인 배경 정보를 제시하고자 텍스트를 확장할 수도 있고 목표언어 독자가 잘 알 것이라고 추정되는 정보는 삭제할 수도 있다. Heikal은 *Autumn of Fury*에서 'zamzam'이란 단어를 다음과 같이 주석에서 설명하고 있다.

Another example of how the President could over-reach himself in his desire to accommodate his new friends came over his offer of Nile water to Israel. After his visit to Haifa in September 1979 Sadat confided to a group of Israeli editors that he was thinking of diverting some of the Nile waters through Sinai to the Negev: 'Why not? Lots of possibilities, lots of hope.' Jerusalem, he said, was a city sacred to the three faiths. What could be more appropriate in the new climate of peace than to supply all the believers in Jerusalem with a new zamzam.

주석: 성지순례자들이 물을 떠 마시는 메카 하람의 신성한 우물. 하갈과 아들 이스마엘이 사막에서 갈증으로 죽어가고 있을 때 가브리엘 천사가 이 우물을 열어 주었다고 전해 내려 온다.

아랍어 번역문은 이 주석을 생략하였다. 저자와 번역가는 당연히 이 주석이 아랍어 독자에게 잉여적인 요소라고 생각했을 것이다.

다음 예문은 독자에 대해 추정한 배경 지식과 독자의 실제 배경 지식 사이에 심각한 충돌이 있을 거라고 번역가가 예상하는 경우에 발생하게 될 상황을 설명하고 있다. 이 예문은 원천문화와 목표문화간에 세상을 바라보는 시각이 크게 다르기 때문에 발생하는 어려움을 보여준다. 사실상 이 예문은 번역문 자체가 아니라 번역문에 대한 설명 부분을 발췌한 것으로 원천텍스트는 아랍어이고 목표텍스트는 영어이다. 요셉의 이야기를 자세히 설명하는 코란의 12번째 '장'이다. 요셉 이야기는 성경에도 등장하지만 코란에 등장한 이야기와 성경의 이야기가 상당히 다르다. 아랍어 텍스트의 번역가는 서구 독자측과의 충돌을 예견하고 개별적으로 서문을 달아 다음과 같은 설명을 제시한다.

유스프는 요셉의 일대기를 다룬 주제에서 그 이름을 따왔다. 이것은 코란의 다른 장들과 달리 한 가지 장르만을 가지고 있다. 코란은 성경 이

야기와는 상당히 다르다. 야곱은 코란에서 예언자이므로 아들인 요셉이
죽었다는 거짓말에 속지는 않지만 그가 어떻게 되었는지 알 수가 없어
서 좌절한다. 이 이야기에서 가장 중요한 것은 서구 독자들에게는 놀라
움을 주더라도 야곱의 심적인 고통을 내내 강조하면서 이점을 생생하게
표현하고 있다는 것이다.

(The Holy Qur'an, Pickthall 옮김, 1982: 351)

위의 설명은 분명 독자에게 세계에 대한 시각이 다를 수도 있다는 점
을 분명히 경고하고 있다. 번역시 주목할 점은 모든 의사소통 과정과
마찬가지로 텍스트도 반드시 독자의 기대치에 일치할 필요는 없다는
점이다. 이러한 불일치에 어떤 동기가 있고 독자가 이점을 인정할 준
비가 되어 있다면, 현실에 대한 독자의 시각, 기대치, 선호도가 일치하
지 않더라도 텍스트의 심층결속성에 영향을 끼치지 않는다. 가령 문학
의 창조성 같은 경우, 현실 세계와 매우 다른 관점을 보이지만 얼마든
지 심층결속적일 수 있다. 이러한 불일치에 동기가 있고 합당한 표시
가 있다면 우리 자신의 실재와 현저히 다른 실재를 이해하는 것은 인
간으로서 우리의 능력에 내재해 있다.

7.3.5 이전 모든 관련 항목의 유용성

함축이 작용할 때 청자가 의존하는 Grice(1975: 50)의 '자료' 목록의
마지막 요소는 Grice의 말을 빌자면 '앞에서 논의한 모든 관련 항목이
두 참여자에게 유용하며 두 참여자 모두 이것이 그러한 경우라고 이해
하거나 추정한다는 점에 있다'.

화자나 저자는 의도한 의미를 전달하기 위해 다음과 같은 점을 추정
할 수 있어야 한다. 첫째, 청자나 독자는 모든 필수적 배경 정보, 맥락

의 특징 등 위 7.3.1-7.3.4에서 논의한 항목들을 알고 있다는 점과 둘째, 의도된 함축을 알아내는 것은 청자나 독자의 능력에 달려 있다는 점이다. 따라서 독자가 조금 덜 접근한다고 추정하면 할수록 저자는 설명과 세부적인 것에 더 많은 것을 제공해야 할 것이다. 이전 예문에서 보았듯이 번역가는 함축이 작용할 수 있다는 확신을 주기 위해 목표독자가 무엇을 알고 있는지, 혹은 모르는 지를 재평가 해야만 하는 위치에 있는 경우가 다반사이다. 독자가 모르고 있는 부분을 채워 주는 것과는 별도로 배경 지식의 관련 항목, 비언어적 맥락, 지시의 식별 등과 같이 독자가 무엇을 기대하고 있는가에 대한 의문도 제기된다. 독자는 위 7.3.1-7.3.4에서 논의한 다양한 항목 중에서 본인이 알고 있는 만큼만 기대한다. 번역상에서 목표독자의 기대를 위반할 수 있는 어떤 것이라도 신중히 조사해야 하며, 필요하다면 조절을 해서라도 잘못된 함축을 전달하거나 심지어 의미가 통하지 않는 일은 없도록 해야 한다.

구두 행위를 포함한 모든 의사소통 상황에서 가장 크게 기대하는 것들 중에는 언어 구성에 대한 기대도 포함된다. 특정한 동기가 없이[7] 음성학적, 어휘적, 통사적, 텍스트적 수준에서 그 기대를 벗어난 언어 구성은 참여자가 '사용된 단어와 구조의 관습적 의미'를 파악하는 데 방해가 될 수 있으며(7.3.1), 텍스트의 심층결속성에 직접적으로 영향을 끼칠 수 있다. 언어 요소와 유형의 주된 기능은 메시지의 내용을 조직하여 독자와 청자가 쉽게 파악하도록 하는데 있다. 그러므로 보편적인 언어조직 유형에서 벗어나려면 반드시 동기가 있어야 한다. 그렇지 않으면 독자는 이 유형을 이해할 수 없다. 3장에서 논의한 예문을 다시 들자면 Kolestral 텍스트의 아랍어 번역문에 제시된 '상한 모발', '손상된 모발' '부서지기 쉬운 모발'과 같은 연어는 아랍어 독자의 기대를 상당히 벗어나고 있으므로 아랍어 독자는 그 부분을 이해할 수 없을 것이다. 따라서 이러한 의외의 언어조직은 독자의 기대를 벗어나고 있고 아무런 동기도 없기 때문에 이 텍스트를 그대로 번역하게 되면 독자는 이를 심층결속적이지 않다고 받아들인다.

대부분의 전문 번역가는 텍스트의 심층결속성을 유지하고 원치 않은 함축이 생겨나는 것을 피하기 위해 목표언어 구성에 관한 독자의 기대를 충족시킬 필요성을 절감한다. 이러한 점에 있어 번역가는 독자의 기대를 맞추려면 일부 조정이 필요한데, 이것에 대해서는 이전 장에서 논의하면서 예를 들어 설명한 바 있다. 그럼에도 불구하고 원천텍스트 자체가 보편적인 유형을 벗어난 경우도 있다. 어떤 동기가 존재하고 의도한 의미를 전달하기 위해서 이 보편적이지 않은 유형이 필수적이라면 마땅히 번역가는 이를 목표텍스트에 그대로 옮겨야 한다. 위에서 논의한 것처럼 독자의 기대에 반드시 맞출 필요는 없다. 저자와 번역가는 해당 맥락에서 필요한 경우에는 독자 본인이 기대하는 바를 조정하라고 요구하기도 한다. 우리는 전혀 보편적이지 않고 심지어 이상해 보이는 언어 행위일지라도 그것이 시적 창조나 유머 등 정당할 경우에는 이를 받아들일 준비가 되어 있다.

보편적이지 않은 유형은 마땅히 동기가 있어야 한다는 주장은 청자나 독자가 '해석할 만한' 맥락에서 쓰여야 한다는 것을 암시한다. Blakemore(1987: 27)에 따르면 화자나 저자가 본인의 발화를 특정 방식으로 해석하고 싶다면 '자신의 발화가 그렇게 해석될 수 있는 맥락에서 해석되기를 기대해야 한다'고 말한다. 다음 예문은 두 가지 상황을 보여주고 있다. 첫째, 보편적이지 않은 언어 구성이라고 해도 번역에서 정당화될 수 있다는 점과, 둘째, 이렇게 보편적이지 않은 언어 구성이 텍스트와 갖는 관련성을 뚜렷이 보여주고 따라서 심층결속성을 유지하는 방식으로 조정하기 위해서 번역가는 저자와 독자가 공유하는 맥락을 확장해야 한다는 점이다. *A Hero from Zero*(143쪽)에 첨부된 아래 발췌문은 대화를 기록한 것으로써 영어를 프랑스어와 아랍어로 번역한 대화문이다. 대화에 참여하고 있는 세 사람은 모두 영어가 모국어가 아니다. 대화에서는 영어와 힌디어를 섞어 사용하고 있다. 특히 주된 화자인 모하메드 파예드는 영어를 잘 구사하지 못한다. 이 대화는 모하메드 파예드의 영어 능력의 정도를 보여주기 위해 발췌한 것이다.

M. Fayed: Sultan, you know, he gets influenced. I can't go sit with him all the time, you know. It's impossible for me, you know. Because he has one terrible, evil man, his aide, Ibnu.

Mamaji: Pardon?

M. Fayed: General Ibnu.

Mamaji: Uh-huh.

M. Fayed: Terrible man. This man takes money from everybody, everybody.

Swamiji: I think girls also.

M. Fayed: Yeah.

Mamaji: Girls?

Swamiji: Girls.

M. Fayed: Girls, everything, everything, everything. He is the big man, but the Sultan don't trust him at all. Bad man. And this Ibnu and Zobel are like that. Build the palace together. Ibnu gives permission to all those people go inside, take pictures of his bedroom, everything, anything. And he's a bad man, you know. But for me, I don't—you know, er I don't need the Sultan. Sultan doesn't need me. But I made so much good for him, you know, with support him with the British Government, you know.

아랍어 번역가는 이 텍스트를 아랍어로 번역할 때 한 가지 어려움에 봉착하게 되는데 바로 모하메드 파예드가 이집트 사람이므로 모국어가 아랍어란 점이다. 통사 구조를 벗어난 말을 어떠한 설명도 없이 아랍어로 그대로 옮긴다면 독자는 아랍어 원어민 화자가 왜 '엉터리' 아랍어를 하고 있을까 하는 의문을 품을 수 있다. 파예드의 말을 조정하여 보편적인 아랍어로 바꾼다면 원고인 티니 로우랜드가 파예드를 하우스 오브 프레이져사의 소유권을 얻을만한 자격이 없고 명예로운 영국 회사를 운영할 능력도 없다는 점을 보여주기 위해 펼친 매우 체계적인 논증을 현저히 약화시킬 수 있다. 특히 파예드가 그다지 영리하지 않고 오히려 두서없이 말하는 일개 '외국인'일 뿐이라는 점이 사라지게 된다. 번역가는 파예드에 대해 '멍청한 외국인'이란 인상을 전달하기 위해 보편적이지 않은 영어를 아랍어로 옮기기로 결정하였다. 또한 독자를 이해시키기 위해 번역문의 대화 시작 부분에 아래와 같은 설명을 제시하였다.

목표텍스트(아랍어) – 역번역(139쪽)

주석: 테이프에 녹음된 내용을 받아 적은 다음 영어 대화 텍스트를 읽어보면 대화에 참여한 세 사람 모두가 영어를 잘 구사하지 못하다는 점을 분명히 알 수 있다. 또한 언어 규칙에 맞지 않는 표준이하의 부정확한 문장 구조를 사용한다는 점도 명확히 알 수 있다. 그러므로 가능한 정확한 의미로 옮기고자 한다면 이들의 부족한 언어구사력을 아랍어 번역문에 반영해야 한다고 본다.

심층결속성에 영향을 끼치는 다양한 언어적 및 비언어적 요소와 해당 맥락에서 특정 요소가 취하는 중요성의 정도가 다르기 때문에 이 심층결속성은 논란의 여지가 많고 정의하기도 어려운 개념이다. 심지어 하나의 어휘 항목이라도 잘못 번역하게 되면 텍스트가 결합하는 방식에 영향을 미칠 수 있다. 원천텍스트에서 다양한 의미를 지닌 항목은 동일한 의미 영역을 지닌 등가어를 목표언어에서 찾을 수 없는 경우가 많다. 원천텍스트에서 사용한 어떤 항목이 두 가지 이상의 의미를 지녔는데 어떤 이유로든 번역이 그 의미 중 일부를 전달하지 못한다면 그 항목의 의미 전체를 모두 전달하지는 못하며, 결국 Blum-Kulka (1986)가 지적하듯 '심층결속성의 전이'가 발생한다.

텍스트의 심층 결속성에 기여하거나 손상시키는 여러 요인을 목록화하기란 불가능하다. 어떤 텍스트를 이해하기 위해 사용하는 해석 과정과 관련 변수가 무척이나 다양하고 정의하기 어렵기 때문에 이를 일일이 규명하고 기술할 수가 없다. 이러한 요소들은 언어적 및 문화적으로 특수한 경우가 많기 때문에 문제가 더욱 복잡하다. 이 장에서 제시한 대부분의 예문은, 번역가가 심층결속성을 유지하기 위해 원천텍스트에서 제시한 세계의 모형과 목표독자에게 친숙한 세계의 모형 간의 차이를 종종 최소화해야만 한다는 것이다. 개입의 정도는 상당히 다르며, 최종 분석시 두 가지 주요 요소에 따라 좌우된다. 첫 번째는 목표독자의 지식과 기대를 평가하는 번역가의 능력이다. 목표독자가 보다 많이 알고 있다고 추정하면 할수록 번역가는 장황한 설명을 덜 부가하는 경향이 있다. 이와 마찬가지로 원천텍스트에 제시한 세계의 모델과 목표문화의 세계 모델이 더 조화를 잘 이룬다고 추정되면 번역가는 직접적인 개입을 삼가는 등의 불투명한 경향을 많이 보인다. 두 번째 요소는 번역가의 역할에 대한 관점과 원천텍스트에 충실할지 목표독자에게 충실할지의 문제에 대한 관점에 있다.

필자는 위의 논의를 통해 독자들이 번역물을 이해하는 데 성공하거나 성공하지 못할 수도 있다는 점을 살펴보고 조사하는 기초를 마련하기 바란다. 그러나 여기에서는 두 가지 중요한 어려움이 따를 것으로 보인다. 세계의 다양한 측면에 대한 목표독자의 지식과 추정의 정도를 측정하는 능력에 관한 것이 첫 번째 어려움이며, 두 번째 어려움은 독자의 기대치를 충족시키는 것과 독자들에게 새롭거나 대안적인 관점을 제시함으로써 의사소통에 대한 관심을 유지시키는 것 사이에서 타당한 균형을 이끌어내는데 있다. Brown과 Yule(1983: 67)은 '유추의 원리(모든 일들이 예전처럼 되는 경향이 있다)와 부분적 해석(변화가 발생하면 그것이 최소한의 변화라고 추정하라)은 일반적으로 인생의 경험 속에서, 따라서 대화의 경험 속에서 심층결속성을 추정하는 토대를 형성한다'고 제안한다. 이들의 제안은 사실이지만, 일반 독자들과 특히 번역텍스트를 읽는 독자들은 만약 그럴만한 이유가 있고 준비만 되어 있다면, 본인들의 세계와 현저히 다른 세계의 많은 변화와 관점을 수락할 태세를 갖추고 있다는 점도 기억해야 한다. 번역가가 독자의 지식에 틈을 메우고 보편적이거나 용인할 만한 것에 대한 기대를 채우려면 설명을 지나치게 많이 부가하거나 독자들이 해야 할 일을 아무것도 남겨놓지 않는 '도를 넘는 행동'을 하지 않도록 조심해야만 한다.

연습문제

1. 다음은 J. B. Priestley의 수필집 *Delight*에서 발췌한 단편 수필이다.

> *Giving advice*
>
> Giving advice, especially when I am in no position to give it and hardly know what I am talking about. I manage my own affairs with as much care and steady attention and skill as — let us say — a

drunken Irish tenor. I swing violently from enthusiasm to disgust. I change policies as a woman changes hats. I am here today and gone tomorrow. When I am doing one job, I wish I were doing another. I base my judgments on anything ― or nothing. I have never the least notion what I shall be doing or where I shall be in six months time. Instead of holding one thing steadily, I try to juggle with six. I cannot plan, and if I could I would never stick to the plan. I am a pessimist in the morning and an optimist at night, am defeated on Tuesday and insufferably victorious by Friday. But because I am heavy, have a deep voice and smoke a pipe, few people realize that I am a flibbertigibbet on a weathercock. So my advice is asked. And then, for ten minutes or so, I can make Polonius look a trifler. I settle deep in my chair, two hundred pounds of portentousness, and with some first-rate character touches in the voice and business with pipe, I begin: 'Well, I must say that in your place ―' And inside I am bubbling with delight.

위 수필을 저자가 유도하는 함축 문제와 전체적인 인상에 특별한 관심을 기울여가며 자신의 목표언어로 번역하라. 필요하다면 목표 독자가 저자의 진술로부터 정확한 함축을 추론할 수 있게 도와주는 설명이나 전략을 생각해 보라. 가령 한 여성이 모자를 바꾸듯이 정책을 바꾸는 것과 같은 유추의 예가 본인의 목표언어에도 동일한 함축을 발생하게 할 수 있는지 생각해 보라.

이 수필은 전국영어교사협의회(1964), McGraw-Hill에서 출간된 Today Series 중 하나인 *Literature in English*에 기재되어 있다. 편집자는 주석형태로 핵심 단어와 표현에 다음과 같은 설명을 제시하고 있다. 이 설명이 여러분에게 도움이 될 수 있다.

drunken Irish tenor(만취한 아일랜드인 테너가수): 만취한 가수는 자신을 통제하지 못한다. Priestley는 이 가수가 자신의 문제를 잘못 관리하고 있다는 점을 암시하고 있다.

flibbertigibbet on a weathercock(풍향계처럼 경박한 사람): 경박한 사람이란 가볍고 경솔한 사람을 뜻한다. 풍향계는 건물의 꼭대기에서 빙빙 돌며 바람의 방향을 나타내는 나무나 금속으로 된 닭 모양을 한 것을 말한다. 따라서 이 표현은 전혀 신뢰할 수 없는 사람이란 의미를 내포하고 있다.

Polonius(폴로니우스): 셰익스피어의 햄릿에 등장하는 인물로 충고하는 인물을 언급한다.

two hundred pounds of portentousness(2백 파운드의 중대함): 담뱃대를 입에 문 채 엄숙한 음성과 몸짓으로 근엄한 충고를 하는 몸집이 큰 사람('2백 파운드의 몸무게')이 근엄한('중대한') 충고를 한다. 다시 말해 저자의 태도에 대해 익살스럽게 묘사하고 있다.

2. 다음은 번역하기에 더 까다로운 발췌문이다. 이 발췌문은 셰익스피어의 *Othello*에 나오는 유명한 장면의 일부로, 이아고가 특정 함축을 전달하기 위해 Grice의 격률 특히 관련성의 격률을 의도적으로 위반하고 있다. 오셀로는 이러한 위반을 인지하고 이아고에게 의미하는 바를 자세히 설명하게 하려고 한다.

Iago: My noble lord —

Oth: What dost thou say, Iago?

Iago: Did Michael Cassio, when you woo'd my lady,
　　　Know of your love?

Oth: He did, from first to last. Why dost thou ask?

Iago: But for a satisfaction of my thought;
　　　No further harm.

Oth: Why of thy thought, Iago?

Iago: I did not think he had been acquainted with her.

Oth: O, yes, and went between us very oft.

Iago: Indeed?

Oth: Indeed? Ay, indeed! Discern'st thou aught in that?
      Is he not honest?

Iago: Honest, my lord?

Oth: Honest? Ay, honest.

Iago: My lord, for aught I know.

Oth: What dost thou think?

Iago: Think, my lord?

Oth: Think, my lord? By heaven, he echoes me,
      As if there were some monster in his thought
      Too hideous to be shown. Thou dost mean something.
      I heard thee say even now, thou lik'st not that,
      When Cassio left my wife. What didst not like?
      And when I told thee he was of my counsel
      In my whole course of wooing, thou cried'st 'Indeed?'
      And didst contract and purse thy brow together,
      As if thou hadst shut up in thy brain
      Some horrible conceit. If thou dost love me,
      Show me thy thought.

(ACT Ⅲ, Scene iii)

이아고가 자신이 의도하는 의미를 전달하기 위해 사용하고 있는 관습적 방식과 비관습적인 방식을 살펴 보라. 번역문에서도 유사한 함축을 전달하려면 어휘, 통사 및 격률이 위반되는 방식에 어떤 조정이 필요한가?

3. Stephen Hawking의 대중과학서인 *A Brief History of Time from the Big Bang to Black Holes*(1988)는 많은 부록을 포함하고 있으며, 각각의 부록은 유명한 과학자의 삶과 인품을 통찰하고 있다. 다음 예문도 그 부록 가운데 하나이다.

Isaac Newton

Isaac Newton was not a pleasant man. His relations with other academics were notorious, with most of his later life spent embroiled in heated disputes. Following publication of *Principia Mathematica* — surely the most influential book ever written in physics — Newton had risen rapidly into public prominence. He was appointed president of the Royal Society and became the first scientist ever to be knighted.

Newton soon clashed with the Astronomer Royal, John Flamsteed, who had earlier provided Newton with much needed data for *Principia*, but was now withholding information that Newton wanted. Newton would not take no for an answer; he had himself appointed to the governing body of the Royal Observatory and then tried to force immediate publication of the data. Eventually he arranged for Flamsteed's work to be seized and prepared for publication by Flamsteed's mortal enemy, Edmond Halley. But Flamsteed took the case to court and, in the nick of time, won a court order preventing distribution of the stolen work. Newton was incensed and sought his revenge by systematically deleting all references to Flamsteed in later editions of *Principia*.

A more serious dispute arose with the German philosopher Gottfried Leibniz. Both Leibniz and Newton had independently developed a branch of mathematics called calculus, which underlies most of modern physics. Although we now know that Newton discovered calculus years before Leibniz, he published his work much later. A major row ensued over who had been first, with scientists vigorously defending both contenders. It is remarkable, however, that most of the articles appearing in defense of Newton were originally written by his own hand — and only published in the name of friends! As the row grew, Leibniz made the mistake of appealing to the Royal Society to resolve the dispute. Newton, as president, appointed an 'impartial' committee to investigate, coincidentally consisting entirely of Newton's friends! But that was not all: Newton then wrote the committee's report himself and had the Royal Society publish it, officially accusing Leibniz of plagiarism. Still unsatisfied, he then wrote an anonymous review of the report in the Royal Society's own periodical. Following the death of Leibniz, Newton is reported to have declared that he had taken great satisfaction in 'breaking Leibniz's heart.'

During the period of these two disputes, Newton had already left Cambridge and academe. He had been active in anti-Catholic politics at Cambridge, and later in Parliament, and was rewarded eventually with the lucrative post of Warden of the Royal Mint. Here he used his talents for deviousness and vitriol in a more socially acceptable way, successfully conducting a major campaign against counterfeiting, even sending several men to their death on the gallows.

위의 부록을 여러분의 목표언어로 번역해 달라는 요청을 받았다고 생각해 보자. 이 번역문은 학생들이 과학에 대해 흥미를 느끼도록 하는 것이 목적이며, 사실에 입각한 정보를 전달하지만 읽기 쉽게 쓰였다.

호킹이 함축한 의미를 여러분의 목표 청중에게 전달하기 위해 사용할 전략에 대해 설명하라. 예컨대 느낌표와 세 번째 문단의 'impartial'

의 따옴표와 같은 인쇄상의 표시가 그대로 옮겨지는가? 아니면 이와 유사한 의미를 표시하는 더 좋은 방법이 있는가? 혹은 영어텍스트에서 전달하는 뉴턴의 이미지가 여러분의 목표언어에서도 동일하게 나타나는가? 아니면 목표독자의 문화적 배경에 맞추기 위해 조정할 필요가 있는가?

보충자료

Blum-Kulka, S. (1986) 'Shifts of cohesion and coherence in translation', in J. House and S. Blum-Kulka (eds) *Interlingual and Intercultural Communication: Discourse and Cognition in Translation and Second Language Acquisition Studies* (Tubingen: Gunter Narr).

Brown, G. and Yule, G. (1983) *Discourse Analysis* (Cambridge: Cambridge University Press), Chapter 7: 'Coherence in the interpretation of discourse'.

de Beaugrande, R. and Dressler, W. (1981) *Introduction to Text Linguistics* (London and New York: Longman), Chapter 5: 'Coherence', and Chapter 6: 'Intentionality and acceptability'.

Enkvist, N. E. (1985) 'Coherence and inference', in Piper and Stickel (eds) *Studia Linguistica Diachronica et Synchronica* (Mouton de Gruyter).

Hatim, B. and Mason, I. (1990) *Discourse and the Translator* (London and New York: Longman), Chapter 4: 'Translating and language as discourse', and Chapter 5: 'Translating text as action: the pragmatic dimension of context.'

Levinson, S. C. (1983) *Pragmatics* (Cambridge: Cambridge University Press), Chapter 3: 'Conversational implicature'.

참고

1 관습적으로 표시되는 함축은 **전제**(presupposition)라고도 한다. 함축처럼 전제도 화용론적 추론이다. 여전히 맥락에 영향을 많이 받긴 하지만 전제는 발화의 언어 구조에 기반을 둔다. 전제에 대한 상세한 논의는 Levinson(1983: 4장)을 참조하라.

2 Grice의 대화적 함축 개념과 그가 제안한 네 가지 격률은 다른 언어학자들이 논의한 몇몇 개념, 특히 **화행 이론**(speech-act theory)과 공통되는 부분이 있다. 화행 이론은 의미에 대한 Grice의 접근방법을 보완하고 있다. Grice와 마찬가지로 화행 이론가들은 명확한 기능보다는 암시적인 기능에 따라 발화를 분류함으로써 단어와 구조의 축어적 의미를 넘어서려고 노력한다. 예컨대 화자는 부탁에는 평서문이나 긍정 평서문 구조를, 비난에는 의문문 구조를 사용할 수 있다. **언표내적 의미**(illocutionary meaning)와 **간접 화행**(indirect speech act)은 특히 공통되는 부분이 많다. 언표내적 의미는 화자가 말한 실제 발화보다는 화자의 의도와 관련이 있다. 간접 화행은 '글자 그대로의 의미와 글자 그대로의 말함이 현재 맥락에서 부적절하여 추론을 통해 "정정"되어야 하는' 발화이다(Levinson, 1983: 270). 사실상 간접적인 언표내적 의미를 지닌 발화는 바로 양의 격률이나 관련성의 격률 등을 위반한 결과이다.

관련성 격률과 **부분적 해석**(local interpretation) 원칙 간에도 공통되는 부분이 어느 정도 있다. 부분적 해석 원칙은 '해석에 도달하기 위해 필요 이상으로 큰 맥락을 구성하지 말라고 청자에게 지시한다. 따라서 누군가 "문 닫아라"라고 말하는 것을 듣게 되면 청자는 가장 가까운 문 쪽으로 향할 것이다'(Brown & Yule, 1983: 59).

마지막으로 Grice가 함축을 관습적 함축과 대화적 함축으로 나눈 구분도 Beekman과 Callow가 **암시적 정보**(implicit information)를 두 종류로 나눈 구분과 유사하다.

언어의 어휘 구성과 문법 구성을 통해 문서 자체에서 전달되는 암시적 정보가 있다. 또한 문서 외부에 존재하는 암시적 정보도 있는

데, 이는 문서의 근원이자 저자와 독자와 그들의 관계 등의 근원인
일반적 상황에 존재한다.

(1974: 48)

3 'Haven't you done well?'은 돌봐주는 말로, 'Don't I know it?'은 자기
스스로를 비난하는 말로 사용할 수도 있다.

4 إن دقة حروف الهجاء العربية وتداخل بعضها في بعض، فضلاً عن سقوط
الحركات والضوابط في الكتابة العادية، ساعد على استنباط ما لا يحصى من النكات
والدعابات التي تختص ـ طبعاً ـ بالقارىء العربي. فأنت بازالة نقطة من حرف معجم
او اضافة نقطة الى حرف حال، او ابدال حركة من اخرى، تستطيع أن تتلاعب
بالمعاني كما تشاء، وتولّد منها ما يحلو لك من الدعابات والمكايد. نمثل على ذلك بابيات
نظمها الشيخ ناصيف اليازجي، وبنى عليها عقدة حكاية اوردها في المقامة الثالثة عشرة
من كتابه «مجمع البحرين» وهي ابيات مدح تتحول بالتصحيف والتحريف الى ابيات
هجاء، نظمها الشاعر في الرواية مدحاً، فنقلها ظريف خبيث الى الممدوح هجاءً بعد
تصحيفها وتحريفها؛ واليك القصيدة بنصّيها:

قال الشاعر مادحاً:

مَنْ رام ان يُلقي تباريـحَ الكُـرَب   من نفسِهِ فليـاتِ أحـلافَ العَـرَب
يرى الجِمَـالَ والجَـلَالَ والحَسَـبْ   والشُّـعرَ والاوتـارَ كيفـما انقلبْ
أشرفُ أهـلِ الارضِ عن أُمٍّ وأبْ   وأسمَعُ النـاسِ وأجرى من يَهَبْ
لا تُعـرَفُ الاقـذارُ فيهم والرُّيَبْ   ولا يُبَـالـونَ بـاحـراز النـشَبْ
لكنْ يغارون على حفظِ النسبْ

فقال الظريف هاجياً:

من رامَ أن يَلْقى تبـاريـحَ الكُـرَب   من نفسِهِ فليـاتِ أجـلافَ العرب
يـرى الجمِـالَ والجـلالَ والخَشَـبْ   والشُّـعـر والاوبـارَ كيفـما انقلبْ
اسرقُ أهـلِ الارضِ عن أم وأبْ   واسمـعُ النـاسِ أخزى من نَهَبْ
لا تُعـرَفُ الاقـدارُ فيهـم والرتَبْ   ولا يبـالـون بـاحـراز النـسبْ
لكنْ يغارون على حفظِ النشب

والفروق بين النصين لا تتجاوز بعض النقاط والحركات. وغنيٌّ عن البيان أن
امثال هذه الفروق لا تنقل الى لسان آخر.

5   참고 2번 참조: 간접 화행은 '글자 그대로의 의미와 말힘이 그 맥락에
    서 대화상 부적절하기 때문에 추론을 통해 "수정"되어야 하는 발화'이
    다(Levinson, 1983: 270).

6   Euralex Circular를 준비하고 배포할 당시, 헝가리는 사회주의 국가였다.

7   동기는 번역가의 관점이 아니라 독자의 관점에서 봐야 한다. 어떤 점
    에서 보편적이지 않은 모든 언어 구성은 번역가의 관점에서 '동기'가
    부여된다. 즉 번역가는 번역작업을 계속하기 위해 이러한 언어 구성을
    아무 수정없이 '그대로' 적당한 곳에 끼워 넣는다. 하지만 이런 동기로
    는 목표독자 입장에서 수용할 수 있는 형태의 구성을 만들 수 없다.
    동기는 독자를 위한 것일 때만 정당화될 수 있다.

Appendix 1: A Brief History of Time

Languages: English (original), Spanish, Greek.
Description: A popular science book written by Professor Hawking of the University of Cambridge, described on the book jacket as 'the most brilliant theoretical physicist since Einstein'.

ENGLISH TEXT

Reference: Hawking, S. W. (1988) *A Brief History of Time from the Big Bang to Black Holes*, London and Auckland: Bantam Press.

A well-known scientist (some say it was Bertrand Russell) once gave a public lecture on astronomy. He described how the earth orbits around the sun and how the sun, in turn, orbits around the center of a vast collection of stars called our galaxy. At the end of the lecture, a little old lady at the back of the room got up and said: 'What you have told us is rubbish. The world is really a flat plate supported on the back of a giant tortoise.' The scientist gave a superior smile before replying, 'What is the tortoise standing on?' 'You're very clever, young man, very clever,' said the old lady. 'But it's turtles all the way down!'

Most people would find the picture of our universe as an infinite tower of tortoises rather ridiculous, but why do we think we know better? What do we know about the universe, and how do we know it? Where did the universe come from, and where is it going? Did the universe have a beginning, and if so, what happened *before* then? What is the nature of time? Will it ever come to an end? Recent breakthroughs in physics, made possible in part by fantastic new technologies, suggest answers to some of these longstanding questions. Someday these answers may seem as obvious to us as the earth

orbiting the sun – or perhaps as ridiculous as a tower of tortoises.
Only time (whatever that may be) will tell.

(pp. 1–2)

SPANISH TEXT

Reference: Hawking, S. W. (1988) *Historia del tiempo (del Big
Bang a los agujeros negros)*, trans. from English by
Miguel Ortuño, Barcelona: Editorial Crítica.

Un conocido científico (algunos dicen que fue Bertrand Russell) daba
una vez una conferencia sobre astronomía. En ella describía cómo la
Tierra giraba alrededor del Sol y cómo éste, a su vez, giraba
alrededor del centro de una vasta colección de estrellas conocida
como nuestra galaxia. Al final de la charla, una simpática señora ya
de edad se levantó y le dijo desde el fondo de la sala: «Lo que nos
ha contado usted no son más que tonterías. El mundo es en realidad
una plataforma plana sustentada por el caparazón de una tortuga
gigante». El científico sonrió ampliamente antes de replicarle,
«¿ y en qué se apoya la tortuga?». «Usted es muy inteligente,
joven, muy inteligente – dijo la señora –. ¡Pero hay infinitas tortugas
una debajo de otra!».

La mayor parte de la gente encontraría bastante ridícula la imagen
de nuestro universo como una torre infinita de tortugas, pero ¿en qué
nos basamos para creer que lo conocemos mejor? ¿Qué sabemos
acerca del universo. y cómo hemos llegado a saberlo? ¿De dónde
surgió el universo, y a dónde va? ¿Tuvo el universo un principio, y,
si así fue, qué sucedió con anterioridad a él? ¿Cuál es la naturaleza
del tiempo? ¿Llegará éste alguna vez a un final? Avances recientes de
la física, posibles en parte gracias a fantásticas nuevas tecnologías,
sugieren respuestas a algunas de estas preguntas que desde hace
mucho tiempo nos preocupan. Algún día estas respuestas podrán
parecernos tan obvias como el que la Tierra gire alrededor del Sol,
o, quizás, tan ridículas como una torre de tortugas. Sólo el tiempo
(cualquiera que sea su significado) lo dirá.

GREEK TEXT

Reference: Hawking, S. W. (1988) Το Χρονικό τοῦ Χρόνου (από
τή μεγάλη ἔκρηξη ως τις μαύρες τρύπες), Κάτοπτρο
publishers, trans. from English by Konstantinos
Harakas.

Η Αλίκη στη Χώρα των θαυμάτων έδινε κάποτε μία διάλεξη για την αστρονομία. Έλεγε ότι η Γη είναι ένας σφαιρικός πλανήτης του ηλιακού συστήματος που κινείται γύρω από το κέντρο του, τον Ήλιο, και ότι ο Ήλιος είναι ένα άστρο που, με τη σειρά του, κινείται γύρω από το κέντρο του αστρικού συστήματος, που ονομάζουμε Γαλαξία. Στο τέλος της διάλεξης, η Ντάμα την κοίταξε θυμωμένη με επιτιμητικό ύφος. «Αυτά που λεες είναι ανοησίες. Η Γη δεν είναι παρά ένα μεγάλο Τραπουλόχαρτο. Είναι λοιπόν επίπεδη σαν όλα τα Τραπουλόχαρτα.» της είπε, και στράφηκε περήφανα προς τα μέλη της συνοδείας της, που έδειχναν ικανοποιημένα από την εξήγησή της. Η Αλίκη χαμογέλασε υπεροπτικά. «Και σε τι στηρίζεται αυτό το Τραπουλόχαρτο;» ρώτησε με ειρωνεία. Η Ντάμα δεν έδειξε να αιφνιδιάζεται. «Είσαι έξυπνη, πολύ έξυπνη», απάντησε. «Μάθε λοιπόν μικρή μου πως αυτό το Τραπουλόχαρτο στηρίζεται σε ένα άλλο, και εκείνο το άλλο σε ένα άλλο άλλο, και εκείνο το άλλο άλλο σε ένα άλλο άλλο άλλο...». Σταμάτησε λαχανιασμένη. «Το Σύμπαν δεν είναι παρά μια Μεγάλη Τράπουλα», τσίριξε.
Φυσικά, οι περισσότεροι θα έβρισκαν γέλοια αυτήν την εικόνα για το Σύμπαν και τη Γη που στηρίζεται σε μία άπειρη σειρά από τραπουλόχαρτα. Θα μπορούσαν όμως να εξηγήσουν το γιατί; Θα μπορούσαν να περιγράψουν τη δική τους εικόνα για το Σύμπαν και να αποδείξουν πως είναι η σωστή; Τι γνωρίζουν οι άνθρωποι για το Σύμπαν και πώς το γνωρίζουν; Από πού προέρχεται το Σύμπαν και πού πηγαίνει; Υπήρξε αρχή του Σύμπαντος και, αν ναι, τι υπήρξε πριν από αυτήν; Θα υπάρξει τέλος του Σύμπαντος και, αν ναι, τι θα υπάρξει μετά από αυτό; Τι γνωρίζουν οι άνθρωποι για το χρόνο; Υπήρξε αρχή του χρόνου; Θα υπάρξει τέλος του χρόνου;
Η σύγχρονη φυσική, με τη βοήθεια και των καταπληκτικών νέων τεχνολογίων, προτείνει απαντήσεις σε αυτά τα αιώνια ερωτήματα. Στο μέλλον αυτές οι απαντήσεις θα μας φαίνονται τόσο ευνόητες όσο μας φαίνεται σήμερα ότι η Γη είναι σφαιρική και κινείται γύρω από τον Ήλιο – ή τόσο ανόητες όσο ότι η Γη είναι επίπεδη και στηρίζεται σε μία άπειρη σειρά από τραπουλόχαρτα.
Ευνόητες ή ανόητες; Μόνον ο χρόνος θα δείξει – ό,τι και αν είναι αυτό που ονομάζεται «χρόνος».

Appendix 2: Morgan Matroc

Languages: English (original), French, German, Italian, Spanish. Description: A company brochure entitled 'Technical Ceramics'. The company, Morgan Matroc Limited, is based in the UK, with branches in the United States, France, Germany, Italy, and Spain. Morgan Matroc specializes in ceramic products for a wide range of applications which include electronics, defence, and domestic appliances. These are described in the glossy brochure of which the extract quoted here forms the first page.

ENGLISH TEXT

Today people are aware that modern ceramic materials offer unrivalled properties for many of our most demanding industrial applications. So is this brochure necessary; isn't the ceramic market already over-bombarded with technical literature; why should Matroc add more?

Because someone mumbles, 'our competitors do it.' But why should we imitate our competitors when Matroc probably supplies a greater range of ceramic materials for more applications than any other manufacturer.

And yet there are some customers who in their search for a suitable material prefer to study complex tables of technical data. It is for such customers that we have listed the properties of Matroc's more widely used materials. Frankly however without cost guides which depend so much on shape such an exercise is of limited value.

There are others in the market place who simply want to know more about us and what we are doing. For them we offer illustrated commentaries on Matroc applications in many market sectors—from gas heaters to medical implants.

And finally there is a third class of customer who knows that a brief telephone conversation with a skilled Matroc engineer and the subsequent follow-up are more effective than 50 pages of technical data—such customers are our life blood—as we are theirs. For them this brochure is unnecessary.

Matroc like other Morgan subsidiaries acknowledges that customers and engineers will have a variety of approaches to problem solving. We hope that this publication will aid that process. We have no doubt about the most effective route however and suggest that the starting point should be the list of telephone numbers and addresses on the final page of this brochure.

Managing Director
Morgan Matroc Limited

GERMAN TEXT

Heutzutage sind sich Fachleute völlig darüber einig, daß moderne Keramikwerkstoffe unerreichte Eigenschaften für viele der anspruchvollsten industriellen Anwendungen bieten.

Wir haben uns daher gefragt, ob bei der Flut von technischer Literatur, die derzeit auf den Keramikmarkt einwirkt, dieser Katalog noch eine entsprechende Resonaz finden wird. Sollte Matroc das Seine noch hinzutun?

Einerseits meint so mancher: "das ist doch branchenüblich" aber erreichen wir andererseits unsere Kunden, indem wir anderen nacheifern?

Schließlich bietet Matroc ein größeres Keramiksortiment für mehr Anwendungen als manch andere Unternehmen.

Nun gibt es Kunden, die es auf der Suche nach geeigneten Werkstoffen vorziehen, umfangreiche technische Datenblätter zu studieren. Für solche Kunden haben wir die Eigenschaften der gängigsten Matroc Werkstoffe aufgelistet.

Allerdings muß man bedenken, daß bei solchem Vorgehen ohne Kostenerfahrung nur eine begrenzte Aussagefähigkeit zu erwarten ist, denn der Fertigungsaufwand hängt wesentlich von der Geometrie der Teile ab.

Da gibt es andere in dem Markt, die einfach nur wissen wollen, was wir machen. Zu diesem Zweck haben wir illustrierte Kommentare aus den verschiedensten Marktbereichen von Matroc ausgewählt. — von Gasheizgeräten bis hin zu medizinischen Implantaten. —

Letztlich gibt es für uns noch eine dritte Gruppe von Kunden, die wissen, daß ein kurzer Telefonanruf mit einem erfahrenen Matroc Techniker und der dann folgenden systematischen Bearbeitung wesentlich mehr bringt, als 50 Seiten technischer Daten. — Auf solchen Kunden fußt unsere Existenz — und umgekehrt!

Was bringt diesen Leuten noch eine Brochüre?

Nun, Matroc wie andere Morgan Tochterunternehmen bestätigen, daß Kunden und Techniker in der Regel mehrere Wege zur Problemlösung beschreiten.

Wir hoffen daß diese Publikation diesem Zweck dienlich ist. Allerdings haben wir eine feste Vorstellung über den effektivsten Weg und empfehlen bei Projektbeginn unbedingt die Liste mit den Telefonnummern und der Adressen auf der letzten Seite dieser Brochüre einzusehen.

Geschäftsführer
Morgan Matroc Limited

Appendix 3: China's Panda Reserves

Languages: English (original), Chinese.
Description: A World Wide Fund for Nature text used to accompany a slide show. Each numbered sentence or group of sentences goes with a specific slide (a total of sixty slides). Extracts cited in the body of the book are given below. Original numbering is retained. The Chinese translation was submitted in handwritten form.

ENGLISH TEXT

1 China's panda reserves.
2 An adult panda munches bamboo. This attractive black and white mammal has widespread human appeal and has become a symbol for conservation efforts both within China and internationally as the symbol of the World Wide Fund for Nature (WWF).
3 Today there may be no more than 1000 giant pandas left in the wild, restricted to a few mountain strongholds in the Chinese provinces of Sichuan, Shaanxi and Gansu.
4 For most people their only chance of seeing a giant panda is in a zoo. These young pandas in Beijing Zoo are great crowd pullers.
5 The panda is something of a zoological mystery. Its closest relative is the smaller red panda with whom it shares its range. The red panda's striking appearance indicates the close relationship between pandas and the racoon family.
6 There is also strong evidence, however, that giant pandas are related to the bears. This Asiatic black bear shares the panda's range in China.
8 The panda's mountain home is wet and lush. Today pandas are only found at high altitude, wandering the broadleaf forests and subalpine woodlands.

9 Only occasionally are they found in the lower mixed broadleaf forests for these are the areas most accessible to and disturbed by Man.

10 The panda's mountain home is rich in plant life and gave us many of the trees, shrubs and herbs most prized in European gardens. Species like this mountain rhododendron were collected by 19th century botanists and shipped back to Europe for horticultural collections.

17 The adult pandas at the centre sleep in cages and are fed a well-balanced and nutritious diet; many have been nursed back to health from the brink of starvation. They also have access to a large outdoor compound where they can roam among natural vegetation in semi-wild conditions.

47 Many of the species growing wild here are familiar to us as plants cultivated in European gardens – species like this exotic lily.

54 The serow, a type of wild mountain goat, is very much at home among the rocky outcrops of Sichuan.

60 The Chinese people have already made substantial efforts to protect the giant panda, which is considered to be a national treasure. Nevertheless we are at a critical time for this species. Without immediate and effective protection and management of the giant panda and its remaining habitat this will become an increasingly rare sight – a loss both for China and the whole world.

CHINESE TEXT

1 中国的熊猫保护区（标题）

2 一只成年大熊猫在咀嚼竹子。这一吸引人的黑白哺乳动物为人们所广泛地喜爱。作为世界自然基金会（WWF）的标记，熊猫已经成为中国和国际性自然保护努力的象征。

3 今天，仍处于野生状态的大熊猫可能只有一千只，仅限于中国的四川、陕西和甘肃省内的一些山区。

4 对大多数人来说，能看见大熊猫的唯一机会便是在动物园里。北京动物园里的这些幼熊猫吸引着大量的观众。

5 熊猫可以被你为动物学里的一个谜。其最近的亲属是与其分享活动领域的更小的红熊猫。红熊猫引人注目的外貌表明了熊猫和浣熊科之间的紧密联系。

6 但是，也有较强的证据表明大熊猫与熊有亲属关系。这一亚洲黑熊分享熊猫在中国境内的活动区域。

8 熊猫的山区栖息地是潮湿、茂盛的。今天，只有在高海拔地区才有熊猫漫游于阔叶森林和亚高山的林地之中。

9 偶尔也见于较低地区的混合阔叶森林之中，因为这些地区是人类最容易进入，干扰最多的地方。

10 熊猫的山区定居地有着丰富的植物种类，有着欧洲园林所珍视的许多树木、灌木和草木植物的种类。像这一山杜鹃花等种类为十九世纪的植物学家所采采，然后运回欧洲作为园艺收藏品。

17 该中心的成年熊猫睡于笼子里，供应的食物匀称、营养丰富；许多熊猫已从饿死的边缘被护理恢复了健康。它们还享拥有一个大型的户外院子，可以漫游于半野生状态的自然植物中。

47 这里野生的许多种类我们很熟悉，是欧洲园林内种植的种类——像这一奇异的百合花等种类。

54 喜马拉雅山羚羊，是野生山羊的一种，在四川的多岩断层露头之间十分自在。

60 中国人民已经做了许多工作来保护被视为国宝的大熊猫。但是，我们正处在熊猫生死存亡的关键时刻。如果没有对大熊猫及其仅剩的栖息地进行及时的、有效的保护和管理，这样的景象就将会越来越难看到——这对中国和整个世界都将是个损失。

Appendix 4: The Patrick Collection

Languages: English (original), French, German, Italian, Japanese.
Description: a compact leaflet available at the Patrick Collection,
a privately owned motor museum with restaurant and conference
facilities in Britain (Birmingham). The translated versions are for
the benefit of tourists visiting the museum.

ENGLISH TEXT

THE ALEXICK HALL

Step back in time in the Alexick Hall, where
you'll find the history of the motor car traced
through the ages and where authentic period
sets reflect its importance and effect on society.
This is your chance to remember the way things
were, and for younger visitors to see in real-life
detail the way their parents, and their parents
before them lived and travelled.

THE MANSELL HALL

In the Mansell Hall — named after Britain's race
ace Nigel Mansell, who opened the Hall
in 1986 — there's a unique display of eighties
supercars. From Group B rally cars and the
extremely rare Aston Martin Zagato to Mansell's
JPS Lotus, you'll find vehicles that represent
the pinnacle of achievement in automotive
design and technology — the world's
finest cars produced this decade.

·RESTAURANTS AND GARDENS·

The Patrick Collection has restaurant facilities to suit every taste —
from the discerning gourmet, to the Cream Tea expert.
Overlooking beautifully landscaped terraced gardens, the elegant
Lombard Room Restaurant offers a tempting selection of the finest,
fresh seasonal produce, superb wines and first class service. You can
even dine 'alfresco' in the summer on our open air terrace.
Morning coffee and traditional cream teas are served in the
conservatory. Hot and cold food and drinks can be found in the
Hornet's Nest, overlooking the Alexick Hall. Weather permitting,
additional catering facilities are available in the terraced gardens
during the summer.

JAPANESE TEXT

アレクシック・ホール

アレクシック・ホールで昔をふり返って見て下さい。ここでは自動車の歴史が時代をさかのぼって見られ、本物の時代背景セットがその重要さと社会に及ぼした影響を反映しています。これは昔を思い出す機会であり、又より若い訪問者にとっては、両親や祖父母がどのように生活し旅をしたかを詳しく現実的に見れるチャンスです。

マンセル・ホール

マンセル・ホール (英国のレースのエースであるナイジェル・マンセルにちなんでつけられた名で、彼は1986年にこのホールを開館しました。)では、1980年代のスーパーカーのユニークな展示が見られます。グループBラリー・カーや非常にまれなアストン・マーチン・サガートからマンセルのJPSロータスに至るまで、自動車デザインとテクノロジー達成の頂点を代表する車 (この10年間に生産された世界で最も優れた車各種)を見い出すことができます。

・ レストランと庭園

パトリック・コレクションは、認識の鋭いグルメからクリーム菓子とお茶の専門店に至るまであらゆる好みに会ったレストラン施設を有しています。美しく造園された段庭を見おろしながらエレガントなロンバード・ルーム・レストランは、最上級の新鮮な季節の食物、最上等のワイン、そして第一流のサービスを提供します。夏には野外のテラスで「アルフレスコ」式に食事することもできます。朝のコーヒーと伝統的午後のお茶とクリーム菓子類はコンサーヴァトリー (温室)で楽しめます。ホット／コールド・フードと飲物はホーネッツ・ネストで、アレクシック・ホールを見おろしながら楽しめます。夏の間は天候が良ければ段庭で追加的なまかないサービスが提供されます。

Appendix 5: A Study of Shamanistic Practices in Japan

Languages: English (original), Japanese.
Description: A book which investigates the cult and practice of the shamans. The shamans are men and women who claim to have special powers of healing and clairvoyance.

ENGLISH TEXT

Reference: Blacker, C. (1975) *The Catalpa Bow: a Study of Shamanistic Practices in Japan*, London: George Allen & Unwin

The shamanic practices we have investigated are rightly seen as an archaic mysticism. On the basis of the world view uncovered by the shaman's faculties, with its vision of another and miraculous plane which could interact causally with our own, the more advanced mystical intuitions of esoteric Buddhism were able to develop.

Today, however, this world view is fast disappearing. The vision of another plane utterly different from our own, ambivalent, perilous and beyond our control, has faded. Instead the universe has become one-dimensional; there is no barrier to be crossed, no mysteriously other kind of being to be met and placated. The storms, droughts, sicknesses, fires which used to be laid at the door of *kami*, ancestors, foxes and ghosts, are now believed to lie within the competence and control of man. Even those forces that are not yet directly within his control are believed to be potentially so; their causes are discoverable by ordinary human faculties ungifted with sacred power. The mystery and ambivalent peril which surrounded the holy has gone, and with it the barrier which divided sacred from profane.

(p. 315)

JAPANESE TEXT

Reference:　カーメン・ブラッカー(1979) <u>あずさ弓　ー日本における</u>
<u>シャーマン的行為ー</u>　東京: 岩波書店　秋山さと子訳

　　我々が探究してきたシャーマン的行為は、古代の神秘主義として、考察されるべきものであろう。シャーマンの機能によって覆いをとられた世界観を基盤にし、日常の世界と因果的に影響し合うことができる他界の、奇跡的な次元の幻影を伴って、より進歩した密教の秘教的な組織が発展し得た。

　　しかしながら今日、この世界観は急速に消滅しつつある。日常のものとはまったく異なる、両価的な、危険な、そして我々の統制を越えた他の平面の幻像は色褪せてしまった。それに代わって宇宙は一次元的となった。そこには越えるべき障壁もなく、神秘的な異種の生きものに出合い、なだめることもない。かつては神、祖先、狐、幽鬼に責を負わせていた嵐、旱魃、病気、火事などは、今や人間の管轄と統制下にあるものと信じられている。まだ直接には統御できない力さえも、可能性としてはできるものと思われている。すなち、それらの原因は、霊力に恵まれていない普通の人によって発見可能であるとされている。聖なるものをとり囲んでいた神秘と両価的な危険は、俗から聖をへだてていた障壁と共に去ってしまった。
(p. 306)

Appendix 6: Palace and Politics in Prewar Japan

Languages: English (original), Japanese.
Description: A study of the prewar imperial institution in Japan.

ENGLISH TEXT

Reference: Titus, David Anson (1974) *Palace and Politics in Prewar Japan*, New York and London: Columbia University Press.

Extract 1

If the personality and the policy preferences of the Japanese emperor were not very relevant to prewar politics, social forces certainly were. There are two reasons for giving them only the most tangential treatment here. First, this study simply had to be controlled in scope. Obviously not everything relevant to Japanese political development could be encompassed. Second, I do not think we have fully understood what these new social forces were pitted against politically. I hope that by analyzing the core institution in the prewar political process 'from above', this study will aid our understanding of the forces 'from below'.

(p. 11)

Extract 2

The heads of the ministries created in 1869 were not directly responsible for 'advising and assisting' (*hohitsu*) the emperor, though they were to become so in 1889. According to the 1871 reorganization of the ministries, for example, the privilege of assisting the throne directly was in theory limited to the Chancellor (*Dajō Daijin*), Minister of the Left (*Sa Daijin*), Minister of the Right (*U Daijin*), and the Councillors (*Sangi*).

(p. 17)

Extract 3

When they appeared before the emperor, Senior *Jiho* Sasaki led the
remonstration: if the emperor did not familiarize himself with foreign
and domestic trends, the whole work of the Restoration would
collapse. All of the *Jiho* spoke to the same effect. Komeda Torao,
Jiho of the third rank, was the most blunt: 'If in the past [Your
Majesty] had shown as much care for politics as he had passion for
horsemanship, no such criticism from the public as "politics by two
or three Ministers" would have occurred.'

(p. 20)

JAPANESE TEXT

Reference:　デイビット・タイタス(1979)　日本の天皇政治
　　　　　　宮中の役割の研究　東京: サイマル出版会　大谷堅志郎訳

Extract 1:

　　　だが、日本の天皇の人柄や政策上の好みが戦前の政治に大した関係が
なかったとしても、社会勢力の側は明らかにそうではない。社会勢力に対
して本書がわずかにふれる程度の扱いしかしなかったのには、二つの理由
がある。第一は、研究範囲を抑えねばならなかった、という単純な理由で
ある。日本の政治的発展に関係のあることすべてをとりあげる、などとい
うのは明らかに不可能事である。
　　　第二には、著者が、これまでわれわれには、そうした新しい社会勢力
が政治上ではいったい何と対抗していたのかがまだよくわかっていない、
と考えたからである。
　　　この研究は、戦前の「上から」の政治プロセスの中で中核をなしてい
た制度の分析であるにすぎないが、この分析によって「下から」の勢力に
ついての理解も進むであろう、と期待している。　　　(p.15)

Extract 2:

　　　明治二年につくられた諸省の長は、天皇「輔弼」の直接責任者ではな
い。そうなったのは明治二二年なのである。たとえば、明治四年の官制改
革によれば、理論上、天皇を直接補佐する特権は、太政大臣、左大臣、右
大臣、それに参議たちに限られていた。　　(p.23)

Extract 3:

　侍補たちは天皇に拝謁し、上席者の佐々木が口火を切ってこう諫言した。陛下が内外の動きに精通しておられないようでは、維新の大業の全体が崩壊してしまうでありましょう、というのである。侍補たち全員が同じ趣旨を奏上した。いちばんむきつけだったのは、三等侍補の米田虎雄だった。「平素御馬術を好ませたもうほどに政治上に叡慮を注がせたまわば、今日のごとく世上より二三大臣の政治などいわるることはあるまじくとつねに苦慮つかまつりおれり」(津田茂麿「明治聖上と臣高行」)。　　　(p.26)

Appendix 7: The Fix

Languages: English (original), Japanese.
Description: A book which investigates drug-trafficking throughout
the world.

ENGLISH TEXT

Reference: Freemantle, Brian (1985) *The Fix*, London: Michael
Joseph.

Enforcement officials – particularly the front-line US Customs
Service — have produced a series of recognisable profiles in order to
identify and intercept drug runners. It is a system that works
particularly well with the Yakuza because of the bizarre but rigid
code of ethics by which the Japanese Mafia conducts itself, quite
different from any other criminal society in the world. It concerns
fingers, or rather the lack of them. And tattoos. All-over tattoos.
These provide clues to recognition that the authorities pursue
relentlessly because of the growing belief throughout American and
European control agencies that the Yakuza have the potential to take
over and run the entire South-east Asian drug distribution network.
(p. 142)

JAPANESE TEXT

Reference: ブライアン・フリーマントル(1985) FIX 一世界麻薬コネクシ
ョン一 東京: 新潮社 新庄哲夫訳

　　　アメリカの取締当局は、とくに合衆国関税局の第一線は、麻薬の運び
屋(ランナー)を識別、摘発するために一種の手配台帖を作成してきた。日本
のヤクザを対象とした場合に、ことのほか有効なシステムである。日本の
マフィアが自からに課している不気味だが峻厳なヤクザ道の掟は、世界の
いかなる犯罪社会のそれとも異なっているからだ。それは指と、つまり指

の欠損と関連する。さらに刺青とも。全身に刺青をするのである。これら
の特徴が識別の重要な手掛りとなって、関係当局者は油断なく目を光らせ
ている。なぜかといえば、欧米の麻薬取締機関のあいだで、日本のヤクザ
が東南アジア全体の麻薬流通網を乗取り、運営していく潜在能力があると
いう見方が高まっているためだ。　　　(p.163)

Appendix 8: Euralex conference circular

Languages: English, German, French, Russian.
Description: A first circular giving details of a conference on lexicography and calling for papers.

ENGLISH TEXT

Ms. Judit Zigány
Akadémiai Kiadó
1363 Budapest
P.O. Box 24
Hungary

EUROPEAN ASSOCIATION FOR LEXICOGRAPHY

Budapest, 20 May 1987

First Circular

CALL FOR PAPERS

Papers are invited for the
EURALEX Third International Congress
4–9 September 1988
Budapest, Hungary.

Papers are invited on all aspects of lexicography, theoretical and practical, diachronic and synchronic. The main fields of interest reflected in the Congress programme will be:

general (monolingual or bilingual), computational,
terminological and specialized translation
lexicography.

Papers relating to the lesser-known languages will be particularly welcome.

The format of the Congress will embrace plenary sessions, symposia, section meetings, workshop sessions, project reports and demonstrations of computational and other work; there will also be ample time for discussion.

Individual presentations should be timed to last 20 minutes, with a discussion period to follow.

Abstracts (approximately 1,000 words) in any of the Congress languages, English, French, German or Russian, should be sent to the Lecture Programme Organizer, Dr. Tamás Magay, at the above address by 15 November 1987. A response will be sent before the end of February 1988. Any other correspondence should be addressed to the Congress Organizer, Ms. Judit Zigány.

It is confidently expected that a volume of collected papers from this Congress will subsequently be published by the Akadémiai Kiadó in Budapest.

This Congress will, like its predecessors at Exeter and Zürich, be a meeting place for lexicographers, academics and publishers. It will also offer a unique opportunity for participants from the East and from the West to strengthen professional and personal contacts and thus to lay the foundations of further exchanges and cooperation in the future.

We look forward to seeing you at BUDALEX '88.

RUSSIAN TEXT

Гл. редактор
Юдит Зигань
Издательство Академии наук ВНР
1363 Будапешт
п/я. 24
Венгрия

Будапешт, 20 мая 1987 г.

Первый циркуляр

Приглашаем принять участие на
Третьем международном конгрессе EURALEX
в Будапеште (ВНР)
4-9 сентября 1988 г.

Тематика конгресса охватывает все важнейшие аспекты лексикографии. Особое внимание мы намереваемся обратить на следующие области лексикографической науки:
общая (одно- и двуязычная) лексикография,
компьютерная лексикография,
терминологическая и специальная лексикография.

Мы намереваемся отдельно обсудить вопросы соотношения так называемых «малых», т.е. менее распространенных и «больших», т.е. более распространенных языков.

В рамках конгресса мы намереваемся проводить пленарные заседания, симпозии, рабочие заседания, а также обсудить аннотации проектов. Кроме того состоятся заседания секций конгресса и демонстрации использования компьютерной техники в лексикографии.

Предусмотренная длительность индивидуальных докладов составляет 20 минут, не учитывая дополнительных выступлений и дискуссий.

Краткие конспекты рефератов (с объемом до 1000 слов или до 100 строк) просим до 15 ноября 1987 г. на любом из официальных языков конгресса, т.е. на русском, английском, немецком или французском языках, высылать по вышеуказанному адресу главному координатору конгресса Юдит Зигань или научному организатору конгресса д-ру Тамашу Магаи. Последующую корреспонденцию просим адресовать гл. редактору Юдит Зигань.

Издательство Академии наук ВНР намеревается издать в форме сборника весь научный материал конгресса.

Надеемся, что этот конгресс, как и его предшественники в Эксетере и Цюрихе, станет не только местом встречи лексикографов, филологов и работников издательств, но и на то, что участникам, прибывающим с востока и запада предоставится возможность посредством личных и профессиональных контактов положить основы дальнейшего сотрудничества.

До встречи на BUDALEX '88

Appendix 9: Brintons—press release

Languages: English (original), Arabic.
Description: A press release issued by Brintons Limited (carpet manufacturers) to coincide with the Gulf Fair, Dubai, April 1986. The text was included in an information pack and handed out to visitors at the Brintons stand.

ENGLISH TEXT

Brintons have been manufacturing fine quality woven carpet for over 200 years. They are a privately owned company specialising in Axminster and Wilton Carpets, using wool-rich blends. They have a totally integrated operation from the preparation of the yarn through to the weaving process. All their products are made on looms designed and built by their own engineers and recognised as the most technically superior weaving plant in the World. Brintons are one of the largest weavers with a production capacity in excess of 100,000 square metres per week.

The recently introduced New Tradition Axminster range is already creating great interest and will be on display at the Exhibition. New Tradition offers a fascinating series of traditional patterns in miniature using rich jewel-like colours that glow against dark backgrounds, suitable for a wide variety of heavy wear locations from hotels, restaurants and leisure areas to high quality residential situations.

The successful Finesse and Palace Design qualities will also be displayed. Both carpets have geometrically styled designs suitable for both residential and contract use. Palace Design also incorporates a border and plain range in complementary colours.

Other Brintons products suitable for the commercial world, such as Bell Twist, Heather Berber, Broadloop, Bell Trinity and Trident Tile will also be on display.

Brintons will be delighted to solve any carpeting problems as special designs and qualitites can be produced for minimum quantities. Their standard range of colours offers over 200 possibilities for the discerning designer to select from.

ARABIC TEXT

تقوم شركة بريـنتونـز بتصنيع ارقى انواع السجـاد المـنسوج مـنذ اكثر
من ٢٠٠ عام، وهي شركة خاصة، تتخصص في انـتاج سجـاد الاكسـمنستر
والويـنتون الذي تدخله نسبة عالية من الصوف. هذا وتقوم الشركة
بتنفيذ جميع خطوات الانـتاج بمصانعها، من اعداد الخيوط الى نسجها
على انوال من تصميم وصنع مهندسي الشركة، وتعتبر مصانع بريـنتونـز
اكثر مصانع النسيج تقدمـا° من الناحية الفنية في العالم كله، كمـا
تعتبر شركة بريـنتونـز من اكبر شركات النسيج بطاقة انتاجية تزيد عن
١٠٠٠٠٠ متر مربع في الاسبوع .

اثارت مجموعة "نيو تراديشين اكسمنستر" درجة عالية من الاهتمام منذ
ان قامت الشركة بتقديمها حديثا°، وهي من ثمن انواع السجـاد التي
سيتم عرضها بالمعرض. تقدم مجموعة "نيو تراديشين" عدد من
التصميمات التقليدية الممتعة بتصميم مميز، في الوان باهرة كالوان
الجواهر، تزيد الخلفيات الداكنة من توهجها. وهي مناسبة للتركيب
في العديد من المواقع التجارية ذات الاستعمال الكثيف، مثل الفنادق
والمطاعم والاماكن الترفيهية وبعض المواقع السكنية ذات المستوى
الرفيع .

كما يتضمن المعرض نماذج من سجـاد "فيني" و"بالاي ديزاين" اللذين تم
تسويقهما بنجاح كبير . ويتسم هذان اللونان من السجـاد بتصميماتهما
الهندسية ويصلحا للاستخدام في كل من المواقع السكنية والتجارية .
هذا وتشتمل مجموعة "بالاي ديزاين" على عدة الوان سادة وتصميمات في
شكل كنار تتماشى الوانها مع باقي الوان المجموعة .

هذا وسوف تقوم شركة بريـنتونـز بعرض عدا انواع اخرى من السجـاد
المناسب للاستعمال التجاري، مثل "بل تويست" و"هادر بربر" و"برود
لوب" و"بل تريـنتي" و"ترايدنت تايل" .

يسر شركة بريـنتونـز مساعدتكم على حل اي مشاكل خاصة بالسجـاد، حيث
يمكنها انتاج تصميمات وانواع خاصة بكميات محدودة، كمـا ان مجموعة
الالوان المتوفرة لدى الشركة تزيد عن مـائتي لون ممـا يتيح لاي مصمم
فرصة كبيرة للاختيار .

용어집

유의: 아래의 용어집은 빠르게 검색할 수 있는 편리함을 제공한다. 이 용어집은 본 책에서 전문 용어가 반복적으로 사용되었다거나 간단히 정의내릴 수 있는 것들을 수록한다. 이외의 전문 용어는 보다 복잡한 설명을 요하므로 배제하였다. 이들에 대한 정의는 제목 색인을 찾아보면 알 수 있다.

정의를 내리기 위해 사용한 단어가 개별 표제어인 경우 첫 번째 표제어에만 밑줄을 그어 표시한다.

수동(active) 태 참조

부사(adjunct) 사건이나 상황을 둘러싼 시간, 장소, 방식 등의 환경에 대해 더 많은 정보를 제공하고자 절에 부가되는 단어나 단어들의 집합(예 I've known him ***for years***).

지시조응(anaphora) 텍스트에서 이전에 나온 다른 단어나 단어들의 집합을 다시 지시하기 위해 어떤 단어나 구를 사용하는 것을 의미함(예 ***The Chancellor*** remarked that ***he*** had no inferiority complex about the Soviet Union).

상(aspect) 접사를 사용하거나 동사의 형태를 바꾸어 사건의 시간적인 분배를 나타내는 문법적 범주로, 사건의 완결과 미완결, 계속, 순간이 이에 해당함.

격(case) 절 안의 명사 또는 명사들의 집합의 기능을 나타내는 문법적 범주. 아랍어의 al-walad**u**는 주격을(일반적으로 절의 주어를 지시함), al-walad**a**는 목적격을(일반적으로 동사의 목적어를 지시함) 나타냄. 영어 등과 같은 언어에서는 주로 어순에 의해 이와 유사한 기능이 성취됨.

절(clause) 주어와 동사를 포함시켜 문법적 단위를 형성한 단어 집합.

심층결속성(coherence) 의미의 연속체를 구축함으로써 텍스트를 조직하고 생성하는 의미 관계 망.

표층결속성(cohesion) 텍스트의 다양한 부분들 간의 형식적인 연결을 위한 어휘적, 문법적 및 기타 관계들의 망.

연어(collocation) 언어 내에서 규칙적으로 어울려 사용되는 단어들의 경향.

연어적 제약(collocational restriction) 의미상 임의적으로 가해지는 제약으로써 단어의 명제적 의미와는 논리적으로 무관함(선택적 제약 참조).

보어(complement) 'is, was, remain'과 같은 연결 동사 다음에 위치하여 주어에 대해 더 많은 정보를 제공하는 명사구나 형용사(예 The child looked *neglected*).

접속(conjunction) 'and, but, on the other hand'처럼 절, 구, 단어를 서로 연결시켜주는 단어 혹은 구를 일컬음. 본 책의 표층결속성 모델에서는 접속도 연결 유형을 생성하는 과정이 됨.

방언(dialect) 특정 화자 집단이나 공동체에서 통용되는 변이어.

환기적 의미(evoked meaning) 방언과 사용역 변이에서 발생하는 의미.

표현적 의미(expressive meaning) 화자의 느낌 또는 태도와 관련된 의미.

성(gender) 일부 언어에서 어떤 명사나 대명사를 남성이나 여성으로 분류하는 것에 따른 문법적 구분.

장르(genre) 정치, 연설문, 장르, 혹은 사설 장르처럼 해당 언어 사회가 동일한 종류로 이들을 간주함으로써 제도화된 구어 혹은 문어 텍스트의 집합.

하위어(hyponym) 의미장의 구체적인 단어. 가령 '식물'의 장을 보면, '침엽수'는 '나무'의, '나무'는 '식물'의 하위어임(상위어 참조).

함축(implicature) 화자가 말한 것을 글자 그대로 지시하기보다는 화자가 의미하는 것 또는 암시하는 것을 지시하기 위해 화용론에서 사용하는 전문 용어.

자동사(intransitive verb) 목적어를 취하지 않는 동사(예 *The lorry stopped.* 타동사 참조).

어휘 집합(lexical set) 어휘 집합은 두 가지 의미를 지닌다. 의미장에 속해 있는 실제 단어와 표현을 지시하기도 하며, 연어와 유사하게 취급되는 항목 목록, 즉 특정 단어 혹은 표현을 연어화한 목록을 지시하기 위해 어휘학에서 사용하는 전문 용어이기도 함.

형태소(morpheme) 언어의 가장 작은 의미 형식 성분. 'unhappy'는 'un'과 'happy', 이 두 개의 형태소로 이루어져 있음.

형태론(morphology) 단어 구조 연구. 시제와 성과 같은 문법 체계를 대비 시키고자 단어의 형태를 바꾸는 방식.

목적어(object) 주어 외에 동사의 동작에 관련되거나 영향을 받는 사람이 나 사물을 지시하는 명사 혹은 명사구(예 They treated *him* for a stomach ulcer). 능동절의 목적어는 종종 수동절의 주어가 되기도 함(예 *He* was treated for a stomach ulcer).

수동(passive) 태 참조.

인칭(person) 영어의 'I, you, he, she, it'과 같이 대명사 폐쇄 체계를 통해 참여자 역할을 정의하는 문법 범주.

화용론(pragmatics) 언어 사용을 연구하는 학문으로 언어 관계의 추상적 체계에 의해 생성되는 의미가 아니라 특정 의사소통 상황에서 참여자들 이 생성한 의미.

술어(predicator) 절의 동사나 동사구.

전제적 의미(presupposed meaning) 공기 제약에서 생겨난 의미. 선택적 제 약과 연어적 제약이 있음.

명제적 의미(propositional meaning) 단어 혹은 발화와, 이것이 지시하는 대 상 간의 관계에서 생겨난 의미.

범주(range) 연어적 집합, 즉 주어진 단어와 전형적으로 잘 결합하는 연어의 집합(연어 참조).

재귀(reflexive) 주어와, 동사의 목적어가 동일한 재귀 구조. 목적어는 'myself, himself'와 같은 재귀대명사임(예 I blame myself).

사용역(register) 언어 사용자가 특정 상황에 적합하다고 여기는 변이어를 일컬음.

선택적 제약(selectional restriciton) 논리적으로 단어의 명제적 의미 기능으로 인한 제약(연어적 제약 참조).

의미장(semantic field) 해당 언어 사회가 경험의 연속선에 대해 부여한 분류와 하위분류를 반영한 개념적 장(예 '식물'의 장은 '꽃', '관목', '나무'로 하위분류됨).

주어(subject) 영어의 동사구 앞에 위치하는 명사 혹은 명사구. 수와 인칭도 동사와 일치함(예 *He* had always liked her).

상위어(superordinate) 의미장에 속해있는 일반적인 단어. 상위어는 모든 하위어의 의미를 포함함. '나무'의 장을 예로 들면 '나무'는 '침엽수, 떡갈나무, 단풍나무' 등의 상위어가 됨(하위어 참조).

통사론(syntax) 절과 문장을 형성하기 위해 명사와 동사 같은 단어의 품사와, 주어와 목적어와 같은 기능 성분을 결합시키는 방법에 대한 연구.

시제(tense) 동사 형태를 변화시켜 시간에 대한 사건의 위치를 정하는 문법 범주. 대부분 과거, 현재, 미래로 그 차이를 구별한다.

타동사(transitive verb) 목적어를 취하는 동사(예 Everyone *put their pens* down. 자동사 참조).

태(voice) 동사와 주어간의 관계를 정의하는 문법적 범주. 능동절의 주어는 행동을 할 책임이 있는 행위자이다(예 He never writes letters). 반면 수동절은 행동에 영향을 받는 실체가 그 주어가 된다(예 Letters are never written in this way). 이들의 차이는 동사의 형태에 있다(위의 'writes' and 'are written' 참조).

참고문헌

Alexander, R. J. (1987) 'Collocation and culture', mimeograph, University of Trier, West Germany.

Al-Jubouri, A. and Knowles, F. (1988) 'A computer-assisted study of cohesion based on English and Arabic corpora: an interim report', in *Proceedings of the 12th International ALLC Congress, Geneva*, Geneva: ALLC.

Ang, Swee Chai (1989) *From Beirut to Jerusalem: a Woman Surgeon with the Palestinians*, Glasgow: Grafton.

Baker, M. (1990) 'Linguistics and the training of translators and interpreters', in M. Thelen and B. Lewandowska-Tomaszczyk (eds) *Translation and meaning, Part1: Proceedings of the Maastricht Colloquium, Maastricht 4-6 January 1990*, Maastricht: Euroterm.

────── and McCarthy, M. J. (1988) 'Multi-word units and things like that', mimeograph, University of Birmingham.

Barnwell, K. (1974, 1980) *Introduction to Semantics and Translation*, High Wycombe: Summer Institute of Linguistics.

Bassnet-McGuire, S. (1980) Translation Studies, London and New York: Methuen.

Beekman J. and Callow, J. (1974, 1976) *Translating the Word of God*, Michigan: Zondervan.

Bellos, D. (1987) 'Summing up', in C. Picken (ed.) *ITI Conference 1: The Business of Translation and Interpreting*, London: Aslib.

Berman, R. (1978) 'Postponing lexical repetition and the like - a study in contrastive stylistics', *Balshanut Shimushit*, 1, 2.

Blacker, C. (1975) *The Catalpa Bow: a Study of Shamanistic Practices in Japan*, London: George Allen & Unwin (Japanese translation by Satoko Akiyama).

Blakemore, D. (1987) *Semantic Constraints on Relevance*, Oxford: Basil Blackwell.

Blum-Kulka, S. (1981) 'The study of translation in view of new developments in discourse analysis: the problem of indirect speech acts', *Poetics Today* 2, 4: 89-95.

―――― (1983) 'The dynamics of political interviews', *Text* 3, 2: 131-53.

―――― (1986) 'Shifts of cohesion and coherence in translation', in J. House and S. Blum-Kulka (eds) *Interlingual and Intercultural Communication: Discourse and Cognition in Translation and Second Language Acquisition Studies*, Tubingen: Gunter Narr.

Bolinger, D. and Sears, D. (1968, 1981) *Aspects of Language*, New York: Harcourt Brace Jovanovich.

Boost, K. (1955) *Neue Untersuchungen zum Wesen und zur Struktur des deutschen Satzes*, Berlin: Akademieverlag.

Brown, R. and Gilman, A. (1972) 'The pronouns of power and solidarity', in P. P. Giglioli (ed.) *Language and Social Context*, Harmondsworth: Penguin.

Brown, G. and Yule, G. (1983) *Discourse Analysis*, Cambridge: Cambridge University Press.

Callow, K. (1974) *Discourse Considerations in Translating the Word of God,* Michigan: Zondervan.

Carter, R. (1987) *Vocabulary: Applied Linguistic Perspectives,* London: Allen & Unwin.

────── and McCarthy, M. (1988) *Vocabulary and Language Teaching*, London: Longman.

Cary, E. and Jumpelt, R. W. (eds) (1963) *Quality in Translation: Proceedings of the International Congress on Translation*, Oxford: Pergamon Press.

Castellano, L. (1988) 'Get rich − but slow' in C. Picken (ed.) *ITI Conference 2: Translators and Interpreters Mean Business*, London: Aslib.

Catford, J. C. (1965) *A Linguistic Theory of Translation*, London: Oxford University Press.

Chafe, W. L. (1976) 'Givenness, contrastiveness, definiteness, subjects, topics, and point of view', in C. N. Li (ed.) *Subject and Topic*, London: Academic Press.

Charolles, M. (1983) 'Coherence as a principle in the interpretation of discourse', *Text* 3, 1: 71-97.

Christie, Agatha (1936, 1964) *Murder in the Mews*, Glasgow: Fontana/ Collins.

────── (1949, 1989) *Crooked House*, Glasgow: Fontana/Collins. (French translation by Michel Le Houbie, 1951, Paris: Librairie des Champs Élysées.)

Clyne, M.(1981) 'Culture and discourse structure', *Journal of Pragmatics* 5, 61-66.

────── (1983) 'Linguistics and written discourse in particular languages: contrastive studies: English and German', in R. B. Kaplan, R. L. Jones, and G. R. Tucker (eds.) *Annual Review of Applied Linguistics*, Rawley, MA: Newbury House.

Comrie, B. (1987) 'Grammatical relations, semantic roles and topic comment structure in a New Guinea highland language: Harway', in R. Steele and T. Threadgold (eds) *Language Topics: Essays in Honour of Michael Halliday*, Amsterdam/Philadelphia: John Benjamins.

Cruse, D. A. (1986) *Lexical Semantics*, Cambridge: Cambridge University Press.

Culler, J. (1976) *Saussure*, Glasgow: Fontana/Collins.

Daneš, F. (1974) 'Functional sentence perspective and the organization of the text', in F. Daneš (ed.) *Papers on Functional Sentence Perspective*, The Hague: Mouton, and Prague: Academia.

de Beaugrande, R. (1978) *Factors in a Theory of Poetic Translating*, Assen: van Gorcum.

de Beaugrande, R. and Dressler, R. (1981) *Introduction to Text Linguistics*, London and New York: Longman.

Duff, A (1990) *Translation*, Oxford: Oxford University Press.

Enkvist, N. E. (1978a) 'Contrastive text linguistics and translation', in L. Grähs, G. Korlén and B. Malmberg (eds) *Theory and Practice of Translation*, Berne: Peter Lang.

——— (1978b) 'Coherence, pseudo-coherence, and non-coherence', in J. Ostman (ed.) *Cohesion and Semantics: Report on Text Linguistics*, Abo: The Research Institute of the Abo Akademi Foundation.

——— (1985) 'Coherence and inference', in Piper and Stickel (eds) *Studia Linguistica Diachronica et Synchronica*, Berilin: Mouton de Gruyter.

——— (1987) 'Text strategies: single, dual, multiple', in R. Steele and T. Threadgold (eds) *Language Topics: Essays in Honour of Michael Halliday*, Amsterdam and Philadelphia: John Benjamins.

Ervin-Tripp, S. (1972) 'Sociolinguistic rules of address', in J. B. Pride and J. Holmes (eds) *Sociolinguistics*, Harmondsworth: Penguin.

Fawcett, P. D. (1981) 'Teaching translation theory' in *Meta* 26, 2: 141-7.

Fernando, C. and Flavell, R. (1981) *On Idiom: Critical Views and Perspectives* (Exeter Linguistic Studies 5), University of Exeter.

Firbas, J. (1972) 'On the interplay of prosodic and non-prosodic means of functional sentence perspective', in V. Fried (ed.) *The Prague School of Linguistics and Language Teaching*, London: Oxford University Press.

———— (1974) 'Some aspects of the Czechoslovak approach to problems of functional sentence perspective', in F. Daneš (ed.) *Papers on Functional Sentence Perspective*, The Hugue: Mouton, and Prague: Academia.

———— (1986) 'On the dynamics of written communication in the light of the theory of functional sentence perspective', in C. R. Cooper and S. Greenbaum (eds) *Studying Writing: Linguistic Approaches,* New York: Sage.

———— (1987) 'On two starting points of communication', in R. Steele and T. Threadgold (eds) *Language Topics: Essays in Honour of Michael Halliday*, Amsterdam and Philadelphia: John Benjamins.

Firth, J. R. (1957) 'A synopsis of linguistic theory, 1930-55', in *Studies in Linguistic Analysis* (Special volume of the Philological Society), Oxford: Philogical Society, 1-32; rpt. in F. R. Palmer (ed.) *Selected Papers of J. R. Firth 1952-59*, London and Harlow: Longmans, 1968.

———— (1964) *The Tongues of Men and Speech*, Oxford: Oxford University Press.

Fox, B. A. (1986) 'Local patterns and general principles in cognitive processes: anaphora in written and conversational English', *Text* 6,

1:25-51.

Frawley, W. (1984) 'Prolegomenon to a theory of translation', in W. Frawley (ed.) *Translation: Literary, Linguistic, and Philosophical Perspectives*, London and Toronto: Associated University Press.

Freemantle, B. (1985) *The Fix*, London: Michael Joseph. (Japanese translation by Tetsuo Shinshō).

Fries, P. H. (1983) 'On the status of theme in English: arguments from discourse', in J. S. Petöfi and E. Sözer (eds) *Micro and Macro Connexity of Texts,* Hamburg: Helmut Buske.

Grähs, L., Korlén, G. and Malmberg, B. (eds) (1978) *Theory and Practice of Translation*, Berne: Peter Lang.

Grauberg, W. (1989) 'Proverbs and idioms: mirrors of national experienc?', in G. James (ed.) *Lexicographers and Their Works* (Exeter Linguistic Studies 14), University of Exeter.

Greenbaum, S. and Quirk, R. (1990) *A Student's Grammar of the English Language*, Longman.

Gregory, M. J. (1980) 'Perspectives on translation from the Firthian tradition', in *Meta* 25, 4: 455-66.

Gregory, M. and Carroll, S. (1978) Language and Situation: *Language Varieties in their Social Contexts*, London: Routledge & Kegan Paul.

Grice, H. P. (1975) 'Logic and conversation', in L. Cole & J. L. Morgan (eds) *Syntax and Semantics*, 3: *Speech Acts*, New York: Academic Press.

——— (1981) 'Presupposition and conversational implicature', in P. Cole (ed.) *Radical Pragmatics*, New York; Academic Press.

Gutwinski, W. (1976) *Cohesion in Literary Texts*, The Hague & Paris:

Mouton.

Halliday, M. A. K. (1964) 'Comparison and translation', in M, Halliday, M. McIntosh, and P. Strevens (eds) The Linguistic Sciences and Language Teaching, London and New York: Longman.

—— (1967) 'Notes on transitivity and theme in English', part 2, *Journal of Linguistics* 3, 2: 199-244.

—— (1970) 'Language structure and language function', in J. Lyons (ed.) New Horizons in Linguistics, Harmondsworth: Penguin.

—— (1974) 'The place of "functional sentence perspective" in the system of linguistic description', in F. Daneš (ed.) *Papers in Functional Sentence Perspective*, The Hague: Mouton, and Prague: Academia.

—— (1976) 'Theme and information in the English clause', in G. R. Kress (ed.) *System and function in Language: Selected Papers by M. A. K. Halliday*, London: Oxford University Press.

—— (1978) *Language as Social Semiotic: the Social Interpretation of Language and Meaning*, Edward Arnold.

—— (1985) *An Introduction to Functional Grammar*, Edward Arnold.

Halliday, M. A. K. and Hasan, R. (1976) *Cohesion in English,* London and New York: Longman.

Hatim, B. (1984) 'Discourse/Text Linguistics in the Training of Interpreters', in W. Wilss and G. Thome (eds) *Translation Theory and its Implementation in the Teaching of Translating and Interpreting*, Tübingen: Gunter Narr.

—— (1987) 'Discourse texture in translation: towards a text-typological redefinition of theme and rheme', in H. Keith and I. Mason (eds) *Translation in the Modern Languages Degree*, London: CILT.

────── (1988) 'Discourse in the translating and interpreting process', in A. Turney (ed.) *Applied Text Linguistics* (Exeter Linguistic Studies 13), University of Exeter.

────── (1989) 'Text linguistics in the didactics of translation: the case of the verbal and nominal clause types in Arabic' *IRAL* 27, 2: 137-44.

────── and Mason, I. (1990) *Discourse and the Translator,* London and New York: Longman.

Hawking, S. W. (1988) *A Brief History of Time from the Big Bang to Black Holes*, London and Auckland: Bantam Press (Spanish translation by Miguel Ortuño; Greek translation by Konstantinos Harakas).

Headland, T. N. (1981) 'Information rate, information overload, and communication problems in the Casiguran Dumagat New Testament', *Notes on Translation*, 83: 18-27.

Heikal, M. (1983) *Autumn of Fury: the Assassination of Sadat*, Corgi (Arabic translation by the author, Beirut: Sharikat Al Matbuaat Liltawzeei wa alnashr, 1984).

Herbst, T., Heath, D. and Dederding, H. (1979) *Grimm's Grandchildren: Current Topics in German Linguistics*, New York: Longman.

Hinds, J. (1980) 'Japanese expository prose', *Papers in Linguistics* 13, 1: 117-58.

Hockett, C. (1958) *A Course in Modern Linguistics*, New York: Macmillan.

Hoey, M. (1988) 'The clustering of lexical cohesion in non-narrative text', *Trondheim Papers in Applied Linguistics* 4, 154-80.

────── (1991) *Patterns of Lexis in Text*, Oxford: Oxford University Press.

Holes, C. (1984) 'Textual approximation in the teaching of academic writing to Arab students: a contrastive approach', in J. Swales and

H. Mustafa (eds) *English for Specific Purposes in the Arab World*, Birmingham: University of Aston.

Holmes, J. S. (1987) 'The name and nature of translation studies', in G. Toury (ed.) *Translation Across Cultures*, New Delhi: Bahri.

Ivir, V. (1981) 'Formal correspondence vs. translation equivalence revisited', *Poetics Today* 2, 4: 51-9.

―――― (1987) 'Procedures and strategies for the translation of culture', in G. Toury (ed.) *Translation Across Cultures* New Delhi: Bahri.

Jakobson, R. (1959) 'On linguistic aspects of translation', in R. A. Brower (ed.) *On Translation*, Cambridge, MA: Harvard University Press.

Johns, T. (1991) 'It is presented initially: linear dislocation & interlanguage strategies in Brazilian academic abstracts in English and Portuguese', mimeograph, University of Birmingham.

Johnson, S. (1755) *A Dictionary of the English Language*, 2 vols, London: Knapton.

Keith, H. A. (1987) 'Cohesion and coherence and communication in German-English translation' in H. Keith and I. Mason (eds) *Translation in the Modern Languages Degree*, London: CILT.

King, P. (1990) 'The syntax of topic organisation in English and Greek', mimeograph, University of Birmingham.

Kirkwood, H. W. (1979) 'Some systemic means of functional sentence perspective in English and German', in D. Nehls (ed.) *Studies in Contrastive Linguistics and Error Analysis*, Heidelberg: Groos.

Kishtainy, K. (1985) *Arab Political Humour*, London: Quartet Books (Arabic translation by Dr Kamal Al-Yaziji, London: Dar Al Saqi 1988).

Kurzon, D. (1984) 'Themes, hyperthemes and the discourse structure of

British legal texts', *Text* 4, 1-3: 31-55.

Larson, M. L. (1984) *Meaning-Based Translation: a Guide to Cross-Language Equivalence*, Larham: University Press of America.

Lawford, J. P. (1976) *Clive: Proconsul of India: A Biography*, London: George Allen & Unwin.

Le Carré, J. (1983) *The Little Drummer Girl*, London: Hodder & Stoughton.

—— (1989) *The Russia House*, London: Coronet Books, Hodder & Stoughton.

Leech, G. (1974, 1981) *Semantics: the Study of Meaning*, Harmondsworth: Penguin.

Lehrer, A. (1974) *Semantic Fields and Lexical Structure*, Amsterdam and London: North Holland.

Levinson, S. C. (1983) *Pragmatics*, Cambridge: Cambridge University Press.

Li, C. N. (1976) 'Subject and topic: a new typology of language', in C. N. Li (ed.) *Subject and Topic*, London: Academic Press.

Li, C. N. and Thompson, S. A. (1981) *Mandarin Chinese: a Functional Reference Grammar*, Berkeley and Los Angeles: University of California Press.

Loveday, L. J. (1982a) 'Communicative interference: a framework for contrastively analysing L2 communicative competence exemplified with the linguistic behaviour of Japanese performing in English', *IRAL* 20, 1: 1-16.

—— (1982b) 'Conflicting framing patterns: the sociosemiotics of one component in cross-cultural communication', *Text* 2, 4: 359-74.

Lowe, R. (1985) *Basic Unmmarmiut Eskimo Grammar*, Inuvik, Canada: Committee for Original Peoples Entitlement.

Lyons, J. (1968, 1989) *Introduction to Theoretical Linguistics*, Cambridge: Cambridge University Press.

────── (1977) *Semantics*, vol. Ⅰ, Cambridge: Cambridge University Press.

────── (1981) *Language and Linguistics*, Cambridge: Cambridge University Press.

McCreary, D. R. (1986) 'Improving bilingual Japanese-English and English-Japanese dictionaries', *Papers in Linguistics* 19, 1: 55-66.

McDowall, D. (1983) *Lebanon: a Conflict of Minorities*, Minority Rights Group report, no. 61. London: Minority Rights Group report.

Mackin, R. (1978) 'On collocations: words shall be known by the company they keep', in P. Strevens (ed.) *In Honour of A. S. Hornby*, Oxford: Oxford University Press.

MacLaine, Shirley (1975) *You Can Get There from Here*, The Bodley Head. *The Macmillan Encyclopedia* (1981, 1986) London: Guild.

Mason, I. (1982) 'The role of translation theory in the translation class', *Quinquereme* 5, 1: 18-33.

Maynard, S. K. (1981) 'The given/new distinction and the analysis of the Japanese particles -は and -が', *Papers in Linguistics* 14, 1: 109-30.

────── (1986) 'Interactional aspects of thematic progression in English casual conversation', *Text* 6, 1: 73-105.

Meuss, A. R. (1981) 'Professional translators', examinations - a pragmatic model', in A. Kopczyński, A. Hanftwurcel, E. Karska, and L. Rywin (eds) *The Mission of the Translator Today and Tomorrow: Proceedings of the Ⅸth World Congress of the International Federarion of Translators Warsaw 1981*, Warsaw.

Milic, L. T. (1970) 'Connectives in Swift's Prose Style', in D. C. Freeman (ed.) *Linguistics and Literary Style*, New York: Holt, Rinehart &

Winston.

Morley, G. D. (1985) *An Introduction to Systemic Grammar*, Basingstocke: Macmillan.

Netsu, M. (1981) 'The theory of tense and the analysis of the Japanese tense markers -る and -た', *Papers in Linguistics* 14, 2: 233-51.

Newman, A. (1988) 'The contrastive analysis of Hebrew and English dress and cooking collocations: some pedagogic parameters', *Applied Linguistics* 9, 3: 293-305.

Newmark, P. (1981) *Approachs to Translation*, Oxford: Pergamon Press.

────── (1987) 'The use of systemic linguistics in translation analysis and criticism', in R. Steele and T. Threadgold (eds) *Language Topics: Essays in Honour of Michael Halliday*, Amsterdam and Philadelphia: John Benjamins.

────── (1988) *A Textbook of Translation*, London: Pentice Hall.

Nida, E. A. (1959) 'Principles of translation as exemplified by bible translating', in R. A. Brower (ed.) *On Translation*, Cambridge, MA: Harvard University Press.

────── (1964) 'Linguistics and ethnology in translation-problems', in D. Hymes (ed.) *Language in Culture and Society: a Reader in Linguistics and Anthropology,* New York: Harper & Row.

────── (1975) *Exploring Semantic Structures*, Munich: Wilhelm Fink.

────── and Taber, C. R. (1969) *The Theory and Practice of Translation*, Leiden: E. J. Brill.

Novák, P. (1974) 'Remarks on devices of functional sentence perspective', in F. Daneš (ed.) *Papers on Functional Sentence Perspective*, The Hague: Mouton, and Prague: Academia.

Palmer, F. R. (1976, 1981) *Semantics*, Cambridge: Cambridge University

Press.

Papegaaij, B. and Schubert, K (1988) *Text Coherence in Translation*, Dordrecht: Foris.

The Holy Qur'an, trans. by Marmaduke Pickthall, New Delhi: Kitab Bhavan, 1982.

Robins, R. H. (1964, 1989) *General Linguistics: an Introductory Survey*, London and New York: Longman.

Rommel, B. (1987) 'Market-oriented translation training', in H. Keith and I. Mason (eds) *Translation in the Modern Languages Degree*, London: CILT.

St John, M. J. (1983) 'Summary writing in dissertations', M. Sc. dissertation, University of Aston, Birmingham.

Sapir, E. and Swadesh, M. (1964) 'American Indian grammatical categories', in D. Hymes (ed.) *Language in Culture and Society: a Reader in Lingustics and Anthropology*, New York: Evanston, and London: Harper & Row.

Scinto, L. F. M. (1983) 'Funtional connectivity and the communicative structure of text', in J. S. Petöfi and E. Sözer (eds.) *Micro and Macro Connexity of Texts*, Hamburg: Helmut Buske.

Sinclair, J. McH. (1966) 'Beginning the study of lexis', in C. E. Bazell, J. C. Catford, M. A. K. Halliday, and R. H. Robins (eds) *In Memory of J. R. Firth*, London: Longman.

——— (1987a) 'Collocation: a progress report', in R. Steele and T. Threadgold (eds) *Language Topics: Essays in Honour of Michael Halliday*, Amsterdam and Philadelphia: John Benjamins.

——— (1987b) *Collins COBUILD English Language Dictionary*, London and Glasgow: Collins.

———— (1990) *Collins COBUILD English Grammar*, London and Glasgow: Collins.

Smith, R. N. and Flawley, W. J. (1983) 'Conjunctive cohesion in four English genres', *Text* 3, 4: 347-74.

Snell-Hornby, M. (1985) 'Translation as a means of integrating language teaching and linguistics', in C. Titford and A. E. Hieke (eds) *Translation in Foreign Language Teaching and Testing*, Tübingen: Gunter Narr.

———— (1988) *Translation Studies: an Integrated Approach*, Amsterdam and Philadelphia: John Benjamins.

Sperber, D. and Wilson, D. (1986) *Relevance: Communication and Cognition*, Oxford: Basil Blackwell.

Sunnari, M. (1990) 'The role of information structure in translations: its implications for the teaching of translation', in G. M. Anderman and M. A. Rogers (eds.) *Translation in Language Teaching and for Professional Purposes, vol. Ⅲ: Translation in Teaching and Teaching Translation*, University of Surrey.

Tan, T. (1980) 'Aspects of translation theory and practice with illustrations from Mao's vol. Ⅴ', MA dissertation, University of Exerter.

Thomson, G. (1982) 'An introduction to implicature for translators', *Notes on Translation* 1 (special edition).

Titus, D. A. (1974) *Palace and Politics in Prewar Japan*, New York and London: Columbia University Press. (translated by Kenshirō Ōtani).

Trevelyan, R. (1965) *Italian Short Stories*, vol. Ⅰ, Harmondsworth: Penguin.

Tsao, F. (1983) 'Linguistics and written discourse in particular languages: contrastive studies: English and Chinese (Mandarin)', in R. B. Kaplan, R. L. Jones, and G. R. Tucker (eds.) *Annual Review of*

Applied Linguistics, Rowley, MA: Newbury House.

Tse, Y. (1988) 'A study of problems of coherence in translation', MA dissertation, Unversity of Birmingham.

Vande Kopple, W. J. (1986) 'Given and new information and some aspects of the structures, semantics, and pragmatics of written texts', in C. R. Cooper and S. Greenbaum (eds) *Studying Writing: Linguistic Approaches*, New York: Sage.

Vieira, E. (1984) 'Comparative stylistics applied to translation from English to Portuguese', paper delivered at AILA 1984.

Wilkinson, R. (1990) 'Information structure variability: translating into the foreign language', in G. M. Anderman and M. A. Rogers (eds.) *Translation in Language Teaching and for Professional Purposes,* vol. Ⅲ: *Translation in Teaching and Teaching Translation*, University of Surrey.

Winter, W. (1961, 1964) 'Impossibilities of translation', in W. Arrowsmith and R. Shattuck (eds.) *The Craft and Context of Translation*, New York: Anchor.

Yallop, C. (1987) 'The practice and theory of translation', in R. Steele and T. Threadgold (eds.) *Language Topics*: *Essays in Honour of Michael Halliday*, Amsterdam and Philadelphia: John Benjamins.

Young, D. (1980) *The Structure of English Clauses*, London: Hutchinson.

Yule, G. (1985) *The Study of Language,* Cambridge: Cambridge University Press.

Zgusta, L. (1971) *Manual of Lexicography*, The Hague: Mouton.

주제 색인

ㅈ

인명 색인

언어 색인